高等院校"十三五"财经会计类规划教材

# 管理会计学

主　编 ◎ 杨　英　周建龙
副主编 ◎ 崔文琴　曹永生
编写人员 ◎ 周书灵　李军改
　　　　　余　婷　吴　洋

北京师范大学出版集团
BEIJING NORMAL UNIVERSITY PUBLISHING GROUP
安徽大学出版社

**图书在版编目(CIP)数据**

管理会计学/杨英,周建龙编著.—合肥:安徽大学出版社,2018.3
ISBN 978-7-5664-1541-7

Ⅰ.①管… Ⅱ.①杨… ②周… Ⅲ.①管理会计 Ⅳ.①F234.3

中国版本图书馆CIP数据核字(2018)第039269号

## 管理会计学
Guanli Kuaijixue

杨 英 周建龙 编著

| | |
|---|---|
| 出版发行: | 北京师范大学出版集团<br>安 徽 大 学 出 版 社<br>(安徽省合肥市肥西路3号邮编230039)<br>www.bnupg.com.cn<br>www.ahupress.com.cn |
| 印　　刷: | 安徽省人民印刷有限公司 |
| 经　　销: | 全国新华书店 |
| 开　　本: | 184mm×260mm |
| 印　　张: | 24 |
| 字　　数: | 512千字 |
| 版　　次: | 2018年3月第1版 |
| 印　　次: | 2018年3月第1次印刷 |
| 定　　价: | 66.00元 |
| ISBN | 978-7-5664-1541-7 |

策划编辑:邱 昱 姚 宁 方 青　　　装帧设计:李伯骥
责任编辑:方 青 王瑞珺　　　　　　美术编辑:李 军
责任印制:陈 如

**版权所有　侵权必究**

反盗版、侵权举报电话:0551—65106311
外埠邮购电话:0551—65107716
本书如有印装质量问题,请与印制管理部联系调换。
印制管理部电话:0551—65106311

# 前 言

　　管理会计注重将管理理论、方法与会计有机地融为一体，为企业管理人员提供有用的相关信息。本教材是安徽大学出版社"十三五"规划系列教材之一，内容丰富、体系合理，案例翔实新颖，并配备了题型多样的复习思考和练习题，系统地介绍了管理会计的基本原理、方法和内容，在每一章开篇都安排了导入案例，以期引入本章的内容，将原理与应用实践有机地结合，以达到更好的教学目的。

　　本书主要介绍了管理会计信息系统以及在当今企业经营环境下，管理会计在企业日常经营管理中为管理者做出正确决策所起的重要作用。阐述了本量利分析的相关概念，重点阐述了如何确定盈亏平衡点，有关因数变动对临界点和目标利润的影响以及本量利分析在经营决策中的应用等问题。介绍了变动成本法的基本原理以及与完全成本计算法的区别，同时还阐述了变动成本法与完全成本法的互补和统一的成本计算体系问题。阐述了作业成本计算法的原理以及如何设计一套合理的作业成本计算系统，并介绍了如何利用作业成本信息帮助企业管理人员做出正确决策等内容。

　　本书共分十四章，参与本书各章编写的老师来自铜陵学院周建龙（第一章）、崔文琴（第二章、第四章、第八章）、余婷（第六章、第九章）、曹永生（第三章、第五章、第七章）、李军改（第十章、第十一章、第十三章）、杨英（第十二章）、吴洋（第十四章）。全书由杨英、周建龙担任主编，负责全书的大纲编拟，框架结构设计，修改、补充、定稿。副主编崔文琴、曹永生做了大量的协助工作。

编　者

2017年4月

# 目 录

## 001 ▷ 第一章 管理会计概述

- 004 ▶ 第一节 管理会计概念框架
- 010 ▶ 第二节 管理会计的发展历程
- 014 ▶ 第三节 管理会计与财务会计的区别与联系

## 019 ▷ 第二章 成本性态分析及变动成本法

- 022 ▶ 第一节 成本概述
- 023 ▶ 第二节 成本按性态分类
- 032 ▶ 第三节 成本性态分析
- 036 ▶ 第四节 变动成本法
- 038 ▶ 第五节 变动成本与完全成本法的比较

## 049 ▷ 第三章 本量利分析

- 052 ▶ 第一节 本量利分析概述
- 058 ▶ 第二节 保本分析
- 075 ▶ 第三节 保利分析
- 085 ▶ 第四节 复杂情况下的本量利分析

## 097 第四章
## 预测分析

- 100 第一节 预测分析概述
- 102 第二节 销售预测
- 110 第三节 生产与成本预测
- 115 第四节 利润与资金需求量预测

## 122 第五章
## 成本与经营决策

- 125 第一节 决策分析概述
- 126 第二节 相关成本概念和经营决策分析方法
- 130 第三节 生产决策分析

## 154 第六章
## 产品定价决策

- 157 第一节 定价目标与影响价格的因素
- 161 第二节 以市场需求为导向的定价决策方法
- 165 第三节 以成本为导向的定价决策方法
- 172 第四节 其他定价策略

## 178 第七章
## 存货决策

- 181 第一节 存货决策概述
- 183 第二节 经济订货批量决策
- 192 第三节 ABC分类管理与控制

## 201 第八章
## 项目投资决策

- 204 第一节 项目投资决策基础
- 213 第二节 项目投资决策指标
- 221 第三节 典型项目投资决策
- 225 第四节 项目投资决策的延伸

## 231 第九章
## 全面预算

- 234 第一节 全面预算的意义和作用
- 237 第二节 全面预算的编制原理
- 240 第三节 预算控制的几种形式

## 257 第十章
## 标准成本制定与差异分析

- 260 第一节 标准成本的概念与种类
- 261 第二节 标准成本的制定
- 267 第三节 标准成本的差异分析
- 273 第四节 成本差异的账务处理

## 278 第十一章
## 作业成本管理

- 281 第一节 作业成本法概述
- 285 第二节 作业成本法的计算方法
- 290 第三节 作业成本管理

## 295 第十二章 绩效评价与管理

- 298 第一节 绩效评价与管理概述
- 299 第二节 责任中心的确认
- 306 第三节 责任中心的绩效评价指标及计量

## 317 第十三章 战略成本管理

- 320 第一节 企业战略及战略管理
- 323 第二节 战略成本管理的含义及目标
- 327 第三节 战略成本管理的内容

## 338 第十四章 成本管理新趋势

- 341 第一节 质量成本管理
- 346 第二节 环境成本管理
- 354 第三节 管理会计体系建设

364 附录

# 第一章

## 管理会计概述

## 知识框架图

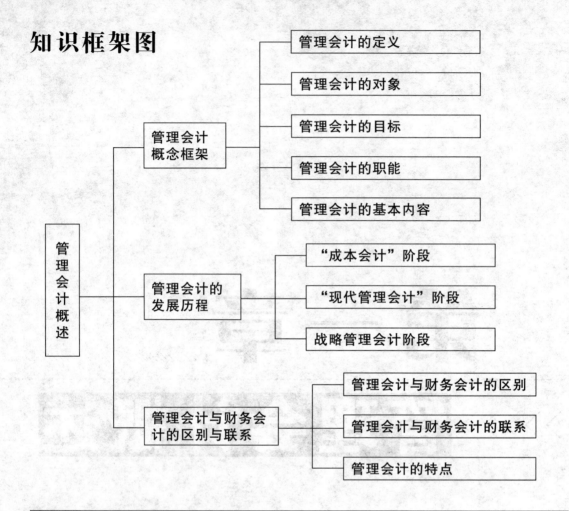

| 学习目标 | 【理论知识目标】<br>1. 了解管理会计的不同定义。<br>2. 了解管理会计理论研究的基本框架。<br>3. 了解管理会计与财务会计的关系。<br>4. 理解成本习性的目的和前提条件。<br>5. 掌握管理会计的本质。<br>【应用能力目标】<br>1. 根据管理需要，运用管理会计基本理论指导管理会计实务。<br>2. 根据管理需要，在实务上协调企业管理各部分之间的关系。 |
|---|---|

# 海尔集团在管理会计领域的创新

## 导入案例

金融危机极大地提升了管理会计的地位。作为国内为数不多的国际知名企业，海尔集团在管理会计领域的作为或许能给其他企业以借鉴。

张瑞敏在沃顿全球校友论坛上做主题演讲时表示："管理会计，说到底就是管理未来、规划未来的会计。如果把管理会计、规划未来的会计变成每个人都来规划未来，每个人规划未来和自己的未来是连在一起的，管理会计就一定会充满活力。"那么，海尔的管理会计这本经到底又是如何念的呢？

"人单合一"发展模式是由海尔集团的CEO张瑞敏先生提出的，意在解决信息化时代由于国际市场规模不断增大引发的竞争所带来的日益严重的库存问题、生产成本问题和应收账款问题，并将"人单合一"模式作为海尔在全球市场上取得竞争优势的根本保证。主要内容就是：

"人单合一"体现的是定单与员工之间的一一对应关系；"直销直发"要求直接营销到位，即直接营销和直接发运；"正现金流"即现金的流入大于流出，也就是尽量避免过多的应收账款存在。

海尔的管理会计创新以公司发展战略为导向，实现员工价值和企业价值的统一，促进了公司战略目标的实施。

# 第一节 管理会计概念框架

## 一、管理会计的定义

什么是管理会计，国内外会计学界众说纷纭。一部分学者认为管理会计就是预测、决策会计，一部分学者认为管理会计是为企业内部管理提供决策信息的内部会计。

### （一）国外会计学界对管理会计的定义

国外会计学界对管理会计的定义先后经历了两个发展阶段，即狭义管理会计阶段和广义管理会计阶段。

**1. 狭义管理会计阶段**

从20世纪20年代到20世纪70年代，国外会计学界一直从狭义上来定义管理会计，认为管理会计仅是为企业内部管理者提供计划与控制所需信息的内部会计。

1958年，美国会计学会管理会计委员会对管理会计作了如下定义："管理会计就是运用适当的技术和概念，处理企业历史的和计划的经济信息，以有助于管理人员制定合理的、能够实现经营目标的计划，以及为达到各项目标所进行的决策。管理会计包含着为进行有效计划的制定、替代方案的选择、对业绩的评价以及控制等所必需的各种方法和概念。另外，管理会计研究还包括经特殊调查取得的信息以及与决策的日常工作有关的会计信息的收集、综合、分析和报告的方法。"

1966年，美国会计学会的《基本会计理论》中提出："所谓管理会计，就是运用适当的技术和概念，对经济主体的实际经济数据和预计经济数据进行处理，以帮助管理人员制定合理的经济目标，并为实现该目标而进行合理决策。"

1982年，美国学者罗伯特在《现代管理会计》一书中对管理会计作了如下定义："管理会计是一种收集、分类、总结、分析和报告信息的系统，它有助于管理者进行决策和控制。"

综上所述，狭义管理会计的核心内容可以概括为：管理会计是以企业为主体开展管理活动，并为企业管理当局实现管理目标服务的一个信息系统。

**2. 广义管理会计阶段**

20世纪70年代，国外会计学界对管理会计的定义出现了新的变化，管理会计的外延开始扩大，出现了广义的管理会计概念。

1982年，英国成本与管理会计师协会修订后的管理会计定义，进一步把管理会计的范围扩大到除审计以外的会计的各个组成部分，认为管理会计是"对管理当局提供所需信息的那一部分会计的工作，使管理当局得以制定方针政策；对企业的各项活动进行计划和控制；保护财产的安全；向企业外部人员（股东等）反映财务状况；向职工反映财务状况；对各个行动的备选方案做出决策。为此，需要编制长期计划；确定短期经营计划；对实际业务进行记录；采取行动纠正偏差；将未来的实际业务纳入轨道；获取并控制资金。"

1986年，美国全美会计师协会管理会计实务委员会对管理会计的基本定义如下："管理会计是向管理当局提供用于企业内部计划、评价、控制以及确保企业资源的合理使用和经管责任的履行所需财务信息，确认、计量、归集、分析、编报、解释和传递的过程。管理会计定义还包括编制供诸如股东、债权人、规章制定机构及税务当局等非管理集团使用的财务报表。"

广义管理会计的核心内容可以概括为：管理会计以企业为主体展开管理活动，既为企业管理当局的管理目标服务，同时也为股东、债权人及税务当局等非管理集团服务的一个信息系统，它所提供的信息包括财务信息和非财务信息；从内容上看，管理会计既包括财务会计，又包括成本会计和财务管理。

## (二) 国内学者对管理会计的定义

在国内会计学界，对什么是管理会计也存在不同的观点，但大多数国内学者都是从狭义的角度来定义管理会计。

余绪缨教授提出："现代管理会计是一门新兴的将现代化管理与会计融为一体的综合性交叉学科，是由微观管理会计、宏观管理会计、国际管理会计组成的广义管理会计体系。它突破了国内外现行管理会计研究仅限于微观管理会计的局限，无论是从国内还是从国际来看都属于首创。"

汪家佑教授认为："管理会计是西方企业为了加强内部经营管理，实现最大利润的目的，灵活运用多种多样的方式方法，收集、加工和阐明管理当局合理地计划和有效地控制经济过程所需要的信息，围绕成本、利润、资本三个中心，分析过去，控制现在，规划未来的一个会计分支。"

李天民教授认为："管理会计主要是通过一系列专门方法利用财务会计提供的资料及其他有关资料进行整理、计算、对比和分析，使企业各级管理人员能根据日常发生的一切经济活动进行规划与控制，并帮助企业领导做出各种决策的一整套信息处理系统。"

温坤教授认为："管理会计是企业会计的一个分支。它运用一系列专门的方式方法，收集、分类、汇总、分析和报告各种经济信息，借以进行预测和决策，制定计划，对经营业务进行控制，并对业绩进行评价，以保证企业改善经营管理，提高经济效益。"

综合国内外学术界对管理会计的不同定义，本书认为，管理会计是以现代科学管理理论为基础，以提高经济效益为最终目的会计信息处理系统，在会计信息处理过程中是运用一系列专门的方式方法，通过确认、计量、归集、分析、编制与解释、传递等一系列工作来实现对企业的各项经营活动提供信息，并参与企业的经营管理。

## 二、管理会计的对象

围绕什么是管理会计的对象,国内理论界基本形成现金流动论、价值差量论和资金总运动论等三种不同的观点。

### (一)现金流动论

该观点认为管理会计的对象是企业的现金流动,主要基于三个方面的原因:一是从内容上看,现金流动贯穿于管理会计全过程的各个环节,而一门学科的研究对象应该贯穿于该学科的始终;二是通过现金可以把企业生产经营中的资金、成本、利润等信息联系起来,进行统一评价,为改善经营管理,提高经济效益提供重要的、综合性的信息;三是现金流动具有较大的综合性和敏感性,可以在企业经营管理过程中发挥积极作用。

### (二)价值差量论

该观点认为管理会计的对象是企业的价值差量,主要基于三方面的原因:一是普遍认为管理会计的基本内容包括变动成本法、本量利分析、经营决策的分析与评价、资本支出决策的分析与评价、标准成本系统、责任会计等,而价值差量是对每一项内容进行研究的基本方法,且能贯彻始终;二是价值差量具有很大的综合性,管理会计研究的差量包括价值差量,也包括实物差量和劳动差量;三是现金流量不能作为管理会计的对象,这是因为现金流量仅在经营决策和资本支出决策的分析和评价中涉及,其他内容则不直接涉及,所以现金流量并不能在现代管理会计中贯穿始终。

### (三)资金总运动论

该观点认为管理会计的对象是企业及所属各级机构过去、现在和将来的资金总运动,主要原因是:一是管理会计与财务会计同属于现代会计的范畴,因而有着共同的对象。所不同的是管理会计涉及的对象包含了所有时空的资金运动,而财务会计涉及的对象仅以过去的资金运动为对象;二是资金运动作为管理会计的对象,与管理会计的实践与历史发展相吻合。

以上观点从不同的角度对管理会计的对象进行了论述,各有各的道理,但本书认为管理会计的对象是企业的生产经营活动(从实质上看);同时企业生产经营活动中的价值运动,并以价值量作为主要表现形式也是管理会计的对象(从经济效益角度上看)。

## 三、管理会计的目标

管理会计是适应企业加强内部经营管理、提高企业竞争力的需要而产生和发展的,管理会计的最终目标应是提高企业的经济效益。为提高经济效益的最终目标,管理会计应实现以下具体目标。

### （一）为管理和决策提供信息

管理会计应向各级管理人员提供以下经过加工处理的信息：
1. 与预算、评价和控制企业经营活动有关的各类信息，包括历史的和未来的信息。
2. 与维护企业资产安全、完整及资源有效配置有关的各类信息。
3. 与股东、债权人及其他企业内外利益相关者提供信息。

### （二）参与企业的经营管理

在现代管理理论的指导下，管理会计正在以各种方式积极参与企业的经营管理，将会计核算推向会计管理。

## 四、管理会计的职能

管理会计的职能是指客观内在的功能。从管理会计的目的可以看出，管理会计的产生与发展都是与组织的目标紧密联系的，组织的所有经济行为都是围绕组织的目标来进行的，组织的目标又是通过执行相互关联的计划、组织、领导与控制等管理职能来实现的，正是由于管理会计的目的是协助、组织达到目标，使得管理会计成为管理活动的重要组成部分，决定着管理会计是管理科学与会计科学相结合的产物，是一种侧重于在现代组织内部经营管理中直接发挥作用的会计，同时又是组织管理的重要组成部分。管理会计循环取决于管理循环，前者服务于后者，管理会计的职能融于管理的职能之中，同样承担计划、决策、组织、控制和评价等功能。因此，我们认为，当前管理会计的职能主要是预测经济前景、参与经营决策、规划经济活动、控制经济过程、分析经济效益、考核经济责任、反馈经济信息、参与协调组织等。具体包括如下几个方面：

### （一）规划与评价职能

规划就是要达到目标并事先确定目标所需要的正确行动。规划活动包括分析当前环境、预测未来、确定目标、决策公司行动、选择公司发展战略，并且筹划实现目标所需要的资源。管理会计的规划职能就是对企业未来的经济活动的计划，它是以企业历史资料为基础，运用预测、决策方法对未来的经济活动进行策划。

企业在对未来的经济活动进行计划的过程中，管理会计人员应提供预测、决策的备选方案及相关信息，并辅助企业领导进行科学的评价和准确的判断，以确保决策的科学性和可行性。管理会计人员还要对计划的执行情况与计划进行比较和分析，作为考核和评价各责任单位履行责任情况的依据，以确保经济责任考核的严肃性。

### （二）组织与控制的职能

组织与控制的职能主要是应用系统理论和行为科学的基本原理并结合企业的实际情况，设计和制定合理有效的现代企业责任会计制度和程序，以便对企业拥有的人、财、物等有限资源进行最合理的、最优化的配置和使用，同时又对企业的经济活动进行监督和调整。首先，要监督计划的执行过程，确保企业经济活动按计划要求进行。其次，还要对执行计划的行动和计划的质量进行反馈，以便准确估计影响计划执行的因素，从而调整计划或工作方式，确保计划的执行。

### （三）确保资源的有效利用

现代企业管理的目的是通过科学的生产管理、质量管理、销售管理、研究与开发管理和财务管理等一系列管理体系的建立，促使组织有效地利用各项经济资源，并使之得到最优最合理的配置，以创造组织的最佳经济效益。这种对各项经济资源的最佳配置和有效利用正是管理会计所固有的职能，充分体现了现代企业管理与管理会计之间客观上存在的内在、必然的联系。这种联系突出地表现在决策与规划方面，因为这不仅是现代企业管理的核心内容，也是管理会计的重要职能。

### （四）报告职能

管理会计报告的职能就是将管理会计的执行结果以文字和图表等形式，向企业内部各级管理者及外部信息需求者提交报告。报告是信息反馈的重要内容，目的是使管理者能进行有效的控制。

## 五、管理会计的基本内容

管理会计作为规划、控制企业未来生产经营活动的一种管理活动，其内容是十分丰富的。而且作为一门正在发展中的新兴科学，随着生产的发展和科学技术的不断进步，管理会计的内容和方法也在不断得到发展和充实。但一般来说，各个会计流派对管理会计的基本内容的认识还是一致的，主要包括"规范与决策会计"（又称"决策会计"）和"控制与业绩评价会计"（又称"执行会计"）两项内容。

### （一）规划与决策会计

规划与决策会计是为管理者预测前景和规划未来服务的。所谓"规划"，就是事先确立目标，编制计划，并拟定出达到目标的具体方法，对企业未来的生产经营活动进行全面的筹划。所谓"决策"，就是通过分析比较，确定是否要采取某项行动或在几种方案中选择出最优方案的过程。规划与决策会计首先是利用财务会计信息和其他有关信息，对利润、成本、销售及资金等专门问题进行科学的分析，在此基础上，将确定的目标用数量形式加以汇总、协调，编制企业的全面预算，再按照责任会计的要求加以分解，形成各个责任中心的责任预算，用来规划和把握未来的经济活动。因而，规划与决策会计主要包括经营预测、短期经营决策、长期投资决策和全面预算等内容。

### （二）控制与业绩评价会计

控制与业绩评价会计是为管理者分析过去和控制现在服务的。所谓"控制"，就是通过一定的手段对生产经营活动施加影响，使之按预定的计划进行。所谓"业绩评

# 第一章 管理会计概述

价",就是通过预算与实际执行情况的对比,分析两者的差异,找出产生差异的原因,确定经济责任,以此恰当地评价各责任中心的实绩和成果。控制与业绩评价会计首先是利用标准成本制度结合变动成本法,对日常发生的经济活动进行追踪、收集和计算,确定不同情况存货订购和储存的合理数额,制定相应的日常存货控制制度与方法。然后,根据责任会计的要求把实际发生数与预算数进行对比和分析,并编制日常绩效报告,用来评价和考核各个责任中心的业绩,确定其经济责任和应受的奖惩。同时,把经营过程中发现的重要问题及时反馈给有关部门,以便及时调整经济活动,改进经营管理。因此,控制与业绩评价会计主要包括存货控制、变动成本、标准成本系统和责任会计中的业绩报告及评价系统等项内容。

另外,管理会计中还有成本性态分析、本量利分析等重要内容,它们是规划与决策会计和控制与业绩评价会计的基础和前提,其基本理论和基本方法贯穿于管理会计的整个过程,渗透在企业管理的各个领域之内。

综上所述,管理会计的概念框架可以用图1-1表示。

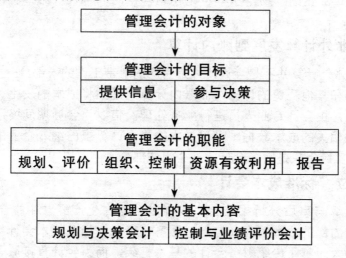

图1-1 管理会计的概念框架

# 第二节 管理会计的发展历程

管理会计的形成和发展受社会实践和经济理论的双重影响。一方面，社会经济的发展要求加强企业管理的加强；另一方面经济理论的形成又使这种要求得以实现。一般认为管理会计从形成至今经历了三个阶段，即成本会计（以成本控制为基本特征）、现代管理会计（以预测、决策为基本特征）和后现代管理会计（以重视环境适应性为特征）三大阶段。

## 一、"成本会计"阶段

成本会计是工业化的产物，从20世纪初到20世纪50年代（第二次世界大战的战后期）主要表现为：

### （一）从账外计算发展到账内计算

严格地说，账外计算并不是会计，只是生产的附带工作的一部分——生产人员在生产中进行工、料和其他耗费的计算。而账内计算，是指将成本的发生、积累和结转纳入复式记账系统，由会计专业人员进行业务处理，借以为会计期间终了编制资产负债表与损益表提供相关的成本数据。可见成本的账内计算虽已纳入企业的会计系统，但并不具独立性，实际上只是财务会计的一个组成部分。

### （二）建立"标准成本会计"

实行事前计算与事后分析相结合，以促进企业在生产经营中提高效率，减少浪费，为企业加强内部的成本管理（控制）服务。可见"标准成本会计"不同于成本的账内计算，它大大超越了传统财务会计的基本框架，而为会计直接服务于企业管理开创了一条新路。"标准成本会计"的这一特性，使它能履行管理会计的一定职能，因而在20世纪50年以后，随着现代管理会计的兴起，它被纳入"现代管理会计"的基本框架，作为"执行性管理会计"的一个组成部分继续发挥作用，是很自然的。

但也必须看到，导源于泰罗制的"标准成本会计"，实施的有效性，有赖于整个社会大的社会经济环境和企业内部生产技术系统的稳定，表现为长期大量生产具有稳定的市场需求的较少品种的产品。如果不是这样，原始意义上的"标准成本会计"就难于有效地运作了，这是它的局限性。

总的说来，在成本会计阶段，认识和分析问题，基本上还停留在"技术"层面上，并没有提到应有的理论高度来认识，这可以说是一个总体性的缺陷。但美国会计学家J.M.Clark于1923年出版的《Studies in the Economics of Overhead Costs》一书中提出的"不同的成本服务于不同的目的"（Different Costs for Different Purposes）的论断，却富有哲理性，至今仍为众多学者反复引用。可见其理论价值不仅没有随着时间的流逝而贬损,反而在管理会计以后的发展阶段中得到了进一步的发扬光大。理论的重要性也于此可见一斑,足以发人深省。

## 二、"现代管理会计"阶段

这一阶段起于20世纪50年代到20世纪的70年代之初,管理会计所取得的进展,可归纳为以下几个方面:

### (一)完成从执行性会计向决策性管理会计转变

20世纪50年代以前的会计系统重点放在为企业内部提高生产和工作效率服务,并不涉及决策咨询方面的问题。因为从20世纪初到20世纪50年代,中间经过两次世界大战,企业面临的经济大环境是:社会物资缺乏,供不应求,产品生产出来以后不愁没有销路。因而经营决策问题并没有在企业管理中引起足够的重视,而被排除在会计视野之外。20世纪50年代以后,情况有了很大的变化。这是由于:从20世纪50年代起,资本主义世界进入所谓战"后期",从此资本主义经济陆续出现了许多新的变化。主要表现在:一方面现代科学技术突飞猛进并大规模应用于生产,使社会生产力获得十分迅速的发展;另一方面,资本主义企业进一步集中,跨国公司大量涌现,企业的规模越来越大,生产经营日趋复杂,企业外部的市场情况瞬息万变,竞争更加剧烈。这些新的环境和条件,对企业管理提出了新的要求,迫切要求实施"管理的重心在经营,经营重心在决策"的指导方针,把正确地进行经营决策放在首位。

与此相适应,在现代管理科学(包括运筹学和预测、决策科学等)的指引下形成的决策性管理会计的基本框架,是以"决策会计"与"执行会计"为主体,并把"决策会计"放在主导的地位。它突破了原有执行性会计系统的局限,在广度和深度上都得到了重大发展。

### (二)管理会计其他领域取得的进展和创新

(1) 企业管理深入到作业水平,形成作业成本计算与作业管理;
(2) 技术与经济相结合形成目标成本计算和与之相联系的KAIZEN成本计算;
(3) 以成本的"社会观"为指导形成产品生命期成本计算;
(4) 管理会计中行为科学的引进与应用;
(5) 创建着眼于企业与金融市场共生互动的资本成本会计;
(6) 创建着眼于社会价值链优化的战略管理会计;
(7) 创建服务于正确实施可持续发展战略的环境管理会计;
(8) 创建服务于正确实施全球发展战略的国际管理会计。

由此可见,现代管理会计已成长为一棵以基础性管理会计为主体的"枝繁叶茂、繁花似锦"的大树!

以上各个领域的进展和创新,使现代管理会计从广度、深度和高度上发展到一个新的水平,并具有以下几个特点:

（1）提供信息对内深化与对外扩展并举；
（2）应用的指标力求从滞后性向前导性转变；
（3）涉及的内容更趋多学科化。

## 三、战略管理会计阶段

20世纪80年代以后，由于"信息经济学"和"代理理论"的引进，管理会计又有了新的发展。但是，面对世界范围内高新技术蓬勃发展，并被广泛应用于经济领域，管理会计又显然有些过时落伍。为此，以美国会计学家卡普兰教授为代表的创新管理会计学派致力于管理会计信息相关性的研究，由此迎来了一个以"作业"为核心的"作业管理会计"时代。20世纪90年代是一个以战略管理会计为中心的新时代，管理会计进入了"战略管理会计"时代，并将继续得到进一步的发展。

随后，管理会计学者对企业经营环境进行了新的探索，管理会计再一次向前飞跃，各种创新的管理方法层出不穷，产生了一批新的会计处理方法，主要包括以下几个方面：

### （一）全面质量管理

全面质量管理（TQM）是20世纪60年代从传统质量管理发展起来的，随着国际国内市场环境的变化，TQM已经发展成为一种企业竞争的战略武器，一种由顾客的需要和期望驱动的、持续的改进产品质量的管理哲学。TQM的目标就是公司在生产的各个环节追求产品"零缺陷"，并由顾客最终界定质量。TQM对计量和报告员工业绩的会计来讲，产生了质量会计这一新学科。但由于提高质量所产生的收益难以计量，质量会计发展的重点就放在质量成本的确认、计量和报告上。一般认为，质量成本由五大类构成：预防成本、检验成本、内部失败成本、外部失败成本、外部质量保证成本。另外，在TQM情况下，会计人员绩效衡量标准包括了产品的可靠度、服务的及时性等促使管理人员努力提高产品质量的非货币性指标。

### （二）战略管理

所谓"战略管理"，就是着眼于对企业发展有长期性、根本性影响的问题进行决策和制定政策，以便在市场中取得竞争优势，确保有效完成公司目标。战略管理思想对成本会计系统的影响主要体现在战略管理成本的提出。战略成本管理就是运用成本数据和信息，确认和建立能促进公司竞争优势的最优战略。战略管理会计所包括的范围，一般包括五个方面：价值链分析、SWOT分析、人力资源管理、战略成本管理、战略性绩效评价。

### （三）目标管理

按目标进行管理，要求一个企业在一定时期内应当确定总的奋斗目标，如总利润、投资收益率等,并据以指导、组织、动员员工为完成企业总体目标而努力。围绕这个总目标,企业各部门、各环节乃至每个人都应当制订自己的奋斗目标,如销量目标、利润目标、成本目标等,并制定实现目标的措施,以保证总目标的完成。实行目标管理可以提高企业管理工作的主动性和积极性,克服盲目性,提高经营管理水平。

平衡记分卡是卡普兰和诺顿在总结了十二家大型企业的业绩评价体系的成功经验的基础上,提出的适应信息时代的新兴的绩效评价方法。它突破了传统的以财务为核心的评价体系,把组织的战略目标与实现的过程联系起来,把企业当前的业绩与未来的获利能力联系起来,通过评价体系使企业的组织行为与企业的战略目标保持一致。平衡记分卡将企业战略、过程、行为与结果一体化,通过财务维度、顾客维度、内部业务流程维度和学习与成长维度四个方面评价企业的经营业绩。

● **(四)平衡记分卡**

具有里程碑意义的"综合记分卡"(也称为平衡记分卡)的设计与应用。Robert S. Kaplan与David P. Norton合著的《综合记分卡》(The Balanced Scorecard)1996年出版以后,在理论界、实务界产生了巨大的影响,世人给予了高度的评价。它所体现的"五个结合":战略与战术、当前与未来、内部条件与外部环境、经营目标与业绩评价、财务衡量与非财务衡量相结合。无论从理论认识还是从实际应用上看,都实现了新的突破,它完全超越了传统意义上会计的局限,而成为新的历史条件下创建新的综合性管理系统的一个重要里程碑!这是"后现代管理会计"阶段迄今取得的一项重要的综合性创新成果!

综上所述,管理会计从形成至今,经历了三个阶段,每一个阶段都对应着相应的经济发展水平和管理理论,如图1-2所示。

| 管理会计的发展历程 | 成本会计阶段 | 以成本控制为主要特征;<br>以近代会计形成、成本控制和获取利润为经济特征;<br>以官僚管理学派、科学管理学派、行政管理学派为理论基础。 |
|---|---|---|
| | 现代管理会计阶段 | 以预测、决策为主要特征;以推行职能管理,改善人际关系,进行生产经营预测、决策为经济特征;以行为科学、系统理论、决策理论为理论基础。 |
| | 战略管理会计阶段 | 以重视环境适应性为主要特征;<br>以市场竞争要求进行"顾客化生产"以及科学发展使顾客化生产成为可能。 |

图1-2 管理会计发展历程

# 第三节 管理会计与财务会计的区别与联系

管理会计和财务会计是现代企业会计的两大分支，分别服务于企业内部管理的需要和外部决策的需要，两者之间既有区别又有联系。

## 一、管理会计与财务会计的区别

管理会计作为一门相对独立的学科，它与财务会计相比，存在许多不同之处。主要表现在以下几个方面：

### （一）基本职能不同

管理会计是规划未来的会计。其基本职能侧重于对未来的预测、决策和规划，对现在的控制、考核和评价，属于经营管理型会计；而财务会计是反映过去的会计，其基本职能侧重于核算和监督，属于报账型会计。

### （二）目标侧重点不同

管理会计主要服务于企业内部管理，主要对企业内部各级管理层次提供有效经营和最优化决策所需的管理信息，主要是对内报告会计，在必要时也对外提供报告；财务会计主要向企业外部各利益关系人（如股东、潜在投资人、债权人、税务机关、证券监管机关等）提供信息，主要是对外报告会计，同时也兼顾企业内部管理。

### （三）核算依据不同

管理会计服从于企业管理部门和管理人员的管理要求和有关经济决策理论和方法，不受公认会计准则、会计制度的制约，其处理方法完全依据企业管理的实际情况和需要确定，具有很大的灵活性和机动性；而财务会计必须遵循公认会计原则或会计法规与制度，进行会计核算和财务监督，其处理方法只能在允许的范围内选用，灵活性较小。

### （四）报告要求不同

管理会计面向未来进行预测、决策，因此其报告的编制不受固定会计期间的限制，不一定对外报送，可以采用非货币计量单位，不要求统一格式和内容，可以采用定量与定性相结合方式，编制满足经济管理活动需要的各种报告；而财务会计主要对历史财务信息进行核算和监督，反映组织一定期间的财务状况、经营成果和现金流量，其应按规定的会计期间编制报告，采用货币计量，并且要求报表格式统一规范。

### （五）核算对象范围不同

管理会计既要提供反映企业整体情况的资料，又要提供反映企业内部各责任单位经营活动情况的资料，其核算对象范围是不固定，可以大至整个企业，也可小至一个部门，因而呈现出多层次的特征；而财务会计的核算对象范围较固定，它以整个企业的生产经营活动作为核算对象，提供反映整个企业财务状况、经营成果和现金流量变动的会计资料。

### （六）核算程序不同

管理会计核算无固定程序，不必严格按照凭证—账簿—报告的程序组织核算，较为灵活自由，信息载体格式也可根据需要灵活设计使用；而财务会计核算程序比较固定，一般严格按照凭证—账簿—报告的程序组织核算，有关信息载体格式也较为固定。

### （七）核算方法不同

由于未来经济活动的复杂性和不确定性，管理会计在进行预测、决策时，要灵活采用多种核算方法，如成本习性分析法、差量分析法、本量利分析法、边际贡献分析法和折现现金流量分析法等，这些方法的使用需要大量应用现代数学方法（如微积分、线性规划、概率论等）和计算机技术；而财务会计受公认会计原则的制约，采用相对固定的核算方法，一般只应用初等数学方法（如加、减、乘、除）进行会计核算。

### （八）核算要求不同

由于管理会计的工作重点面向未来，未来期间影响经济活动的不确定因素比较多，加之管理会计对信息及时性的要求，决定了管理会计所提供的信息不能绝对精确，一般只能相对精确，不影响判断即可；而财务会计反映已经发生或已经完成的经济活动，因此其提供的信息应力求精确，数字必须平衡，精确程度要求较高。

### （九）理论成熟程度不同

管理会计作为一门发展中的新兴学科，它的理论体系还需要进一步发展和完善。而且各个国家的社会经济环境千差万别，每个企业的经营规模、经营特点又各不相同，管理会计的实施程度只能视需要和可能而定；而财务会计产生的历史较早，在理论和方法上比较成熟和稳定，各个国家的每个企业几乎都需要和实施财务会计。

## 二、管理会计与财务会计的联系

管理会计虽然是从财务会计中分离出来，但它和财务会计一起构成现代企业会计的重要组成部分，两者在为改善企业经营管理、提高经济效益等方面存在密切的联系。主要表现在以下几个方面：

### （一）基本资料来源相同

管理会计所使用的信息尽管广泛多样，但基本信息来源于财务会计的某些资料，通过加工、改制和延伸，使其符合内部经营管理的需要，管理会计没有必要另行组织一套原始资料。

### （二）主要指标相互渗透

如财务会计提供的历史性的资金、成本、利润等指标，是管理会计中期、长期、短期决策分析的依据，而管理会计中确定的预算、标准等数据又是组织财务会计日常核算的基本前提。

### （三）内容存在交叉

如成本会计的相关内容，既用于内部管理之中，又用于期间损益计算之中。

### （四）最终目标相同

尽管管理会计、财务会计分别对企业内部和外部提供相关信息，但最终目标都是为了加强企业管理，提高经济效益，使企业能够获得更大利润，因而有殊途同归之效。

### （五）核算资料的要求相同

管理会计和财务会计都要求会计信息满足客观性、可靠性和相关性等特征，要求核算以客观确定的证据为基础，并易于验证。

## 三、管理会计的特点

管理会计的特点是指相对于财务会计而言，其所具有的特色和差异显著。总的来说具有以下特点：

### （一）侧重于为企业内部的经营管理服务

管理会计的主要目的就是为企业各级管理人员提供有效经营和科学决策的信息，为加强企业的内部经营管理，提高经济效益服务。这种服务对象侧重于企业内部经营管理，是管理会计的本质特点，正是有了这一特点，才派生出管理会计的其他主要特点。但我们也不能简单地认为，财务会计服务于外部，管理会计服务于内部。从本质上讲，无论是财务会计还是管理会计，都是既服务于企业内部又服务于企业外部，只是各自的侧重点不同而已。

### （二）面向未来，控制现在

面向未来是指，为了有效地服务于企业内部的经营管理，管理会计必须运用其特有的理论和方法，对各种可行方案进行科学预测，以此作为决策和编制预算的依据；控制现在是指，为了确保规划的经营目标得以实现，必须加强对管理执行的效果进行监督。

### （三）兼顾生产经营的全局和局部

财务会计一般只提供企业全局的综合性的经济信息，而管理会计不仅提供有关全局的信息，还要提供企业内部不同部门、不同产品、不同项目等局部的有关生产经营信息。管理会计的这一范围特点，也是由其目标特点决定的。因为，要有效地服务于企业内部经营管理，就必须做到从全局着眼，综合平衡，以实现局部与全局的统一。

只有这样才能同时兼顾全局与局部，保证企业高效运转，提高经营管理的质量。

### （四）广泛运用数学方法

管理会计与财务会计相比，数学方法运用更为广泛，既有初等数学方法，又有高等数学方法。为了在现代管理中更好地发挥会计的积极作用，管理会计越来越多的借助数学方法来解决复杂的经济问题。数学方法的广泛应用，表明管理会计正在不断走向成熟与完善。因为"一门科学只有成功地应用数学时，才算达到了真正完善的地步"。

管理会计的上述特点是相对于财务会计而言的，财务会计和管理会计不可能也不应该截然分开。

**思考题**

1. 从国内外学者和相关机构对管理会计的定义中你有哪些思考？
2. 从管理会计的发展历程看，你认为管理会计在企业管理中处于何种地位？同时结合我国企业思考管理会计的应用现状。
3. 科学管理理论在现代管理会计有哪些重要影响？这些影响在管理会计的发展中表现在哪些地方？
4. 管理会计和财务会计的关系说明了什么，你从中得到哪些启示？

## 同步练习题

### 一、单项选择题

1. 管理会计的核心职能是（　　）。
   A. 预测　　　　B. 决策　　　　C. 控制　　　　D. 考核

2. 管理会计的信息时效在于面向（　　）。
   A. 过去　　　　B. 现在　　　　C. 未来　　　　D. 整体

3. 管理会计的决策只能是以（　　）为基础。
   A. 核算　　　　B. 控制　　　　C. 预测　　　　D. 考核

4. 管理会计进行控制和考核的依据是（　　）。
   A. 预算　　　　B. 决策　　　　C. 核算　　　　D. 评价

## 二、多项选择题

1. 管理会计的职能包括（　　）。
   A. 预测职能　　B. 决策职能　　C. 控制职能　　D. 核算职能
2. 管理会计的内容包括（　　）。
   A. 规划会计　　B. 核算会计　　C. 控制与业绩评价会计　　D. 决策会计
3. 管理会计与财务会计的联系表现在（　　）。
   A. 核算对象相同　　B. 最终目标相同　　C. 信息来源相同　　D. 核算资料要求相同
4. 管理会计的特征主要表现为（　　）。
   A. 侧重于为企业内部管理服务　　B. 面向未来，控制现在
   C. 既管理全局又管理局部　　　　D. 大量运用数学知识

## 应用实践

某航空公司一新航线，每周单程机票商业航班是某航空公司一新航线，每周单程机票商业航班是120元，旅游航班90元。为此，公司需要租用2架100个座位客机，每架租金年600万元，其他固定费用年360万元，机组人员工资每小时600元，燃料每小时1 200元，单程飞行时间50分钟，每位旅客检票及行李托运手续费15元。为每位旅客提供的食品及饮料费18元，食品饮料在商业航班中免费。

问题：如果每天5趟商业和3趟旅游航班安排在周一到周五，在周六及周日有10趟旅游航班，则每趟航班平均载客量达到多少时该公司才能保本？

# 第二章

## 成本性态分析及变动成本法

## 知识框架图

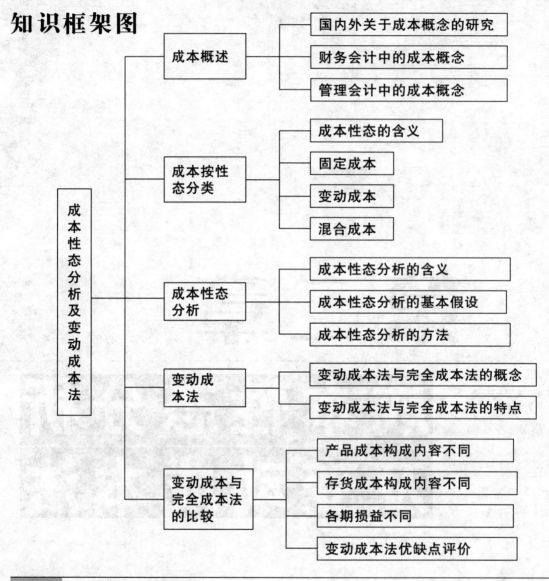

| | 【理论知识目标】 |
|---|---|
| 学习目标 | 1. 了解成本的概念和分类。<br>2. 了解固定成本和变动成本的特点。<br>3. 理解成本性态的目的和前提条件。<br>4. 掌握混合成本的分解方法。<br>5. 掌握变动成本法的基本原理。<br>【应用能力目标】<br>1. 根据管理需要，熟练进行成本性态分析。<br>2. 根据管理需要，熟练进行变动成本法的成本计算和利润计算。 |

# Gump 会计

## 导入案例

威廉斯顿·格鲁姆是《福斯特·甘普》一书的作者，在其著作被改编为电影 *Forrest Gump* 后，他被允诺可获得35万美元以及电影净利润的3%的收入。

*Forrest Gump* 在全球取得了6.7亿美元的票房收入，是史上票房收入前100名的电影之一。然而，*Forrest Gump* 的制作商在该片上映后报告说该电影在近一年的时间内亏损了6 000万美元。尽管该影片在票房收入方面十分成功，但派拉蒙电影制片厂指出来自国内和国外的票房收入总计有1.91亿美元，而费用却超过2.5亿美元。这一结果可以通过好莱坞的契约成本法来解释，在这一成本法下，所有与电影相关的成本，包括分配的间接成本，如发行成本，都归到该电影中。

*Forrest Gump* 的发行成本达到了票房收入的32%。费用包括5 000万美元的制作成本，大约7400万美元的营销成本，另外还有6 200万美元的分消费；支付给汤姆·汉克斯和制片人将近6 000万美元。因此，根据净利润分成的影片参与人将一无所获。

格鲁姆现在变聪明了，他与派拉蒙电影公司就 *Forrest Gump* 的续集签订的新合同允许格鲁姆按电影扣除费用之前的票房收入提成，在这样的合同下，他再也不用担心发行成本和其他分配而多出来的费用了。

# 第一节 成本概述

## 一、国内外关于成本概念的研究

### （一）国外关于成本概念的研究

马克思认为成本"只是一个在生产要素上耗费的资本价值C+V的等价物或补偿价值"。马克思是从商品生产的角度给成本下的定义，即只能从资本家实际耗费和补偿的角度来定义，它表明了产品成本的经济内涵，是对产品成本的高度抽象。

美国会计学会（AAA）成本概念委员会1951年将成本定义为"成本是指为了达到特定目的而发生或应发生的价值牺牲，它可用货币单位加以衡量"。这一成本概念不仅指产品成本，还包括在经营过程中可能发生的预计成本，以及进行预测、决策所需用的变动成本、机会成本等。但这一定义有些无法用货币计量的成本无法包括进来具有一定的局限性。

1957年美国会计师协会（AICPA）名词委员会认为，成本是指用以取得或者说能取得资产或劳务而支付的现金、转让的其他资产，给付的报酬或承诺的债务，并以货币衡量的数额。

20世纪70年代，AICPA所属的会计原则委员会认为，成本是指在经济活动中所蒙受的牺牲。

20世纪80年代，美国财务会计准则委员FASB将成本理解为经济活动中发生的价值牺牲，即为了消费、储蓄、交换、生产等所放弃的。

2003年Ronaldw.Hilton在其所著的管理会计学中认为：成本可被定义为为达到某一目的而做出的牺牲，一般通过为之所放弃的资源来衡量。成本根据它所处的背景可以具有不同的含义。为了某一目的而以特定方法分类和记录的成本数据，可能并不适合于另一种用途。目的不同，成本不同。

### （二）国内关于成本概念的研究

中国会计学会（1996）将成本定义为：成本就是企业为实现一定经济目的而耗费的本钱。这一观点可称为耗费论。

阳昌云（2000）认为成本本质上表现为资源配置的效率，资源耗用和时间因素构成成本的基本要素。

陈汐、沈红（2003）从经济学、管理学和会计学的不同角度对成本概念进行比较分析，提出会计学的成本概念更强调成本的计量属性。传统的财务会计受制于外部报表使用者对会计信息的要求，将成本理解为企业为了获得营业收入而发生的耗费。

综上可以看出成本服务的管理目标不同，其含义也不尽相同。传统财务会计认为成本是生产过程中劳动耗费的货币表现，而管理会计扩展了成本的内涵和外延，提出多维成本概念。

## 二、财务会计中的成本概念

财务会计主要是为企业外部有关方面提供对决策有用的财务信息,所以在财务会计中,成本是根据财务报表的需要而定义的,收到外部报表使用者对会计信息的要求,由会计准则或会计制度来规范。财务会计的成本概念强调成本的计量属性,认为成本概念必须是可计量和可用货币表示的。财务会计学认为成本是指取得资产的代价,或是生产产品和提供劳务所发生的支出。财务会计的成本概念有以下缺陷:财务会计的成本概念是面向过去的,不能提供面向未来的财务信息。财务会计主要从核算的角度来运用成本,强调将收入与其相应的成本相配比,一些不能在现阶段产生收益的成本如研发成本、设计成本等这些与企业的长期发展有关的成本都不能正确的核算。因为财务会计强调成本的可计量属性,许多不可计量成本,如机会成本都不能包括在内。

## 三、管理会计中的成本概念

传统财务会计认为,成本是指按某种产品或商品所归集的预期有某种关联的费用。在管理会计中,成本往往被赋予与传统的财务会计学截然不同的含义。

财务会计的成本概念主要是指产品成本,而管理会计的成本概念是多维度的。从管理会计的角度看,成本是指企业在生产经营过程中对象化的,以货币表现的,为达到一定目的而应当或可能发生的各种经济资源的价值牺牲或代价。与财务会计强调历史成本概念不同的是,管理会计范畴中的成本时态可以是过去时、现在完成时甚至是将来时。

# 第二节 成本按性态分类

## 一、成本性态的含义

成本性态,也称成本习性,是指成本总额与业务量之间的依存关系。将成本按照性态进行分类是管理会计的基础。

这里所说的业务量(以下用x表示)是指企业在一定的生产期间内投入或完成的经营工作量的统称。业务量的表现形式有很多种,总的来说主要包括绝对量和相对量两类。其中,绝对量又可分为实物量(产出量)、价值量(销售收入)、时间量(人工或机器小时)三种形式。相对量一般采用百分比或比率(作业率)等形式。

成本按照其性态可以进一步分为固定成本、变动成本和混合成本。

## 二、固定成本

### （一）固定成本的概念

固定成本，是指在相关范围内其总额不随业务量的变动而变动，保持固定不变的的成本。例如行政管理人员的薪酬、按直线法计提的厂房和机器设备的折旧费、财产保险费、广告费、职工培训费、租金等。

固定成本具有两大基本特点：固定成本总额（以下用常数a表示）不受业务量变动的影响在相关范围内保持固定不变；但是由于总额不变，单位产品所分担的固定成本必然会随着业务量的变动成反比例变动，即单位固定成本（以下用a/x表示）具有反比例变动性。

【例2-1】：某企业只生产一种产品，需要租入一台专用的加工设备，每月需向租赁公司支付租金48 000元。假定该设备最大生产能力为4 000件/月，则产量分别为1 000件、2 000件、3 000件和4 000件时对成本的影响如表2-1所示。

表2-1　企业成本资料表

| 产量（件） | 总成本（元） | 单位产品成本（元） |
| --- | --- | --- |
| 1 000 | 48 000 | 48 |
| 2 000 | 48 000 | 24 |
| 3 000 | 48 000 | 16 |
| 4 000 | 48 000 | 12 |

从上例可以看出，设备租金为固定成本，总额不随产量的变动而变动，在一定范围内保持固定不变，但是单位产品所负担的固定成本与产量呈反比例关系。

将表2-1里的有关数据在坐标图中表示，固定成本的性态模型图如下所示：

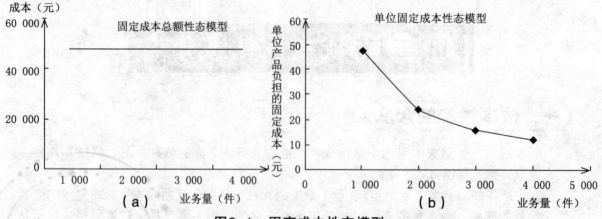

图2-1　固定成本性态模型

从图2-1(a)可以看出，固定成本总额在坐标图中表现为一条平行于横轴的直线，反映了固定成本总额不变的特点；图2-1(b)中单位产品固定成本表现为一条随着产量增加而递减的曲线，反映了单位固定成本与产量呈反比例变动的特点。

## （二）固定成本的分类

固定成本还可以按照其是否能够在一定期间内改变，可进一步细分为约束性固定成本和酌量性固定成本。

**1. 约束性固定成本**

约束性固定成本是指不受管理当局短期决策行为影响的固定成本。这部分成本属于经营能力成本，是一种提供和维持生产经营所需设施、机构而支出的成本，管理当局的短期决策行为不能够改变这部分支出，具有很大的约束性。主要包括固定资产折旧费、保险费、租金、管理人员工资、照明费、取暖费等。由于约束性固定成本属于生产经营能力成本，因此要想降低这类成本，只能从提高企业的生产能力，提高产品的产量着手。

**2. 酌量性固定成本**

酌量性固定成本是指管理当局的短期决策行为能够改变其数额的那部分固定成本。主要包括广告费、新产品研究开发费、职工培训费、科研试验费等。这类费用的大小取决于管理当局的决策。其预算期较短，通常是一年，因此企业的经理人员可以根据情况的变化而改变预算期的支出数。尽管酌量性固定成本的大小是由管理当局决定的，但并不意味着这类成本越少越好。酌量性固定成本是一种为企业的生产经营提供良好条件的成本，是企业竞争力的体现。要想降低这类固定成本，可以在不影响生产经营的前提下精打细算、厉行节约、消灭浪费。通常所说的降低固定成本总额就是降低酌量性固定成本。

## （三）固定成的相关范围

固定成本呈现出不随业务量变动而变动的性态并不是绝对的，而是有条件限制的，这一限制条件被称为"相关范围"。"相关范围"在这里具有两层含义：

**1. 时间范围**

从较长时间范围来看，所有成本都是可变的。即使是约束性固定成本，其总额也会发生变化。因为随着时间的推移，企业的生产经营能力的规模和质量都会发生变化，由此必然会引起厂房的扩建、设备的更新、管理人员的增减，从而折旧费、工资等固定成本支出额也会发生改变。由此可见，固定成本只有在一定的时间范围内，才呈现不随业务量的变动而变动的特征。

**2. 业务量范围**

当企业的业务量超过一定水平之后，势必需要扩建厂房、增添设备相应的原属于固定成本的折旧费、修理费、管理人员工资也会相应增加。由此可见，固定成本要呈现出固定性的特征不仅要求在一定的时间范围内而且还要求在特定的业务量范围内。

【例2-2】：根据例2-1的资料，该企业要求将这种产品的产量增加到5 000件，为满足生产需要，该企业需要再租入一台同类设备，由此该企业的固定成本——租赁费将增加到96 000元。我们将固定成本租赁费与产量之间的关系反映在直角坐标图中，如下图2-2所示：

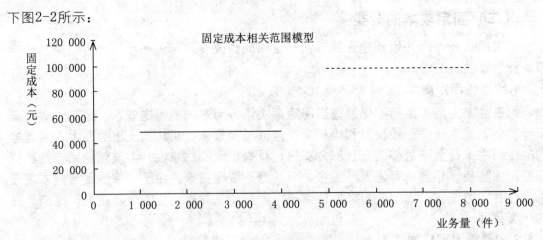

图2-2 固定成本的相关范围

## 三、变动成本

### （一）变动成本的概念

变动成本是指在相关范围内，其总额随业务量变动而变动的成本。变动成本一般包括直接材料、直接人工，制造费用中随业务量总数成正比例变动的燃料费、动力费等，销售费用、管理费用和财务费用中那些与销售量成正比例的费用项目。

变动成本具有两大基本特征：变动成本总额与业务量之间呈正比例变动；相反单位变动成本（以下用常数b表示）不受产量变动的影响。这是成本按性态划分的一个内在逻辑，也是运用变动成本法进行决策的基本思考方式。

【例2-3】：假设仍按例2-1资料，A企业每生产一件A产品需要消耗一个b配件。b配件的外购单价为10元，2014年上半年各月A产品产量与B配件外购总成本及单位A产品消耗b配件成本的有关资料如表2-2所示。

表2-2 b配件成本资料

| 产量（件） | b零件总成本（元） | 单位产品b零件成本（元） |
|---|---|---|
| 1 000 | 10 000 | 10 |
| 2 000 | 20 000 | 10 |
| 3 000 | 30 000 | 10 |
| 4 000 | 40 000 | 10 |

从上例可以看出，生产A产品所需的b零件成本总额随着业务量的变动成正比例变动，但是单位产品所需的b零件成本保持不变，即单位变动成本不变。

将上例中的数据资料反映在直角坐标图上，变动成本的性态模型如图2-3所示：

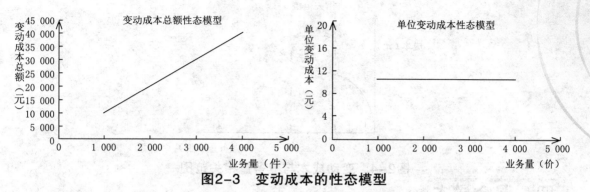

图2-3 变动成本的性态模型

### （二）变动成本的分类

变动成本根据其产生的原因可进一步分为约束性变动成本和酌量性变动成本。

**1.技术性变动成本**

技术性变动成本是指在单位成本受客观因素决定、消耗量由技术因素决定的那部分变动成本。以直接材料为例，生产一部手机需要电池、CPU、屏幕、摄像头等，当企业产品定型以后，上述成本的大小就具有了很大程度的约束性，这类成本改变了，产品类型往往也随之改变。要想降低这类成本，只能通过改进产品工艺，提高材料利用率、劳动生产率和产出率等方式来实现。

**2.酌量性变动成本**

酌量性变动成本是指受管理当局决策影响的那部分变动成本。例如，按销售收入一定比例计算的销售佣金、计件工资制下的工人薪资等。这些支出的比例或标准取决于企业管理者当期的决策，当然，企业管理者在做上述决策时不能脱离当时的各种市场环境。

### （三）相关范围

与固定成本一样，变动成本随业务量的变动呈正比例变动的特征也是在一定业务量范围内才存在的，超过这一范围，两者之间不一定存在正比例关系。例如，当一种产品产量较低时，单位产品的材料和工时的消耗较高，当产量增加到一定程度时，由于可以更为经济、合理地下料和利用工时，单位产品的材料和工时的消耗也会相应地降低。因此在产量增长的初始阶段，变动成本总额就不会同产量成正比例变动，而是表现为一条凸型曲线变动。当产量继续增加达到一定程度之后，各项消耗及人工效率将会处于相对稳定的状态，此时在一定范围内有关单位成本不再随业务量变动，成本总额将表现为一条直线。当产量继续增长，突破某一范围之后，企业将会出现各种不经济的因素，此时变动成本总额将表现为一条凹型的曲线。上述成本与业务量之间的关系可以用图2-4表示：

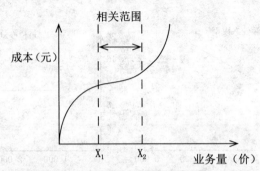

图2-4 变动成本与业务量相关范围

## 四、混合成本

### (一)混合成本的概念

混合成本是指介于固定成本和变动成本之间,其总额既随业务量变动而变动但又不成正比例变动的那部分成本。成本按其性态分类的依据是"是否变动"与"是否正比例变动"双重标准,依此分类必然产生既不属于固定成本也不属于变动成本而介于两者之间的混合成本。

### (二)混合成本的分类

混合成本按其变动趋势的不同可以进一步分为半变动成本、半固定成本、低坡式混合成本和曲线式混合成本。

**1.半变动成本**

半变动成本又称标准式混合成本,是指在非零的基数成本基础上,成本随着产量的变动而呈正比例变动的成本。这类成本的特点是具有一个不受业务量影响的基数成本,类似于固定成本。当业务量发生变动时,成本在该基数的基础上,随业务量的变动呈正比例变动,呈现出变动成本的特征。企业的水、电、煤气等公用事业费用、电话费用就是典型的半变动成本。

半变动成本的成本函数可以用$y=a+bx$这一函数模型来描述

【例2-4】:假设企业每个月的电话费需要缴纳基本月租共计1 000元,在此基础上每通话一分钟收取0.5元的通话费。假设本月通话时长共计1 500分钟。根据上述资料,本月的通话时长与该企业的电话费成本的关系可用图2-5表示。

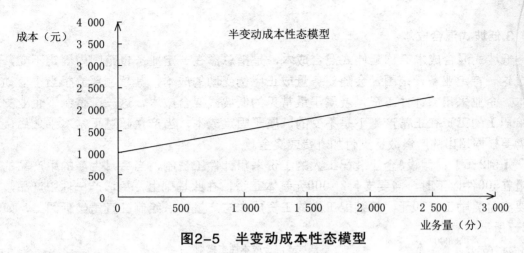

图2-5 半变动成本性态模型

### 2.半固定成本

半固定成本又称"阶梯式混合成本",是指会随业务量的变动呈现阶梯式变动的成本。这类混合成本的特点是,在一定业务量范围内其成本不随业务量变动而变动,类似于固定成本,当业务量突破这一范围,成本就会呈现跳跃式上升,在新的业务量范围内固定不变,直到出现另一个新的跳跃为止。在实际生活中,企业检验员、化验员、质检员等人员的工资就属于此类成本。

半固定成本可以用下列数学模型来描述:

$$y=f(x)=\begin{cases} a_1 & (0 \leq x \leq x_1) \\ a_2 & (x_1 < x \leq x_2) \\ a_3 & (x_2 < x \leq x_3) \end{cases}$$

【例2-5】:当A企业每月生产的甲产品产量在500件以内时,只需要一名检验员,每月工资1 000元,当产量每增加500件就需要增加一名检验员。根据上述资料,可将A企业本月的甲产品产量与检验人员工资成本用下述数学模型反映:

$$y=f(x)=\begin{cases} 1\,000 & (0 \leq x \leq 500) \\ 2\,000 & (500 \leq x \leq 1\,500) \\ 3\,000 & (1\,500 \leq x \leq 2\,000) \end{cases}$$

将该企业检验员工资成本的性态模型绘制在平面直角坐标系上如图2-6所示:

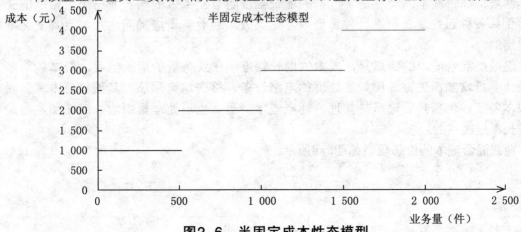

图2-6 半固定成本性态模型

### 3.低坡式混合成本

低坡式混合成本又称延伸式混合成本，是指总额在一定业务量范围内固定不变，超过这一特定业务量范围，会随业务量成正比例变动的成本，其超额部分相当于变动成本。企业采用的计件工资，就属于最常见的低坡式混合成本，这一工资制下企业支付给职工的工资在正常产量下是不变的，属于固定成本，当产量超过正常水平之后，则需要根据超出的产量数量支付加班费或奖金。

【例2-6】：假设A企业装配工人的工资采用计件工资制，当每月生产的甲产品的产量在500件以下时，需要支付2 000元基本工资，在此基础上，每增产一件甲产品，需要支付奖励工资10元。将装配工人的工资成本与产量关系绘制在直角坐标图上，如图2-7所示：

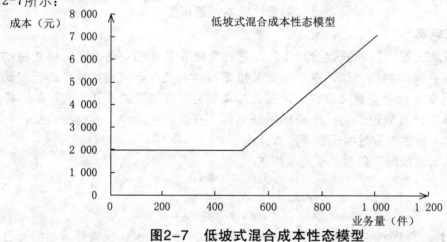

图2-7 低坡式混合成本性态模型

### 4.曲线式混合成本

曲线式混合成本是指成本总额与业务量之间呈现为非线性关系的成本。这类成本通常有一个初始量，相当于固定成本，在这一初始量的基础上，成本随业务量变动但不存在线性变动关系，在平面直角坐标图上表现为一条破无线。按照曲线斜率的不同变动趋势，这类混合成本可进一步分为递减型混合成本和递增型混合成本。

递增型混合成本的特点是，成本的增长幅度随着业务量的增长而呈更大幅度的变化。例如各种违约金、累进计件工资等，这类成本随业务量增加而增加，且其变化率是递增的。

递减型混合成本的特点是，成本的增长幅度小于业务量的增长幅度，成本的斜率随着业务量增加而递减。例如热处理的电路设备，每班均需预热，其预热成本属于固定成本特征，但预热后进行热处理的耗电成本，虽然也随处理量的增加而增加，但是其增长率是递减的。

曲线混合成本的性态模型如图2-8所示：

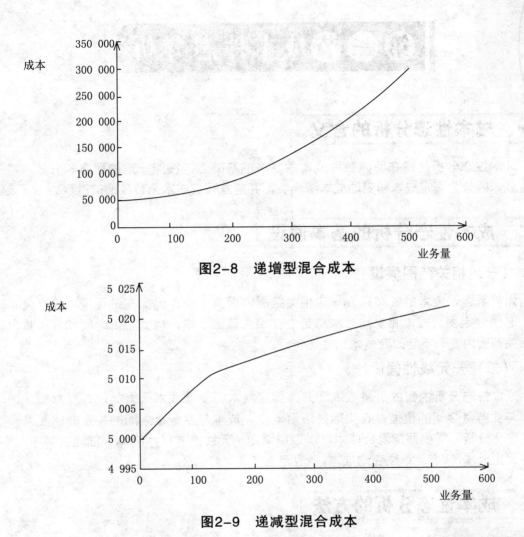

图2-8 递增型混合成本

图2-9 递减型混合成本

# 第三节 成本性态分析

## 一、成本性态分析的含义

成本性态分析是指在明确各种成本的性态的基础上，按照一定的程序和方法，将混合成本区分为固定成本和变动成本两大类，并建立相应成本函数模型的过程。

## 二、成本性态分析的基本假设

### （一）相关范围假设

如前所述，成本的性态只在一定相关范围内保持不变，因此在进行成本性态分析时，必须假定固定成本和变动成本总是处在相关范围之中，也就是说时间和业务量只在相关范围内变动不会改变成本的性态特征。

### （二）一元线性假设

成本性态分析的目的是将成本划分为固定成本和变动成本两大类，并建立相应的成本与业务量之间的模型。在实际经济活动中，成本与业务量之间的关系非常复杂，为了简化分析，需要假定混合成本可以近似地用一元线性方程 $y=a+bx$ 来描述（其中，a 表示固定成本，b 表示单位变动成本，x 表示业务量）。

## 三、成本性态分析的方法

### （一）历史成本分析法

历史成本分析法是指运用一定方法对若干期的历史成本数据进行分析，推算出以前各期实际成本与业务量之间的依存关系，并以此来确定决策所需要的未来成本数据。历史成本分析法是进行成本性态分析的一种常用方法，这种方法在运用时要求企业资料齐全，成本数据与业务量的资料要同期配套，并以企业的历史成本与未来成本具有相似性为前提。因此，这一方法适用于生产条件较为稳定、成本水平平稳以及有关历史成本资料比较完备的成熟企业。

历史成本分析法又可具体分为高低点法、散布图法和回归直线法三种。

#### 1.高低点法

高低点法又叫两点法，是通过观察一定相关范围内各期业务量并选取最高点业务量和最低点业务量及其对应的成本来推算混合成本模型中的固定成本 a 和单位变动成本 b，最终确定成本与业务量的数学模型的方法。

具体步骤如下：
（1）确定高低点坐标

从各期业务量与相关成本构成的坐标点中，找出业务量最高点（假设坐标为$x_1$，$y_1$）和业务量最低点（假设坐标为$x_2$，$y_2$）。

（2）计算单位变动成本b

根据高低点坐标计算单位变动成本b

$$b=\frac{y_1-y_2}{x_1-x_2}$$

（3）计算固定成本a

将高点或低点坐标值和单位变动成本b值代入成本性态模型y=a+bx求出a值：

$$a=y_1-bx_1$$

（4）建立成本性态模型

将计算得到的a和b值代入成本性态模型y=a+bx。

【例2-7】：A企业生产甲产品，2014年1-6月各月的产量与制造费用的历史资料如表2-3所示：

表2-3　A企业1-6月各月产量与制造费用历史资料

| 月份 | 产量（件） | 制造费用（元） |
| --- | --- | --- |
| 1 | 500 | 18 000 |
| 2 | 600 | 21 000 |
| 3 | 400 | 16 000 |
| 4 | 470 | 17 000 |
| 5 | 525 | 20 000 |
| 6 | 510 | 19 000 |

要求：用高低点法对制造费用这一混合成本进行分解。

从上述资料可以看出，最高点坐标为（600，20 000）；最低点坐标为（400，14 000）。根据高低点法，其计算过程如下：

$$b=\frac{21\,000-14\,000}{600-400}=35$$

$$a=16\,000-35\times400=2\,000$$

在运用高低点法进行性态分析时需要注意以下问题：

（1）高低点法选用的历史成本数据，应能代表该项业务的正常情况，不能含有非正常状态下的成本。

（2）通过高低点法推算出的成本性态模型，只适用于相关范围内的情况，超出这个范围不一定适用所得出的数学模型。

（3）当相关范围内出现多个高点或低点而相对应的成本又不相同时，高点应选取成本最大者，低点则应选取成本最小者。

高低点法的优点在于简便易行，便于理解和计算。其缺点在于它只选择了众多历史成本资料中的两组数据作为计算依据，由此建立起来的成本性态模型很可能不具有代表性。这种方法只适用于成本变化趋势比较稳定的企业。

**2.散布图法**

散布图法是指以纵轴代表成本,横轴代表产量建立直角坐标图,将若干期业务量和成本的历史数据标注在坐标图上,通过目测画一条尽可能接近所有坐标点的直线,并据此来推算固定成本a和单位变动成本b,最终确定成本性态模型的一种成本性态分析方法。运用散布图法的具体步骤如下:

(1)标出历史成本数据坐标点

将历史资料中的各期业务量与相应成本组成的坐标点标注在直角坐标图上。

(2)画线

通过目测,在直角坐标图中画一条能尽可能多的通过或接近所有坐标点的直线即最能够反映成本变动趋势的直线。

(3)确定固定成本a

确定直线与纵轴的交点,交点值即为a值。

(4)计算单位变动成本b

单位变动成本b即直线的斜率,可以通过选取直线上任意一点将其坐标值及a值代入成本性态模型计算b值。

(5)建立成本性态模型

将确定的a和b值代入$y=a+bx$模型中,建立成本性态模型。

【例2-8】:仍沿用例2-7中的资料,采用散布图法对制造费用进行成本性态分析。

按照散布图法的步骤,首先将制造费用散布点分别标在直角坐标图中,并目测画一条能反映制造费用平均变动趋势的直线,如图2-10所示。从该图中可以读出截距即固定成本a的数值为2 500。在直线上任取一点p(500,18 000),将其代入$y=a+bx$模型中,可以求出b值为31。据此可建立制造费用性态模型如图2-10所示:

$$y=2500+31x$$

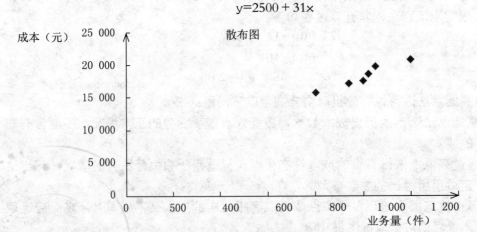

图2-10 散布图

散布图法采用图形的方式比较形象直观,易于理解,并且相对于高低点法只采用两组数据而言,散布图法能够考虑全部的历史成本数据,图像可以反映历史成本的变动趋势,其计算结果较高低点法更具代表性,更为精确。但是散布图法在画成本变动趋势直线时依靠的是目测,带有很强的主观性,容易出现人为误差。

**3.回归直线法**

回归直线法又称"最小二乘法"或"最小平方法",是指利用微分极值原理对若干期全部业务量与成本的历史资料进行处理,并据此来推算固定成本a和单位变动成本b的一种成本性态分析方法。

回归直线法的基本原理是从散布图中找到一条与全部观测值误差的平方和最小的直线,这条直线在数学上被称为回归直线或回归方程y=a+bx,按照数理统计的回归分析法可直接套公式计算出回归系数a和b的值。

运用回归直线法的步骤:

(1) 求解回归系数a和b

a和b的值可以采用一组n个观测值来建立回归直线的联立方程式:

$$\sum y = na + b\sum x$$
$$\sum xy = a\sum x + b\sum x^2$$

于是可得到

$$a = \frac{\sum y - b\sum x}{n}$$

$$b = \frac{n\sum xy - \sum x \sum y}{n\sum x^2 - (\sum x)^2}$$

(2) 建立成本性态模型

将a和b值代入 y=a+bx。

【例2-9】:仍沿用例2-7中的资料,采用回归直线法对制造费用进行成本性态分析。对表2-3的资料进行加工后得到有关数据如表2-4所示:

表2-4 表2-3加工后的有关数据

| 月份 | 产量(件) | 制造费用(元) | xy | $x^2$ | $y^2$ |
|---|---|---|---|---|---|
| 1 | 500 | 18 000 | 9 000 000 | 250 000 | 324 000 000 |
| 2 | 600 | 21 000 | 12 600 000 | 360 000 | 441 000 000 |
| 3 | 400 | 16 000 | 6 400 000 | 160 000 | 256 000 000 |
| 4 | 470 | 17 000 | 7 990 000 | 220 900 | 289 000 000 |
| 5 | 525 | 20 000 | 10 500 000 | 275 625 | 400 000 000 |
| 6 | 510 | 19 000 | 9 690 000 | 260 100 | 361 000 000 |

● **(二)工程技术法**

工程技术法是指利用经济工程项目财务评价技术方法所测定的企业正常生产过程中投入和产出的关系,分析确定在实际业务量基础上其固定成本和变动成本水平,并揭示其变动规律的一种方法。

运用这一方法的基本点是把材料、工时的投入量和产量进行对比分析,用来确定单位产量的小号定额,并把与产量有关的部分汇集为单位变动成本,与产量无关的部分汇集为固定成本。

采用这种方法测定的结果虽然比较准确,但工作量太大,因为进行技术测定往往要耗用大量的人力和物力,特别是某些制造费用和管理费用的明细项目,分析起来比较困难。因此,这一方法通常只适用于投入的成本与产出的数量之间有规律性联系的成本分解,对于不能直接归属于特定的投入-产出的,或者不能单独进行观察的联合过程,如各种间接成本,就不能使用这一方法。

### (三)账户分析法

账户分析法又称"会计分析法",它是根据有关成本账户及其明细的内容,结合其与产量之间的依存关系,判断其比较接近哪一类成本的一种方法。

账户分析法的基本做法是根据各成本、费用账户的具体内容,判断其特征是更接近于固定成本还是更接近于变动成本,进而直接将其确定为固定成本或变动成本。例如大部分管理费用、制造费用中的间接人工、固定资产折旧费、设备租金等项目在正常产量范围内与产量变动关系不明显,就可按固定成本处理,而企业的间接材料费如燃料费等,虽然不与产量成正比例变动,但费用的发生与产量的关系比较大,就可视其为变动成本。至于不易简单地划入固定成本或变动成本的项目,则可通过一定比例将它们分解为固定和变动两部分。

这一分析方法是成本性态分析方法中最为简便的一种,同时也是应用较为广泛的一种。但是这一方法在很大程度上取决于分析人员的判断能力,带有一定程度的主观性。账户分析法通常用于特定期间总成本的分解,而且对成本性态的确认通常也只限于成本性态相对比较典型的成本项目,而对于成本性态不那么典型的成本项目,则应该选择其他的成本分解方法。

## 第四节 变动成本法

### 一、变动成本法与完全成本法的概念

#### (一)变动成本法

变动成本法是指以成本性态分析为前提,计算产品成本时只将产品生产过程中变动生产成本即直接材料、直接人工和制造费用中的变动性部分作为产品成本的构成内容,而将制造费用中的固定性部分以及非生产成本作为期间成本,从相应期间的收入中全部扣除的一种成本计算模式。

变动成本法是管理会计为改革财务会计的传统成本计算模式而设计的新模式。

### (二) 完全成本法

完全成本法是指以成本按照经济用途分类为前提，在计算产品成本时，将全部生产成本即直接材料、直接人工和制造费用作为产品成本的构成内容，将非生产成本作为期间成本的一种成本计算模式。

"完全成本法"这一词是为了区别管理会计中的"变动成本法"而专门用于概括传统成本计算模式提出来的概念。

## 二、变动成本法与完全成本法的特点

从变动成本法和完全成本法的概念中不难发现，两种成本计算模式的根本区别在于对固定性制造费用的处理，变动成本法将固定性制造费用归为期间成本，是一种为了取得收益而丧失的资产。完全成本法则将固定性制造费用作为产品成本处理，认为它是一种可以在将来换取收益的资产。这一区别也决定了这两种成本计算方法各自的特点。

### (一) 变动成本法的特点

#### 1.以成本性态分析为前提计算产品成本

采用变动成本法进行成本计算时，首先要将产品的制造成本按成本性态划分为变动性制造费用和固定性制造费用，其中变动性制造费用构成产品成本而固定性制造费用应作为期间成本处理。

#### 2.强调不同的制造成本在补偿方式上的差异

变动成本法认为变动性制造费用是产品成本的构成内容，只有当产品实现销售收入时才能与相关收入实现配比得到补偿。固定性制造费用应当作为期间成本处理，它与产品的销量无关，是企业经营必要的支出，其效益随着时间的推移而消逝，不能递延到下期，只能在发生的当期计入利润表，由当期的销售收入补偿的费用。

#### 3.强调销售环节对企业利润的贡献

变动成本法将固定性制造费用作为期间成本，因此，在一定产量条件下，变动成本将固定性制造费用列入当期损益，所以在一定产量条件下，当期损益对销量的变化更为直接敏感。

### (二) 完全成本法的特点

#### 1.符合公认会计准则的要求

公认会计准则认为会计分期是对持续经营的人为分割，应该加深这种人为因素对企业经营成果的影响，尽量保证持续经营假设下经营的均衡性。完全成本法强调持续经营假设下经营的"均衡性"，认为会计分期是对持续经营的人为分割，这种分割受到企业内部和外部多种因素的共同影响。因此，固定性制造费用转销的时间选择并不十分重要，它应该是一种可以在将来换取收益的资产。

**2. 强调固定制造费用和变动制造费用在成本补偿方式上的一致性**

完全成本法认为，只要是与产品生产有关的耗费，都应从产品销售收入中得到补偿，固定制造费用也应得到补偿。因为从成本补偿的角度来说，用于直接材料的成本支出与用于固定性制造费用的支出并没有区别，所以固定性制造费用应和直接材料、直接人工和变动性制造费用共同构成产品的成本，而不能人为地将它们割裂开。

**3. 强调生产环节对企业利润的贡献**

由于完全成本法下固定性制造费用被归为产品成本，因此本期已销产品和期末存货在成本构成上是完全一致的。在一定销量下，产量越大，单位产品负担的固定性制造费用越少，利润则越高，这在一定程度上会刺激生产。综上所述，完全成本法强调固定性制造费用对企业利润的影响。

## 第五节 变动成本与完全成本法的比较

变动成本法与完全成本法对固定性制造费用的处理方式不同是导致两种方法一系列差异的根本原因，这些差异主要表现在产品成本构成内容不同、存货成本的构成内容不同以及各期损益不同三个方面。

### 一、产品成本构成内容不同

在变动成本法模式下，产品成本只包括变动性生产成本，固定生产成本和非生产成本则被归为期间成本处理。

在完全成本法模式下，产品成本则包括全部生产成本，非生产成本作为期间成本处理。

变动成本法与完全成本法在产品成本构成内容上的差异可以通过表2-5得到更清晰的描述。

表2-5 变动成本法与完全成本法构成内容区别

|  | 变动成本法 | 完全成本法 |
| --- | --- | --- |
| 产品成本 | 直接材料 | 直接材料 |
|  | 直接人工 | 直接人工 |
|  | 变动性制造费用 | 制造费用 |
| 期间成本 | 固定性制造费用 | 管理费用 |
|  | 管理费用 | 销售费用 |
|  | 销售费用 | 财务费用 |
|  | 财务费用 |  |

【例2-10】：A企业只生产一种甲产品，本月共生产甲产品500件，销售450件，单价800元，月初无存货。分别用变动成本法和完全成本法计算该企业当期的产品成本和

期间成本。甲产品有关成本资料如表2-6所示:

表2-6 甲产品成本资料

单位：元

| 成本项目 | 变动性 | 固定性 |
|---|---|---|
| 直接材料 | 300 | |
| 直接人工 | 80 | |
| 制造费用 | 40 | 10 000 |
| 销售费用 | | 20 000 |
| 管理费用 | | 25 000 |
| 财务费用 | | 4 000 |

根据上述材料,两种成本法下本月产品成本和期间成本计算结果如表2-7所示:

表2-7 变动成本法及完全成本法成本计算结果

单位：元

| 成本 | 产品成本 | | | 期间成本 | | |
|---|---|---|---|---|---|---|
| | 项目 | 单位额 | 总额 | 项目 | 单位额 | 总额 |
| 变动成本法 | 直接材料 | 300 | 150 000 | 销售费用 | 40 | 20 000 |
| | 直接人工 | 80 | 40 000 | 管理费用 | 50 | 25 000 |
| | 变动性制造费用 | 40 | 20 000 | 财务费用 | 8 | 4 000 |
| | | | | 固定性制造费用 | 20 | 10 000 |
| | 合计 | 420 | 210 000 | 合计 | 118 | 59 000 |
| 完全成本法 | 项目 | 单位额 | 总额 | 项目 | 单位额 | 总额 |
| | 直接材料 | 300 | 150 000 | 销售费用 | 40 | 20 000 |
| | 直接人工 | 80 | 40 000 | 管理费用 | 50 | 25 000 |
| | 制造费用 | 60 | 20 000 | 财务费用 | 8 | 4 000 |
| | 合计 | 440 | 220 000 | 合计 | 98 | 49 000 |

变动成本法下,单位产品成本为420元(300+80+40)即直接材料、直接人工和变动性制造费用之和；在完全成本法下,单位产品成本为440元(300+80+40+10 000/500),即直接材料、直接人工、变动性制造费用以及单位产品分担的固定性制造费用之和。

## 二、存货成本构成内容不同

变动成本法与完全成本法下产品成本构成内容的不同将会导致产成品和产品存货的成本构成内容不同。采用变动成本法,产品成本只包括变动生产成本,无论是在产品、库存产品还是已经销售的产品,其成本只包括变动生产成本,因此期末存货的计价也只包括变动生产成本。而采用完全成本法时,产品成本不仅包括变动性生产成本,还包括一定份额的固定性制造费用,因此期末存货计价包括变动性生产成本和一定份额的固定性制造费用。

由此可见,两种成本法对存货的计价是不同的,变动成本法下的期末存货计价必然小于完全成本法下的期末存货计价。

【例2-11】：沿用例2-10的资料，分别采用变动成本法和完全成本法计算本月末的存货成本。

根据上述资料，两种成本法计算的期末存货成本如表2-8所示。

表2-8 两种成本法下的期末存货成本

| 项目 | 变动成本法 | 完全成本法 |
| --- | --- | --- |
| 本期单位产品成本（元/件） | 420 | 440 |
| 期初存货成本（元） | 0 | 0 |
| 本期产量（件） | 500 | 500 |
| 本期产品成本（元） | 210 000 | 220 000 |
| 期末存货存量（件） | 50 | 50 |
| 期末存货成本（元） | 21 000 | 22 000 |
| 本期销售成本（元） | 189 000 | 198 000 |

从上例中可以看出，当期末存货不为零时，在变动成本法下，固定性制造费用被归为期间成本，不能转化为存货成本或销货成本；而在完全成本法下，固定生产成本被计入产品成本，将于本期在存货和销货之间进行分配，因此，一部分固定性制造费用将随存货递延到下一期，另一部分将作为销货成本进入利润表，这是导致两种成本法所确定的期末存货成本水平不同的根本原因。

变动成本法与完全成本法下"产品成本的构成内容不同"与"存货成本的构成内容"是相关联的两个问题，也可以说是同一问题的两个方面。归根结底，产品成本的构成内容不同，自然存货成本的构成内容也就不同，而存货成本上的差异又会对各期损益的计算产生影响。

## 三、各期损益不同

### （一）利润计算方式不同

两种成本法的区别不仅在于成本方面，还会在营业利润的计量程序上有所区别。在变动成本法下，在损益计量过程中，首先用营业收入补偿本期实现销售产品的变动成本，从而确定贡献边际，然后再用贡献边际补偿固定成本以确定档期营业利润的过程。具体计算步骤和公式如下：

营业收入－变动成本＝贡献边际

贡献边际－固定成本＝营业利润

在完全成本法下，损益计量过程中，首先用营业收入补偿本期实现销售产品的营业成本，从而确定营业毛利，再用营业毛利补偿营业费用确定当期营业利润的过程。具体计算步骤和公式如下：

营业收入－营业成本＝营业毛利

营业毛利－营业费用＝营业利润

## （二）各期利润有可能不同

如前所述，变动成本法下的产品成本只包括变动生产成本，而将固定性制造费用当做期间费用处理，也就是说对固定成本的补偿由当期销售的产品承担。而完全成本法下的产品成本既包括变动生产成本又包括固定性制造费用。完全成本法下对固定成本的补偿是由当期生产的产品承担的，期末为销售的产品与当期已销售的产品承担相同的份额。固定成本处理上的分歧对两种方法下的损益计算会产生影响，影响的程度取决于产量和销量的均衡程度，即产销越均衡，两种成本法下所计算的损益差异越小，反之则越大；实现所谓的"零存货"即产销绝对均衡只是个别的，相对的和理想化的。

**1. 连续各期产量相同而销量不等**

【例2-12】：A企业生产甲产品，连续3年的产量分别为600件，三年的销量分别为600件、400件、800件，单位产品的售价为800元。单位产品生产成本（包括直接材料、直接人工和变动性制造费用）420元，固定性制造费用共计10 000元，销售费用、管理费用以及财务费用年度总额为49 000元。根据上述资料，分别采用两种成本法，计算出的税前利润如表2-9所示：

表2-9　两种成本法下的税前利润

单位：元

| | 第一年 | 第二年 | 第三年 | 合计 |
|---|---|---|---|---|
| 变动成本法 | | | | |
| 销售收入 | 480 000 | 320 000 | 640 000 | 1 440 000 |
| 销售成本 | 252 000 | 168 000 | 336 000 | 756 000 |
| 贡献边际 | 228 000 | 152 000 | 304 000 | 684 000 |
| 固定成本 | 59 000 | 59 000 | 59 000 | 177 000 |
| 固定性制造费用 | 10 000 | 10 000 | 10 000 | 30 000 |
| 管理费用、销售费用及财务费用 | 49 000 | 49 000 | 49 000 | 147 000 |
| 税前利润 | 169 000 | 93 000 | 245 000 | 507 000 |
| 完全成本法 | | | | 0 |
| 销售收入 | 480 000 | 320 000 | 640 000 | 1 440 000 |
| 销售成本 | 262 000 | 174 667 | 349 333 | 786 000 |
| 期初存货成本 | 0 | 0 | 87 333 | |
| 当期产品成本 | 262 000 | 262 000 | 262 000 | 786 000 |
| 可供销售产品成本 | 262 000 | 262 000 | 349 333 | |
| 期末存货成本 | 0 | 87 333 | 0 | |
| 毛利 | 218 000 | 145 333 | 290 667 | 654 000 |
| 管理费用、销售费用、财务费用 | 49 000 | 49 000 | 49 000 | 147 000 |
| 税前利润 | 159 000 | 96 333 | 241 667 | 447 000 |

从上表资料可以看出，第一年，由于产量和销量相等，且期初没有存货，所以两种成本法下得税前利润均为159 000元。这是因为固定性制造费用在变动成本法下作为期间费用全部计入当期损益，在完全成本法下作为产品成本全部计入当期损益。

第二年，产量大于销量，在变动成本法下计算的税前利润小于完全成本法下计算的税前利润。这是因为，在变动成本法下固定性制造费用全部计入当期损益，而完全成本法下只将销售部分的产品所负担的固定性制造费用作为产品成本计入了当期损益，余下的一部分固定性制造费用作为存货成本计入了资产负债表。

第三年，产量小于销量，在变动成本法下计算的税前利润多于按完全成本法计算的税前利润。这是因为，在变动成本法下固定性制造费用全部计入当期损益，而完全成本法下，第二年年末存货成本中的固定性制造费用随着存货的销售计入了第三年的销售成本中，导致税前利润较变动成本法计算的税前利润少。

**2. 连续各期销量相等而产量不等**

【例2-13】：沿用例2-12中的有关资料，假设连续三年的销量均为600件，而三年的产量分别为600件、800件、400件。根据上述资料，分别采用变动成本法和完全成本法计算出的税前利润如表2-10所示：

表2-10　两种成本法下的税前利润

|  | 第一年 | 第二年 | 第三年 | 合计 |
|---|---|---|---|---|
| **变动成本法** | | | | |
| 销售收入 | 480 000 | 480 000 | 480 000 | 1 440 000 |
| 销售成本 | 252 000 | 252 000 | 252 000 | 756 000 |
| 贡献边际 | 228 000 | 228 000 | 228 000 | 684 000 |
| 固定成本： | 59 000 | 59 000 | 59 000 | 177 000 |
| 固定性制造费用 | 10 000 | 10 000 | 10 000 | 30 000 |
| 管理费用、销售费用、财务费用 | 49 000 | 49 000 | 49 000 | 147 000 |
| 税前利润 | 179 000 | 179 000 | 179 000 | 537 000 |
| **完全成本法** | | | | |
| 销售收入 | 480 000 | 480 000 | 480 000 | 1 440 000 |
| 销售成本 | 262 000 | 259 500 | 264 500 | 786 000 |
| 期初存货成本 | 0 | 0 | 86 500 | 86 500 |
| 当期产品成本 | 262 000 | 346 000 | 178 000 | 786 000 |
| 可供销售产品成本 | 262 000 | 346 000 | 264 500 | 872 500 |
| 期末存货成本 | 0 | 86 500 | 0 | 86 500 |
| 毛利 | 218 000 | 220 500 | 215 500 | 654 000 |
| 管理费用、销售费用、财务费用 | 49 000 | 49 000 | 49 000 | 147 000 |
| 税前利润 | 169 000 | 391 500 | 166 500 | 727 000 |

从上表资料可以看出，由于各年的销量相同，所以按变动成本法计算的各年的税前利润相等。这是因为，在变动成本法下各年的固定性制造费用全部作为固定成本计入当期损益，其他条件相同时，各期销量相等，税前利润也必然相等。

在完全成本法下，由于各年产量发生变化，各年的税前利润不同。因为，固定性制造费用需要在所生产的产品中进行分摊。在本例中，第二年的税前利润最大，这是因为第二年的产量大于当年产量，期末产品存货成本中负担了相应份额的固定性制造费用，从而使当期的销售成本减少，税前利润增加。第三年的情况正好相反，销售成本中不仅包括当年产品负担的固定性制造费用，还包括随着期初存货销售而释放的固定性制造费用，因此，利润反而减少了。

综上所述，在考虑特定附加条件的情况下，变动成本法和完全成本法计算的各期损益具有如下特殊规律：

1. 当期末存货量和期初存货量均为零（又称产销绝对平衡，如第一期）时，两种成本法计算确定的损益必然相等。

2. 当期末存货量不为零，而期初存货量为零（又称为特殊的产大于销，如第二期）时，完全成本法确定的损益必然大于变动成本法确定的损益。

3. 当期末存货量为零，而期初存货量不为零（又称为特殊的产小于销，如第六期）时，完全成本法确定的损益必然小于变动成本法确定的损益。

4. 当期末存货量和期初存货量均不为零，前后期固定生产成本和产量均不变，按完全成本法计算的单位期末存货中的固定生产成本与单位期初存货中的固定生产成本相等时，则各期损益大小取决于期末存货量和期初存货量的数量关系。

5. 当期末存货量和期初存货量相等且不为零（即产销相对平衡，如第三期）时，两种成本计算法确定的损益相等。

6. 当期末存货量大于期初存货量（即产大于销）时，完全成本法确定的损益大于变动成本法确定的损益。

7. 当期末存货量小于期初存货量（即产小于销，如第四期）时，完全成本法确定的损益小于变动成本法确定的损益。

## 四、变动成本法优缺点评价

从变动成本法和完全成本法的比较分析中，可以清楚地看出变动成本法在确定成本和损益方面的特点。与完全成本法相比，它在理论和计算方面均有一定的管理优势，可以更有效地应用于企业的内部管理，因此应当在实践中推广应用。

### （一）变动成本法的优点

变动成本法能够揭示利润和业务量之间的正常关系，有利于促使企业重视销售工作。如前所述，变动成本法能够如实地反映利润和销售量之间的关系，而采用完全成本法两者之间很容易出现反常情况。特别是在销量下降、利润反而有所增长的情况下，更容易助长只重视生产、忽视销售这种不良倾向。反之，变动成本法可以排除产量对利润的影响，利润的增长只同销量的增长呈同向变动。这样会促使管理当局努力开拓销售渠道，重视市场调查，分析市场动态，充分考虑市场的需要，以销定产，防止因盲目生产带来的产品大量积压，提高企业的经济效益。变动成本法可以提供有用的成本信息，有利于企业的短期决策，采用变动成本法可以简化成本核算工作。

### （二）变动成本法的缺点

**1. 变动成本法所计算出的单位产品成本，不符合传统成本观念的要求**

按传统成本观念的理解，生产成本是产品在生产过程中发生的全部耗费，既应该包括变动生产成本，也应该包括固定生产成本，这种观点在全世界范围内得到了广泛的认可。很显然，变动成本法不符合这一观念的要求。

**2. 变动成本法不能适应长期决策的需要**

变动成本法以成本性态分析为基础，以相关范围内固定成本和单位变动成本固定为前提条件，这在短期内是成立的。但成本性态受许多因素影响，不能长期不变。而长期决策需要解决的是生产能力的增减和经营规模的扩大或缩小的问题，涉及的时间长，必然要突破相关范围的限制。因此，变动成本法不能适应长期决策的需要。

**3. 影响税务部门的收益和投资者及时取得收益**

变动成本法一般会降低期末存货估价，降低营业利润，在某种程度上会暂时减少所得税和股利。

**4. 成本分解不够精确**

变动成本法的前提是将制造费用按照成本性态划分为固定制造费用和变动制造费用，而成本进行性态分析在很大程度上是一种假设的结果，并不是一种精确的计算。

## 五、变动成本法的应用

### （一）变动成本法应用的观点

从上述内容可以看出，变动成本法对加强企业内部管理方面有很大帮助，有利于企业的短期决策。但同时，变动成本法下计算的产品成本不符合传统的成本概念，不适用于编制对外会计报表。到目前为止，关于变动成本法的应用主要有以下三种观点：

双轨制，企业在按完全成本法提供对外报表的同时，在企业内部另设一套变动成本法进行核算以满足内部管理的需求。

单轨制，用变动成本法完全替代完全成本法，最大限度地发挥变动成本法的优点。

结合制，将变动成本法与完全成本法相结合，将日常核算建立在变动成本法的基础上，以满足企业内部经营管理的需要；期末对需要按完全成本法反映的有关项目进行调整，以满足编制对外报表的需要。

上述观点中，第一种观点的做法工作量大，并且存在重复工作，会造成人力、物力、财力的浪费。第二种观点是将变动成本法完全替代完全成本法，显然不符合现行会计制度的要求。第三种观点结合了两种方法，一方面日常采用变动成本法进行核算满足了企业内部经营管理的要求，而期末按照完全成本法调整有关项目，满足了对外会计报表编制的要求。综合各种观点的优缺点，我们认为第三种观点的做法能够有效地兼顾企业的各方需求，充分利用了两种成本计算方法的优点，最符合企业的实际需求。下面将介绍结合制的具体做法。

## （二）变动成本法的应用程序

1. 企业产品成本的账户均应按变动成本法包含的内容来设置，即"生产成本"、"产成品"和"销货成本"三个账户、借方、贷方、余额只反映生产成本：产品和销售产品的直接材料、直接人工、变动制造费用。

2. 设置"变动制造费用"账户，借方用以核算生产过程中发生的变动费用，期末则将其发生额转入"在产品"账户。也可以将"变动制造费用"账户作为"在产品"账户的二级账处理，这样做更符合传统的成本计算习惯。

3. 设置"固定制造费用"账户，借方用以归集当期发生的固定性制造费用，期末则将应由已销产品负担的部分自贷方转入"销货成本"账户的借方而列入损益表；该账户的期末余额则为期末在产品和产成品所应负担的固定性制造费用，期末与"在产品"和"产成品"账户的余额一起合计列入资产负债表的"存货"中。

4. 设置"变动非制造费用"和"固定非制造费用"账户，借方用以分别归集销售费用和管理费用中的变动部分和固定部分，期末则如数由贷方转入"本年利润"账户。

**思考题**

1. 什么是成本性态？管理会计为何要将成本按性态进行分类？
2. 变动成本与固定成本的特征？
3. 成本性态分析的方法有哪些，各自有哪些优缺点？
4. 变动成本法下产品成本包括哪些内容？
5. 变动成本法与完全成本法的区别？
6. 变动成本法有哪些优点和局限性？

## 同步练习题

### 一、单项选择题

1. 下列费用中属于酌量性固定成本的是（　　）。
   A. 房屋及设备租金　　B. 行政管理人员的薪金　　C. 广告费　　D. 照明费

2. 成本性态分析方法中，主观性最强的方法是（　　）。
   A. 高低点法　　　　B. 散布图法　　　　C. 回归直线法　　D. 工程技术法

3. 在变动成本法下，期末存货成本不包括（　　）。
   A. 直接材料　　　　　　　　　　　　　B. 直接人工
   C. 变动性制造费用　　　　　　　　　　D. 固定性制造费用

4. 如果完全成本法期末存货吸收的固定制造费用大于期初存货释放的固定制造费用，则两种方法计算的营业利润的差额（　　）。
   A. 一定等于零　　　　　　　　　　　　B. 可能等于零
   C. 一定大于零　　　　　　　　　　　　D. 一定小于零

### 二、多项选择题

1. 在相关范围内，变动成本的特征有（　　）。
   A. 变动成本总额不变
   B. 变动成本总额正比例变动性
   C. 单位变动成本不变性
   D. 单位变动成本变动性

2. 如果不考虑其他限定条件，下列对完全成本法与变动成本法下各期损益的比较中正确的有（　　）。
   A. 当产销相对平衡时，前者利润一定等于后者利润
   B. 当产销绝对平衡时，前者利润一定等于后者利润
   C. 当产量小于销量时，后者利润一定小于前者利润
   D. 当产量大于销量，无期初存货时，后者利润小于前者利润

3. 按完全成本法确定的营业利润指标有时难于被管理者理解，不便于正确决策的原因在于（　　）。
   A. 当某期销售量较上期增加时，营业利润比上期减少
   B. 当某期销售量比上期减少时，营业利润比上期增加
   C. 当某期销售量最高时，营业利润却不是最高
   D. 当某期销售量最低时，营业利润却不是最低

4. 同一企业的经济业务分别按完全成本法和变动成本法计算，下列项目的计算结果可能不同的有（　　）。
   A. 期末存货　　　　B. 销货成本　　　　C. 净利润　　　　D. 销售费用

## 应用实践

2018年3月12日某医药工业公司的财务部经理根据本公司各企业的框架年报及有关文字说明,写了一份公司年度经济效益分析报告送交经理室。总经理阅后,对报告中提及的两个企业的情况颇感困惑:一个是专门生产输液的甲制药厂,另一个是生产制药原料的乙制药厂。甲制药厂2016年产销不景气,库存大量积压,贷款不断增加,资金频频告急。2017年该厂则想方设法,广开渠道,扩大销售,减少库存。但报表上反映的利润2017年却比2016年减少。而乙制药厂的情况正好相反,2017年市场不景气,销售量比2016年下降,但年度财务报表上几项经济指标,除资金外,都比上年好。于是总经理将财务部经理召去,让他重新研究财务报表和财务分析。

甲制药厂的有关资料如下:

**甲制药厂损益表**    单位:元

|  | 2016年 | 2017年 |
| --- | --- | --- |
| 销售收入 | 1 855 000 | 2 597 000 |
| 减:销售成本 | 1 272 000 | 2 234 162 |
| 销售费用 | 85 000 | 108 000 |
| 净利润 | 498 000 | 254 838 |
| 库存资料(单位:瓶) | | |
| 在制品 | | |
| 期初存货数 | 16 000 | 35 000 |
| 本期生产数 | 72 000 | 50 400 |
| 本期销售数 | 53 000 | 74 200 |
| 期末存货数 | 35 000 | 11 200 |
| 期末在制品 | | |
| 单位售价(单位:元) | 35 | 35 |
| 单位成本(单位:元) | 24 | 30.11 |
| 其中: | | |
| 材料 | 7 | 7 |
| 工资 | 4 | 5.71 |
| 燃料和动力 | 3 | 3 |
| 制造费用 | 10 | 14.4 |

工资和制造费用每年分别为288 000元和720 000元,销售成本用后进先出法进行计算。

该厂在分析其利润下降原因时,认为这是生产能力没有被充分利用,工资和制造费等固定费用未能得到充分摊销所致。

乙制药厂的有关资料:

## 乙制药厂损益表
单位：元

| | 2016年 | 2017年 |
|---|---|---|
| 销售收入 | 1 200 000 | 1 100 000 |
| 减：销售成本 | 108 000 | 964 700 |
| 销售费 | 30 000 | 30 000 |
| 费用合计 | 1 110 000 | 994 700 |
| 净利润 | 90 000 | 105 000 |
| 库存资料（单位：公斤） | | |
| 期初存货数 | 100 | 100 |
| | 2016年 | 2017年 |
| 本年生产数 | 12 000 | 13 000 |
| 本年销售数 | 12 000 | 11 000 |
| 期末存货数 | 100 | 2100 |
| 售价（每公斤） | 100 | 100 |
| 单位成本（每公斤） | 90 | 87.7 |
| 其中：原材料 | 50 | 50 |
| 工资 | 15 | 13.85 |
| 燃料和动力 | 10 | 10 |
| 制造费用 | 15 | 13.85 |

工资和制造费用，这两年分别均为180 000元，销售成本也采用后进先出法进行计算。该厂在分析其利润上升的原因时，认为这是在市场不景气的情况下，为多交利润、保证国家利润不受影响，全厂职工一条心，充分利用现有生产能力，增产节支的结果。

**问题：**

1. 甲、乙制药厂的分析结论对吗，为什么？
2. 如果你是财务部经理，你将得出何种结论，并且如何向你的经理解释？

# 第三章

## 本量利分析

## 知识框架图

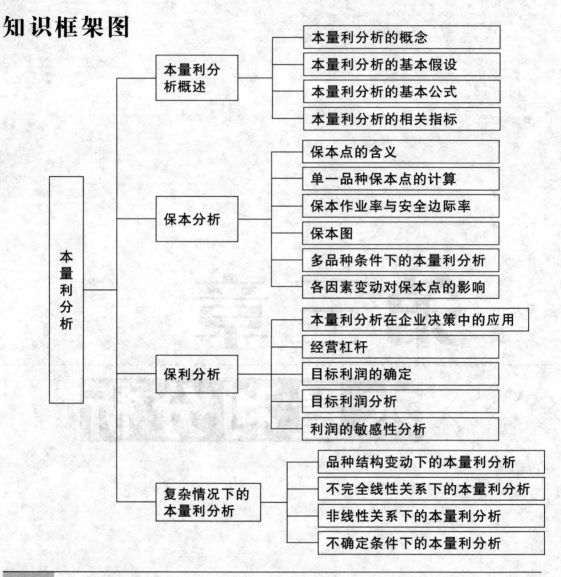

| 学习目标 | 【理论知识目标】<br>1. 了解本量利分析的概念、基本假设前提。<br>2. 理解保本分析的意义。<br>3. 理解保利分析及利润的敏感性分析。<br>4. 了解本量利分析的应用。<br>【应用能力目标】<br>1. 掌握保本分析、保利分析及计算。<br>2. 掌握利润的敏感性分析。<br>3. 掌握突破基本假设前提下的本量利分析。 |
|---|---|

# 平安锁业的技术升级

## 导入案例

平安锁业是防盗锁行业的一家技术领先企业,其生产的系列防盗产品在行业中拥有较大的市场份额,其中尤其在家用防盗产品方面竞争优势明显,为企业带来了非常可观的经济效益及社会效益。

最近几年市场发生了一定的变化,使得公司必须进行相应的经营改进。首先是客户对家庭安全防范要求的进一步提高;其次是为了应对不法分子对公司防盗设施的研究及破解给部分用户带来损失;再次是竞争对手在该领域的不断赶超。公司必须在防盗核心技术方面投入更多的资源进行研发(这将增加公司的固定成本),以应对客户的现实需求,同时增强与对手的竞争力。同时通过持续的技术革新带来防盗技术的不断升级(比如每隔一段时间进行防盗技术升级),以应对不法分子企图给客户带来的损失的可能。最近更是通过移动互联技术实现与电信及网络部门合作,利用智能手机进行远程遥控防盗。

这一系列措施的实施将使得公司平均每年增加大约500万元的固定研发费用、更新生产设备等100万元固定制造费用、500万元左右的固定销售费用。但产品价格没有明显提高,预计公司每年销售增长15%左右。

在公司经营决策中需要考虑影响利润的多个因素,比如固定成本、单位变动成本、销售单价、销售数量以及产品品种结构变动等对企业利润带来的影响。在此过程中,本量利分析是现代企业成本管理最基本、最简单的方法之一。

# 第一节 本量利分析概述

## 一、本量利分析的概念

本、量、利分析是成本、业务量和利润分析的简称,是研究企业在一定期间内成本、业务量、利润三者之间变量关系的一种专门方法,也称CVP分析法(Cost-Volume-Profit Analysis)。它是在成本性态分析和变动成本法的基础之上进一步展开的一种分析方法,也是管理会计的基本内容之一。其基本原理和分析方法在企业的预测、决策、计划和控制等方面有着广泛的用途,可以为企业改善经营管理和正确地进行决策提供有用的信息。

## 二、本量利分析的基本假设

本量利分析是建立在一定的假设基础之上的一种定量分析方法,如果忽略了这一点,当这些假设不能成立时,就可能会导致企业管理层决策失误。在管理会计中的本量利分析方法大致有以下一些基本假设。

### (一)成本性态分类假设

假设企业的全部成本已划分为固定成本和变动成本。而在企业实际中,有一些成本项目既不属于固定成本也不属于变动成本的混合成本项目也按照一定的成本分解方法将其分解,以估算出本量利分析中所使用的单位变动成本和固定成本。

### (二)变动成本法假设

假设产品成本是按变动成本法计算的,即产品成本只包括变动生产成本,而包括固定性制造费用在内的所有固定成本总额都作为期间成本处理。该假设不仅能使成本与业务量之间的关系更为清晰,更重要的是它有利于企业做出合理的管理决策。

### (三)单一成本动因假设

假设产量是影响成本水平高低的唯一因素。虽然在企业的经营活动中,影响成本高低的因素有很多,但是在大多数情况下,产量是影响一定时期企业成本水平高低的重要因素。当然,这一假设还带有一定的局限性,但是,正是基于这一假设的采用,可以使决策分析大大简化,同时也能为企业管理提供许多有用的决策信息。随着管理会计的不断发展,新的决策方法和新的成本管理工具的应用,会使新的成本动因不断出现,并在企业的管理实践中得到运用。因此,就可以在单一成本动因分析的基础之上逐步形成多成本动因下的本量利分析模型。但是,以产量为基础确立的单一成本动因分析模型仍然是企业管理中得力的决策分析工具。

### （四）相关范围和线性关系假设

假设在一定时期和一定的业务量范围内固定成本总额、单位变动成本和单价水平保持不变，于是固定成本总额不变性和单位变动成本不变性使成本函数表现为线性函数，同时假设在这一范围内销售单价也不因产量的变化而变化，是个常数，因此销售收入也表现为线性函数。

### （五）产销平衡假设

假设每一期间生产出来的产品都能在当期全部销售出去。由于产量的变动会影响到当期发生的总成本，而销售量的变动会影响到当期的销售收入总额，因而这一假设使得在本量利分析时将产量和销售量紧密地结合在一起，简化了决策分析过程。

### （六）产品品种结构稳定假设

假设在一个多品种生产和销售的企业中，产销品种的组合不变，也就是在产销总量发生变化时，各种产品的产销额在全部产品产销总额中所占的比重保持不变。这样，可以排除产品品种结构变化对利润的影响，减少问题的复杂化，集中分析单价、单位变动成本及业务量对利润的影响。如果没有该假设，多品种下的本量利分析问题将变得异常复杂。

## 三、本量利分析的基本公式

### （一）基本的本量利公式

在上述一系列基本假设条件下，如果我们把成本、业务量、利润三者之间的依存关系用方程式来描述，那就是基本的本量利公式，即

$$利润 = 销售收入 - 总成本$$
$$= 销售收入 - (变动成本 + 固定成本)$$
$$= 单价 \times 销售量 - (单位变动成本 \times 销售量 + 固定成本)$$
$$= (单价 - 单位变动成本) \times 销售量 - 固定成本$$

设销售单价为SP，销售量为V，固定成本总额为FC，单位变动成本为VC，利润为P，则这些变量之间的关系，可以表达为：

$$P = SP \times V - (VC \times V + FC) = (SP - VC)V - FC$$

上述公式中的利润P，在我国管理会计中，是指未扣除利息和所得税以前的"营业利润"，也就是西方财务会计中所谓的"息税前利润"（Earning Before Interest and Tax，简称EBIT）。

### （二）本量利公式的变形形式

在上述的本量利分析的基本公式中，涉及5个基本因素，即单价SP、固定成本FC、单位变动成本VC、销售量V和利润P，将利润P放在等号左边，这种形式便于计算预期

息税前利润。在目标利润一定的情况下,将上述基本本量利公式进行恒等交换,即可得到本量利分析的4个变型等式如下:

**1. 单价**

$$SP = (FC + VC \times V + P)/V = VC + (FC + P)/V$$

**2. 单位变动成本**

$$VC = (SP \times V - FC - P)/V = SP - (FC + P)/V$$

**3. 固定成本**

$$FC = SP \times V - VC \times V - P = (SP - VC) \times V - P$$

**4. 销售量**

$$V = (FC + P)/(SP - VC)$$

## 四、本量利分析的相关指标

### (一) 贡献毛益的概念

贡献毛益,是本量利分析中的一个重要概念,亦称作"边际贡献"或"贡献边际",它是指产品的销售收入超过变动成本部分的金额。企业在一定时期内发生的成本,按成本性态分为固定成本和变动成本,不论是变动成本还是固定成本都只能以销售收入进行补偿,如果销售收入不足以补偿这些成本,企业就会发生亏损。由于变动成本随产量变化而变化,所以在正常情况下,只要销售单价大于单位变动成本,以企业当期的销售收入补偿变动成本是没有问题的。然而,固定成本却不随产销量的变化而变化,一定时期,不管企业是否正常运营,固定成本照常发生,因此对固定成本的补偿却不是那么容易。因此,在变动成本法下,如果销售收入在补偿了变动成本之后还有剩余,就可以为补偿固定成本做出"贡献",而从总体上来看,对于一个企业来说,一定时期不仅要求销售收入能够补偿所有的变动成本和固定成本,还要求在补偿这些成本之后留有一定的余额,形成企业的利润。贡献毛益是一项很重要的管理信息,它作为计算利润的一个中间指标,是衡量产品盈利能力的重要依据。当企业进行短期经营决策分析时,一般都以备选方案能提供最大值的贡献毛益作为选择标准。

### (二) 贡献毛益的表现形式

贡献毛益有三种表现形式:单位贡献毛益、贡献毛益总额和贡献毛益率。

单位贡献毛益:是指产品的销售单价减去单位变动成本后的余额。

该指标反映该种产品的盈利能力,也就是每增加一个单位产品销售量可提供的贡献。其计算公式为:

$$单位贡献毛益 = 销售单价 - 单位变动成本 = SP - VC$$

贡献毛益总额是指产品的销售收入总额减去变动成本总额后的余额,简称贡献毛益。该指标反映它将为企业的营业利润做出多大贡献。其计算公式为:

贡献毛益＝销售收入－变动成本
    ＝销售单价×销售量－单位变动成本×销售量
    ＝(销售单价－单位变动成本)×销售量
    ＝单位贡献毛益×销售量
    ＝$(SP-VC)\times V$

如果企业产销多种产品，那么该企业的贡献毛益总额就是各种产品贡献毛益之和，因而得到多品种下的贡献毛益计算公式：

贡献毛益总额＝$\sum$(单位贡献毛益×销售量)

【例3-1】：假设某企业生产甲、乙、丙三种产品，各种产品的销售单价、单位变动成本和销售量如表3-1所示：

表3-1 有关资料

| 产品名称 | 单价（元） | 单位变动成本（元） | 销售量（件） |
|---|---|---|---|
| 甲 | 10 | 5 | 20 000 |
| 乙 | 15 | 9 | 15 000 |
| 丙 | 20 | 13 | 16 250 |

下面分别计算这三种产品的单位贡献毛益、贡献毛益总额和企业贡献毛益总额。

甲产品的单位贡献毛益与贡献毛益总额：

甲产品的单位贡献毛益＝销售单价－单位变动成本
    ＝10－5＝5（元）

甲产品的贡献毛益总额＝单位贡献毛益×销售量
    ＝(10－5)×20 000＝100 000（元）

乙产品的单位贡献毛益与贡献毛益总额：

乙产品的单位贡献毛益＝销售单价－单位变动成本
    ＝15－9＝6（元）

乙产品的贡献毛益总额＝单位贡献毛益×销售量
    ＝(15－9)×15 000＝90 000（元）

丙产品的单位贡献毛益与贡献毛益总额：

丙产品的单位贡献毛益＝销售单价－单位变动成本
    ＝20－13＝7（元）

丙产品的贡献毛益总额＝单位贡献毛益×销售量
    ＝(20－13)×16 250＝113 750（元）

企业贡献毛益总额：

贡献毛益总额＝$\sum$(单位贡献毛益×销售量)

贡献毛益率，是贡献毛益的相对数形式，用以反映企业每实现一元销售收入所产生的贡献毛益额。而对于特定产品而言，贡献毛益率是该产品的贡献毛益与其销售收入之比，或单位贡献毛益与其单位销售价格之比，反映该产品为企业做出贡献的能力。其计算公式如下：

$$贡献毛益率 = \frac{贡献毛益}{销售收入} \times 100\% = \frac{单位贡献毛益}{销售单价} \times 100\%$$

当企业在一定时期产销多种产品时,就可以用各种产品的贡献毛益总额与各种产品的销售收入总额之比来反映企业平均每实现一元销售收入所获得的贡献毛益额,亦称为加权平均贡献毛益率。其计算公式如下:

$$加权平均贡献毛益率 = \frac{\sum 产品贡献毛益}{\sum 产品销售单价} \times 100\%$$

$$= \frac{\sum (单位贡献毛益 \times 销售量)}{\sum (销售单价 \times 销售量)} \times 100\%$$

$$= \frac{\sum [(SP - VC) \times V]}{\sum SP \times V} \times 100\%$$

或 $= \sum (各产品的销售额比重 \times 各产品贡献毛益率)$

$$= \sum \left[ \frac{SP \times V}{\sum SP \times V} \times \frac{SP - VC}{SP} \right]$$

【例3-2】:沿用例3-1,我们将其有关资料加工整理得到表3-2:

表3-2 有关资料

| 产品名称 | 价价(元) | 单位变动成本(元) | 销量(件) | 销售额(元) | 销售比重(%) |
|---|---|---|---|---|---|
| 甲 | 10 | 5 | 20 000 | 200 000 | 26.67 |
| 乙 | 15 | 9 | 15 000 | 225 000 | 30.00 |
| 丙 | 20 | 13 | 16 250 | 325 000 | 43.33 |
| 合计 | | | | 750 000 | 100 |

来计算甲、乙、丙三种产品的贡献毛益率及企业的加权平均贡献毛益率,其具体计算过程如下:

$$甲产品的贡献毛益率 = \frac{10-5}{10} \times 100\% = 50\%$$

$$乙产品的贡献毛益率 = \frac{15-9}{15} \times 100\% = 40\%$$

$$丙产品的贡献毛益率 = \frac{20-13}{20} \times 100\% = 35\%$$

$$加权平均贡献毛益率 = \sum \left[ \frac{SP \times V}{\sum (SP \times V)} \times \frac{SP - VC}{SP} \right]$$

$$= 26.67\% \times 50\% + 30\% \times 40\% + 43.33\% \times 35\%$$

$$= 40.5\%$$

$$或 = \frac{\sum [(SP - VC) \times V]}{\sum (SP \times V)} \times 100\%$$

$$= \frac{303750}{750000} = 40.5\%$$

企业在产销多种产品的情况下,各种产品的贡献毛益率通常是不相等的,单位贡献毛益高的产品可能因为销售单价较高而使得贡献毛益率较低;相反,单位贡献毛益较低的产品可能因为销售单价较低而使贡献毛益率较高。一般情况下,生产那些贡献毛益率较高的产品能给对企业带来更多的利润贡献。

### (三)变动成本率及其与贡献毛益率的关系

与贡献毛益率密切关联的指标是变动成本率。变动成本率是变动成本总额占销售收入的百分比,或单位变动成本占销售单价的百分比,两者计算结果相同,它反映每一元销售收入中变动成本所占的金额。其计算公式为:

$$变动成本率 = \frac{变动成本总额}{销售收入} \times 100\%$$

$$= \frac{单位变动成本}{销售单价} \times 100\%$$

正是因为贡献毛益率和变动成本率都是以销售收入作为分母进行计算的,两者相加为100%,故它们之间的关系,可用下列公式表示:

$$变动成本率 + 贡献毛益率 = \frac{单位变动成本}{销售单价} \times 100\% + \frac{单位贡献毛益}{销售单价} \times 100\%$$

$$或 = \frac{变动成本总额}{销售收入} \times 100\% + \frac{贡献毛益总额}{销售收入} \times 100\%$$

$$= 1$$

贡献毛益率和变动成本率属于互补性质。凡是变动成本率低的产品,则贡献毛益率高,创利能力强大;反之,变动成本率高的产品,其贡献毛益率低,创利能力弱。凡贡献毛益率低的产品(或变动成本率高),创利能力弱,增产不仅不会增利,甚至还会减利或造成亏损。所以,产品贡献毛益率或变动成本率的高低,对企业的产品生产决策具有导向性作用。

【例3-3】:沿用例3-1资料来说明变动成本率的计算及变动成本率与贡献毛益率之间关系,其计算过程如下:

$$甲产品的变动成本率 = \frac{变动成本}{销售收入} \times 100\% = \frac{单位变动成本}{销售单价} \times 100\%$$

$$= \frac{5}{10} \times 100\% = 50\%$$

$$乙产品的变动成本率 = \frac{变动成本}{销售收入} \times 100\% = \frac{单位变动成本}{销售单价} \times 100\%$$

$$= \frac{9}{15} \times 100\% = 60\%$$

$$丙产品的变动成本率 = \frac{变动成本}{销售收入} \times 100\% = \frac{单位变动成本}{销售单价} \times 100\%$$

$$= \frac{13}{20} \times 100\% = 65\%$$

甲产品：变动成本率+贡献毛益率=50%+50%=1
乙产品：变动成本率+贡献毛益率=60%+40%=1
丙产品：变动成本率+贡献毛益率=65%+35%=1

## 第二节 保本分析

### 一、保本点的含义

保本点（Break-Even Point）又称盈亏临界点、盈亏平衡点，是指企业经营收支相等，不盈不亏的状态。企业的销售收入弥补变动成本以后形成"贡献毛益"，其次用于补偿固定成本，只有补偿固定成本后还有剩余，才能为企业提供最终的利润，否则就会发生亏损。如果贡献毛益恰好等于固定成本，则企业处于不盈不亏的状态，即保本状态，此时的销售量即为保本点销售量。同时，除了销售量外，销售单价、单位变动成本和固定成本等因素的变动都会对企业的保本点带来变化。保本点分析是本量利分析的一项基本内容，它主要研究保本点销售量及保本点销售额的确定及有关因素的变动对保本点销售量及保本点销售额的影响等问题，使企业管理人员清楚在销售量达到何种情况下企业将盈利，何种情况下企业将发生亏损，以便作出正确的经营决策。

保本点通常有两种表示形式：一种以实物单位来表示，称为"保本点销售量"，简称"保本量"，即达到保本点至少要销售多少产品；另一种是以货币金额来表示，称为"保本点销售额"，简称"保本额"，即达到保本点至少销售多少金额的产品。

单一品种下的保本点，有保本量和保本额两种表示形式。多品种条件下的保本点，每一品种可单独测算其保本量和保本额，在这种情况下，总的保本额有意义，而总的保本量则失去实际意义。

### 二、单一品种保本点的计算

根据本量利的基本公式：

利润=（销售单价－单位变动成本）×销售量－固定成本

令利润等于零，得到保本点销售量的计算公式：

$$保本点销售量(V_0) = \frac{固定成本}{销售单价 - 单位变动成本} = \frac{固定成本}{单位贡献毛益}$$

即 $V_0 = \dfrac{FC}{SP - VC}$

保本点销售额 = 单价 × 保本点销售量

$$= 单价 \times \frac{固定成本}{单价 - 单位变动成本}$$

$$= \frac{固定成本}{贡献毛益率} = \frac{固定成本}{1 - 变动成本率}$$

即：$TR_0 = \dfrac{FC}{\dfrac{SP-VC}{SP}} = \dfrac{FC}{1-\dfrac{VC}{SP}}$

当企业产销多种产品时，以实物单位表示的保本点将不再可取，此时应采用货币金额的形式来表示。

【例3-4】某公司只生产甲产品，其单位变动成本为400元/件，单价为1 000元/件，预计下年度销量为2 000件，固定成本投入为240 000元。

要求：计算该公司的保本销售量和保本销售额。

解：

$$保本点销售量(V_0) = \frac{固定成本}{销售单价 - 单位变动成本} = \frac{固定成本}{单位贡献边际}$$

$$= \frac{FC}{SP-VC}$$

$$= \frac{240\,000}{1\,000-400} = 400 \text{（件）}$$

$$保本点销售额(TR_0) = \frac{FC}{\dfrac{SP-VC}{SP}}$$

$$= \frac{240\,000}{\dfrac{1\,000-400}{1\,000}} = 400\,000 \text{（元）}$$

## 三、保本作业率与安全边际率

### （一）保本作业率

保本作业率，也称盈亏临界点作业率，保本点开工率，是指保本点的销售量占企业正常或预计销售量的比值。即

$$保本点作业率 = \frac{保本点销售量}{正常或预计销售量}$$

$$= \frac{保本点销售额}{正常或预计销售额}$$

该指标说明，企业想实现盈利所必须达到的最低作业水平。所以，该指标对指导企业在一定时期的生产活动具有现实意义。

【例3-5】沿用例3-4资料，可以计算该公司的保本点作业率为

$$保本点作业率 = \frac{保本点销售量}{正常或预计销售量} = \frac{400}{2\,000} \times 100\% = 20\%$$

即企业的实际销售至少高于正常或预计销售的20%时才有盈利的可能，否则就可能出现亏损。

### （二）安全边际与安全边际率

企业达到保本点只能意味着贡献毛益可以补偿全部的固定成本，而企业经营的最终目的是为了获利，为了达到获利的目的，其一定时期的销售就必须超过保本点，而且超过保本点越多，企业的盈利空间就越大、越安全。因此就得到了一个与企业经营安全程度密切相关的指标：安全边际。

安全边际是指实际或预计销售量（额）和保本点销售量（额）之间的差额。这个差额是企业销售量（额）可以降低的最大限度。如果企业减少的销售量（额）超过安全边际，则企业将面临亏损。

安全边际有两种表示形式：一种用实物量单位表示，称为安全边际量；另一种用货币金额形式表示，称为安全边际额。其计算公式分别是

$$安全边际量 = 实际或预计销售量 - 保本销售量$$
$$安全边际额 = 实际或预计销售额 - 保本销售额$$

安全边际量与安全边际额都属于正指标，它们表示了距离亏损边缘的安全程度。安全边际越大，表明企业盈利的可能性越大，亏损的可能性越小，企业经营就越安全。反之则说明企业盈利的可能性越小，亏损的可能性越大，企业经营就越不安全。企业可以对不同时期的安全边际指标值的变化来评价其经营的安全程度。

在对不同企业或不同行业的企业的经营安全程度进行评价时，就只能用安全边际率这样一个相对数指标，安全边际率的计算公式为

$$安全边际率 = \frac{安全边际量}{实际或预计销售量} \times 100\% = \frac{安全边际额}{实际或预计销售额} \times 100\%$$

安全边际率是一个正指标，它越大越好，表明企业产生盈利的可能性越大，经营越安全。

在企业实际应用中根据经营安全程度和安全边际率经验数据的一定分布区间，设计了评价企业经营安全程度的一般标准。西方企业经常使用的经营安全程度的评价标准如表3-3所示。

表3-3 企业经营安全程度评价表

| 安全边际率 | 10%以下 | 11%~20% | 21%~30% | 31%~40% | 41%以上 |
|---|---|---|---|---|---|
| 安全程度 | 危险 | 值得注意 | 比较安全 | 安全 | 很安全 |

【例3-6】：沿用例3-4资料，计算该公司的安全边际量、安全边际额和安全边际率。

# 第三章 本量利分析

$$\text{安全边际量} = \text{实际或预计销售量} - \text{保本量}$$
$$= 2\,000 - 400 = 1\,600 \text{（件）}$$
$$\text{安全边际额} = \text{实际或预计销售额} - \text{保本额}$$
$$= 2\,000\,000 - 400\,000 = 1\,600\,000 \text{（元）}$$
$$\text{安全边际率} = \frac{\text{安全边际量}}{\text{实际或预计销售量}} \times 100\% = \frac{\text{安全边际额}}{\text{实际或预计销售额}} \times 100\%$$
$$= \frac{1\,600}{2\,000} \times 100\% = \frac{1\,600\,000}{2\,000\,000} \times 100\%$$

以上计算结果表明，该公司经营状况良好，处于非常安全状态。

### （三）安全边际率与其他指标之间的关系

**1. 安全边际率与保本作业率之间的关系**

由前面的计算可知，保本点把实际或预计的销售分成两部分：一部分是保本点销售量，一部分是安全边际量，即

$$\text{实际或预计销售量} = \text{保本点销售量} + \text{安全边际量}$$

将公式两边同时除以实际或预计销售量，可得

$$1 = \text{保本作业率} + \text{安全边际率}$$

通过例3-5和例3-6中的计算结果可以验证下述等式：

$$\text{保本作业率} + \text{安全边际率} = 20\% + 80\% = 1$$

**2. 安全边际率与保本点之间的关系**

$$\text{安全边际率} = \frac{\text{安全边际量}}{\text{实际或预计销售量}} = \frac{\text{实际或预计销售量} - \text{保本销售量}}{\text{实际或预计销售量}}$$
$$= 1 - \frac{\text{保本销售量}}{\text{实际或预计销售量}} = 1 - \frac{\text{保本销售额}}{\text{实际或预计销售额}}$$

所以保本量和保本额分别是

$$\text{保本量} = \text{实际或预计销售量} \times (1 - \text{安全边际率})$$
$$\text{保本额} = \text{实际或预计销售额} \times (1 - \text{安全边际率})$$

**【例3-7】**：接例3-4和例3-6资料，由于已知该公司安全边际率为80%，则其保本销售量和保本销售额分别为：

$$\text{保本销售量} = \text{实际或预计销售量} \times (1 - \text{安全边际率})$$
$$= 2\,000 \times (1 - 80\%) = 400 \text{（件）}$$
$$\text{保本销售额} = \text{实际或预计销售额} \times (1 - \text{安全边际率})$$
$$= 1\,000 \times 2\,000 \times (1 - 80\%) = 400\,000 \text{（元）}$$

**3. 安全边际率与销售利润率之间的关系**

销售利润可以表示为

$$\text{销售利润} = \text{安全边际量} \times \text{单位贡献毛益} = \text{安全边际额} \times \text{贡献毛益率}$$

将公式两边同除以销售收入得

$$\frac{销售利润}{销售收入} = \frac{安全边际额}{销售收入} \times 贡献毛益率$$

即 销售利润率 = 安全边际率 × 贡献毛益率

【例3-8】：根据上述计算出的甲产品的安全边际率和贡献边际率的结果可以计算该公司的销售利润率和销售利润分别为

销售利润率 = 安全边际率 × 贡献毛益率
$\qquad = 80\% \times 60\% = 48\%$

销售利润 = 安全边际量 × 单位贡献毛益
$\qquad$ = 安全边际额 × 贡献毛益率
$\qquad = 1\,600\,000 \times 60\% = 960\,000$（元）

### 4. 安全边际率与经营杠杆率的关系

根据前面保本点的相关内容可知，如产品销售每超过保本点1个单位的业务量，即可获得一个单位贡献毛益的盈利。即

利润 = (实际销售量 − 保本销售量) × 单位贡献毛益
$\qquad$ = 安全边际量 × 单位贡献毛益

或

利润 = (实际销售额 − 保本销售额) × 单位贡献毛益
$\qquad$ = 安全边际额 × 单位贡献毛益率

$$经营杠杆率（DOL）= \frac{贡献毛益总额}{利润}$$

$$= \frac{贡献毛益总额}{安全边际额 \times \dfrac{贡献毛益}{销售收入}}$$

$$= \frac{1}{安全边际额 \times \dfrac{贡献毛益}{销售收入} \times \dfrac{1}{贡献毛益}}$$

$$= \frac{1}{安全边际额 \times \dfrac{1}{销售收入}} = \frac{1}{安全边际率}$$

或

$\qquad$ 安全边际率 × 经营杠杆率 = 1

可见，经营杠杆率与安全边际率存在着倒数关系，即企业的经营杠杆率越高，则安全边际率越低，企业的经营风险越大；反之，企业的经营杠杆率越低，则安全边际率越高，企业的经营风险越小。其原因主要是经营杠杆率高的企业，对销售的敏感性越大，销售的轻微变动都会导致利润的正向或反向的大幅变动，因此经营风险比较大；而经营杠杆率低的企业，对销售的敏感性小，虽然增加利润的潜力小，但当销售下降时，其利润大幅下降的风险也小，所以较为安全。

## 四、保本图

如果将成本、销量、利润的关系在直角坐标系中集中描绘,就可以得到保本图。利用该图可以形象地从动态角度揭示成本—业务量—利润的相互依存关系,从而帮助管理者进行决策。保本图有多种图示,企业可以根据资料和目的不同进行选择。常用的图示有传统式、贡献毛益式和量利式三种。

### (一)传统式保本图

这是保本图最传统的形式,在绘制保本图时将固定成本置于变动成本之下,从而能清晰地反映固定成本不随业务量变动的成本特性,揭示保本点、安全边际、盈利区间和亏损区间的关系。

传统式保本图的绘制方法如下:

(1)选定直角坐标系。横轴表示销售量,纵轴表示成本和利润的金额。

(2)绘制固定成本线。在纵轴标上固定成本的数额,并以此为起点,绘制一条与横轴平行的直线,即为固定成本线。它与横轴的距离为固定值,不随业务量的变化而变化。

(3)绘制销售收入线。以坐标原点为起点,根据$TR=SP\times V$作出一条从原点出发的射线,即为销售收入线,该射线的斜率即为单价。

(4)绘制总成本线。以纵轴上相当于固定成本总额的点为起点,根据"总成本=固定成本+单位变动成本×销售量"做出一条射线即为总成本线,单位变动成本即为此射线的斜率。总成本与固定成本之间的距离为变动成本,它随业务量变化而成正比例变化。

(5)销售收入线与总成本线的交点为保本点。在销售量小于保本点时企业处于亏损状态,亏损额随销售量的增加而减少;销售量大于保本点时,企业处于盈利状态,盈利额随销售量的增加而增加。相应地在坐标轴上标明保本点、盈利区和亏损区。

根例3-4的资料绘制的传统式保本图如图3-1所示:

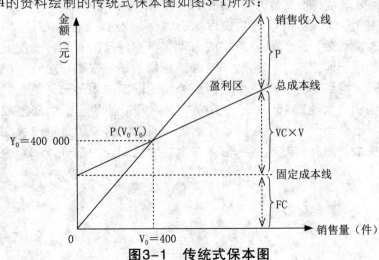

图3-1 传统式保本图

从图3-1可以看出，当销售量为0时，总成本线位于销售线之上，企业处于亏损状态，且亏损额等于固定成本。随着销售量的提高，销售收入线与总成本线逐渐接近，亏损额也逐渐下降。当销售量达到400件（接前例3-4）时，销售收入线与总成本线交于一点，此时销售收入等于总成本（400 000元），利润为0，此点即为保本点。在此之后，随着销量的提高，销售收入线开始高于总成本线，企业处于盈利状态，随着销量的进一步提高，两者之间的距离逐渐扩大，利润进一步提高。

通过对传统式保本图的分析，我们可以得到以下规律：

当保本点不变时，正常销售量超过保本点越多，企业盈利越多；当正常销售量低于保本点越多，企业亏损越多。

当销售量固定不变时，保本点越低，企业的盈利区间越大，亏损区间越小；相反，当保本点越高，亏损区间越大，而盈利区间越小。

当销售收入固定不变时，保本点的大小与固定成本和单位变动成本的大小有关。固定成本或单位变动成本越高，保本点越高；而固定成本或单位变动成本越低，则保本点也越低。

当总成本保持固定不变时，保本点的高低取决于收入线斜率，即受单位售价的影响，销售单价越高，保本点越低；而销售单价越低，则保本点越高。

### （二）贡献毛益式保本图

贡献毛益式保本图将固定成本置于变动成本之上。其绘制方法是：首先确定销售收入线和变动成本线，然后在纵轴上确定固定成本值并以此为起点画一条与变动成本线平行的直线，也就是总成本线。这条线与销售收入线的交点即为保本点。

贡献毛益式保本图与传统式保本图的主要区别是：贡献毛益式保本图更形象地反映出贡献毛益的形成过程和构成。产品销售收入减去变动成本后即是贡献毛益，保本时的贡献毛益恰好等于固定成本；保本点之上的贡献毛益要大于固定成本，差额便是企业实现的利润；而销售收入低于变动成本形成的贡献毛益便是亏损，而传统式保本图主要表明固定成本是在相关范围内保持不变的基础上形成的。

根据例3-4的资料绘制贡献毛益式保本图如图3-2所示。从该图我们可以看出，在销售量为零时，贡献边际为零，固定成本没有得到任何的补偿，企业此时处于亏损状态，且亏损额等于固定成本。此后，随着销售量的逐渐提高，企业贡献毛益逐渐增加，固定成本开始得到部分补偿，尚未得到补偿的固定成本部分即是企业在该销售状态下的亏损。当销售量达到400件时，贡献毛益恰好能补偿全部的固定成本，此时企业利润为零，即该点为保本点。在保本点之上，随着销售量的进一步提高，贡献毛益开始超过固定成本，此时贡献毛益补偿完固定成本后剩余的部分，即是企业所获取的利润。

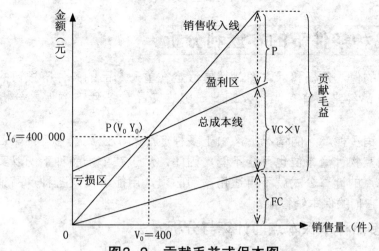

图3-2 贡献毛益式保本图

### (三) 量利式保本图

量利式保本图是一种简化的保本图,它以利润线代替了销售收入线和总成本线,仅仅反映销售量与利润之间的依存关系。其特点是省去了成本和收入与产量之间的关系,使得保本图更加简洁,易于理解,更易为企业管理人员决策时使用。

量利式保本图的绘制方法如下:

(1) 在直角坐标系中,以横轴表示销售量,纵轴表示利润。

(2) 在纵轴上标出固定成本点,该点即为销量为零时的亏损额。

(3) 在横轴上任取一整数销售量,并计算该销售量下的损益数,并依此在坐标图中再确定一点,连接该点与纵轴上相当于固定成本的那一点,得出利润线。利润线的斜率为单位贡献毛益。

根据例3-4的资料绘制的量利式保本图如图3-3所示:

从图中可以看出,当销量为0时,企业的亏损额达到最大,其金额等于固定成本,为240 000元。此后,随着销量的增加,亏损额逐渐减少。当销量增加到400件时,利润为0,该点即为保本点。在保本点之上,继续增加销量时,利润越来越高。

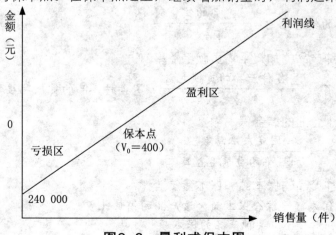

图3-3 量利式保本图

# 五、多品种条件下的本量利分析

上面介绍的保本分析和保本图,都是假定在单一产品的条件下进行的,在实际中企业生产的产品经常有许多品种,因此研究在多品种条件下的保本分析显得尤为必要。

在企业产销多种产品的情况下,由于多种产品的单位贡献毛益可能各不相同,而且各种产品的实物计量单位也可能不同,因此,对于在单一品种下的以实物单位为基础确定的保本点的计算公式就不再适用。而必须选用能够反映各种产品销售量的货币指标,即计算它们的保本销售额。

## (一)多品种下保本点的计算与分析方法

### 1.主要产品法

企业生产的多种产品,可以用其中主要产品的保本点近似作为企业的保本点,主要产品应该是贡献毛益率较大,且销售比重也比较大的产品。或者其他产品的贡献毛益率与主要产品的贡献毛益率比较接近,可以近似地将它们看作一种产品,并按主要产品的贡献毛益率进行预测。当然,采用这种方法计算保本点比较简便,但会出现一些误差,在应用前要根据误差的大小进行适当调整。

### 2.加权平均法

所谓加权平均法,是指根据各种产品的销售单价、单位变动成本、销售量计算出一个加权贡献毛益率,然后根据固定成本和加权贡献毛益率计算保本销售额,再在此基础上计算各种产品的保本额。

加权平均法是计算多品种产品保本点最常见的一种方法。

加权平均法的计算步骤如下:

(1)计算全部产品的销售总额

$$销售总额 = \sum(各产品的销售单价 \times 各产品销售量)$$

(2)计算各种产品的销售比重

$$某种产品的销售比重 = \frac{该产品的销售额}{销售总额}$$

(3)计算各种产品的加权平均贡献毛益率

$$加权平均贡献毛益率 = \frac{\sum 各种产品的贡献毛益}{销售总额} = \sum 各种产品的贡献毛益 \times 该产品的销售比重$$

(4)计算整个企业的综合保本额

$$综合保本额 = \frac{固定成本总额}{加权平均贡献毛益率}$$

(5)计算各种产品的保本额和保本量

$$某种产品保本额 = 综合保本额 \times 该产品的销售比重$$

$$某种产品保本量 = \frac{某种产品的保本额}{某种产品销售单价}$$

# 第三章 本量利分析

【例3-9】：假设某企业生产甲、乙、丙三种产品，固定成本总额为21000元，各种产品目前的销量、单价、单位变动成本等资料如表3-4所示。试计算甲、乙、丙三种产品保本点销售量。

表3-4 甲、乙、丙三种产品的基本资料

| 产品 | 销量（件） | 单价（元） | 单位变动成本 | 单位贡献毛益 | 贡献毛益率 |
|---|---|---|---|---|---|
| 甲 | 2 500 | 20 | 10 | 10 | 50% |
| 乙 | 3 000 | 10 | 6 | 4 | 40% |
| 丙 | 1 250 | 16 | 12 | 4 | 25% |

按照加权平均法的计算步骤，计算如下：

（1）计算全部产品的销售总额

销售总额 = 2 500×20 + 3 000×10 + 1 250×16 = 100 000（元）

（2）计算各种产品的销售比重

$$甲产品的销售比重 = \frac{2\,500 \times 20}{100\,000} \times 100\% = 50\%$$

$$乙产品的销售比重 = \frac{3\,000 \times 10}{100\,000} \times 100\% = 30\%$$

$$丙产品的销售比重 = \frac{1\,250 \times 16}{100\,000} \times 100\% = 20\%$$

（3）计算各种产品的加权平均贡献毛益际率

加权平均贡献毛益率 = 50%×50% + 30%×40% + 25%×20% = 42%

（4）计算综合保本额

$$综合保本额 = \frac{固定成本总额}{加权平均贡献边际率} \times \frac{21\,000}{42\%} = 50000（元）$$

（5）计算各种产品的保本额和保本量

甲产品的保本点销售额 = 50 000×50% = 25 000（元）
乙产品的保本点销售额 = 50 000×30% = 15 000（元）
丙产品的保本点销售额 = 50 000×20% = 10 000（元）

$$甲产品的保本点销售量 = \frac{25\,000}{20} = 1\,250（件）$$

$$乙产品的保本点销售量 = \frac{15\,000}{10} = 1\,500（件）$$

$$丙产品的保本点销售量 = \frac{10\,000}{16} = 625（件）$$

### 3.联合单位法

如果企业产品结构保持不变，则多种产品条件下的保本点计算可以采用联合单位法。所谓联合单位是指按固定实物比例构成的一组产品，它们之间的销售长期保持比较稳定的比例关系,根据这个销量比,可以计算出这一组产品里每一联合单位的联合单价、联合单位变动成本、联合单位贡献毛益、整个企业的联合保本量以及各产品的保本量。

其计算过程如下:

联合单价 = $\sum$ 某种产品单位售价 × 该产品销量比

联合单位变动成本 = $\sum$ 某种产品单位变动成本 × 该产品销量比

联合单位贡献毛益 = 联合单价 - 联合单位变动成本

联合保本量 = $\dfrac{固定成本}{联合单位贡献毛益}$

某种产品保本量 = 联合单价 × 该产品销量比

【例3-10】:沿用例3-9的资料,采用联合单位法计算各产品的保本量和保本额如下:

首先,由于三种产品的销量比为2 500,3 000,1 250,该比例为2,2.4,1。我们可以计算出联合贡献毛益:

联合单价 = 20 × 2 + 10 × 2.4 + 16 × 1 = 80(元)

联合单位变动成本 = 10 × 2 + 6 × 2.4 + 12 × 1 = 46.4(元)

联合单位贡献毛益 = 联合单价 - 联合单位变动成本
= 80 - 46.4 = 33.6(元)

其次,计算联合保本量:

联合保本量 = $\dfrac{21\,000}{33.6}$ = 625(联合单位)

最后,计算各种产品的保本量及保本额。

甲产品的保本量 = 625 × 2 = 1 250(件)

乙产品的保本量 = 625 × 2.4 = 1 500(件)

丙产品的保本量 = 625 × 1 = 625(件)

甲产品的保本额 = 1250 × 20 = 25 000(元)

乙产品的保本额 = 1500 × 10 = 15 000(元)

丙产品的保本额 = 625 × 16 = 10 000(元)

## (二)产品品种结构变动对保本点的影响

当企业同时生产多种产品时,由于各种产品的盈利能力各不相同,因此,品种结构变动必然对整个企业的保本点产生一定的影响。当企业贡献毛益率低的产品的销售额占总销售额的比重上升时,企业的加权平均贡献毛益率下降,保本点会上升,达到同样的销售收入时,企业的利润下降;反之,当企业贡献毛益率高的产品的销售额占总销售额的比重上升时,企业的加权平均贡献毛益率提高,保本点会下降,达到同样的销售收入时,企业的利润上升。

【例3-11】:沿用例3-10中的有关资料,现假设甲、乙、丙三种产品的销售比重变为60%，20%，20%，我们重新计算其加权贡献毛益率、综合保本额及全年利润。

$$加权平均贡献毛益率 = 50\% \times 60\% + 40\% \times 20\% + 25\% \times 20\% = 43\%$$

$$联合保本量 = \frac{21\,000}{43\%} = 48837.2（元）$$

$$全年利润 = (100\,000 - \frac{21\,000}{43\%}) \times 43\% = 22\,000（元）$$

由以上计算可知：在销售收入不变的情况下，企业应积极采取措施，努力提高贡献毛益率水平较高的产品的销售比重，降低贡献毛益水平较低的产品的销售比重，从而提高企业的加权贡献毛益水平，使企业的整体利润增加，亏损减少。

## 六、各因素变动对保本点的影响

从保本点的计算公式可以看出，产品销售单价、固定成本、单位变动成本的变动都会引起保本点的变动。了解这些变量值变动对保本点的影响非常重要，在企业的管理实践中，不可能比较准确地预测出价格和固定成本、单位变动成本之间的数值，即实际的成本和单价数值总会在一定程度上偏离有关预测值。另外，在企业一定时期产销多种产品的情况下，我们是假设了有关产品品种结构保持不变，在此前提下得到了有关多品种下的保本点计算方法，如果现实中当有关产品品种结构发生改变时，保本点也必然发生相应变化。为了实现既定目标，必须事先测定有关因素变动对保本点和利润带来的影响，使企业管理者做到心中有数，以便采取有效措施，使企业避免遭受损失，争取取得较好的经济效益。

为便于理解，下面通过例题来说明有关因素变动对保本点的影响。

【例3-12】：设某产品单位售价为18元，单位变动成本为12元，全年固定成本为120 000元，企业当年的产销能力为30 000件。据此按实物单位计算的保本量、保本额与全年利润分别为：

$$保本点销售量 = \frac{120\,000}{18-12} = 20\,000（件）$$

$$保本点销售额 = 20\,000 \times 18 = 360\,000（元）$$

$$全年利润 = (30\,000 - 20\,000) \times (18 - 12) = 60\,000（元）$$

### （一）销售价格变动对保本点的影响

销售价格变动，对保本点的影响最直接、最明显。销售价格的波动会引起单位贡献毛益和贡献毛益率的同方向变动，进一步影响到保本点和利润。在其他因素不变的情况下，当销售单价提高时，单位贡献毛益和贡献毛益率会同时提高，补偿固定成本所需要的销售量会相应减少，保本点降低，同时，在该销售量下企业实现的利润将增加；如果销售单价下降，则其贡献毛益和贡献毛益率同时下降，就需要更多的销售量才能补偿固定成本，使得保本点提高，在该销售量下企业利润将减少。

假设例3-12中产品的单价若由原来的18元提高到20元，其他因素不变，则新的保本点、保本额与全年利润依次为：

$$保本点销售量 = \frac{120\,000}{20-12} = 15\,000（件）$$

$$保本点销售额 = 15\,000 \times 20 = 300\,000（元）$$

$$全年利润 = (30\,000 - 15\,000) \times (20 - 12) = 120\,000（元）$$

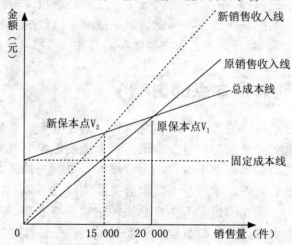

图3-4 销售价格变动的保本图

图3-4是销售价格变动的保本图。可以看出，在其他条件不变的情况下，销售单价的提高，会使销售收入线斜率变大，使得保本点向左移动，由$V_1$到$V_2$这一段也由原来的亏损区变成了盈利区，利润总额提高。

● **（二）单位变动成本变动对保本点的影响**

单位变动成本的变动会引起单位贡献毛益和贡献毛益率呈反方向变动。在其他因素不变的情况下，单位变动成本提高，则会引起单位贡献毛益和贡献毛益率的下降，为补偿固定成本所需要的销量将提高，从而使得保本点被抬高，同时利润会减少；单位变动成本下降，则会引起单位贡献毛益和贡献毛益率的上升，补偿固定成本所需要的销量将减少，从而引起保本点下降，同时利润会增加。

假设例3-12中的其他因素保持不变，若单位变动成本由原来的12元提高到13元，则新的保本点、保本额和全年利润分别为：

$$保本点销售量 = \frac{120\,000}{18-13} = 24\,000（件）$$

$$保本点销售额 = 24\,000 \times 18 = 432\,00（元）$$

$$全年利润 = (30\,000 - 24\,000) \times (18 - 13) = 30\,000（元）$$

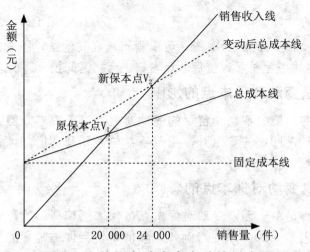

图3-5 单位变动成本变动的保本图

图3-5是单位变动成本变动的保本图。可以看出,在其他条件不变的情况下,单位变动成本的提高,导致新总成本线斜率变大,使得保本点向右移动,由$V_1$到$V_2$这一段也由原来的盈利区变成了亏损区,利润总额下降。

● (三) 固定成本变动对保本点的影响

在相关范围内,固定成本不随销量的变化而变化,但有时由于企业经营和管理等方面的原因可能会使固定成本发生变化,特别是酌量性固定成本更容易发生变化。在其他因素不变的情况下,固定成本总额提高,会使得总成本线提高,导致保本点上升及利润的减少;而当固定成本总额下降时,保本点也会下移,同时利润会增加。

假设例3-12中的其他因素不变,若固定成本由原来的120 000元增加到150 000元,则新的保本点、保本额和全年利润为:

$$保本点销售量 = \frac{120\ 000}{18-12} = 25\ 000(件)$$

保本点销售额 = $25\ 000 \times 18 = 450\ 000$(元)

全年利润 = $(30\ 000 - 25\ 000) \times (18 - 12) = 30\ 000$(元)

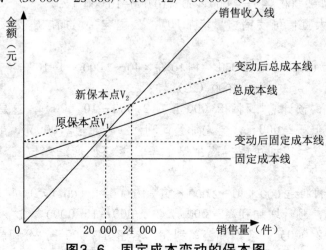

图3-6 固定成本变动的保本图

图3-6是固定成本变动时的保本图。可以看出，在其他条件不变的情况下，由于固定成本的增加，总成本线上移了，使保本点右移、亏损区间扩大，而盈利区间减少了。

### （四）销售量变动对保本点的影响

在其他因素不变的情况下，销售量的变动对保本点无影响，但会使贡献毛益总额与利润呈同方向变动，即销售量上升，贡献毛益总额和利润增加；销售量下降，则贡献毛益总额和利润下降。

### （五）多因素变动对保本点的影响

以上四个方面都是单一因素变动对保本点、保本额和利润的影响。在实际经济活动中，往往是多种因素同时变动的。例如，降低单价会促进销量的上升，增加固定成本的投入可能同时提高单价等。因此，就需要对多因素同时变动的情况进行保本和利润分析。

在例3-12中，假设该公司在固定成本提高到150 000元的同时，使产品的销售单价提高1元，则新的保本点、保本额和全年利润为：

$$保本点销售量 = \frac{150\ 000}{20 - 12} = 18\ 750（件）$$

保本点销售额 = 18 750 × 20 = 375 000（元）

全年利润 = (30 000 − 18 750) × (20 − 12) = 90 000（元）

## 七、本量利分析在企业决策中的应用

企业管理者在准备采取某项决策前，应当事先预测其对利润产生的影响，作为评价该项决策是否经济合理的依据，以减少决策的盲目性。

【例3-13】：A公司只生产一种产品，单位售价为40元/件，单位变动成本为30元/件，2月份公司销售产品2 000件，固定成本总额为10 000元。则：

2月份利润 = 2 000 × 40 − 2 000 × 30 − 10 000 = 10 000（元）

（1）预计扩大宣传可使销售量增加10%，公司准备增加广告费投入，广告费应以多少为限？

销售量增加后的利润 = 2 000 × (1+10%) × 40 − 2 000 × (1+10%) × 30 − 10 000
= 12 000（元）

采取这项措施，预计增加利润2 000元（12 000 − 10 000），这是广告费投入的上限，即如果广告费低于2 000元，会增加公司利润；若超过2 000元，就得不偿失。

（2）对工人进行培训可以提高生产效率，能够使产品单位变动成本降为29元/件，培训费应以多少为限？

培训后的利润 = 2 000 × 40 − 2 000 × 29 − 10 000 = 12 000（元）

采取这项措施，预计增加利润2 000元（12 000 − 10 000），这是培训费的上限，即如果培训费低于2 000元，会增加公司利润；若超过2 000元，公司就得不偿失。

（3）设立门市部将使产品售价提高到45元/件，假设销售量不变，门市部支出应以多少为限？

$$\text{设立门市部后的利润} = 2\,000 \times 45 - 2\,000 \times 30 - 10\,000 = 20\,000（元）$$

采取这项措施，预计增加利润10 000元（20 000－10 000），这也是门市部支出的上限，即如果门市部支出低于10 000元，会增加公司利润；若超过10 000元，公司也得不偿失。

以上都是企业采取单项措施的情况，在现实中企业往往同时采取多种措施。

假设该公司按照国家政策调高工人工资，使单位变动成本提高5%，固定成本总额增加1%，将导致公司利润下降。为了抵销这种不利影响，公司准备采取以下措施：①将单位产品售价提高5%，销售量将下降10%；②使产品销售量增加10%，需追加广告费500元。

$$\begin{aligned}\text{调高工资后的利润} &= 2\,000 \times 40 - 2\,000 \times 30 \times (1+5\%) - 10\,000 \times (1+1\%) \\ &= 6\,900（元）\end{aligned}$$

采取方案①，预计利润 $= 2\,000 \times (1-10\%) \times 40 \times (1+5\%) - 2\,000 \times (1-10\%) \times 30 \times (1+5\%) - 10\,000(1+1\%) = 8\,800$（元）

采取方案②，预计利润 $= 2\,000 \times (1+10\%) \times 40 - 2\,000 \times (1+10\%) \times 30 - 10\,000 \times (1+1\%) - 500 = 8\,100$（元）

所以，采取方案①，该企业经济效益较好。

## 八、经营杠杆

### （一）经营杠杆的意义

根据成本习性的原理，我们知道在一定的业务量（产销量）范围内，业务量的增加一般不会改变其固定成本总额，但它会使单位固定成本降低，从而提高单位产品利润，并使利润的增长幅度大于业务量的增长幅度；反之，业务量减少，会使单位固定成本升高，从而降低单位产品利润，并使利润的下降幅度大于业务量的下降幅度。这种由于业务量较小幅度的变动引起利润较大幅度变动的现象，被称为"经营杠杆"。它反映了企业经营过程中的风险，并有助于管理人员进行预测和决策，也是本量利分析中的一个重要的概念。

### （二）经营杠杆的计量

经营杠杆的衡量通常用经营杠杆系数（DOL）来表示，经营杠杆系数也称经营杠杆率，是指利润的变动率相对于业务量变动率的倍数。其计算公式如下：

$$\text{经营杠杆系数(DOL)} = \frac{\text{利润的变动率}}{\text{销售的变动率}} = \frac{\Delta P / P}{\Delta V / V}$$

公式中：$\Delta P$为利润变动额，$P$为基期的利润，$\Delta V$为销售的变动额（或变动量），$V$为基期的销售额（或销售量）。

将前述的利润计算公式 P = SP×V − (FC + VC×V)，代入上面的经营杠杆系数计算公式，可以计算得到：

$$\text{经营杠杆系数(DOL)} = \frac{\text{基期贡献毛益总额}}{\text{基期利润}}$$

【例3-14】：假设A公司某年的产品销售量为400件，产品销售单价为10元，单位变动成本为6元，固定成本为800元，计划期准备销售500件。销售单价及成本水平保持不变，要求计算该公司该年的经营杠杆系数。

根据上述资料编制计算表，如表3-5所示。

表3-5 相关资料

| 项目 | 基期 | 计划期 | 变动额 | 变动率(%) |
|---|---|---|---|---|
| 销售收入总额 | 4 000 | 5 000 | +1 000 | 25 |
| 减：变动成本总额 | 2 400 | 3 000 | +600 | 25 |
| 贡献毛益总额 | 1 600 | 2 000 | +400 | 25 |
| 减：固定成本总额 | 800 | 800 | 0 | |
| 利润 | 800 | 1 200 | 400 | 50 |

将表3-5中的有关数据代入经营杠杆公式：

$$\text{经营杠杆系数(DOL)} = \frac{\text{利润的变动率}}{\text{销售的变动率}} = \frac{\Delta P/P}{\Delta V/V} = \frac{+50\%}{+25\%} = 2 \text{（倍）}$$

或 $$\text{经营杠杆系数(DOL)} = \frac{\text{基期贡献边际总额}}{\text{基期利润}} = \frac{1600}{800} = 2 \text{（倍）}$$

计算表明：A公司的利润变动率是销售变动率的2倍。

### （三）影响经营杠杆的主要因素

**1.固定成本总额的影响**

根据上面的计算公式可知，只要企业有固定成本存在，其经营杠杆系数(DOL)总是大于1，而且经营杠杆系数随着固定成本的增减呈同方向变动。当利润一定时，企业的固定成本比重越大，经营杠杆系数就越大；反之，企业固定成本越小，经营杠杆系数也就越小。

**2.销售量的影响**

经营杠杆系数与销售量的变动呈反方向变动。销售量的上升会使得经营杠杆系数下降；反之，会使经营杠杆系数上升。

### （四）经营杠杆率的用途

**1.能反映企业一定期间的经营风险**

根据前述经营杠杆系数的计算可知：利润变动率＝销售变动率×经营杠杆系数。若企业的经营杠杆系数增加，则表明企业在销售增加的同时，利润将以DOL倍的幅度增加；反之，当销售减少时，利润又将以DOL倍的幅度下降。因此，可以认为：经营杠杆扩大了成本、生产和销售等不确定因素对企业利润变动的影响。经营杠杆系数越大，利润的变动越大，企业面临的

风险也越大。一般来说,当市场环境发生变化时,保持一个较低的经营杠杆系数对企业来说是非常有必要的,企业要在具体的经营过程中,根据影响经营杠杆率的变动来努力降低经营风险,力争做到充分利用企业现有的生产能力扩大生产,同时结合市场影响因素努力扩大销售,或在一定的销售量范围内努力寻求降低固定成本的途径。

**2. 能帮助企业进行科学地预测、决策**

在企业现有的固定成本、变动成本和销售量的基础上再结合计划期的销售变动情况,企业可以借此来进行计划期的利润预测。同时,在企业的经营过程中面临内部经营条件和外部市场的一些因素发生变动时,可以为企业的生产经营决策提供帮助。比如当企业在生产经营过程中为扩大产品产量或提高产品质量而进行的机器设备等固定资产方面的投资;当外部市场销售面临一些因素变化时而采取降价销售,以及企业内部生产和外部环境的诸多因素同时发生变动时,企业在相关决策中多应考虑经营杠杆的作用。

## 第三节 保利分析

保利分析是指在假定销售单价、单位变动成本、固定成本总额不变的条件下,为保证目标利润的实现而应达到的销售量或销售额的一种方法。虽然保本点的计算已经为决策提供了非常有用的信息,但是对于几乎所有的企业来说都愿意实现盈利而不只是达到保本,因此就有必要在保本点的基础之上进一步扩展,来反映企业为实现既定利润水平而应该达到的销售水平,这就提出了一个与保本分析相关联的内容——保利分析。

### 一、目标利润的确定

传统意义上的利润预测是根据事先预计的销售量、销售单价、单位变动成本和固定成本来计算可能实现的利润水平。利润是随销售量、销售单价、单位变动成本和固定成本的变动而变动。而现在我们所说的利润预测是以企业在未来一定时期内,经过各种努力所能达到的一种优化的利润水平,以目标利润为中心而进行的预测。这种目标利润的预测不仅要考虑经济上的可行性,更重要的是要考虑技术上的可行性和生产经营能力问题,同时还要考虑生产经营过程中其他相关问题的制约。

目前,我国企业主要是根据各种预定的不同的销售利润率来规划目标利润。常用的有以下几种方法。

根据基期的销售利润率来确定:

目标利润=预计销售收入×基期销售利润率

根据基期的销售利润率来确定:

目标利润=预计资金平均占用额×基期资金利润率

根据基期产值利润率来确定

$$目标利润 = 预计工业总产值 \times 基期产值利润率$$

【例3-15】：假设某公司只产销一种产品，销售单价为每件10元，单位变动成本为6元，固定成本全年为10 000元，2014年实现销售4 000件，利润为6 000元。假设企业按照上年度的销售利润率来预计2015年度的目标利润，预计企业2015年度销售将增长20%，达到4 800件。要求计算企业2015年的目标利润。

$$2014年销售利润率 = \frac{4\,000 \times (10-6) - 10\,000}{4\,000 \times 10} \times 100\% = 15\%$$

$$2015年目标利润 = 4\,000 \times (1+20\%) \times 10 \times 15\% = 7\,200（元）$$

## 二、目标利润分析

目标利润分析是保本分析的延伸，分析的主要目的是为了管理企业提供为实现目标利润时产销水平的相关信息。而在企业实际中，税后利润才是企业可以实际支配的利润，因此，需要在税前利润的基础上考虑所得税税率对实现目标利润的影响。下面分别对税前目标利润和税后目标利润进行分析。

### （一）税前目标利润分析

管理人员非常关心要实现特定的目标利润，企业的销量要达到多少，从本量利的角度看，即是在本量利分析的基本关系式中已知利润、销售单价、单位变动成本和固定成本的基础之上来预测销量，可以根据本量利关系进行推导。

$$利润（P） = (单价 - 单位变动成本) \times 销量 - 固定成本$$
$$= (SP - VC) \times V - FC$$

设P为要达到的目标利润，目标销售量为V

在上式中只有销量是未知数，其他指标已知，于是可以推出：

$$实现目标利润的销售量(V) = \frac{目标利润 + 固定成本}{单价 - 单位变动成本} = \frac{目标利润 + 固定成本}{单位贡献毛利}$$

$$= \frac{P + FC}{SP - VC}$$

$$实现目标利润的销售额(SP \times V) = 实现目标利润的销售量 \times 单价$$

$$= \frac{P + FC}{SP - VC} \times SP = \frac{P + FC}{\frac{SP - VC}{SP}}$$

【例3-16】：沿用例3-15资料，假设该企业2015年目标利润为8 000元，则

$$实现目标利润的销售量 = \frac{8\,000 + 10\,000}{10 - 6} = 4\,500（件）$$

$$实现目标利润的销售量 = \frac{8\,000 + 10\,000}{40\%} = 4\,500（件）$$

或直接

$$= 4\,500 \times 10 = 45\,000（元）$$

## (二) 税后目标利润分析

上面公式中的目标利润是税前利润。但真正影响企业生产经营中现金流量的现实因素,不是税前利润,而是税后利润,即净利润。因此,从税后利润着眼,进行利润的规划和分析,会更符合企业生产经营的实际。

由于税后利润和税前利润有如下关系:

$$税后利润 = 税前利润 \times (1 - 所得税率)$$
$$= P \times (1 - T)$$

$$税前利润 = \frac{税后利润}{1 - 所得税率} = \frac{P_T}{1 - T}$$

因此可得如下公式:

$$实现目标利润的销售量 = \frac{\frac{税后目标利润}{1 - 所得税率} + 固定成本}{单位贡献毛益} = \frac{\frac{P_T}{1-T} + FC}{SP - VC}$$

$$实现目标利润的销售额 = \frac{\frac{税后目标利润}{1 - 所得税率} + 固定成本}{贡献毛益率} = \frac{\frac{P_T}{1-T} + FC}{\frac{SP - VC}{SP}}$$

【例3-17】:沿用例3-15资料,假设2015年要实现税后净利6 000元,所得税率为25%,其他条件不变,则

$$实现目标利润的销售量 = \frac{\frac{6\ 000}{1 - 25\%} + 10\ 000}{10 - 6} = 4\ 500 （件）$$

$$实现目标利润的销售量 = \frac{\frac{6\ 000}{1 - 25\%} + 10\ 000}{40\%} = 4\ 500 （件）$$

$$= 4\ 500 \times 10 = 45\ 000 （元）$$

## (三) 各因素变动对目标利润及实现目标利润销售量的影响

### 1.单因素变动所产生的影响

由目标利润及实现目标利润的销售量预测公式可以看出,销售单价、单位变动成本、固定成本中的任何一个因素发生变动,都会对目标利润及实现目标利润的销售量带来影响,为了简化分析,我们只介绍实现税前目标利润的销量预测。

【例3-18】:假设仍沿用例3-15和例3-16中的资料,计算各个因素变动对目标利润

的影响。

(1) 单价变动的影响

假设保持例3-15和例3-16中的其他因素不变,而单价由10元提高到12元,则

$$实现目标利润的销售量 = \frac{8\,000 + 10\,000}{12 - 6} = 3\,000(件)$$

即实现目标利润的销量由原来的4500件下降为现在的3 000件。这表明,该企业由于价格的提高,只需要达到3 000件的销量就可以实现8 000元的目标利润。如果在这种情况下企业仍能实现4 500件的销量,那么其实际利润将比目标利润有较大提高,这一变化称为目标利润的变化,其大小为:

$$目标利润的变化 = (4500 - 3000) \times (12 - 6) = 9\,000(元)$$

这说明在其他因素不变的情况下产品单价提高2元的影响是使目标利润增加9 000元。

(2) 单位变动成本的影响

仍然以上面的数据为例,在其他因素保持不变的情况下,单位变动成本由原来的6元提高到8元,则

$$实现目标利润的销量 = \frac{8\,000 + 10\,000}{10 - 8} = 9\,000(件)$$

即要实现目标利润8 000元,其销量将由原来的4 500件提高到9 000件。若企业仍以4 500件为销量目标的话,那么实际实现的利润就不会达到8 000元的目标利润。这一目标利润的变化大小数额为:

$$目标利润的变化 = (4\,500 - 9\,000) \times (10 - 8) = -9\,000(元)$$

这表明,在其他因素不变的情况下,单位变动成本增加2元将会使目标利润减少9 000元。

(3) 固定成本变动的影响

假定其他因素保持不变,固定成本由原来的10 000元提高到12 000元,则

$$实现目标利润的销量 = \frac{8\,000 + 12\,000}{10 - 6} = 5\,000(件)$$

即要实现目标利润8 000元,其销量将由原来的4 500件提高到5 000件。若仍然以4 500件作为其目标销量的话,那么实际实现的利润就不会达到8 000元的目标利润。这一目标利润变化大小数额为:

$$目标利润的变化 = (4\,500 - 5\,000) \times (10 - 6) = -2\,000(元)$$

这表明,在其他因素保持不变的情况下,固定成本增加2 000元的影响是使得目标利润减少2 000元。

(4) 各因素同时变动所产生的影响

上面介绍了几种单一因素变动对目标利润的影响。实际上,在企业的经营实际中,经常会发生单价、单位变动成本与固定成本相互联系地发生变动。因此企业必须

就各种因素的变动进行综合计算和衡量以确定最终的目标利润。

① 降低单价的同时增加销量

降低价格同时增加销量是企业在经营实际中经常出现的一种情况,当企业现有的固定资产尚有剩余生产能力时,企业可以以增加产销量,同时降低价格的形式来扩大目标利润。

如前例所述,如果在其他条件保持不变,单价每降低0.5元,可以使销量增加1 000件,则企业决定降价1元,可增加销售2 000件,则

$$实现目标利润的销量 = \frac{8\ 000 + 10\ 000}{9 - 6} = 6\ 000(件)$$

降价使得销量由原先的4 500件提高到6 500件,在这种情况下企业的目标利润变化数额为:

$$目标利润的变化 = (6\ 500 - 6\ 000) \times (9 - 6) = 1\ 500(元)$$

通过计算分析可知:在其他条件不变的情况下,单价降低1元,同时销量增加2 000件,会使目标利润增加1 500元。

② 单位变动成本降低同时固定成本增加

单位变动成本降低的同时固定成本增加,在企业的经营实际中经常出现,例如企业进行固定资产更新、采用新的加工工艺等会使得固定成本支出大大提高,同时,由于这些新设备、新工艺的采用将会导致单位变动成本下降,在这种情况下会改变原有目标利润下的销量也给目标利润本身带来影响。

如前所述,假设该企业由于采用新的加工工艺而使得固定成本总额增加2 000元,同时由于采用新工艺而使得单位产品消耗减少,单位变动成本由原来的6元下降到现在的5元,假定其他因素保持不变,则

$$实现目标利润的销量 = \frac{8\ 000 + 1\ 2000}{10 - 5} = 4\ 000(件)$$

即实现目标利润时的销量由原来的4 500件下降为4 000件。由于单位变动成本和固定成本的共同影响,企业要达到8 000元的目标利润,其销量只需4 000件就可以了。而如果企业仍然能实现原来4 500件的销量的话,其利润必将有较大提高。在这种情况下,企业目标利润变化的大小数额为:

$$目标利润的变化 = (4\ 500 - 4\ 000) \times (10 - 5) = 2\ 500(元)$$

这就是说,在其他条件保持不变的情况下,固定成本提高2 000元的同时,单位变动成本下降1元,对企业利润的影响是使目标利润增加2 500元。

③ 单价降低、销量增加、单位变动成本降低、固定成本提高

由于企业经营实际中影响目标利润的各因素之间相互作用,可能会使得要达到一定的目标利润,有关因素会出现同时变动的情况。我们可以通过下面的例题来说明。

【例3-19】:仍根据上面的资料,假定该企业的目标利润为8 000元,经过各方的预测,为了扩大销量,企业只能采取降价措施,当价格降为9元时,销量可达到5 000件,但企业还实现不了目标利润。企业决定再追加1 000元约束性固定成本,可以提高

人工效率，降低材料消耗，从而降低单位变动成本，这时，为了实现目标利润，单位变动成本应降至：

$$单位变动成本 = \frac{目标利润 + 固定成本}{销量} = 9 - \frac{8\,000 + 11\,000}{5\,000} = 5.2（元/件）$$

也即采取上述综合措施单价下降1元、销量增加500件、固定成本增加1 000元、单位变动成本减少0.8元才能使企业达到实现8 000元的目标利润。

即

$$目标利润 = (SP - VC) \times V - FC = (9 - 5.2) \times 5\,000 - 11\,000 = 8\,000（元）$$

## 三、利润的敏感性分析

### （一）敏感性分析的概念

敏感性分析（Sensibility Analysis）就是研究与某一决策变量相关的因素发生变动时对该决策变量的影响程度，是确定性模型中常见的分析。这种对确定性模型的敏感性分析，可以反映导致企业亏损或项目失败的原因及关键变量，使企业管理当局对敏感性变量进行控制，并作出合理决策。

敏感性分析主要包括以下几个方面的内容：分析有关参数发生多大变化会使企业由盈利转为亏损；各参数变化对利润变化的影响程度；各因素变动时如何调整销量或单价，以保证原目标利润的实现等问题。

### （二）保本时的各变量临界值

根据本量利分析的基本模型可知：单价、销量、单位变动成本和固定成本的变化都会导致利润发生相应变化，这种变化达到一定程度，会使企业利润逐渐消失，进入保本状态。此时，可以求出销量和单价的最小允许值、单位变动成本和固定成本的最大允许值。实际上，这些最大值最小值也即是保本状态的临界值。当上述有关变量继续发生变化，以至超出了相应临界值之后，利润变为负数，使企业处于亏损状态。

由本量利的基本公式：

$$利润 = (销售单价 - 单位变动成本) \times 销售量 - 固定成本$$

令利润等于零，在其他变量不变的条件下，就可以得到保本点时的销售量、单价、单位变动成本和固定成本的临界值：

销售量的最小允许值：

$$V_{min} = \frac{固定成本}{单价 - 单位变动成本} = \frac{FC}{SP - VC}$$

销售单价的最小允许值：

$$SP_{min} = 单位变动成本 + \frac{固定成本}{销售量} = VC + \frac{FC}{V}$$

单位变动成本的最大允许值：

$$V_{max} = 销售单价 - \frac{固定成本}{销售量} = SP - \frac{FC}{V}$$

固定成本的最大允许值

$$FCmax = (销售单价 - 单位变动成本) \times 销售量 = (SP - VC) \times V$$

**【例3-20】**：假设某公司只生产一种产品，单价为10元，单位变动成本为6元，固定成本总额为10 000元，销售量预计为4000件。则

$$目标利润(P) = (SP - VC) \times V - FC = (10 - 6) \times 4\,000 - 10\,000 = 6\,000（元）$$

将数据代入上述公式，可求得为了达到保本状态的各个临界值如下：

销售量的最小允许值：

$$Vmin = \frac{10\,000}{10 - 6} = 2\,500（件）$$

销售量下降幅度的下限为：$\frac{4\,000 - 2\,500}{4000} \times 100\% = 37.50\%$

即2 500件是销售量的最小临界值，小于2 500件就会发生亏损，或者说完成计划销售量的62.50%，企业就可以保本。

销售单价的最小允许值：

$$SPmin = 6 + \frac{10\,000}{4\,000} = 8.5（元）$$

销售量下降幅度的下限为：$\frac{10 - 8.5}{10} \times 100\% = 15\%$

计算结果表明，销售单价不能低于8.5元，下降幅度不能超过15%，否则企业就会发生亏损。

单位变动成本的最大允许值：

$$VCmin = 10 - \frac{10\,000}{4\,000} = 7.5（元）$$

销售量下降幅度的下限为：$\frac{7.5 - 6}{6} \times 100\% = 25\%$

计算结果表明，单位变动成本不能高于7.5元，即上升幅度不能超过25%，否则企业就会发生亏损。

固定成本的最大允许值：

$$FCmax = (10 - 6) \times 4\,000 = 16\,000（元）$$

固定成本上升幅度的下限为：$\frac{16\,000 - 10\,000}{10\,000} \times 100\% = 60\%$

计算结果表明，固定成本不能高于16 000元，即上升幅度不能超过60%，否则企业就会发生亏损。

除了以上四个因素外，诸如产品结构等因素也影响利润。在现代市场经济中，企业要面向市场，以销定产，及时调整产品结构以尽可能满足不同的市场需要。

## （三）敏感系数分析

销售量、单价、单位变动成本、固定成本等因素经常发生变动，由此而导致利润

发生相应变化。然而这些因素对利润的影响程度却是大不相同，有的因素只要有较小的变动就会引起利润的较大变化，这些因素称为强敏感因素；而有些因素既使变动幅度较大，对利润也只能产生较小的影响，这些因素称为弱敏感因素。

用于测定某因素敏感程度的指标称为敏感系数，其计算公式为：

$$敏感系数 = \frac{利润变动百分比}{因素值变动百分比}$$

确定敏感系数的目的，是使得企业管理人员比较清楚地看到，影响利润的诸多因素各自敏感程度的强弱，以便于在管理决策中分清主次，及时进行调整，进而实现目标利润。

下面我们通过例题来说明敏感系数的计算。

【例3-21】：在例3-20中，假设在原定的销售量、单价、单位变动成本和固定成本的基础上各增加30%，则各因素的敏感程度分别是：

销售量敏感系数的计算

当销量增加30%时，销量 = 4 000 × (1 + 30%) = 5 200（件）

按此销量计算的利润为：

$$利润 = (10 - 6) \times 5\,200 - 10\,000 = 10\,800（元）$$

$$利润变动 = \frac{10\,800 - 6\,000}{6\,000} \times 100\% = 80\%$$

$$销售量的敏感系数 = \frac{80\%}{30\%} = 2.67$$

该计算结果表明，在其他条件不变的情况下，销量增加1%，利润提高2.67%。

单价敏感系数的计算：

当单价上升30%时，单价 = 10 × (1 + 30%) = 13（元）

按照此单价计算的利润为：

$$利润 = (13 - 6) \times 4\,000 - 10\,000 = 18\,000（元）$$

$$利润变动 = \frac{18\,000 - 6\,000}{6\,000} \times 100\% = 200\%$$

$$销售量的敏感系数 = \frac{200\%}{30\%} = 6.67$$

该计算结果表明，在其他条件不变的情况下，单价提高1%，利润提高6.67%。

单位变动成本敏感系数的计算：

当单位变动成本上升30%时，单位变动成本 = 6 × (1 + 30%) = 7.8（元）

按照此单位变动成本计算的利润为：

$$利润 = (10 - 7.8) \times 4\,000 - 10\,000 = -1\,200（元）$$

$$利润变动 = \frac{-1\,200 - 6\,000}{6\,000} \times 100\% = -120\%$$

$$销售量的敏感系数 = \frac{-120\%}{30\%} = -4$$

该计算结果表明,在其他条件保持不变的情况下,单位变动成本提高1%,利润下降4%。

固定成本敏感系数的计算:

当固定成本上升30%,固定成本 = 10 000 × (1 + 30%) = 13 000(元)

按照此固定成本计算的利润为:

利润 = (10 - 6) × 4 000 - 13 000 = 3 000(元)

$$利润变动 = \frac{3\,000 - 6\,000}{6\,000} \times 100\% = -50\%$$

$$销售量的敏感系数 = \frac{-50\%}{30\%} = -1.67$$

该计算结果表明,在其他条件保持不变的情况下,固定成本提高1%,利润下降1.67%。

将上述四个因素按其敏感系数排列,其顺序依次是单价(敏感系数6.67)、单位变动成本(敏感系数-4)、销量(敏感系数2.67)、固定成本(敏感系数-1.67)。同样,当各个因素均降低30%时,它们的敏感系数排列顺序仍然是:单价(敏感系数-6.67)、单位变动成本(敏感系数4)、销量(敏感系数-2.67)、固定成本(敏感系数1.67)。同增加30%相比,其绝对值是相同的,只是正负号改变了。

以上敏感系数的分析排序,仅仅对应本例计算出来的数据,从上面的计算中我们可以看出:敏感系数为正,表明它与利润呈同方向变动;敏感系数为负,表明它与利润呈反方向变动。单价和单位变动成本是敏感程度最高的两个因素,决策者应该特别注意这两个因素变动对利润的影响,当然也不能拘泥于敏感系数的高低而忽视销量变动对利润的影响,特别是在单价变动幅度不是太大,产品市场销售较好,而且企业自身生产能力有保障的情况下,可以大幅度增加销量,而在市场销售前景欠佳,销售量大幅度下降时,企业宁可采取降低销售价格,采取薄利多销的方式以打开销路。

敏感系数虽然能表现各因素变动和利润变动之间的关系,但它不能直接显示因素变化后利润的值。为了能使决策者更能直观地了解各因素的敏感程度,还可以编制敏感分析表,列示各因素变动百分比及相应的利润值。以上述例题数据编制的敏感分析表如表3-6所示:

表3-6 敏感分析表

| 项目 \ 变动百分比 | -20% | -10% | 0 | 10% | 20% |
|---|---|---|---|---|---|
| 销量 | 2 800 | 4 400 | 6 000 | 7 600 | 9 200 |
| 单价 | -2 000 | 2 000 | 6 000 | 10 000 | 14 000 |
| 单位变动成本 | 10 800 | 8 400 | 6 000 | 3 600 | 1 200 |
| 固定成本 | 8 000 | 7 000 | 6 000 | 5 000 | 4 000 |

敏感分析表可以直接读出各个因素变动率下的利润值,如果想更加具体地了解,则可以缩小变动率之间的间隔,但不管怎样缩小这种间隔,敏感分析还是不能比较连

续地表示这种变量之间的关系,而敏感分析图则恰好可以弥补这种不足。依上述数据资料可绘制敏感分析图如图3-7所示。

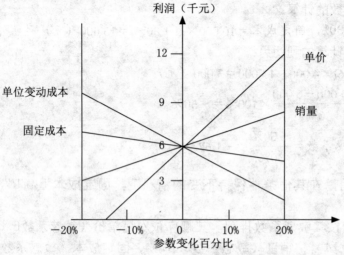

图3-7 各因素敏感分析图

在图3-7中,横轴表示单价、单位变动成本、销量、固定成本等因素变动的百分比,纵轴表示利润。根据原来的目标利润,在纵轴上找到一点(0,6),再根据变动后的单价,找到(20%,14 000,)连接这两点,即得到价格线,这条线表示单价在不同水平上所对应的利润值和利润变动百分比。其他因素的直线画法类似。这些直线与利润线的夹角越小,则表明该因素对利润的敏感程度越高。

# 第四节 复杂情况下的本量利分析

本量利分析的基本模型是建立在一系列基本假设之上的，包括成本性态分类假设、变动成本假设、单一成本动因假设、相关范围和线性关系假设、产销平衡假设及产品品种结构稳定假设等。如果突破这些假设，成本、业务量和利润之间的关系又会怎样？下面对突破其中的部分假设进行介绍。

## 一、品种结构变动下的本量利分析

当企业生产多种产品时，由于每种产品给企业带来的贡献毛益率可能不同，此时，产品品种结构的变化对保本点和保利点均有影响。在其他条件不变的情况下，增加贡献毛益率较高的产品的销售比重时，保本点下降，企业总体盈利增加；反之，增加贡献毛益率较低的产品的销售比重时，保本点上升，企业总体盈利减少。

【例3-22】：某企业投入固定成本21 000元，同时生产甲、乙、丙三种产品，产量分别为3 500件、2 000件、2 000件，且产销一致，单位产品的其他有关资料如表3-7所示：

表3-7 相关资料

| 项目 | 甲产品 | 乙产品 | 丙产品 |
| --- | --- | --- | --- |
| 单价（元） | 20 | 10 | 5 |
| 单位变动成本（元） | 14 | 6 | 2 |
| 单位贡献毛益 | 6 | 4 | 3 |
| 贡献毛益率 | 30% | 40% | 60% |

计算当甲、乙、丙三种产品的销售比重分别为7:2:1、4:4:2及2:4:4时的加权平均贡献毛益率及综合保本销售额。

（1）当甲、乙、丙销售比重为7:2:1时的加权平均贡献毛益率及综合保本销售额的计算结果见表3-8所示。

表3-8 相关资料

| 项目 | 甲产品 | 乙产品 | 丙产品 | 合计 |
| --- | --- | --- | --- | --- |
| 销售单价（元） | 20 | 10 | 5 | - |
| 销售量（件） | 3 500 | 2 000 | 2 000 | 7 500 |
| 销售收入（元） | 70 000 | 20 000 | 10 000 | 100 000 |
| 销售百分比 | 70% | 20% | 10% | 100% |
| 加权平均贡献毛益率 | 21% | 8% | 6% | 35% |

加权平均贡献毛益率 = 30% × 70% + 40% × 20% + 60% × 10% = 35%

综合保本销售额 = $\dfrac{21\,000}{35\%}$ = 60 000（元）

$$\text{利润} = \sum(SP - VC) \times V - FC$$
$$= [(20-14) \times 3\,500 + (10-6) \times 2\,000 + (5-2) \times 2\,000] - 21\,000$$
$$= 14\,000\,(元)$$

(2) 当甲、乙、丙销售比重为4:4:2时的加权平均贡献毛益率及综合保本销售额的计算结果见表3-9所示。

表3-9

| 项目 | 甲产品 | 乙产品 | 丙产品 | 合计 |
|---|---|---|---|---|
| 销售单价（元） | 20 | 10 | 5 | — |
| 销售量（件） | 2 000 | 4 000 | 4 000 | 10 000 |
| 销售收入（元） | 40 000 | 40 000 | 20 000 | 100 000 |
| 销售百分比 | 40% | 40% | 20% | 100% |
| 加权平均贡献毛益率 | 12% | 16% | 12% | 40% |

加权平均贡献毛益率 = 30% × 40% + 40% × 40% + 60% × 20% = 40%

$$\text{综合保本销售额} = \frac{21\,000}{40\%} = 52500\,(元)$$

$$\text{利润} = \sum(SP - VC) \times V - FC$$
$$= [(20-14) \times 2\,000 + (10-6) \times 4\,000 + (5-2) \times 4\,000] - 21\,000$$
$$= 19\,000\,(元)$$

(3) 当甲、乙、丙销售比重为2:4:4时的加权平均贡献毛益率及综合保本销售额的计算结果见表3-10所示。

表3-10

| 项目 | 甲产品 | 乙产品 | 丙产品 | 合计 |
|---|---|---|---|---|
| 销售单价（元） | 20 | 10 | 5 | — |
| 销售量（件） | 1 000 | 4 000 | 8 000 | 12 000 |
| 销售收入（元） | 20 000 | 40 000 | 40 000 | 100 000 |
| 销售百分比 | 20% | 40% | 40% | 100% |
| 加权平均贡献毛益率 | 6% | 16% | 24% | 46% |

加权平均贡献毛益率 = 30% × 20% + 40% × 40% + 60% × 40% = 46%

$$\text{综合保本销售额} = \frac{21\,000}{46\%} = 45652.17\,(元)$$

$$\text{利润} = \sum(SP - VC) \times V - FC$$
$$= [(20-14) \times 1\,000 + (10-6) \times 4\,000 + (5-2) \times 8\,000] - 21\,000$$
$$= 25\,000\,(元)$$

计算结果表明：在销售总额保持不变的情况下，通过内部品种结构的调整，增加贡献毛益率较高的丙产品及乙产品的销售比重，降低贡献毛益率较低的甲产品的销售比重，最终使得加权平均贡献毛益率不断提高，综合保本销售额不断下降，最终使得企业利润不断增加。

## 二、不完全线性关系下的本量利分析

当产销量、单价、成本与利润呈完全线性关系时,在图示法中,总收入线和总成本线都是直线,两条直线的交点即为保本点(盈亏临界点),且只有一个,亏损区域与盈利区域也由此分开;但如果它们之间呈现不完全线性关系时,总收入线和总成本线就会表现为一条折线,两条折线的交点(即保本点)就可能不止一个而是多个,亏损区域和盈利区域也可能不止一个。

假设企业产销达到一定界限后,为了扩大销量,需要给予客户较多数量折扣的优惠,使得平均价格有所降低,这样总收入线发生变化,假设成本保持不变。可以通过图3-8说明该问题。

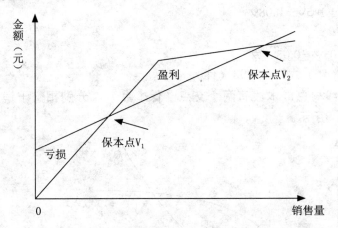

**图3-8 不完全线性关系下的盈亏临界图**

通过图3-8可以发现:在一定的销售量范围内,销售收入、总成本和销售量之间保持线性关系,当达到$V_1$销售量时企业实现盈亏平衡,随着销售量的进一步提升,由于降价优惠促销,使得销售收入线斜率向下倾斜,总成本线保持不变,最终在$V_2$点实现盈亏平衡,由此得到在一定销售量范围内总收入线与总成本线有两个交点(即两个盈亏平衡点)。在实际中可能同时出现在一定产销范围内总成本线的不完全线性变化,结合不完全的销售收入线,使得收入线和总成本线出现多个交点(盈亏平衡点)的情况。因此,企业需根据实际情况安排生产和销售,以实现最终的利润最大化目标。

## 三、非线性条件下的本量利分析

非线性条件是指销售收入及总成本与产销量不一定呈线性关系。上述不完全线性关系只是线性关系"不完全",可以将产销量范围划分为若干区间,在每个区间内销售收入、总成本与产销量保持完全线性关系。假设划分区间后,销售收入、总成本与产销量之间不呈完全线性关系,也不呈接近线性关系,或者区间划分的很细,在这种情况下必须采用曲线分析方法,即用曲线方程式来描述销售收入、总成本与产销量之间关系,进而进行本量利分析,得到的保本点的求解可能不止一个;用图示法显示销售收入线与总成本线的交点可能不止一个,但基本的分析原理仍然没变。

【例3-23】:假设某企业生产和销售单一产品,经销售部门提供资料,会计部门核实得到产品销售价格函数为$SP = 150 - 0.06V$,成本函数为$TC = 2\,000 + 45V + 0.02V^2$。

根据资料确定销售收入函数为:

$$TR = SP \times V = 150V - 0.06V^2$$

根据本量利分析可确定:

(1)保本点的计算。令利润为P,则有

$$\begin{aligned} P &= TR - TC \\ &= 150V - 0.06V^2 - (2\,000 + 45V + 0.02V^2) \\ &= -2\,000 + 105V - 0.08V^2 \end{aligned}$$

令P=0,则有

$$-2\,000 + 105V - 0.08V^2 = 0$$

解得 $V_1 = 19$(件);$V_2 = 1293$(件)

表明销售收入线与总成本线有两个交点(保本点),分别相交于销售量为19件和1 293件处。如图3-9所示。

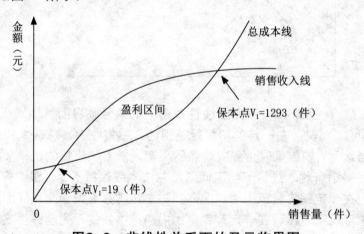

图3-9 非线性关系下的盈亏临界图

(2)计算利润最大化时的销售量和最大利润

求V得一阶导数Px′,当Px′=0时实现利润最大化,即

$$Px' = (-2\,000 + 105V - 0.08V^2)'$$
$$= 105 - 0.16V$$

令Px′=0,则销售量V=656(件)

即销售量达到约为656件时,实现的利润最大。

$$P_{max} = -2\,000 + 105 \times 656 - 0.08 \times 656^2$$
$$= 32\,453\text{(元)}$$

（3）计算最优价格

当销售量V=656件时，有

$$TR = 150V - 0.06V^2$$
$$= 150 \times 656 - 0.06 \times 656^2$$
$$= 72\,580 （元）$$

则产品最优价格为：

$$SP = \frac{TR}{V} = \frac{72\,580}{656} = 110.6(元/件)$$

## 四、不确定条件下的本量利分析

从本量利分析的基本模型来看，影响利润的因素主要有单价、单位变动成本、固定成本和销售量，这些因素的变动都会引起利润的变动。但实际上由于企业经营内外环境的变化，导致对这些因素的预计或多或少会存在不确定性，在进行本量利分析时就应该结合概率技术以提高分析结果的可靠性。

不确定条件下的本量利分析就是将概率分析方法运用到本量利分析中。首先确定各个影响因素在不同概率条件下的预计值，如何计算各种组合情况下的保本点或目标利润，再根据各种组合下的联合概率计算组合期望值，最后计算各组合期望值的合计数作为最终预测值。现举例说明在不确定条件下对保本点的预测。

【例3-24】：某企业生产和销售单一产品，经过全面分析和研究，预计未来年度产品的单价、单位变动成本、固定成本的估计值及它们的概率，如表3-11所示。

表3-11

| 单价（元） | 概率 | 单位变动成本（元） | 概率 | 固定成本 | 概率 |
|---|---|---|---|---|---|
| 10 | 0.7 | 6 | 0.6 | 1 200 | 0.7 |
| 8 | 0.3 | 5 | 0.4 | 1 000 | 0.3 |

根据相关资料计算该产品保本点销售额。

根据表3-11资料，计算得到表3-12。

表3-12

| 单价 | 单位变动成本 | 固定成本 | 组合 | 保本点销售量 | 联合概率 | 期望值 |
|---|---|---|---|---|---|---|
| 10 (p=0.7) | 6 (p=0.6) | 1 200 (p=0.7) | 1 | 3 00 | 0.294 | 88 |
| | | 1 000 (p=0.3) | 2 | 2 50 | 0.126 | 32 |
| | 5 (p=0.4) | 1 200 (p=0.7) | 3 | 2 40 | 0.196 | 47 |
| | | 1 000 (p=0.3) | 4 | 2 00 | 0.084 | 16 |
| 10 (p=0.7) | 6 (p=0.6) | 1 200 (p=0.7) | 5 | 600 | 0.126 | 76 |
| | | 1 000 (p=0.3) | 6 | 500 | 0.054 | 27 |
| | 5 (p=0.4) | 1 200 (p=0.7) | 7 | 400 | 0.084 | 34 |
| | | 1 000 (p=0.3) | 8 | 333 | 0.036 | 13 |
| 预测保本点销售量 | | | | | | 333 |

计算过程如下：

（1）计算每种组合的保本点。例如组合1，单价10元，单位变动成本6元，固定成本为1 200元，则组合1的保本点销售量为：

$$V_1 = \frac{1200}{10-6} = 300 \text{（件）}$$

（2）计算每种组合的联合概率。例如组合1，单价10元，概率0.7；单位变动成本6元，概率0.6；固定成本1 200元，概率0.7。则组合1的联合概率为：

$$P = 0.7 \times 0.6 \times 0.7 = 0.294$$

（3）计算每种组合的期望值。例如组合的期望值为：

$$V_{期1} = 300 \times 0.294 = 88.2 \text{（件）}$$

（4）将每种组合的期望值加总，得到预测的保本点销售量的近似值为：

$$V_0 = \sum P_i \times V_i = 300 \times 0.294 + 250 \times 0.126 + 240 \times 0.196 + 200 \times 0.084 + 600 \times 0.126$$
$$+ 500 \times 0.054 + 400 \times 0.084 + 333 \times 0.036$$
$$= 333 \text{（件）}$$

利用该种方法求得的保本点销售量（额）考虑到了影响利润的相关因素变动的可能性，计算结果比较符合实际。只是在实际应用中由于要分别预测相关影响因素的数值及对应的概率，工作量较大。在结合本量利分析的基本模型中确定的条件，即假设未来情况是确定的（即随机事件的概率为1），或者假设未来情况就属于上述8种情况中的某一种，而运用概率技术则将各种可能预测到的可能性都考虑进去了，所以预测结果会更加接近未来的实际情况，只是预测工作量相应增加。

## 思考题

1. 什么是本量利分析，它的基本假设包括哪些？
2. 什么是贡献边际？它有哪几种表现形式？其计算公式如何？
3. 什么是保本点分析？保本点的表现形式有哪些？如何确定保本点？
4. 多品种条件下的本量利分析方法有哪些？
5. 实现目标利润销量预测的模型有哪些？试述单价、单位变动成本、固定成本的变动如何影响目标利润销量的。

# 第三章 本量利分析

## 同步练习题

### 一、单项选择题

1. 如果产品的单价和单位成本的变动率相同，其他因素不变，则保本量（　　）。
   A. 不变　　　　B. 上升　　　　C. 下降　　　　D. 不确定

2. 在下列指标中，可直接作为判定企业经营安全程度的指标是（　　）。
   A. 保本量　　　B. 贡献边际　　C. 保本额　　　D. 保本作业率

3. 下列各项中，其计算结果等于保本量的是（　　）。
   A. 固定成本/贡献边际率
   B. 固定成本/单位贡献边际
   C. 固定成本/安全边际率
   D. 固定成本/单位安全边际

4. 下列选项中，不会受到现有销售量变动影响的是（　　）。
   A. 营业利润
   B. 安全边际率
   C. 安全边际量
   D. 保本量

5. 某企业的变动成本率为60%，安全边际率为30%，则其销售利润率为（　　）。
   A. 12%　　　　B. 18%　　　　C. 28%　　　　D. 42%

6. 当企业的贡献边际总额等于利润时，该企业的固定成本总额（　　）。
   A. 等于0　　　B. 不等于0　　　C. 大于0　　　D. 小于0

7. 已知某企业经营安全程度的评价结论为"值得注意"，据此可以判定，该企业安全边际率的数值（　　）。
   A. 在10%以下
   B. 在10%至20%之间
   C. 在20%至30%之间
   D. 在30%至40%之间

8. 已知某企业的销售收入为10 000元，固定成本为2 200元，保本作业率为40%。在此情况下，该企业可实现利润是（　　）。
   A. 1 800元　　B. 2 300元　　C. 3 300元　　D. 3 800元

9. 根据本量利分析原理，下列措施中，只能提高安全边际而不会降低保本点的是（　　）。
   A. 提高单价
   B. 增加产量
   C. 降低单位变动成本
   D. 降低固定成本

10. 某企业只生产一种产品，单价为56元/件，单位变动成本为36元/件，固定成本总额为4000元。如果企业要确保安全边际率达到50%，则销售量应达到（　　）。
    A. 143件　　　B. 222件　　　C. 400件　　　D. 500件

11. 按照本量利分析的假设，收入函数和成本函数的自变量均为同一个的是（　　）。
    A. 单位变动成本　　B. 销售单价　　C. 固定成本　　D. 产销量

12. 在贡献式本量利关系图中，总成本与变动成本线之间的距离所代表的是（    ）。
   A. 贡献边际    B. 固定成本    C. 利润区    D. 亏损区

## 二、多项选择题

1. 下列各项中，能同时影响保本点、保利点和保净利点的因素有（    ）。
   A. 所得税税率    B. 目标利润    C. 单位贡献边际
   D. 贡献边际率    E. 固定成本总额

2. 下列各项中，属于安全边际指标的表现形式的有（    ）。
   A. 安全边际量    B. 安全边际率    C. 安全边际额
   D. 保本作业率    E. 贡献边际率

3. 当企业处于保本状态时，就意味着（    ）。
   A. 总收入等于总成本    B. 利润等于零
   C. 贡献边际大于固定成本    D. 贡献边际小于固定成本
   E. 贡献边际等于固定成本

4. 下列各项中，属于本量利分析应当研究的内容有（    ）。
   A. 销售量与利润的关系    B. 销售量、成本与利润的关系
   C. 成本与利润的关系    D. 产品质量与成本的关系
   E. 单价与成本和利润的关系

5. 某产品单价为8元，固定成本总额为2 000元，单位变动成本为5元，计划销量为600件，要实现400元的利润，可分别采用的措施有（    ）。
   A. 减少固定成本600元    B. 提高单价1元
   C. 提高产销量200件    D. 降低单位变动成本1元
   E. 降低单价0.5元

6. 下列方法中，属于多品种条件下本量利分析方法的有（    ）。
   A. 综合贡献边际率法    B. 联合单位法    C. 分算法
   D. 主要产品法    E. 顺序法

7. 在下列各项中，属于本量利分析基本假设的有（    ）。
   A. 相关范围假设    B. 线性假设    C. 产销平衡假设
   D. 品种结构不变假设    E. 目标利润假设

8. 下列项目中，能够决定保本点大小的因素有（    ）。
   A. 固定成本    B. 单位变动成本    C. 现有销售量
   D. 销售单价    E. 目标利润

# 第三章 本量利分析

9. 下列各项中，属于本量利分析内容的有（　　）。
   A. 单一产品条件下的保本分析　　B. 单一品种条件下的保利分析
   C. 单一品种条件下的保净利分析　D. 多品种条件下的本量利分析
   E. 目标利润的预测

10. 在下列各项中，会引起营业净利润增加的有（　　）。
    A. 降低单价　　　　　　　　　　B. 降低单位变动成本
    C. 降低固定成本　　　　　　　　D. 降低预计销售量
    E. 增加所得税税率

11. 下列各项中，属于保本点敏感分析前提条件的有（　　）。
    A. 销售量为常数的假定　　　　　B. 企业正常盈利的假定
    C. 因素单独变动的假定　　　　　D. 四个因素的假定
    E. 变动率的绝对值为1%的假定

12. 下列各项中，属于正确的管理会计公式的有（　　）。
    A. 销售利润率=安全边际率×贡献边际率　　B. 销售利润率×贡献边际率=1
    C. 安全边际率=贡献边际率+变动成本率　　D. 贡献边际率+变动成本率=1
    E. 保本点作业率+安全边际率=1

## 三、判断题

1. 在标准式的本量利关系图中，当现有销售量变化时，会导致利润三角区和亏损三角区同时变动。（　　）
2. 在一定时期内，如果企业的保本作业率为零，可以断定该企业处于保本状态。（　　）
3. 当企业的贡献边际等于固定成本时，企业处于保本状态。（　　）
4. 既然本量利分析的各种模型是建立在多种假设的前提条件下，那么在实际运用时就不能忽视它们的局限性。（　　）
5. 在多品种条件下，若整个企业的利润为零，则说明各产品均已达到保本状态。（　　）
6. 若单位产品售价与单位变动成本发生同方向同比例变动，则保本量不变。（　　）
7. 在贡献式本量利关系图中，销售收入线与固定成本线之间的垂直距离是贡献边际。（　　）
8. 安全边际率与保本作业率的关系是互补的，即安全边际率×保本作业率=1。（　　）
9. 在盈利条件下的本量分析中，研究任何一个因素时，其他因素未必已知或固定不变。（　　）
10. 标准式本量利关系图主要适用于多品种条件下的本量利分析。（　　）
11. 在已知固定成本、保本额和销售单价的条件下，可推算出单位变动成本。（　　）

12. 从标准式本量利关系图可以看出，只有当单价大于单位变动成本时，才可能形成保本点。                              （    ）

## 四、计算分析题

1. 已知：某企业上个月的保本额为50 000元，假定本月的固定成本增加5 000元，其他指标不变，为实现保本，本月需要增加销售额8 000元。

要求计算以下指标：
（1）上个月的固定成本。
（2）贡献边际率。
（3）变动成本率。

2. 已知A、B、C、D四家公司互不相关，在过去一年中他们的损益状况见表3-13所示：

表3-13  损益资料

单位：元

| 公司 | 销售收入 | 变动成本 | 贡献毛益率 | 固定成本 | 利润 |
| --- | --- | --- | --- | --- | --- |
| A | 180 000 | （1） | 40% | （2） | 12 000 |
| B | 300 000 | 165 000 | （3） | 100 000 | （4） |
| C | （5） | （6） | 30% | 80 000 | －5 000 |
| D | 400 000 | 260 000 | （7） | （8） | 30 000 |

要求：填写表3-13中用编号表示的指标数值。

3. 已知：某公司只产销一种产品，本年度的销售总收入为150 000元，净利润为12 000元。按公司的计划，下年度销售量将减少10%，销售量下降后，该公司的净利润将下降75%。假定下年度的销售单价仍维持为40元不变，单位变动成本和固定成本也不变。

要求计算下列指标：
（1）本年度销售量和下年度的销量降低额。
（2）下年度的利润降低额。
（3）单位贡献边际和固定成本。
（4）下年度的保本量。

4. 已知：甲产品单位售价为30元，单位变动成本为21元，固定成本为450元。
要求：
（1）计算保本量
（2）若要实现目标利润180，则的销售量为多少？

（3）若销售净利润为销售额的20%，计算销售量。
（4）若每单位产品变动成本增加2元，固定成本减少170元，计算此时的保本点销售量。

就上述资料，若销售量为200件，计算单价应调整到多少才能实现利润350元，假定单位变动成本和固定成本不变。

5．某公司2016年的简明利润表如下（单位：元）

**表3-14　利润表**

| 销售收入 | 160 000 | |
| --- | --- | --- |
| 减：销售成本 | 120 000 | 其中变动成本占60% |
| 销售毛利 | 40 000 | |
| 减：营业费用 | 50 000 | 其中固定成本占50% |
| 净利润 | −10 000 | |

经过分析发现，导致该公司亏损的原因是对产品的广告宣传不够，2017年如果能够增加广告费用4 000元，可使销售量大幅度增加，就能扭亏为盈。

**要求：**

（1）计算该公司2017年保本额。

（2）如果该公司2017年计划实现利润14 000元，计算其保利额。

6．已知：某公司生产A、B、C三种产品，其固定成本总额为19 800元，三种产品的有关资料见表3-8所示：

**表3-15　相关资料**

| 品种 | 销售量（件） | 销售单价（元/件） | 单位变动成本（元/件） |
| --- | --- | --- | --- |
| A | 60 | 2 000 | 1 600 |
| B | 30 | 500 | 300 |
| C | 65 | 1 000 | 700 |

**要求：**

（1）用综合贡献毛益法的加权平均贡献毛益法计算该公司的综合保本销售额及每种产品的保本量。

（2）计算该公司的安全边际额和营业利润额。

## 应用实践

NH是一家航空公司,在前几年的快速扩张过程中,兼并了数家地方型航空公司,购置了几十架大型客机并新开辟了几条欧美国际航线。为此,公司出现了大量的固定性投资支出,近几年一直处于亏损状态。公司预计对地方型航空公司的兼并能够有效地扩大其市场份额,大型客机的巨额投入和欧美国际新航线的开辟将大大提升其乘坐率,使其能获得盈亏平衡并持续盈利。

然而,由于行业的激烈竞争以及公司前期固定成本投入过大、新航线的乘坐率没有达到预期等因素使得公司一直处于亏损状态。但同时公司的内部研究发现,飞往北美的航线利润损失较大,而飞往欧洲的航班收益率则较好。这种收益率的差异很常见,北美地区竞争激烈,且易受季节影响,迫使机票折扣率大,所有航线乘坐率达到70%左右才能盈利,而欧洲航线的客流量相对稳定,乘坐率达到60%就能达到盈亏平衡,数据上该地区航线乘坐率经常达到75%左右。

针对不同航线的盈亏现状,公司计划缩减北美航线班次,增加欧洲航线班次;对不同季节、不同航线制定不同的机票价格以期促进乘坐率的提升,同时缩短每架航班在机场的运转时间以降低成本,最终期望能有效扭亏为盈。

问题:

(1)航空公司的盈亏平衡点为什么如此之高?

(2)如何通过调整机票价格或降低成本(或兼而有之)来实现盈亏平衡点的下降?

(3)怎样调整不同盈亏平衡点的航线来实现公司整体利润提升?

# 第四章

>>>>>>> 预测分析

## 知识框架图

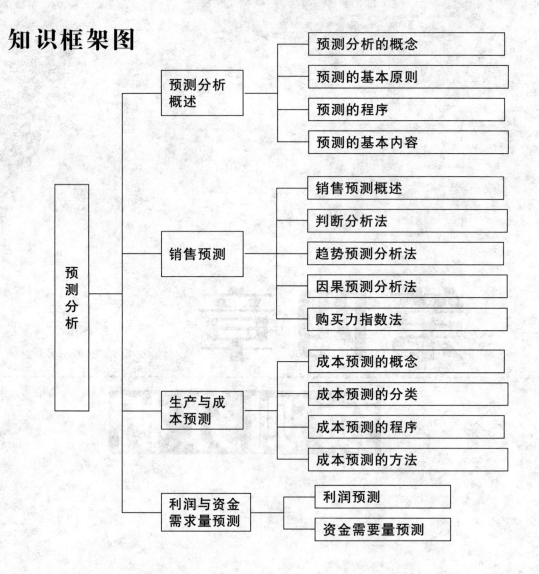

| | 【理论知识目标】 |
|---|---|
| 学习目标 | 1. 了解预测分析的基本概念及内容。<br>2. 了解预测分析的种类及预测分析的程序。<br>3. 掌握销售预测、成本预测等预测分析的基本方法，理解成本习性的目的和前提条件。<br>4. 掌握管理会计的本质。 |
| | 【应用能力目标】 |
| | 根据管理需要，进行销售预测、成本预测、利润预测及资金需求量预测。 |

# 第四章 预测分析

# 美国兰德公司

## 导入案例

兰德公司正式成立于1948年11月。成立初期，由于当时名气不大，兰德公司的研究成果并没有受到重视，但有一件事情令兰德公司声名鹊起。朝鲜战争前夕，兰德公司组织大批专家对朝鲜战争进行评估，并对"中国是否出兵朝鲜"进行预测，得出的结论只有一句话："中国将出兵朝鲜"。当时，兰德公司欲以500万美元将研究报告转让给五角大楼。但美国军界高层对兰德的报告不屑一顾。在他们看来，当时的新中国无论人力财力都不具备出兵的可能性。然而，战争的发展和结局却被兰德言中。

这一事件让美国政界、军界乃至全世界都对兰德公司刮目相看，战后，五角大楼花200万美元收购了这份过期的报告。二战结束后，美苏称雄世界。美国一直想了解苏联的卫星发展状况。

1957年，兰德公司在预测报告中详细地推断出苏联发射第一颗人造卫星的时间，结果与实际发射时间仅差两周，这令五角大楼震惊不已。兰德公司也从此真正确立了自己在美国的地位。

# 第一节 预测分析概述

## 一、预测分析的概念

在市场经济条件下,企业之间的竞争激烈。"凡事预则立,不预则废",要在激烈竞争的市场中立于不败之地,就必须要掌握"鉴往知来"的本领。企业不仅要了解市场的过去和现状,还要在此基础上对未来的发展趋势做出科学的预测。企业若不开展科学的预测分析,就难以适应不断变化的形式。

所谓预测是指根据过去的历史资料和现在所能取得的信息,运用科学知识和实践经验,按照事物的发展规律,有目的地预计和推测未来。在管理会计中预测分析是指运用专门的方法进行经营预测的过程。

管理会计中的预测分析就是运用专门的方法进行经营预测的过程。经营预测是根据历史资料和现在的信息,运用一定的科学预测方法,对未来经济活动可能产生的经济效益和发展趋势做出预计和推测的过程。

科学的经营预测是企业做出正确决策的基础,是企业编制计划、进行科学决策的重要组成部分。在市场经济条件下,每个企业都重视经营预测,并有组织地进行生产。

## 二、预测的基本原则

### (一)延续性原则

延续性原则是指过去和现在的某种发展规律会延续下去,并假设决定过去和现在发展的条件同样适用于未来。

### (二)相关性原则

相关性原则是指企业经营活动过程中一些经济变量之间存在相互依存、相互制约的关系,企业可以利用这些变量之间的依存与制约关系来推测经济活动发展的规律。

### (三)统计规律性原则

这一原则是指企业经营活动过程中对于某个经济变量多次观测的结果会出现某种统计规律性的情况,因此企业可利用概率分析和数理统计的方法进行预测分析。

### (四)客观性原则

企业进行预测是要从实际出发,深入调查研究,了解历史、现状,既要搜集有利条件的信息,也要搜集不利因素的信息,并且保证这些数据信息是可靠的、真实的。

### （五）成本效益原则

任何一项预测工作都要付出代价，投入一定的人力物力。如果预测所花费的费用超出预测所带来的收益，就失去了预测意义。

## 三、预测的程序

预测的程序包括以下步骤：

### （一）确定预测目标

要进行预测首先要明确对什么进行预测，将达到什么样的目的。确定预测目标，既不能盲目随意确定也不能过于追求面面俱到而没有重点，需要根据企业经营的总体目标来进行确定。在确定预测目标的同时，还应根据预测的具体对象和内容确定预测的期限和范围。

### （二）收集和整理数据信息

在确定了预测目标之后，可根据此目标收集相关的数据信息。对所收集的数据按照一定的方法进行加工、整理、归纳，确保数据信息的相关性及真实可靠性。

### （三）选择预测方法

预测的方法是多种多样的，既有定性的预测方法也有定量的预测方法。我们应当针对不同的预测对象和内容，选取恰当的、切实可行的预测方法。

### （四）进行预测分析

运用适当的预测方法，多所收集的数据信息，进行分析判断，揭示事物的变化趋势，并预测其发展结果。

### （五）修正预测结果

随着时间的推移，实际情况会发生各种各样的变化，我们应当根据实际情况对初步的预测结果进行修正以确保预测结果能够尽可能符合实际情况。

## 四、预测的基本内容

### （一）销售预测

销售预测是指根据市场调查所得到的有关资料，通过对有关因素的分析研究，预计和测算特定产品在未来一定时期内的市场销售量水平及变化趋势，进而预测本企业产品未来销售量的过程。

### （二）生产和成本预测

生产和成本预测是指根据企业未来发展目标和有关资料，运用专门方法推测与估算未来生产和成本水平及发展趋势的过程。

### （三）利润预测

利润预测是指在销售预测的基础上，根据企业未来发展目标和其他相关资料，预计、推测或估算未来应当达到和可望实现的利润水平及其变动趋势的过程。

### （四）资金需求量预测

资金需求量预测是指在销售预测、利润预测和成本预测的基础上，根据企业未来经营发展目标并考虑影响资金的各项因素，运用一定方法预计、推测企业未来一定时期内或一定项目所需要的资金数额、来源渠道、运用方向及效果的过程。

## 第二节 销售预测

### 一、销售预测概述

在现代市场经济条件下，企业的生产不再是简单"以产定销"，而是在研究市场的基础上"以需定销，以销定产"，市场的需求决定着企业生存和发展。在以销定产的模式下，企业产品的销售预测在整个预测系统中处于先导地位，只有做好销售预测才能更好地开展其他各项预测工作。

所谓销售预测指的是在对市场进行充分调查的基础上，根据市场供需情况的发展趋势，并以过去和现在的销售资料为基础进行分析、判断，对企业某种产品在未来一定时期和区域内的销售量及其变化趋势进行预计和测算的过程。

销售预测的常用方法有定性分析和定量分析两大类，其中定性分析方法包括判断分析法、调查分析法，定量的分析方法有趋势预测分析法、因果预测分析法、季节预测分析法和购买力指数法。

### 二、判断分析法

判断分析法是指通过一些具有丰富实践经验的经营管理人员或外界经济专家对企业一定时期内商品的销售情况进行综合研究，并作出推测和判断的一种分析方法。此方法一般适用于不具备完整可靠的历史资料，无法进行定量分析的企业。判断分析法包括销售员判断法、意见综合判断法和专家判断法。

#### （一）销售员判断法

销售员判断法是指销售员根据他们的调查进行判断估计，然后由销售经理对销售人员预估的结果进行综合分析得出企业总体销售预测的一种方法。由于销售人员最接近和熟悉市场并能直接倾听客户的意见,因此采用这种方法得出的预测数据比较接近实际情况,同时这种方法所需的时间短、费用低。但这种方法是建立在假设销售人员能够向企业反映真实情况的基础上,由于受到各种因素的影响,销售人员的预测也会出现偏差。比如,如果企业在销售量方面对其规定定额,则他们有可能会低估预测值,为自己留有充分的余地;若企业按预测销售量发放业务经费,则销售人员可能会有意高估预测值。因此,为避免这种现象,通常需要对销售人员的预测值进行修正。

【例4-1】:某公司有销售人员甲、乙、丙三名及销售经理一名,四人成立预测小组对计划期A产品进行销售预测。四人初步预估资料如下表所示:

表4-1 销售人员初步预估资料

单位:件

| 预测人员 | 最高 | | 最可能 | | 最低 | |
|---|---|---|---|---|---|---|
| | 数量(件) | 概率 | 数量(件) | 概率 | 数量(件) | 概率 |
| 销售经理 | 88 | 0.2 | 82 | 0.5 | 78 | 0.2 |
| 甲销售员 | 79 | 0.3 | 75 | 0.6 | 70 | 0.3 |
| 乙销售员 | 90 | 0.2 | 85 | 0.4 | 80 | 0.3 |
| 丙销售员 | 86 | 0.3 | 80 | 0.5 | 75 | 0.2 |

假设根据该公司以往的经验,销售经理和甲、乙、丙四人的预测准确性和重要程度,在综合判断时可分别按0.1,0.3,0.2,0.4进行加权计算。

要求:对该公司A产品在计划期的销售量做出综合判断。

解:按每位预测人员对计划期销售进行预估:

销售经理 = $86 \times 0.3 + 80 \times 0.5 + 75 \times 0.2 = 80.8$(件)

甲销售员 = $88 \times 0.2 + 82 \times 0.6 + 78 \times 0.2 = 82.4$(件)

乙销售员 = $79 \times 0.3 + 75 \times 0.4 + 70 \times 0.3 = 74.7$(件)

丙销售员 = $90 \times 0.2 + 85 \times 0.5 + 80 \times 0.3 = 84.5$(件)

计划期的预计销售量 = $80.0 \times 0.1 + 82.4 \times 0.3 + 74.7 \times 0.2 + 84.5 \times 0.4 = 81.46$(件)

### (二)意见综合判断法

意见综合判断法是指企业召集有关经营管理人员,特别是那些熟悉销售业务的销售主管,以及各地经销商负责人集中开会,由他们在会上根据多年的实践经验和判断能力对特定产品未来销售量进行判断和预测的方法。

这一方法快捷实用且能集思广益,但是预测结果受有关人员主观判断能力的影响较大。

### (三)专家判断法

专家判断法是指由知识丰富的经济专家根据他们多年的实践经验和判断能力对产品的未来销售量进行判断和预测的一种方法。这里的专家是指本企业或同行业的高级领导人、销售部门经理及其他外界专家等,但不包括销售人员和客户。

这一方法最常见的形式主要有专家个人意见集合法、专家小组法和德尔菲法。这里我们重点主要介绍德尔菲法。

德尔菲法,又叫专家意见法,是通过函询方式向若干经济专家分别征求意见,各专家在互不通气的情况下,根据自己的观点和方法进行预测,然后企业将各专家的判断汇集在一起,并采用不记名的方式反馈给各个专家,请他们参考别人意见修正本人原来的判断,如此反复数次,最终确定预测结果。

【例4-2】:某公司研制出一种新型产品,现在市场上还没有相似产品出现,因此没有历史数据可以获得。公司需要对可能的销售量做出预测,以决定产量。于是该公司成立专家小组,并聘请业务经理、市场专家等8位专家,预测全年可能的销售量。8位专家提出个人判断,经过三次反馈得到结果如下表所示:

表4-2 该公司专家判断反馈结果

单位:件

| 专家编号 | 第一次判断 | | | 第二次判断 | | | 第三次判断 | | |
|---|---|---|---|---|---|---|---|---|---|
| | 最高 | 最低 | 最低 | 最高 | 最低 | 最低 | 最高 | 最低 | 最低 |
| 1 | 400 | 750 | 900 | 600 | 750 | 900 | 550 | 750 | 900 |
| 2 | 250 | 450 | 600 | 300 | 500 | 650 | 400 | 500 | 650 |
| 3 | 400 | 500 | 800 | 500 | 700 | 800 | 500 | 700 | 800 |
| 4 | 750 | 900 | 1 500 | 600 | 750 | 1 500 | 500 | 600 | 1 250 |
| 5 | 100 | 200 | 350 | 220 | 400 | 500 | 300 | 500 | 600 |
| 6 | 300 | 500 | 750 | 300 | 500 | 750 | 300 | 600 | 750 |
| 7 | 250 | 300 | 400 | 250 | 400 | 500 | 400 | 500 | 600 |
| 8 | 260 | 300 | 500 | 350 | 400 | 600 | 370 | 410 | 610 |
| 平均值 | 338.75 | 487.5 | 725 | 390 | 550 | 775 | 415 | 570 | 770 |

在预测时,最终一次判断是综合前几次的反馈做出的,因此在预测时一般以最后一次判断为主,采用算术平均法确定最终的预测值是585件[(415+570+770)÷3]。

## 三、趋势预测分析法

趋势预测分析法是应用事物发展的延续性原理来预测事物发展的趋势。此方法将未来视为过去和现在的延伸,是按事物自身发展趋势进行预测的一类动态预测方法。这一方法的具体做法是企业将本企业的销售历史资料按发生时间的先后顺序排列的一系列销售数据,运用数理统计的方法来预计、推测计划期间的销售数量或销售金额。常用的趋势分析法有算术平均法、加权平均法、指数平滑法和因果预测分析法。

### ●(一)算术平均法

算术平均法又叫简单平均法,是指直接将企业若干历史时期的实际销售量的算术平均值作为销售量预测值的一种预测方法。

# 第四章 预测分析

这一方法的计算公式如下:

$$\text{预测期销售量}(\overline{X}) = \frac{各期销售量之和}{期数} = \frac{\sum Xt}{n}$$

这一方法的优点是计算过程简单,缺点是将企业历史各期的销量数据视为同等重要,使得不同时期资料的差异简单平均化。因此,该方法只适用于历史各期销售量比较稳定的产品销量预测。如果产品的销售量在选定的历史时期呈现某种上升或下降的趋势,就不能简单地采用这种方法。

【例4-3】:某公司2015年上半年(1—6月)A产品的销售资料如下表所示,要求预测7月份该产品的销售量。

表4-3 A产品销售资料

单位:件

| 月份 | 1 | 2 | 3 | 4 | 5 | 6 |
|---|---|---|---|---|---|---|
| 销量(Xi) | 130 | 135 | 141 | 138 | 140 | 144 |

**要求**:按算术平均法预测7月份A产品的销售量(计算结果保留两位小数)。

解:∑Xi = 130 + 135 + 141 + 138 + 140 + 144 = 828(件)

7月份预测销售量 = 828/6 = 138(件)

## (二)加权平均法

加权平均法是将企业若干历史时期的实际销售量与其对应的权数乘积进行加总求和,然后除以权数之和,求出其加权平均数作为销售量的预测值。运用加权平均法进行销售预测的关键在于确定历史各期销售量的权重。为使预测值更接近近期的观测值,一般按照近期数据的权重规定的大一些,远期数据的权重规定的小一些即近大远小的原则确定各期数据的权重。

计算公式如下所示:

$$\text{预测期销售量}(\overline{X}) = \frac{\sum 某期销售量 \times 该期权数}{各期权数之和} = \frac{\sum XtWt}{\sum Wt}$$

上式中,$\overline{X}$ 为加权平均数;$Xt$ 为 $t$ 期销售量;$Wt$ 为期销售量的权数,$Wt$ 必须满足 $W_{t+1} > W_t (t=1, 2, 3\cdots, n-1)$。

加权平均法对权数的确定可采用以下两种方法:

(1)自然权数法

该方法要求权数按自然数1,2,3…,n的顺序确定,即 $W_1=1, W_2=2\cdots, W_n=n$。

则上式可以改写为

$$\text{预测期销售量}(\overline{X}) = \frac{\sum 某期销售量 \times 该期权数}{\frac{(1+期数) \times 期数}{2}} = \frac{\sum XtWt}{\frac{(1+n)n}{2}}$$

(2)饱和权数法

该方法要求各期权数之和为1。即 $\sum Wt=1$(0<$Wt$<1)。如当n=3时,可令$W_1$=0.2,$W_2$=0.3,$W_3$=0.5。

按此方法预测期销售量可改写为

$$\text{预测期销售量}(\overline{X}) = \sum(\text{某期销售量} \times \text{该期权数}) = \sum(X_t W_t)$$

加权平均法的优点在于既可以利用n期全部的历史数据,又充分考虑了远近期间对未来的不同影响。缺点就是不能按统一的方法确定各期的权数值。

**【例4-4】**:沿用例4-3中的销售资料。

要求:按加权平均法预测2015年7月的销售量。

解:(1)在自然权数加权法下:

7月份的销售量预测值

$$= \frac{\sum X_t W_t}{\frac{(1+n)n}{2}} = \frac{130 \times 1 + 135 \times 2 + 141 \times 3 + 138 \times 4 + 140 \times 5 + 144 \times 6}{1+2+3+4+5+6}$$

$\approx 140$(件)

(2)饱和权数法下:

假设$W_1=0.05, W_2=0.1, W_3=0.13, W_4=0.18, W_5=0.24, W_6=0.3$。

则7月份的销售量预测值为

$= \sum(X_i W_i) = 130 \times 0.05 + 135 \times 0.1 + 141 \times 0.13 + 138 \times 0.18 + 140 \times 0.24 + 144 \times 0.3 \approx 140$(件)

### (三)指数平滑法

指数平滑法是指在综合考虑有关前期预测销售量和实际销售量信息的基础上,利用事先确定的平滑指数预测未来销售量的一种方法,它实际上是加权平均法的一种变化形式。其计算公式如下:

$$\overline{X}_t = a X_{t-1} + (1-a) \overline{X}_{t-1}$$

式中,$\overline{X}_{t-1}$为t期上一期的销售预测值;$X_{t-1}$为t期上一期的销售实际值;a表示平滑系数。

平滑系数a($0<a<1$)是一个经验数据,其取值范围通常在0.3~0.7之间。平滑系数具有修匀实际数所包含的偶然因素对预测值的影响的作用,平滑系数取值越大,则近期实际数对预测结果的影响就越大;平滑系数取值越小,则近期实际数对预测结果的影响就越小。因此,进行近期预测或销售量波动较大时的预测,应采用较大的平滑系数;进行长期预测或销售量波动较小时的预测,可采用较小的平滑系数。

从指数平滑法的公式中可以看出,该方法实质上是以平滑系数及其补数为权数的一种特殊加权平均法。但是该方法相对于加权平均法,一方面a值取值较为灵活方便;另一方面该方法在不同程度上考虑了以往所有各期的数据,比较全面。

**【例4-5】**:沿用例4-1中的销售资料。假设a为0.3,1月销量的预测值为135件。

要求:用指数平滑法预测2015年7月份A产品的销售量。

依题意,编制指数平滑法计算表如下:

表4-4　指数平滑法计算表

| 时间t | 实际销售量$X_t$(件) | 平滑系数a | $aX_{t-1}$ | $(1-a)X_{t-1}$ | $X_{t-1}$ |
|---|---|---|---|---|---|
| 1 | 130 | 0.3 | | | 135 |
| 2 | 135 | 0.3 | 40.5 | 94.5 | 135 |
| 3 | 141 | 0.3 | 42.3 | 94.5 | 136.8 |
| 4 | 138 | 0.3 | 41.4 | 95.76 | 137.16 |
| 5 | 140 | 0.3 | 42.0 | 90.01 | 132.01 |
| 6 | 144 | 0.3 | 43.2 | 92.4 | 135.6 |

2015年7月份的预测销售量=43.2+(1-0.3)135.6=138.12≈138（件）

## 四、因果预测分析法

因果预测分析法是根据事物之间的因果关系来预测事物的发展和变化，通过对需求预测目标有直接或间接影响因素的分析找出其变化的规律，并根据这种变化规律来确定预测值。影响产品销售的因素是多方面的，既有企业外部因素，也有企业内部因素在这些因素中，有些因素对产品销售起着决定性作用或与产品销售存在某种函数关系，只要找到与产品销售相关的因素及它们之间的函数关系，就可以利用这种函数关系进行产品的销售预测。例如为主机配套服务的配件附件厂可根据主机生产厂未来生产计划、库存配件附件量以及消耗情况，来预测本企业可望实现销售的配件附件数量等，这些都属于因果预测分析法的具体应用。

回归分析法是因果预测分析法最常用的方法，它包括回归直线法、对数直线法和多元回归法等。

因果预测法的程序如下：

首先确定影响销售量的主要因素，影响销售的主要因素可能不止一个，我们在选取主要因素时一定要以客观事实为依据，并且该因素应能够定量考察。可根据实物之间的内在规律、以往经验或历史资料进行相关判断。发达国家往往考虑以下变量作为影响未来销售量的主要因素：国民生产总值、国民收入、人口（特定消费人口）、个人可支配收入、相关产品销售量或产量、需求的价格弹性与收入弹性、市场占有率等。

一般来说，影响因素越多，预测结果就越有可能接近实际，但定量分析的过程会越复杂。为简化分析，对于不太重要的非定量因素或偶然因素可忽略不计。

其次确定影响因素与销售量的的数量关系，根据有关资料确定销售量和其主要影响因素之间的函数关系，建立因果预测模型。预测模型既可以在原有经验模型的基础之上加以适当调整，也可以利用相关期间内历史资料进行数学处理，如利用回归分析法等。

再次预测销售量，根据已建立的因果预测模型，利用未来自变量（主要影响因素）变动情况预测未来的销售量。

### （一）回归直线法

回归直线法又叫一元回归分析法，它是假定销售量的变量因素只有一个，根据直线方程 y=a+bx，按照数学上的最小二乘法来确定一条误差最小，能正确反映自变量和因变量之间关系的直线。其中a、b为常数项，计算公式如下：

$$a = \frac{\sum y - b \sum x}{n}$$

$$b = \frac{n \sum xy - \sum x \sum y}{n \sum x^2 - (\sum x)^2}$$

根据常数a、b，结合自变量x的预计销售量，代入公式y=a+bx，即可求得预测对象y的预计销售量。

【例4-6】：某公司专门生产彩色电视显像管，决定显像管销售量的主要因素是彩色电视机的销售量。假设近五年的全国彩色电视机的实际销售量的统计资料和该公司彩色电视机显像管的实际销售量资料如下表所示：

表4-5　该公司彩色电视机及显像管销售资料

| 年份 | 2011 | 2012 | 2013 | 2014 | 2015 |
|---|---|---|---|---|---|
| 显像管销售量（万只） | 30 | 35 | 41 | 45 | 55 |
| 电视机销售量（万台） | 130 | 140 | 150 | 175 | 190 |

假设预测期2016全国电视机的销售量预测为210万台，用回归直线法预测2016年该公司彩电显像管的销售量。

解：假设y为显像管销售量；x为彩色电视的销售量；a为原来拥有彩色电视对显像管的年需要量；b为每销售1万台彩色电视对显像管的需要量。建立回归直线方程y=a+bx。

根据给定资料编制计算表如下所示：

表4-6　回归直线法计算表

| 年份 | 彩色电视销售量x（万台） | 显像管销售量y（万只） | xy | $x^2$ |
|---|---|---|---|---|
| 2011 | 130 | 30 | 3 900 | 16 900 |
| 2012 | 140 | 35 | 4 900 | 19 600 |
| 2013 | 150 | 41 | 6 150 | 22 500 |
| 2014 | 175 | 45 | 7 875 | 30 625 |
| 2015 | 190 | 55 | 10 450 | 36 100 |
| n=5 | $\sum x$=785 | $\sum y$=206 | $\sum xy$=33 275 | $\sum x^2$=125 725 |

计算常数a、b的值。

$$b = \frac{n \sum xy - \sum x \sum y}{n \sum x^2 - (\sum x)^2} = \frac{5 \times 33\,275 - 785 \times 206}{5 \times 125\,725 - (785)^2} = \frac{328\,085}{1\,244\,850} \approx 0.26$$

$$a = \frac{\sum y - b \sum x}{n} = \frac{206 - 0.27 \times 785}{5} = \frac{-5.95}{5} = -1.19$$

将a与b的值代入公式y=a+bx，得出预测结果，2016年该公司显像管预计销售量为：

$$y = a + bx = -1.19 + 0.27 \times 210 = 55.51（万只）$$

### （二）对数直线法

当销售量大致按比率上升或下降时，即因变量y和自变量x满足指数方程$y=ab^x$时可采用对数直线法进行销售量预测。

在使用该方法进行销量预测时，先将指数方程$yt=ab^{xt}$通过两边同时取对数的方式，转化为对数直线方程$lgy_t=lga+x_t lgb$，然后将$lgy_t$、$lga$和$lgb$分别视为回归直线方程中的y、a和b，根据回归直线方法求出常数$lga$和$lgb$，确定对数直线方程。常数$lga$和$lgb$的计算公式如下：

$$lga = \frac{\sum lgy_t - lgb \sum x_t}{n}$$

$$lgb = \frac{n \sum x_t lgy_t - \sum x_t \sum lgy_t}{n \sum x_t^2 - (\sum x_t)^2}$$

### （三）多元回归法

在一元回归分析法中，假定自变量只有一个即影响销售量的因素只有一个，在实际生产经营活动中，影响销售的因素是多种多样的，在这种情况下，要预测未来的销售量，就必须选取多个自变量，建立多元回归方程来进行销售预测。

多元回归方程的表达式可以表示为

$$y = a + b_1 x_1 + b_2 x_2 + b_3 x_3 + \cdots + b_n x_n$$

上式中，y为因变量，$x_i$为自变量，$b_i$为每个$x_i$变动一个单位时，y的变动值。

## 五、购买力指数法

购买力指数是指各个地区市场上某类商品的购买力占整个市场购买力的百分比。购买力指数法就是企业按照各地区购买力指数，将自己的销售量总额分配给各地区市场的一种方法。

影响商品购买力的因素主要有人口和个人收入等因素。因此，在预测地区购买力指数时，应根据这些因素对购买力影响的大小，分别为每个因素设定相应的权数或比重，建立数学预测模型。购买力指数的预测模型如下：

$$B_i = a_i y_i + b_i r_i + c_i p_i$$

式中$B_i$为i地区购买力占全国总购买力的百分比；$y_i$为i地区可支配的个人收入占全国可支配个人收入的百分比；$r_i$为i地区零售额占全国零售额的百分比；$p_i$为i地区人口占全国人口的百分比；$a_i$、$b_i$、$c_i$为上述三个因素相应的权数。

需要指出的是各个公司在各地区的推销力度和面临的竞争是不一样的，而该方法只能反映生产同一类产品的所有公司的销售机会，而不是某一公司的销售机会，所以在运用购买力指数这一方法时，应该根据具体情况对某地区的指数进行调整。

【例4-7】：某公司拟将500万元的彩色电视机销售潜量分配给A、B、C三个地区。假设$a_i$、$b_i$、$c_i$三个权数分别为0.4，0.3，0.3，各地区可支配个人收入占全国百分比$y_i$、零售额占全国零售额百分比$r_i$及人口占全国人口百分比$p_i$等有关资料如下表所示：

**表4-7　彩色电视机购买力资料**

| 地区 | $y_i$(%) | $r_i$(%) | $p_i$(%) |
|---|---|---|---|
| A | 40 | 45 | 40 |
| B | 30 | 30 | 35 |
| C | 30 | 25 | 25 |
| 全国 | 100 | 100 | 100 |

要求：利用购买力指数预测模型，计算该公司在A、B、C三个地区的购买力指数，并以此为依据，分配该公司在三个地区的销售潜量。

解：根据题意计算结果如下表所示：

**表4-8　购买力指数法计算表**

| 地区 | $y_i$(%) | $0.4y_i$ | $r_i$(%) | $0.3r_i$ | $p_i$(%) | $0.3p_i$ | $B_i$(%) | 公司销售潜量(万元) |
|---|---|---|---|---|---|---|---|---|
| A | 40 | 16 | 45 | 13.5 | 40 | 12 | 41.5 | 207.5 |
| B | 30 | 12 | 30 | 9 | 35 | 10.5 | 31.5 | 157.5 |
| C | 30 | 12 | 25 | 7.5 | 25 | 7.5 | 27 | 135 |
| 全国 | 100 | 40 | 100 | 30 | 100 | 30 | 100 | 500 |

# 第三节 生产与成本预测

## 一、成本预测的概念

随着生产日益社会化和现代化，企业规模不断扩大，生产过程中某一环节或者是某一短暂时期内的生产耗费一旦失去控制，都有可能给企业造成无可挽回的经济损失。鉴于此，成本管理必然是会计管理的重要对象之一。成本管理工作不仅要反映实际耗费和分析成本增减的原因，更要着眼于规划未来进行成本预测确定目标成本，从而控制成本的形成过程，降低成本、提高质量，实施全面成本管理。

成本预测指的就是根据企业未来发展目标和现实条件，利用专门的方法对企业未来成本水平及其发展趋势进行推测与估计的一种管理活动。

## 二、成本预测的分类

### （一）按预测期限

成本预测按预测期限可分为近期预测（月、季、年）和远期预测（3年、5年、10年）。近期预测着重分析影响成本的因素的变动，测算各种方案的成本指标，从中选择最优方案来确定计划成本指标，侧重点是年度成本预测。远期预测用于分析宏观经济变动对企业成本的影响，为企业确定中长期预算和年度预算提供资料。

### （二）按预测内容

成本预测按预测内容可分为制定计划或方案阶段的成本预测和在计划实施过程中的成本预测。

### （三）按预测对象

成本预测按产品的不同可分为可比产品成本预测和不可比产品成本预测。可比产品是指以往年度正常生产过的产品，其过去的成本资料比较健全和稳定。不可比产品是指企业以往年度没有正式生产过的产品，其成本水平无法与过去进行比较。

## 三、成本预测的程序

### （一）确定初选目标成本

目标成本是指在确保实现目标利润的前提下，企业在成本方面应达到的目标。它规定着企业未来降低成本的努力方向。目标成本可按目标利润或以先进的成本水平作为目标成本。

### （二）找出初选目标成本与当前水平的差距

初选目标成本提出后，还需要测算在当前生产条件下，不采取任何新的降低成本措施预测期产品所能达到的成本水平，以检验在当前条件下实现目标成本的可能性与现实性。

### （三）提出成本降低方案

企业可以从改进产品设计、改善生产经营管理、控制费用等方面着手提出成本降低方案。

改进产品设计，开展价值分析，努力节约原材料、燃料和人力等消耗。

改善生产经营管理，合理组织生产。生产经营管理的好坏与产品成本的高低有着密切的关系，如劳动力的合理组织、车间的合理设置、工艺方案的选择、零部件的外购或自制决策、新设备增加等都会影响产品成本。因此，企业应积极从合理组织生产中挖掘降低产品成本的潜力，针对生产经营管理中存在的问题提出不同的改进方案，并对比分析不同方案的经济效果，从中选择最优的成本降低方案。

严格控制费用开支,努力降低管理费用。管理费用在产品成本中占有相当的比重,因此,控制和节约车间经费和企业管理费,也是降低产品成本不可忽视的重要方面。为了节约管理费用,减少非生产性支出,企业各部门、车间应实行严格的费用控制制度,实际费用支出英语费用预算进行比较,以便确定责任进行奖惩,达到降低成本的目的。

### (四)正式确定目标成本

企业的成本降低措施和方案确定后,应进一步测算各项措施对产品成本的影响程度,据以修订初选目标成本,正确确定企业预测期的目标成本。

在测算各项措施对产品成本的影响程度时,应抓住影响成本的重点因素进行测算。一般可以从节约原材料的消耗、提高劳动生产率、合理利用设备、节约管理费用、减少废品损失等方面进行测算。

## 四、成本预测方法

### (一)倒扣测算法

倒扣测算法是在事先确定目标利润的基础上,首先预计产品的售价和销售收入,然后扣除应纳税金和目标利润,余额即为目标成本的一种预测方法。

预计销售收入－企业目标利润－应纳税金＝目标成本

这种方法以确保目标利润的实现为前提条件,坚持以销定产原则,目标成本的确定与销售收入的预计紧密结合。需要注意的是,这一方法是建立在产销平衡假定的基础上,实际中,多数企业产销不平衡,在这种情况下,企业应结合期初、期末产成品存货的预计成本倒推产品生产目标成本。

【例4-8】:某企业生产甲产品,假定甲产品产销平衡,预计明年甲产品的销售量为1 500件,单价为50元。生产该产品需缴纳17%的增值税,销项税与进项税的差额预计为20 000元;另外,还应缴纳10%的消费税、7%的城建税、3%的教育费附加。如果同行业现金的销售利润率为20%。

要求:运用例扣测算法预测该企业的目标成本。

解:目标利润＝1 500×50×20%＝15 000(元)

应交税金＝1 500×50×10%＋(20 000＋1 500×50×10%)×(7%＋3%)＝10 250(元)

目标成本＝1 500×50－10 250－15 000＝49 750(元)

### (二)历史资料分析法

历史资料分析法是指在掌握有关成本等历史资料的基础上,采用一定方法进行数据处理,建立有关成本模型,并据此预测未来成本的一种方法。

在历史资料分析法下,只要能够建立总成本模型$y=a+bx$,就可以利用预测的产销量很方便地预测出未来总成本和单位成本的水平。该方法的关键问题在于如何利用有关历史资料确定总成本模型y=a+bx中的a和b。常用的方法包括高低点法、直线回归法和加权平均法。

### 1.高低点法

高低点法，是指选用一定时期历史资料中最高业务量和最低业务量的总成本之差与两者业务量之差进行对比，求得单位变动成本b和固定成本a，在根据总成本模型y=a+bx预测总成本和变动成本的方法。

高低点法是一种简便易行的预测分析方法，在产品成本变动趋势比较稳定的情况下，采用此法比较适宜，但是如果企业各期成本变动幅度比较大，采用此方法则会造成较大的误差。

【例4-9】：某公司近六年来生产A产品的产量和成本资料见下表。

表4-9 A产品的产量和成本资料

| 年份 | 总产量（件） | 总成本（万元） |
| --- | --- | --- |
| 2011 | 134 | 210 |
| 2012 | 120 | 196 |
| 2013 | 135 | 200 |
| 2014 | 148 | 224 |
| 2015 | 142 | 220 |

要求：现已预测2016年产量将达到225件，预测2016年的成本总额。

解：由题意可和业务量最高点为（148，224），最低点为（120，196），据以计算a、b值。

$$b = \frac{最高点成本-最低点成本}{最高点业务量-最低点业务量} = \frac{\Delta y}{\Delta x} = \frac{224-196}{148-120} = 1$$

$a = 196 - 1 \times 120 = 76$

预测2016年成本总额 $= 76 + 1 \times 225 = 301$（万元）

### 2.加权平均法

成本预测中的加权平均法是指根据若干期固定成本总额和单位变动成本的历史资料，按照事先确定的权数进行加权，以计算加权平均的成本水平，从而建立成本预测模型，进而预测未来总成本的一种定量分析方法。距预测期越近，对预测期的影响越大，所选取的权数应大一些；距预测期越远，对预测期的影响越小，所选取的权数应小一些。

计算公式如下：

预测期产品总成本 $y = \sum aw_t + \sum bx_t w_t$

式中，y表示预测期总成本，a表示固定成本，$x_t$表示t时期业务量，$w_t$表示t时期权数。

此法适用于掌握各期详细的固定成本与变动成本历史资料，且各期成本水平变动比较频繁的企业，所计算的结果比按总成本时间序列计算的结果误差相对小一些。具体操作方法类似于销售预测。

【例4-10】：某企业A产品近三年有关成本资料如下表所示：

**表4-10　A产品三年成本资料**

| 年份 | 固定成本a（元） | 单位变动成本b（元） |
|---|---|---|
| 2013 | 80 000 | 60 |
| 2014 | 85 000 | 56 |
| 2015 | 90 000 | 50 |

**要求**：预测该企业2016年生产A产品15 000件的成本总额。

**解**：根据题意按距离预测期的远近分别赋予权数：0.2，0.3，0.5

预测期产品总成本y = [(80 000×0.2) + (85 000×0.3) + (90 000×0.5)] + [(60×0.2) + (56×0.3) + (50×0.5)] × 15 000 = 893 500（元）

### 3.回归直线法

回归直线法又称最小二乘法，它是根据若干期业务量和成本的历史资料，运用最小平方原理计算固定成本和单位变动成本，通过建立直线回归方程而进行成本预测的方法。回归分析法适用于企业历年的产品成本忽高忽低，变动幅度较大的情况。具体操作方法类似于销售预测。

### （三）因素预测法

因素预测法是通过分析与产品成本有关的技术进步、劳动生产率变动以及物价变动方向和经济发展前景以及预定采取相应措施对成本指标的相对影响，预测现有老产品未来成本的一种定量分析方法。

### （四）预计成本测算法

预计成本测算法一般用于新产品成本预测或改型产品成本预测。对前者，多是根据设计、工艺和劳动等部门提供的有关新产品资料，考虑多种可能并参考试生产阶段有关参数进行估算，有时按系列产品成本资料进行类推；对于后者，可在原油成本资料的基础上，只对改变部分设计、工艺或配件方法的产品方案的成本进行预算与估算。

预计成本测算法又包括费用要素分析法和成本项目分析法。前者是指按照预测期预计产量、有关要素的消耗量及估计价格，分别测算未来外购材料、外购燃料动力、工资及福利费、固定资产折旧费、无形资产摊销费、利息支出、修理费和其他费用的水平的方法。后者是指按照实际成本计算的程序分车间按产品测算产品的直接材料、直接工资福利费，按车间测算制造费，按全场测算期间费用。

# 第四节 利润与资金需求量预测

## 一、利润预测

### (一) 利润预测的含义

利润是企业在一定会计期间内进行经营活动的结果,是营业收入减去与之相匹配的费用之后的余额。利润预测是按照企业经营目标的要求,通过对影响利润变化的成本、产销量等因素的综合分析,对未来一定时间内可能达到的利润水平和变化趋势所进行的科学预计和推测。利润预测是在销售预测和成本预测的基础上进行的。

利润预测是按照企业经营目标的要求,通过综合分析企业的内外部条件,测算企业未来一定时期可能达到的利润水平,变动趋势,以及为达到目标利润所需相应达到的销售、成本水平的一系列专门方法。做好利润预测的工作,对于加强企业管理、扩大经营成果、提高经济效益有着极为重要的的作用。

### (二) 利润预测方法

**1. 直接预测法**

直接预测法是根据利润的构成方式,通过搜集有关数据,直接推算出预测期利润数额的一种预测方式。利润总额的构成如下所示:

利润总额 = 营业利润 + 投资净收益 + 营业外收支净额

营业利润是由产品销售利润和其他业务利润组成的,这两部分预测利润的公式分别为:预测产品销售利润 = 预计产品销售收入 − 预计产品销售成本 − 预计产品销售税金

**2. 比率预测法**

预计目标利润 = 上年实际销售收入 × (1 + 预计销售增长率) × 上年销售利润率

基期销售利润率 = 基期营业利润 / 基期销售收入总额 × 100%

预计目标利润 = 上年实际利润总额 × (1 + 预计利润增长率)

【例4-11】:某企业生产甲机器,今年可产销1 000台,该产品销售单价为150元,单位变动成本100元,固定成本总额10 000元。预计明年销售量可比今年增加20%,其他条件不变。

**要求**:预测企业明年的利润。

解:基期销售收入 = 150 × 1 000 = 150 000(元)

基期利润 = (150−100) × 1 000 − 10 000 = 40 000(元)

基期销售利润率 = 40 000 / 150 000 × 100% = 26.67%

预计目标利润 = 150 000 × (1 + 20%) × 26.67% = 48 006(元)

### 3.经营杠杆预测法

经营杠杆效应指的是,在其他因素不变的条件下,销售业务量一定程度的变动会引起利润更大幅度的变动,即利润变动率大于业务量变动率。这如同人们借助杠杆,只要给予一个较小的力便可举起较重的物体一样。产生经营杠杆效应的原因在于,当产销业务量变动时,因为固定成本的存在使得单位固定成本呈反比例变动,从而带来单位利润相对变化,最终导致利润的变动率总是大于产销量的变动率。

经营杠杆系数(DOL),又叫经营杠杆率,是指在一定业务量基础上,利润率同其产销量变动率的比值。

$$DOL = \frac{利润变动率}{产销业务量变动率} = \frac{基期贡献边际}{基期利润}$$

预测期利润变动率 = 产销量变动率 × 经营杠杆系数

预测期目标利润 = 基期利润 × (1 + 销售变动率 × 经营杠杆系数)

【例4-12】:中某公司连续三年的有关资料如下表:

**表4-11 某公司三年相关资料**

单位:元

| | 2013 | 2014 | 2015 |
|---|---|---|---|
| 单位贡献边际 | 30 | 30 | 30 |
| 销售量 | 10 000 | 15 000 | 20 000 |
| 贡献边际 | 300 000 | 450 000 | 600 000 |
| 固定成本 | 200 000 | 200 000 | 200 000 |
| 利润 | 100 000 | 250 000 | 400 000 |

**要求**:假定2016年预计的销售量变动率为正的10%,预测2016年的目标利润额。

解:

2014年经营杠杆系数 = 300 000/100 000 = 3

2015年经营杠杆系数 = 450 000/250 000 = 1.8

2016年经营杠杆系数 = 600 000/400 000 = 1.5

2016年目标利润 = 400 000 × (1 + 10% × 1.5) = 460 000(元)

### 4.因素分析法

影响利润的因素很多,在现实经济环境中,这些因素又经常发生变动。这里我们假定利润只受到产品销售数量、产品品种结构、产品销售成本、产品销售价格等的影响。

因素分析法是在本期已实现的利润水平基础上,充分估计预测期影响产品销售利润的各因素增减变动的可能,来预测下期产品销售利润的数额。

在预测企业下一会计期间的产品销售利润额时,应首先计算本期的成本利润率:

$$本期成本利润率 = \frac{本期产品销售利润额}{本期产品销售成本} \times 100\%$$

计算出本期成本利润率后,就可以进一步预测下期各相关因素变动对产品销售利润的影响。

（1）产品销售量变动对利润的影响

在其他因素不变的情况下，预测期产品销售数量增加，利润额也会随之增加。

因为在对下期的产品销售成本进行测算时，已将销售量变动而使生产量变动的因素考虑在内了，由产销数量变动而使利润增加或减少的数额，可用本期的销售成本与下期预测销售成本相比较，再根据本期的成本利润率求得。其计算公式为：

因销售量变动而增减的利润额=(预测下期产品销售成本−本期产品销售成本)×本期成本利润率

（2）预测产品成本降低对利润的影响

在产品价格不变的情况下，降低产品成本会使利润相应增加。由于成本降低而增加的利润，可根据经预测确定的产品成本降低率求得。其计算公式如下

由于成本降低而增加的利润=按本期成本计算的预测期成本总额×产品成本降低率

（3）预测产品价格变动对利润的影响

如果在预测期产品销售价格比上期提高，则销售收入也会增多，从而使利润额增加。销售价格增加或减少同样会使销售税金相应地随之增加，这一因素同样要予以考虑。其计算公式为：

由于产品销售价格变动而增减的利润=预测期产品销售数量×变动前售价×价格变动率×(1−税率)

## 二、资金需要量预测

### （一）资金需要量预测的概念

保证资金供应、合理组织资金运用，提高资金利用效果，既是企业正常经营的前提，又是企业的奋斗目标之一。资金需要量的预测，就是以预测期企业生产经营规模的发展和资金利用效果的提高等为依据，在分析有关历史资料、技术经济条件和发展规划的基础上，运用数学方法，对预测期资金需要量进行科学的预计和测算。

资金需要量的预测在提高企业经营管理水平和企业经济效益方面具有十分重要的意义，资金需要量的预测是进行经营决策的重要依据；资金需要量的预测是提高经济效益的重要手段；资金需要量的预测是编制资金预算的必要步骤。

### （二）资金需要量预测方法

**1.销售百分比法**

销售百分比法是指利用资产负债表和利润表的各个项目与销售之间的依存关系，按照计划期销售增长的情况来预测企业是否需要追加资金，以及需要追加多少资金的方法。

销售百分比法能为财务管理提供短期预计的财务报表，以适应外部融资的需要，且易于使用。但是如果有关销售百分比与实际不符，据以进行预测就会形成错误的结果，因此，必须注意及时调整。

销售百分比法步骤：

（1）分析资产负债表的各个项目同销售总额之间的比例关系。

（2）计算基期的销售百分比。根据基期的资产负债表，计算与销售有比例关系的项目其与基期销售收入金额的百分比。

（3）确定企业提取的可利用折旧和内部留存收益。

（4）估计企业零星资金的的需要量

（5）估计企业所需追加的资金量

计划期内所需追加的资金量＝由于销售增长而增加的资产占用量－由于销售增长而增加的负债占用量－可利用的折旧－留存收益＋零星资金需要量

【例4-13】：某公司当年销售收入40 000万元，当年销售净利率为8%，股利支付率为60%。预计下一年度销售收入将增加20%，新增固定资产投资1 000万元。其资产负债表如下所示：

表4-12　某公司资产负债表资料

单位：万元

| 资产 | 期末余额 | 负债及所有者权益 | 期末余额 |
| --- | --- | --- | --- |
| 货币资金 | 3 000 | 应付账款 | 6 000 |
| 应收账款净额 | 2 000 | 应付票据 | 3 000 |
| 存货 | 7 000 | 长期借款 | 8 000 |
| 固定资产净值 | 9 000 | 实收资本 | 4 000 |
| 无形资产 | 2 000 | 留存收益 | 2 000 |
| 资产总计 | 23 000 | 负债及所有者权益总计 | 23 000 |

要求：预计下一年度资金需要量。

解：

（1）计算敏感项目收入百分比。

表4-13　敏感项目收入百分比计算表

单位：万元

| 资产 | 期末余额 | 销售百分比 | 负债及所有者权益 | 期末余额 | 销售百分比 |
| --- | --- | --- | --- | --- | --- |
| 货币资金 | 3 000 | 7.50% | 应付账款 | 6 000 | 15.00% |
| 应收账款净额 | 2 000 | 5.00% | 应付票据 | 3 000 | 7.50% |
| 存货 | 7 000 | 17.50% | 长期借款 | 8 000 | 非敏感项目 |
| 固定资产净值 | 9 000 | 非敏感项目 | 实收资本 | 4 000 | 非敏感项目 |
| 无形资产 | 2 000 | 非敏感项目 | 留存收益 | 2 000 | 非敏感项目 |
| 资产总计 | 23 000 | 30.00% | 负债及所有者权益总计 | 23 000 | 22.50% |

（2）确定需要增加的资金。

下年度因销售增长需要新增资金：

40 000×20%×(30%－22.50%)＝600（万元）

下年度因固定资产投资需要新增资金：100（万元）

（3）确定内部留存收益数额。

下年度新增留存收益金额
　　＝40 000×(1+20%)×8%×(1－60%)＝1 536（万元）
（4）计算外部融资需求。
　　下年度外部融资需要量＝下年度新增资金需求－下年度新增留存收益＝600+1 000－1 536＝64（万元）
（5）资金增长趋势预测法。

**2.资金增长趋势预测法。**

假定资本量和业务量之间存在现行关系并建立数学模型，利用历史资料进行分析、计量后，推算未来期间资金需要量的一种方法。

影响资金总量变动的因素有很多，但从短期经营决策角度来看，引起资金发生增减变动的最直接、最重要的因素是销售收入。在其他因素不变的情况下，销售收入增加，往往意味着企业生产规模扩大，从而需要更多的资金；相反，销售收入减少，往往意味着企业生产规模缩小，所需资金也就随之减少。因此，资金需要量与销售收入之间存在内在的联系，利用这种联系可以建立数学模型，用以预测未来期间销售收入达到一定水平时的资金需要总量。

---

**思考题**

1. 销售预测的定性分析方法有哪些？
2. 算术平均法与加权平均法的使用范围是什么？
3. 试述成本预测的重要性及步骤。
4. 试述利润预测的意义和重要方法。
5. 采用因素分析法进行利润预测应注意的问题有哪些？

# 同步练习题

## 一、单项选择题

1. 下列各项中，不属于定量分析法的是（　　）。
   A. 德尔菲法　　　B. 算术平均法　　　C. 回归分析法　　　D. 购买力指数法

2. 按照各个观察值与预测值不同的相关程度分别规定适当的权数，是运用（　　）进行预测销售量的关键。
   A. 算术平均法　　　B. 对数直线法　　　C. 回归直线法　　　D. 加权平均法

3. 下列各项中，可用于预测追加资金需用量的方法是（　　）。
   A. 平均法　　B. 回归分析法　　C. 指数平滑法　　D. 销售百分比法

4. 趋势预测分析法和因果预测分析法属于（　　）。
   A. 判断分析法　　　B. 调查分析法　　　C. 定性销售预测　　　D. 定量销售预测

## 二、多项选择题

1. 下列各项中，属于预测分析内容的有（　　）。
   A. 销售预测　　　B. 利润预测　　　C. 成本预测　　　D. 资金需要量预测

2. 经营杠杆系数通过以下公式计算：（　　）。
   A. 利润变动率/业务量变动率　　　B. 业务量变动率/利润变动率
   C. 基期贡献边际/基期利润　　　D. 基期利润/基期贡献边际

3. 在企业制造费用、管理费用中，有一部分费用属于固定费用，如管理人员工资、办公费、（　　）等，这些费用一般不随产量的增加而变动。
   A. 差旅费　　　B. 折旧费　　　C. 财务费用　　　D. 运输费

4. 常用的因果预测分析法有哪些（　　）？
   A. 回归直线法　　　B. 对数直线法　　　C. 多元回归法　　　D. 加权平均法

## 应用实践

**预测分析在企业应用的案例分析**

美国胜家公司原是世界著名的缝纫机生产厂家,其生产的缝纫机是世界公认名牌。当时,胜家公司认为自己的产品已经是名牌,以后在经营上将是一片艳阳天,财源滚滚。然而就在胜家公司得意洋洋之际,正如龟兔赛跑中即将入睡的兔子。英法等缝纫机厂家则趁此机会调查市场,迅速研制新产品,并纷纷上市,迅速抢占市场。等胜家公司了解这一情况醒悟后,其产品市场已经丢失殆尽,最后只有宣告破产。相反美国杜邦公司则十分注重市场调查和预测,公司在某一项产品正在走红尚未走下坡路时,常常大量投入人、财、物进行市场调查和预测,研发新产品,推陈出新。这也是该公司能经营200多年至今不衰的原因。正如日本索尼公司总裁盛田昭夫所言,企业应主动淘汰现有产品,因为企业不这么做市场也会这么做。

# 第五章

## 成本与经营决策

# 知识框架图

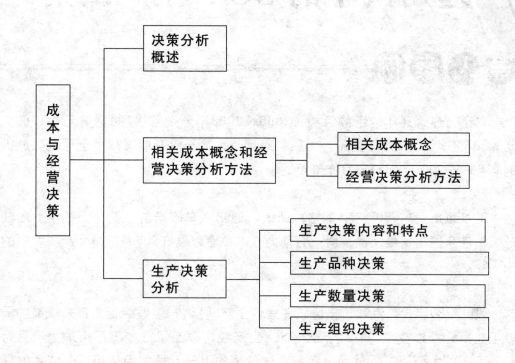

| 学习目标 | 【理论知识目标】<br>1. 了解决策分析的概念、短期经营决策的程序。<br>2. 理解经营决策的相关成本与非相关成本。<br>3. 了解经营决策分析方法及应用。 |
| --- | --- |
| | 【应用能力目标】<br>1. 熟悉短期经营决策一般程序。<br>2. 掌握决策相关成本对决策的影响。<br>3. 掌握经营决策分析方法在企业实践中的具体运用。 |

# 通用汽车的 SUV 生产决策

## 导入案例

在经历连续几年的巨额亏损（2005—2008年分别亏损104亿美元、10亿美元、387亿美元、309亿美元）之后，通用汽车终于没有能够熬过全球金融危机的寒冬，于2009年6月1日宣布破产。

正如通用汽车CEO瑞克·瓦格拉所说，通用汽车破产的主要原因在于"信任危机"带来的销售量大幅下滑；劳动力成本高企以及在SUV等车型生产决策中的失误等。

20世纪80年代，汽油价格比较便宜，生产SUV汽车能够给企业带来较高的贡献毛益率，所以企业急切地扩大了SUV生产线，改造了很多工厂用来生产更为有利可图的大型汽车。然而，随着汽油价格的上升，顾客因使用汽车成本的提高而改为购买更便宜的小型汽车，而通用没有能够实时调整，其工厂、战略计划、研发项目还深陷在SUV的模式里，使得其小型汽车市场占有率迅速下滑，失去了原来的战略优势。与此同时，一些日本汽车制造商制造小型和中型汽车，其成本远低于通用汽车制造此类汽车的成本，随着汽油价格的上涨，获得了巨大的销售量优势。

# 第五章 成本与经营决策

## 第一节 决策分析概述

决策是指决策者为了实现既定目标，利用现有信息资料，借助于科学理论和方法，通过计算、分析和判断，从多个备选方案中选择最优方案的过程。企业在生产经营过程中生产什么、生产多少、如何生产、如何定价、存货管理及控制等都必须有正确的决策。在市场经济中，企业面临复杂多变的经营环境，企业管理者作出的决策正确与否，直接关系着企业的盛衰兴亡。"管理的重心在经营，经营的中心在决策"是西方管理界的普遍认识。一般来说，企业在经营中作出正确决策的基本标准是以较少的资源投入取得较大的经济利益。

决策贯穿于企业生产经营活动的始终。短期经营决策是指一个经营年度或经营周期内，为充分合理利用企业现有资源，取得最佳经济效益所作出的决策。

短期经营决策一般分为以下程序：提出决策问题，明确决策目标；对每个决策目标设计备选方案；收集与备选方案相关的资料；比较和评价备选方案；选择最优方案；对最优方案的实施、评价和反馈。

企业决策就是从所有备选方案中选择一个最佳方案的过程，最优方案的标准可以是投入（成本）或净产出（效益）。生产同样的产品成本投入的高低是影响其经济效益的直接制约因素。为了使决策信息更加准确可靠，必须首先分清各种成本与决策之间的关系。根据与企业短期经营决策是否相关，可将成本分为相关成本与非相关成本（无关成本）。相关成本是经营决策时必须考虑的成本，包括差量成本、边际成本、机会成本、付现成本、重置成本、专属成本、可避免成本、可延缓成本等；非相关成本是与经营决策无关的成本，包括沉没成本、共同成本、不可避免成本、不可延缓成本等。

## 第二节 相关成本概念和经营决策分析方法

### 一、相关成本概念

#### （一）相关成本及其表现形式

相关成本是指与特定决策直接关联的成本。这个概念意味着相关成本是一种未来成本，是与决策执行相关在未来发生的成本；也意味着这是一种与其他备选方案有差别的未来成本，体现着与决策的直接相关性。

**1. 差量成本**

差量成本也称差别成本或差额成本，是指两个备选方案之间预计成本的差异额。不同决策方案的经济效益可以通过计算差量成本清晰显现出来。如某单位需要用甲零件，可以自制也可以外购。如果自制，单位成本为10元；如果外购，单位购买价格为11元。购买与自制比较，单位零件差量成本1元，说明自制方案比外购方案更优。在产品售价或销售收入相同的情况下，差量成本是进行决策的重要依据。

**2. 边际成本**

边际成本是指业务量每增加一个单位所增加的成本。在现有生产能力尚未达到充分利用之前只要新增产量的单位售价大于单位边际成本，企业就有利可图，即使此时单位售价小于总的单位平均成本。与边际成本相联系的是边际收入，边际收入是指每增加一个单位的销售量所增加的收入。企业产销一定产品在边际收入等于边际成本时达到利润最大化，或者说此时的产销量为最佳产销量。企业在决策时非常重视对边际成本的分析、利用。

**3. 机会成本**

机会成本是指由于从多个可供选择的方案中选取一种最优方案而放弃次优方案上的收益。由于资源的稀缺性，资源若用于某一方案就不能用于其他方案。为了保证经济资源得到最佳的利用，即选择最优方案，在分析所选方案（机会）的收益时，就要求将放弃其余的方案中最高收益视作选定该方案所付出的代价，这种被放弃的次优方案的最高收益额即为选定方案的机会成本。在选择方案时，如果考虑了机会成本，所选方案的收益仍为正数，该方案即为最优方案；如果考虑机会成本后，该方案的收益为负数，该方案就不是最优方案。

例如，某公司现有设备可以生产甲、乙两种产品，但由于生产能力的限制，只能生产其中的一种产品，假定生产甲产品时可以获利40000元，生产乙产品时可以获利33 000元。为了保证经济资源的最佳利用，公司选择生产甲产品。此时，生产乙产品获利33 000元即为生产甲产品的机会成本。

机会成本不是企业实际所需要支付的成本，也不计入账册，有时还难以计量，但是为了保证决策的最优化，决策过程中仍然需要将机会成本作为一个重要因素加以考虑。

**4. 付现成本**

付现成本是指需要在将来或最近期间支付现金的成本，是一种未来成本。付现成本是在某项决策需要付现但又要全面衡量该项决策在经济上是否真正有利时，应该予以认真考虑的，特别在企业资金紧张的情形下更应慎重对待。例如，某公司急需购置一套设备，但公司资金紧张。现有两家供应商供应该设备，A供应商的价款为120000元，货款需要在交货时一次交清；B供应商的价款为138000元，交货时只需交38000元，其余货款分4年付清。从总成本来看，选择B供应商成本较高，但在资金紧张的情况下，选择供应商B为最优选择，可以使得公司迅速恢复生产，多付的总成本可以通过提前恢复生产而获取的利润来得到补偿。

**5. 重置成本**

重置成本是指目前从市场上购置一项原有资产所需支付的成本，也称为现时成本或现行成本。与重置成本相对应的是账面成本，即一项资产在账簿中所记录的成本。与财务会计不同，管理会计立足现在、面向未来，强调信息的相关性，因此，在有关决策中，如定价决策，侧重考虑的是重置成本信息，而不是历史成本信息。

由于通货膨胀、技术进步等因素，某项资产的重置成本与原始成本的差异可能很大。在分析决策时，不能根据原始成本来估价，而应该以重置成本为依据。

**6. 专属成本**

专属成本是指可以明确归属于某种、某批或某个部门的成本。它往往是为了弥补生产能力不足的缺陷，增加有关装置、设备、工具等长期资产而发生的。例如，为专门生产某种零件或某批产品而专用的厂房、机器的折旧费，某种物资的商品保险费等。

**7. 可避免成本**

可避免成本是指与特定备选方案相关联的成本，其发生与否，取决于与其相关的备选方案是否被选中。如果某个方案被选中，与其相关联的某项成本就会发生，否则，该项成本就不会发生。例如，在机械化生产的情况下，产品零部件的传送需要人工来搬运，而改用自动化流水线进行生产时，就可自动传送，这样，对于自动流水线生产方案来说，机械化生产情况下搬运零部件所需的人工费用、设备费用就是该改方案的可避免成本。应当注意，可避免成本并不是指可降低的成本，虽然对本方案来说，其他方案的某项支出本方案可免于支出，但本方案可能需要发生其他支出。所以，可避免成本仅指其他方案的某项支出，本方案可免于发生。由于可避免成本是与决策的某一备选方案直接相联系的成本，因此，可避免成本常常是与决策相关的成本。

**8. 可延缓成本**

可延缓成本是指已经选定、但可延期实施而不会影响大局的与某方案相联系的成本。它与可避免成本区别在于，它仅是在成本发生时间上的推迟，但将来注定要发生，而是否发生避免成本，完全取决于决策者。例如，公司决定装修厂房，但不一定需要立即实施，因为这对公司目前的正常生产经营影响不大，所以，与装修厂房有关的成本可视作可延缓成本。

### (二) 非相关成本（无关成本）及其表现形式

非相关成本（无关成本）是指与特定决策没有直接关联的成本。或者不受特定决策改变而变化的成本。一般是过去已经发生，或虽未发生，但对未来特定决策没有影响的成本。一般在决策时无需考虑。

**1. 沉没成本**

沉没成本是指由于过去决策所引起的并已经支出、现在不能改变的成本。该成本的发生不需要动用本期现金等流动资产，它所涉及的是企业以前的付现成本，如固定资产的折旧费用、无形资产的摊销费用等。从广义上讲，凡是过去已经发生、不是目前决策所能改变的成本，都是沉没成本；从狭义上说，沉没成本是指过去发生的、在一定情况下无法补偿的成本。但从决策者心理的角度看，由于人们不会忘记过去的损失与教训，会经常考虑这些不影响未来决策的沉没成本，从而导致决策失误。所以在经营决策中要注意区分和判别一项是不是沉没成本，以免影响决策的准确性。

**2. 共同成本**

共同成本是指那些需要几种、几批或相关部门共同负担的成本。共同成本不是某项决策的相关成本。例如，某种通用设备生产甲、乙、丙等多种产品，那么，该设备的折旧就是这几种产品的共同成本。

**3. 不可避免成本**

不可避免成本是指无论决策是否改变或选择哪一种备选方案都会发生的成本，即在任何情况下都会发生的成本。例如，无论是机械化生产方案还是自动化生产方案都需要厂房，这时两种方案都需要厂房的折旧费，因此是不可避免成本。由于不可避免成本与特定决策方案没有直接联系，因此，不可避免成本属于决策无关成本。

**4. 不可延缓成本**

不可延缓成本是指对已经选定的某方案必须立即设施，否则将会对企业的全局产生重要影响的成本。例如某关键设备出现严重的故障，需要立即进行大修理，否则将影响企业正常的生产经营活动，使企业遭受重大损失。这时，即使企业资金再紧张，也必须设法立即修复该设备。因此，与设备大修理相关的成本就属于不可延缓成本。

## 二、经营决策分析方法

在经营决策中需要用不同的决策分析方法对备选方案进行比较和判断，短期经营决策分析所采用的专门分析方法，因决策内容不同而有所不同。但通常采用的专门方法有单位资源贡献毛益分析法、差量分析法、贡献毛益分析法、成本无差别点分析法、线性规划法等。

### (一) 单位资源贡献毛益分析法

单位资源贡献毛益分析法是指以相关备选方案的单位资源贡献毛益作为决策评价

指标的一种方法。当企业生产只受到某个资源（如原材料、人工工时或机器台时）的约束，并已知备选方案中各种产品的单位贡献毛益和单位产品资源消耗额（如材料消耗定额、工时定额）的条件下，可按下式计算单位资源所能创造的贡献毛益，并以此作为决策评价依据。

$$单位资源贡献毛益 = \frac{单位产品贡献毛益}{单位产品资源消耗定额}$$

单位资源贡献毛益是正指标，哪个方案数值大，哪个方案相对较优。

## （二）差量分析法

差量分析法是通过比较不同备选方案之间的差量收入和差量成本，进而计算差量损益进行生产经营决策的方法。

其计算公式为：

$$差量损益 = 差量收入 - 差量成本$$

对于两个互斥备选方案进行决策时，若其中一个方案相对于另外一个方案的差量损益为正数，则选择该方案，否则，选择另一方案。

对于两个以上备选方案或方案不互斥时，则需要通过相关分析法进行比较。相关分析法是通过比较不同备选方案的相关收入和相关成本，按照方案相关收入与相关成本的差量（即相关损益）进行排序，相关损益越大的方案或方案组合越好。

## （三）贡献毛益分析法

贡献毛益分析法是指通过对比备选方案所提供的贡献毛益额的大小，来确定最优方案的决策方法。其基本程序是，先计算出各个备选方案的贡献毛益总额，其中最大值相应的方案为最优方案。其理论前提是，在企业生产经营决策中一般不涉及生产能力的变化，固定成本通常保持不变，因此，以利润为决策前提进行决策分析时，只需要比较各备选方案能够提供的贡献毛益总额。

## （四）成本无差别点分析法

在各备选的相关收入没有差别（成本型决策，即决策只涉及成本不涉及收入）且方案间的相关固定成本和单位变动成本相互矛盾的情况下，可采用成本无差别点分析法进行互斥方案的决策选择。其计算公式为：

$$成本无差别点业务量 = \frac{两方案相关固定成本之差}{两方案单位变动成本之差}$$

设 $V_0$ 为无差别点业务量，甲方案固定成本为 $FC_1$，单位变动成本为 $VC_1$；乙方案固定成本为 $FC_2$，单位变动成本为 $VC_2$，且满足 $FC_1 > FC_2$，$VC_1 < VC_2$，则

$$V_0 = \frac{FC_1 - FC_2}{VC_2 - VC_1}$$

当业务量大于成本无差别点的业务量 $V_0$ 时，选择甲方案；
当业务量小于成本无差别点的业务量 $V_0$ 时，选择乙方案；

当业务量等于成本无差别点的业务量$V_0$时,甲、乙两个方案的成本总额相等,方案无差别。

### (五)线性规划法

线性规划法是一种求解"最优方案"的数学工具。其基本含义是在一组限制因素(约束条件)中去寻找一个函数的极值时,如果限制因素可用一次方程或一次不等式表示,目标函数也是一次函数,那么,就可认为其是一个线性规划问题。显然,利用线性规划是基于一个重要假定,即各变量之间在客观上具有直线关系或近似直线关系,从而各约束条件和目标函数都可用线性等式或线性不等式来表示。

# 第三节 生产决策分析

## 一、生产决策内容和特点

### (一)生产决策的内容

生产决策是根据企业经营目标的总体要求,合理、有效地利用企业掌握的各种经济资源,对企业未来一定时期内生产活动进行筹划和决策,以期取得最佳的经济效益的过程。

产品生产经营决策是企业生产经营管理的一项重要内容,企业作为一个独立经营的产品生产者,拥有较大的生产自主权和经营决策权,在生产经营中经常会遇到很多需要进行决策的问题。这些问题归纳起来可分为三大类:一是生产什么的决策,即生产或不生产什么产品;二是生产多少的决策,即各种产品的产量是多少;三是如何生产的决策,即如何组织和实施生产。其中,每个大类又可分为若干个小问题。其共同点在于:如何最有效地利用企业各种经济资源组织生产,以取得最大的经济效益。

具体地说,生产经营决策的内容主要包括:

**1. 产品品种决策**

即在生产能力一定的前提下,生产哪种产品可以为企业带来最大利益,即品种选择问题。包括生产何种产品决策、新产品开发决策、亏损产品是否停产或转产的决策;

**2. 生产数量决策**

企业产品生产一般表现为多种产品生产,那么在每种产品的需求量及各生产部门的生产能力有限制的情况下,每种产品各生产多少,便是产量最优组合问题。包括产品生产数量决策、最优生产批量决策及产品最优生产组织决策等。

### 3.生产组织决策

在生产品种及生产数量都已经确定后,接下来考虑的是如何组织生产决策,即企业如何组织和安排生产问题。包括加工设备的选择决策、自制或外购的选择决策、联产品进一步加工或是直接出售的决策、是否接受特别订单的决策等。

### ●(二)生产决策的特点

作为短期经营决策的组成部分,生产经营决策的特点主要是:内容丰富,方法灵活多样,一般只研究如何利用现有生产能力而不涉及新的投资决策;决策分析基本不考虑货币时间价值因素而非常重视产品成本形成规律、企业生产能力限制及利用程度等。

## 二、生产品种决策

生产品种决策主要解决:生产何种产品;在企业有剩余生产能力的情况下生产何种新产品;亏损产品是否应该停产、转产等。

### ●(一)生产何种产品决策

当企业在生产多种产品过程中存在单一资源限制(如原材料、人工工时或机器台时)时,往往采用单位限制贡献毛益法进行决策分析,进而确定优先生产何种产品及产品组合。显然,选择单位限制贡献毛益最大的产品进行优先生产,能够为企业带来最高的利润。

【例5-1】:某企业生产甲、乙、丙三种产品,需要用到A、B两种材料,目前A材料库存3 500公斤,B材料库存3 200公斤。计划期内不再购进新材料。其他相关资料如表5-1所示。

表5-1  相关资料

单位:元

| 产品名称<br>项目 | 甲 | 乙 | 丙 |
|---|---|---|---|
| 单位产品贡献毛益(元) | 50 | 60 | 70 |
| 单位产品消耗A材料(公斤) | 2 | 3 | 5 |
| 单位产品消耗B材料(公斤) | 5 | 8 | 10 |
| 单位限制资源贡献毛益(元) | 10 | 7.5 | 7 |

假设企业已接到计划期内的订单为甲产品100件、乙产品90件、丙产品50件,订单必须在计划期内完成。而销售部门预计计划期内三种产品除已接订单外,能够销售出的最大数量分别是:甲产品200件、乙产品110件、丙产品50件。

试根据单位限制资源贡献毛益法合理安排企业计划期内的生产。

由表5-1可知,三种产品的生产都需要较多的B材料,企业库存的B材料相对较少,B材料属于限制资源。根据单位限制资源贡献毛益的大小依次安排生产。

首先,生产必须满足已经接到的订单。满足订单后,剩余的限制资源为:

满足订单后剩余的B材料数量=3 200 − 100×5 − 90×8 − 50×10=1 480(公斤)

其次,根据三种产品对外限制资源贡献毛益的大小优先安排生产甲产品、乙产品和丙产品。

再次,根据优先生产次序和每种产品最大销量确定各产品的生产数量。甲产品生产达到最大化消耗的B材料量为1 000公斤(200×5),小于满足订单后剩余的B材料数量,所以甲产品应生产至最大销售量200件。再计算乙产品的销售量,乙产品达到最大化销售量消耗的B材料为880公斤(110×8),大于满足订单和甲产品生产后剩余的B材料的数量480公斤(1 480－1 000),所以剩余的B材料能够生产的乙产品数量尚不能达到预计销售量的最大值,故而剩余的材料应全部生产乙产品,生产数量为60件(480/8)。至此,限制资源已经全部分配完,所以丙产品的生产数量为零。

最后,分别汇总三种产品的生产量。甲产品计划期生产数量300件(100+200);乙产品生产数量150(90+60)件;丙产品生产数量50件(50+0);并据此安排计划期内的生产。

● **(二) 新产品开发决策**

如果企业有剩余的生产能力可供利用,或可以利用淘汰过时旧产品腾出来的生产能力,在有几种新产品可供选择时,可采用贡献毛益分析法进行决策。

在此种情形下固定成本总额在相关范围内不随业务量的变化而变化,因此通过比较不同新产品生产给企业带来的贡献毛益总额的增加大小即可判断备选方案的优劣。但在具体应用贡献毛益法进行备选方案的择优选择时,还应注意以下几点:

(1) 在不存在专属固定成本的情况下,通过比较不同备选方案的贡献毛益总额大小,选择贡献毛益总额最大的备选方案作为优化决策方案(见例5-2);

(2) 存在专属固定成本的情况下,通过计算比较不同备选方案的剩余贡献毛益总额(贡献毛益总额减去专属固定成本的差额)的大小,选择剩余贡献毛益总额最大的备选方案作为优化决策方案(见例5-3);

(3) 在企业的某项资源(如原材料、人工工时、机器工时等)受到限制的情况下,通过计算、比较各备选方案的单位资源贡献毛益额的大小,选择单位资源贡献毛益额最大的方案作为优化决策方案;

(4) 由于贡献毛益总额的大小不仅取决于单位产品贡献毛益的大小,还取决于产品的业务量,所以不能通过比较备选方案单位贡献毛益的大小进行优化决策选择,应该选择贡献毛益总额最大的备选方案。

【例5-2】:某企业原来生产甲、乙两种产品,现有部分剩余产能未能充分利用,可考虑生产丙、丁两种新产品,但由于剩余产能有限,只能生产其中一种新产品。企业的固定成本为8 000元,并且新产品的投产不会增加固定成本的投入。其他资料如表5-2所示。

表5-2 相关资料

单位：元

| 产品名称<br>项目 | 甲 | 乙 | 丙 | 丁 |
|---|---|---|---|---|
| 产销数量（件） | 1 000 | 800 | 300 | 260 |
| 单位售价 | 20 | 18 | 15 | 18 |
| 单位变动成本 | 15 | 12 | 10 | 12 |

由于丙、丁两种新产品的生产仅仅是对企业剩余生产能力的充分利用，并且不会增加企业固定成本投入，所以可以通过分别计算并比较两种新产品提供的贡献毛益总额大小进行选择。计算过程见表5-3所示。

表5-3 丙、丁新产品贡献毛益计算表

单位：元

| 产品名称<br>项目 | 甲 | 丙 |
|---|---|---|
| 产销数量（件） | 300 | 260 |
| 单位售价 | 15 | 18 |
| 单位变动成本 | 10 | 12 |
| 单位贡献毛益 | 5 | 6 |
| 贡献毛益总额 | 1 500 | 1 560 |

表5-3计算结果表明，生产丁产品的贡献毛益大于生产丙产品的贡献毛益60元（1560－1500）。所以，应该选择生产丁产品。

也可以通过计算在利用现有产能条件下生产甲、乙、丙或甲、乙、丁生产组合时能够给企业带来利润额的大小进行优化决策。计算过程见表5-4和表5-5。

表5-4 甲、乙、丙产品生产组合

单位：元

| 产品名称<br>项目 | 甲 | 乙 | 丙 | 合计 |
|---|---|---|---|---|
| 销售收入 | 20 000 | 14 400 | 4 500 | 38 900 |
| 变动成本 | 15 000 | 9 600 | 3 000 | 27 600 |
| 贡献毛益总额 | 5 000 | 4 800 | 1 500 | 11 300 |
| 固定成本 |  |  |  | 8 000 |
| 利润 |  |  |  | 3 300 |

表5-5 甲、乙、丁产品生产组合

单位：元

| 产品名称<br>项目 | 甲 | 乙 | 丁 | 合计 |
|---|---|---|---|---|
| 销售收入 | 20 000 | 14 400 | 4 680 | 39 080 |
| 变动成本 | 15 000 | 9 600 | 3 120 | 27 720 |
| 贡献毛益总额 | 5 000 | 4 800 | 1 560 | 11 360 |
| 固定成本 |  |  |  | 8 000 |
| 利润 |  |  |  | 3 360 |

【例5-3】：如果例5-2中生产丙产品需要增加专属固定成本（如专门购置一项工具）500元，生产丁产品需要增加专属固定成本800元，则相关分析见表5-6所示。

表5-6　丙、丁剩余贡献毛益计算表

单位：元

| 产品名称<br>项目 | 丙 | 丁 |
|---|---|---|
| 贡献毛益总额 | 1 500 | 1 560 |
| 专属固定成本 | 500 | 800 |
| 剩余贡献毛益总额 | 1 000 | 760 |

在此情况下，生产丙产品的剩余贡献毛益比丁产品多240元（1 000－760）。因此，应该选择生产丙产品。

【例5-4】：某企业现有设备的生产能力为40 000个机器工时，在正常生产安排下还有20%剩余生产能力，现准备用来生产新产品甲、乙或丙。甲、乙、丙的相关资料如表5-7所示。其中生产丙产品需要专属固定成本投入5 000元。

表5-7　相关资料

单位：元

| 产品名称<br>项目 | 甲 | 乙 | 丙 |
|---|---|---|---|
| 单位产品定额工时（小时） | 2 | 2.5 | 4 |
| 单位售价 | 30 | 40 | 50 |
| 单位变动成本 | 20 | 32 | 30 |

对于该新产品生产决策可采用贡献毛益法进行分析决策。

该企业在正常生产情况下有剩余生产能力8 000小时（40 000×20%）。根据相关资料计算编制贡献毛益分析表见表5-8所示。

表5-8　甲、乙、丙贡献毛益分析表

单位：元

| 产品名称<br>项目 | 甲 | 乙 | 丙 |
|---|---|---|---|
| 最大产量（件） | 8 000/2=4 000 | 8 000/2.5=3 200 | 8 000/4=2 000 |
| 单位售价 | 30 | 40 | 50 |
| 单位变动成本 | 20 | 32 | 30 |
| 单位贡献毛益 | 10 | 8 | 20 |
| 贡献毛益总额 | 40 000 | 25 600 | 40 000 |
| 专属固定成本 | — | — | 5 000 |
| 剩余贡献毛益总额 | 40 000 | 25 600 | 35 000 |
| 单位产品定额工时 | 2 | 2.5 | 4 |
| 单位工时贡献毛益 | 5 | 3.2 | 4.375 |

从表5-8计算结果可以看出，生产甲产品能够给企业带来最多的剩余贡献毛益总额（剩余贡献毛益甲产品40 000元，乙产品25 600元，丙产品35 000元），生产甲产品能够获得最高的单位资源贡献毛益（单位工时贡献毛益甲产品5元，乙产品3.2元，丙

产品4.375元)。所以无论从剩余贡献毛益总额还是单位工时贡献毛益的角度选择,生产甲产品方案均为最优决策。

此时需要注意的是,虽然生产甲产品的单位贡献毛益较低(低于生产丙产品),但由于在现有产能条件下产销甲产品的数量较多,最终使得生产甲产品能够给企业带来最多的贡献毛益增量。所以在进行此类决策时,单位贡献毛益的大小不是方案选择的唯一标准。

### (二)亏损产品决策

亏损产品决策是指企业对亏损产品作出的在未来计划期内是否按照原有规模继续组织生产,还是将亏损产品停产、转产等的决策。

从传统的财务会计理论来看,企业生产亏损产品,必然会给企业带来损失,及时停止生产亏损产品对企业无疑是有利的。但依据传统的完全成本法计算的所谓"亏损产品"里往往包含了部分与它们并不相关的固定成本,而这些固定成本并不会因为这些"亏损产品"的生产停产而不再发生,所以按照原先方法计算的针对所谓"亏损产品"简单选择停产往往不一定总是正确。

如果亏损产品能够提供贡献毛益,弥补一部分固定成本,除特殊情况(如存在更为有利可图的机会),一般不应停产。但如果亏损产品不能提供贡献毛益,通常应考虑停产。

【例5-5】:某企业生产甲、乙、丙三种产品,其中甲、丙发生了亏损,有关资料如表5-9所示。假设停产后设备不能转作其他用途。

表5-9 相关资料

单位:元

| 产品名称<br>项目 | 甲 | 乙 | 丙 | 合计 |
|---|---|---|---|---|
| 销售收入 | 150 000 | 300 000 | 50 000 | 500 000 |
| 变动成本 | 160 000 | 200 000 | 30 000 | 390 000 |
| 贡献毛益 | −10 000 | 100 000 | 20 000 | 110 000 |
| 固定成本 | 20 000 | 50 000 | 30 000 | 100 000 |
| 利润 | −30 000 | 50 000 | −10 000 | 10 000 |

从表5-9可以看出甲、丙两种产品亏损,但不能简单地选择停产,因为两种产品的亏损情况是不同的。

甲产品的贡献毛益为负数,说明该种产品即使不负担固定成本也会发生亏损,也就无法提供"产品边际",故停产甲产品是正确的,停产后它负担的固定成本可由盈利产品来负担,企业的总利润将减少20 000元(50 000−20 000−10 000)。

丙产品虽然也亏损,但是贡献毛益为正,继续生产可以为企业带来"产品边际",弥补部分固定成本,如果停止生产丙产品,企业的利润不但不会增加,反而会相应减少。停产丙产品企业的总利润为−10 000元(50 000−30 000−30 000)。故丙产品不应该停产。

亏损产品能够提供贡献毛益,并不意味着该亏损产品一定要继续生产。如果存在更为有利可图的机会(如转产其他产品或将停止亏损产品腾出来的固定资产对外出租等），能够使企业获得更多的贡献毛益，那么该亏损产品应该选择停产。

【例5-6】：沿用例5-5资料，假设将丙亏损产品（贡献毛益为正）停产，其生产能力可以用来生产丁产品，预计丁产品的产销量为50 000件，单位售价为20元，单位变动成本为12元。另外，转产丁产品还会发生专属固定成本10 000元，试确定该转产方案时否可行？

可以提供差量分析，将继续生产丙亏损产品和停产丙产品转产丁产品能够为企业带来的贡献毛益差量进行比较，进而确定如何选择。见表5-10所示。

表5-10 继续生产、转产差量分析表

单位：元

| 项目 | 生产丙产品 | 转产丁产品 | 差量 |
| --- | --- | --- | --- |
| 销售收入 | 50 000 | 100 000 | 50 000 |
| 变动成本 | 30 000 | 60 000 | 30 000 |
| 贡献毛益 | 20 000 | 40 000 | 20 000 |
| 专属固定成本 |  | 10 000 | 10 000 |
| 剩余贡献毛益 | 20 000 | 30 000 | 10 000 |

转产丁产品相对于继续生产丙产品能够增加10 000元剩余贡献毛益，所以转产更为有利，企业可以选择停产丙产品转产丁产品。

另外在将亏损产品停产后，闲置的厂房、设备等固定转产可以出租时，理论上只要出租净收入（指租金收入扣除合同规定的应由出租者负担的费用后的余额）大于亏损产品所能提供的贡献毛益额，这时也应考虑停止生产亏损产品转而出租产能的方案。

在生产、销售条件允许的情况下，增加贡献毛益为正的亏损产品的产销量能够为企业带来总体利润的增加。考虑到固定成本的投资已经发生且不可逆转，在产品能够提供正的贡献毛益的情况下，企业可以通过增加生产、扩大市场销售来获得整体利润的增加。

【例5-7】：沿用例5-5资料，假设将丙产品的销售收入由原来的50 000元提高到100 000元（假设固定成本分摊不变）。则企业利润将提升20 000元。假设过程见表5-11所示。

表5-11 继续扩大生产差量分析表

单位：元

| 项目 | 丙产品 | 扩大生产丙产品 | 差量 |
| --- | --- | --- | --- |
| 销售收入 | 50 000 | 100 000 | 50 000 |
| 变动成本 | 30 000 | 600 000 | 30 000 |
| 贡献毛益 | 20 000 | 40 000 | 20 000 |
| 固定成本 | 30 000 | 30 000 | 0 |
| 利润 | −10 000 | 10 000 | 20 000 |

对不能提供贡献毛益额的亏损产品也不能简单选择停产。考虑到企业内部成本管理和成本控制的努力，是否在控制成本消耗方面仍然有一定的空间，努力从企业内部降低成本，为企业赢得获利的可能；对于某些亏损产品还要综合产业结构调整及社会需要考虑作出合理决策。

## 三、生产数量决策

在已经确定生产什么产品的基础上，企业现在考虑的是针对不同的产品生产量的确定，以便从经济上来说最为有利。从成本和利润的角度分析，并且在考虑单一或多种资源约束的条件下，对单一产品生产和多种产品组合生产量的确定方法。产品生产数量决策、最优生产批量决策及最优生产组合决策方法被经常使用。

### （一）最优生产数量决策

最优生产数量决策是寻求在一定的产品生产数量下产品的成本达到最低或利润达到最高，在两种目标不能保持一致时，可寻求利润达到最高时的产品生产数量。

【例5-8】：假设某企业产销某种产品，总收入函数为TR=50Q，总成本函数为TC=25 000+15Q+0.001Q2，试确定其最优生产数量（P：利润；TR：总收入；TC：总成本；AC：平均成本；Q：产销量）。

可分别计算确定平均成本达到最低时的生产数量、利润达到最高时的生产数量并进行比较选择。

**1. 平均成本达到最低时的生产数量**

$$AC = \frac{TC}{Q} = \frac{25\ 000}{Q} + 15 + 0.001Q$$

要使得平均成本AC达到最低，可对Q求导并令AC′=0。即：

$$AC' = \left(\frac{25\ 000}{Q} + 15 + 0.001Q\right)' = 0$$

则 $-\frac{25\ 000}{Q} + 0.001$，解得 Q = 5 000（件）

即当生产数量达到5 000件时，平均生产成本最低，此时最低平均成本（AC）为：

$$AC(5\ 000) = \frac{25\ 000}{5\ 000} + 15 + 0.001 \times 5\ 000 = 25\ （元）$$

**2. 利润达到最高时的生产数量**

$$P = TR - TC = 50Q - (25\ 000 + 15Q + 0.001Q2)$$
$$= -0.001Q^2 + 35Q - 25\ 000$$

要使得利润P达到最高，可对P求导并令P′=0。即：

$$P' = (-0.001Q^2 + 35Q - 25\ 000)' = 0$$

则 $-0.002Q + 35 = 0$，解得 Q = 17 500（件）

即当生产数量达到17 500件时，企业可获得最高的利润额，此时最高利润为：

$$P = -0.001 \times 17\ 500^2 + 35 \times 17\ 500 - 25\ 000 = 281\ 250\ （元）$$

通过计算得出最低平均成本和最高利润时的产销量是不同的，此时应以最高利润时的产销量为决策依据。

## （二）最优生产批量决策

最优生产批量是指企业在一定期间内消耗在生产一定数量产品上的总成本最低的每批批量。这里的总成本主要包括生产准备成本和储存成本。

就产品生产而言，并不是生产批量越大越好。在全年产销量已定的情况下，生产批量与生产批次成反比，生产批量越大，生产批次越少；生产批量越小，生产批次越多。生产批量和生产批次与生产准备成本、储存成本相关。

生产准备成本是某产品每批投产前进行调整准备工作所发生的相关成本。包括清理现场、调整机器、调换工具模具、布置生产线所发生的材料费和人工费用等。正常情况下，每次变更生产所发生的生产准备成本基本上是相等的。所以，年生产准备成本与生产批次成正比，与生产批量成反比。生产批次越多，年生产准备成本越高；反之，年生产准备成本越低。

储存成本是为储存材料、零部件及产品而发生的相关成本。如仓库及设备的折旧费、保管人员工资、搬运费、保险费、维修费、储存损失费等。储存成本随着储存量增加而增加，与生产批量成正比，与生产批次成反比。

从生产准备成本与储存成本的特点可以看出：增加生产批量可以减少生产批次，进而降低生产准备成本，但生产批量的增加会增加储存成本；相反，减少生产批量会降低储存成本，但减少生产批量导致生产批次增加，进而增加生产准备成本。可见，要使总成本达到最低，关键是寻求年生产准备成本与储存成本之和达到最低时的生产批量。

最优生产批量通常采用公式法计算确定。

假设A表示全年产销量；Q表示生产批量；S表示每批次生产准备成本；X表示每天产量；Y表示每天耗用量或销售量；C表示单位零部件或产品的年储存成本；TC表示年生产准备成本和储存成本之和。并假设每天销售量相同，当库存产品售完开始生产下一批次产品，故最低存货量为零。则

$$每批产品生产周期 = \frac{Q}{X}$$

$$最高库存量 = Q - \frac{Q}{X} \times Y = Q\left(1 - \frac{Y}{X}\right)$$

$$平均储存量 = \frac{1}{2}Q\left(1 - \frac{Y}{X}\right)$$

$$年储存成本 = \frac{1}{2}Q\left(1 - \frac{Y}{X}\right) \times C$$

$$年生产准备成本 = \frac{A}{Q} \times S$$

故全年生产准备成本与储存成本之和TC(Q)为：

$$TC(Q) = \frac{1}{2}Q\left(1 - \frac{Y}{X}\right) \times C + \frac{A}{Q} \times S$$

对TC求导并令TC′(Q)=0,则

$$TC' = \frac{1}{2}\left(1 - \frac{Y}{X}\right) \times C + \frac{AS}{Q^2} = 0$$

得：最优生产批量 $Q^* = \sqrt{\dfrac{2AS}{C\left(1-\dfrac{Y}{X}\right)}}$

最优生产批次 $N = \dfrac{A}{Q^*} = \dfrac{A}{\sqrt{\dfrac{2AS}{C\left(1-\dfrac{Y}{X}\right)}}} = \sqrt{\dfrac{AC\left(1-\dfrac{Y}{X}\right)}{2S}}$

最低年总成本 $TC = \dfrac{1}{2}Q^*\left(1-\dfrac{Y}{X}\right) \times C + \dfrac{A}{Q^*} \times S$

$$= \frac{1}{2}\sqrt{\frac{2AS}{C\left(1-\frac{Y}{X}\right)}}\left(1-\frac{Y}{X}\right) \times C + \sqrt{\frac{A}{\frac{2AS}{C\left(1-\frac{Y}{X}\right)}}} \times S$$

$$= \sqrt{2ASC\left(1-\frac{Y}{X}\right)}$$

**【例5-9】**：某企业生产甲产品，全年需用A零件1 800个，企业每日生产该零件15个，每日耗用5个，每批次生产准备成本200元，单位零件全年储存成本3元。试确定最优生产批量、最优生产批次以及最优生产批量下的总成本。

利用以上分析过程可以清晰计算确定最优生产批量、最优生产批次及最低年总成本。

最优生产批量 $Q^* = \sqrt{\dfrac{2AS}{C\left(1-\dfrac{Y}{X}\right)}} = \sqrt{\dfrac{2 \times 1800 \times 200}{3 \times \left(1-\dfrac{5}{15}\right)}} = 600$（个）

最优生产批次 $N = \dfrac{A}{Q^*} = \dfrac{1800}{600} = 3$（批次）

最低年总成本 $TC(Q^*) = \sqrt{2ASC\left(1-\dfrac{Y}{X}\right)} = \sqrt{2 \times 1800 \times 200 \times 3 \times \left(1-\dfrac{5}{15}\right)}$
$= 1200$（元）

## （三）最优产品组合决策

单位资源贡献毛益法分析是假设企业在生产经营过程中由于受单一资源约束，分析确定生产什么产品及生产数量决策。在企业实际生产产品时，可能同时受到多种资源的约束（如人工工时、机器工时、原材料、厂房面积、资金等），生产的总体规模不能超越这些资源，由于每种产品的盈利能力不同、占用资源不同，需要企业从总体上分析各种产品生产数量与资源的合理配置，尽可能最大化利用现有资源，取得最多盈利可能。

在确定利用现有资源进行产品组合生产的情形下，一般不涉及改变现有生产能力，所以可将固定成本视为决策非相关成本。考虑在此情况下组合生产能够提供的贡献毛益总额达到最大为决策标准。实际工作中，最优产品组合决策可通过线性规划法结合图解法进行分析决策。

【例5-10】：某企业生产甲、乙两种产品，分别需要两个车间加工生产。一车间的生产能力为4 500小时，二车间的生产能力为7 500小时。预计甲产品的市场需求为1 000件，乙产品的市场需求为2 500件，其他相关资料如表5-12所示。

表5-12 甲、乙产品生产相关资料

单位：元

| 产品名称<br>项目 | 甲 | 乙 |
| --- | --- | --- |
| 单位售价 | 45 | 15 |
| 单位变动成本 | 35 | 9 |
| 单位贡献毛益 | 10 | 6 |
| 一车间加工小时 | 4 | 1 |
| 二车间加工小时 | 2 | 3 |

试根据线性规划法的图解法确定最优产品组合。

设甲、乙产品的产销量分别为$Q_1$，$Q_2$，则生产两种产品的贡献毛益总额为$10Q_1+6Q_2$，根据约束条件，建立线性规划模型如下：

约束条件：
$$\begin{cases} 4Q_1+Q_2 \leqslant 4\ 500 \\ 2Q_1+3Q_2 \leqslant 7\ 500 \\ Q_1 \leqslant 1\ 000 \\ Q_2 \leqslant 2\ 500 \\ Q_1, Q_2 \geqslant 0 \end{cases}$$

目标函数：$M = 10Q_1+6Q_2$

用图解法求解以上线性规划模型，即在满足以上约束条件的前提下，求贡献毛益总额M的最大值。

首先，在直角坐标系中根据约束方程画出几何图形，如图5-1所示。

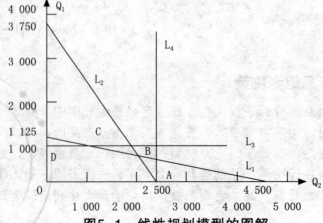

图5-1 线性规划模型的图解

图5-1中代表$L_1$,$L_2$,,$L_3$,$L_4$四个方程的直线围成的一个可行解区域,满足约束条件的方程解必定位于OABCD阴影区域,即可行解区域内。

其次,根据目标函数$M=10Q_1+6Q_2$绘出等利润线。

由$M=10Q_1+6Q_2$得$Q_1=\frac{M}{10}-\frac{6}{10}Q_2=\frac{M}{10}-\frac{3}{5}Q_2$

从目标函数可以看出,$Q_1=6$时的贡献毛益额等于$Q_2=10$时的贡献毛益额,因此,连接$Q_2$轴上10件的点与$Q_1$轴上6件的点得到的直线称为等利润线,等利润线有无限条,即凡在可行解范围内与这条等利润线平行的无限条直线都称为等利润线。

等利润线$Q_1=\frac{M}{10}-\frac{3}{5}Q_2$的斜率为$-\frac{3}{5}$,截距为$\frac{M}{10}$,等利润线的截距越大,所能提供的贡献毛益就越多,从图5-1可以看出,$L_1$,$L_2$的交点B处的那条等利润线距离原点的最远,所获得的利润也最大。

再次,将可行区域中的外凸点A、B、C、D所代表的产品生产组合代入目标函数$M=10Q_1+6Q_2$进行试算,求出目标函数最大值,相应的组合即为最优生产组合。如表5-13所示,其中B、C点的计算分别为:

B点(即$L_1$,$L_2$的交点)的坐标计算如下:

$\begin{cases} 4Q_1+Q_2=4\,500 \\ 2Q_1+3Q_2=7\,500 \end{cases}$ 解得 $\begin{cases} Q_1=600 \\ Q_2=2\,100 \end{cases}$

即 $M_B=10Q_1+6Q_1=10\times 600+6\times 2\,100=18\,600$(元)

C点(即$L_1$,$L_3$的交点)的坐标计算如下:

$\begin{cases} Q_1=1\,000 \\ 4Q_1+Q_2=4\,500 \end{cases}$ 解得: $\begin{cases} Q_1=1\,000 \\ Q_2=500 \end{cases}$

即 $M_C=10Q_1+6Q_1=10\times 1000+6\times 500=13000$(元)

表5-13 几种组合的目标函数试算表

单位:元

| 外凸点 | 产品组合 | | 目标函数 | 贡献毛益额 |
|---|---|---|---|---|
| | $Q_1$ | $Q_2$ | $M=10Q_1+6Q_2$ | M |
| A | 0 | 2 500 | $10\times 0+6\times 2\,500$ | 15 000 |
| B | 600 | 2 100 | $10\times 600+6\times 2\,100$ | 18 600 |
| C | 1 000 | 500 | $10\times 1\,000+6\times 500$ | 13 000 |
| D | 1 000 | 0 | $10\times 1\,000+6\times 0$ | 10 000 |

比较试算结果,当$Q_1=600$件,$Q_2=2\,100$件时,获得的目标函数贡献毛益额M值最大,此时为最优产品生产组合。

## 四、生产组织决策

在解决好生产什么（品种决策）和生产多少（生产数量决策）的问题后，需要解决的是如何生产的问题，即如何组织和安排生产（生产组织决策）的问题。这涉及到企业生产工艺的决策（产品应该选择在何种设备生产更为有利），零部件外购、自制的决策，半成品（或联产品）是否进一步加工的决策以及特殊情况下是否接受特别订货的决策。

### （一）生产工艺的决策

生产工艺是指企业在产品生产加工过程中所使用的机器设备即加工工艺方法的简称。在现代生产方式或生产条件下，一种产品或零部件可以选择在不同的机器设备上进行加工，也可以选择不同的加工工艺方法。不同的机器设备、不同的加工工艺往往带来不同的生产效率或生产成本。在保证产品质量的前提下，企业一般选择生产效率最高和生产成本最低的加工设备或加工工艺。

实际的情况是机器设备越新、加工工艺越先进，其固定成本投入往往越高，投产后的单位变动成本越低；相反，机器设备越陈旧、加工工艺越落后，其固定成本往往较低，单位变动成本越高。在固定成本和单位变动成本的消长组合中，产销量成为最佳的判断标准，这时，只要确定不同生产加工工艺的成本分界点（不同生产加工工艺总成本相等时的产销量，即成本无差别点），就可以根据产销量确定选择何种机器设备或加工工艺对企业最为有利。

【例5-11】：某企业生产汽车齿轮，可用普通铣床、万能铣床或数控铣床进行加工，有关资料如表5-14所示。

表5-14 相关资料

单位：元

| 成本项目 | 普通铣床 | 万能铣床 | 数控铣床 |
| --- | --- | --- | --- |
| 单位变动成本 | 2.40 | 1.20 | 0.60 |
| 固定成本 | 9 000 | 18 000 | 36 000 |

试确定选择在什么样的铣床进行加工总成本最低。

设x为产销量，那么三种不同铣床加工相关产品的成本函数C(x)分别为：

普通铣床：$T_1(x)=9\ 000+2.40x$

万能铣床：$T_2(x)=18\ 000+1.20x$

数控铣床：$T_3(x)=36\ 000+0.60x$

假设$X_1$为普通铣床、万能铣床加工方案的成本无差别点；$X_2$为普通铣床、数控铣床加工方案的成本无差别点；$X_3$为万能铣床、数控铣床加工方案的成本无差别点，设$X_1$，$X_2$，$X_3$三个成本无差点的产销量分别为$X_1$，$X_2$，$X_3$，则三个成本无差别点的产销量可计算如下：

$$\begin{cases} 9\ 000+2.40x_1=18\ 000+1.20x_1 \\ 9\ 000+2.40x_2=36\ 000+0.60x_2 \\ 18\ 000+1.20x_3=36\ 000+0.60x_3 \end{cases} \text{解得：} \begin{cases} x_1=7\ 500\text{（件）} \\ x_2=15\ 000\text{（件）} \\ x_3=30\ 000\text{（件）} \end{cases}$$

据此绘制不同加工工艺的成本图,如图5-2所示。

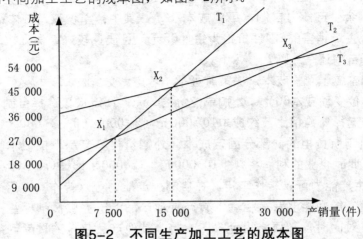

图5-2 不同生产加工工艺的成本图

结合图5-2可以看出:整个产销量区域被划分为0~7 500件、7 500~15 000件、15 000~30 000件、30 000件以上四个区域。当产销量在0~7 500件的区域内,普通铣床加工成本最低,为最优方案;当产销量在7 500~30 000件的区域内,万能铣床加工成本最低,为最优方案;当产销量在30 000件以上时,数控铣床加工成本最低,为最优方案。当万能铣床因故不能加工相关产品时,产销量在0~15 000件范围内,普通铣床加工成本较低,为最优方案;产销量在15 000件以上,数控铣床加工成本较低,为最优方案。

## (二)零部件外购、自制的决策

企业在正常生产经营过程中经常会面临着零部件是自己生产还是从外表市场购买的决策问题。假定所需零部件的质量对于自制方案或外购方案都是一样的,因此,此类决策通常只需要考虑自制方案或外购方案成本的高低,企业应该根据自身实际情况扬长避短,合理利用有限的生产能力,在保证质量和及时供货的情况下选择成本较低的方案。

根据企业当前是否已经具备自己生产制造相关零部件的生产能力分两种情况进行分析。

### 1.企业已经具备自制生产能力

若企业已经具备自制零部件的生产能力,说明企业在自己制造零部件的相关固定成本和专属成本已经发生,属于沉没成本,在决策中可不予考虑。又可以根据企业的这种自制生产能力是否可以转作它用(例如出租、转产等)分为:自制生产能力不可转作它用和自制生产能力可以转作它用两种情况。

(1)自制生产能力不可转作它用。由于企业已经具备的自制生产能力无法转移,所以与自制零部件方案有关的相关成本只有自制该种零部件的变动成本。此时,自制零部件单位变动成本高于外购价格时,应该外购;自制零部件单位变动成本低于外购价格时,应该自制。

【例5-12】：某企业生产甲产品每年需要A零件2 000件，企业可以利用现有的无法转作它用的剩余生产能力自制，每件成本78元，其中：单位变动成本60元、单位固定成本18元。现生产销售的A零件价格为每件65元，且质量较好、保证按时送货上门。该企业应该选择自制还是外购？

在此固定成本属于无关成本，决策时可不予考虑。

由于自制单位变动成本60元＜外购单位价格65元，所以应该选择自制。

选择自制与选择外购相比节约成本10 000元（2 000×65－2 000×60）。但如果停产外购，则自制所负担的一部分固定成本（外购价格与自制单位成本的差额）将由其他产品负担，此时企业的利润将减少10 000元。（2 000×18－(78－65)×2 000）

（2）自制生产能力可以转作它用。在自制生产能力可以转作其他用途的情况下，由于出租剩余生产能力能够获得租金，转产其他产品能够提供贡献毛益，因此将自制方案与外购方案对比时，必须将租金收入或转产其他产品获得的贡献毛益作为自制方案的一项机会成本，并构成自制方案增量成本的一部分。这时应该将自制方案的变动成本与租金收入（或转产产品提供的贡献毛益额）之和与外购成本进行比较，选择两种之中较低的方案。

【例5-13】：某企业每年需要B零件4 000件，若自己制造单位变动成本为10元；若外购，外购单价位12元。若选择外购，则可以将腾出来的生产能力对外出租，每年获得租金收入4 000元。试确定企业应该选择自制还是外购该零件？

计算、比较自制与外购方案时，应该将租金收入4 000元作为自制方案的机会成本，并作为决策相关成本进行分析。分析过程如表5-15所示。

表5-15　自制、外购成本比较

单位：元

| 项目 | 自制增量成本 | 外购增量成本 |
| --- | --- | --- |
| 外购成本 |  | 12×4 000=48 000 |
| 自制变动成本 | 10×4 000=40 000 |  |
| 外购时租金收入 | 4 000 |  |
| 合　计 | 44 000 | 48 000 |
| 自制利益 |  | 48 000－44 000=4 000 |

根据表5-15计算分析表明，选择自制比外购减少成本支出4 000元，所以，应该选择自制方案。

**2.企业目前不具备自制生产能力**

在企业目前不具备自制生产能力的前提下，如果所需零部件由外购转为自制需要增加一定的专属固定成本（如增置专用设备而增加的固定成本），或由自制转为外购可以减少一定的专属固定成本的情况下，自制方案的单位增量成本不仅包括单位变动成本，而且还应该包括单位专属固定成本。由于单位专属固定成本会随着产销量的增加而下降，因此自制方案的单位增量成本与外购方案的单位增量成本在某个产销量水平上会产生高低互换，即在某一产销量点以内外购有利，超过某一产销量点时自制更有利。此类分析可采用成本无差别点法进行分析。

【例5-14】：沿用例5-12中的资料，假设自制A零件需要购买或租入机器设备，每年要增加固定成本6 000元。试确定企业选择自制还是外购？

为了便于零件两种方案下的产销量取舍范围，可将上述资料汇入直角坐标系内，通过自制与外购成本分界图来展示。如图5-3所示。

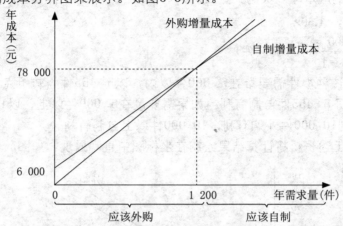

**图5-3 零部件外购、自制决策成本分界图**

从图5-3可以看出，A零件年需求量在1 200件以内时，外购成本更低，应该选择外购；年需求量超过1 200件时，自制成本更低，应该选择自制；年需求量为1 200件时，外购、自制无差别。由于该企业对A零件的年需求量在2 000件，所以自制成本更低，更为有利。

图5-3中的成本无差别点产销量$x_0$也可以按照下列公式计算确定。

设x为A零件的年需求量，则

自制增量成本$y_1 = 6\ 000 + 60x$

外购增量成本$y_2 = 65x$

当自制增量成本与外购增量成本相等时的零部件年需求量，即为成本无差别点。

$$6\ 000 + 60x = 65x$$

$$DOL = \frac{6\ 000}{65 - 60} = 1\ 200（件）$$

即A零件的年需求量在1 200件以内，外购为宜；1 200件以上，自制为宜。本例中企业对A零件的年需求量为2 000件，所以应以自制为宜，可比外购节约4 000元。

有时供应商会采用一些促销方法，如折扣或折让来增加产品销售，这时外购方案就应该考虑购买价格的变动导致外购成本的变化，以便作出正确的选择。

【例5-15】：某企业生产需要一种零件，若自制，单位变动成本为1元，并需要购置一台年折旧额为3 000元的设备。若外购，供应商规定：凡一次购买量在6 000件以下，外购单价为1.55元/件，当外购量超过6 000件时，外购单价为1.3元/件。试确定企业应该选择自制还是外购？

可采用成本无差别点分析法进行分析。

设自制方案的成本与一次购买量在6 000件以下的成本分界产量为$x_1$，则

$$3\,000 + x_1 = 1.55x_1$$

$$x_1 = \frac{3\,000}{1.55-1} = 5\,455（件）$$

设自制方案的成本与一次购买量在6 000件以上的成本分界产量为$x_2$，则

$$3\,000 + x_2 = 1.30x_2$$

$$x_2 = \frac{3\,000}{1.30-1} = 10\,000（件）$$

上述表明：该种零件需要量在6 000件以内，以5 455件为转折点，小于5 455件以外购有利，大于5 455件自制有利；如果需要量在6 000件以上，以10 000件为转折点，从6 000件到10 000件外购有利，10 000件以上自制有利。

也可以根据上述资料将计算结果绘制在坐标图中直观显现。如图5-4所示。

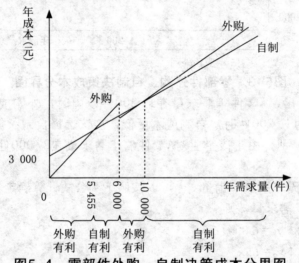

图5-4 零部件外购、自制决策成本分界图

从图5-4可以看出：当零件需要量为0~5 455件或6 000~10 000件时外购成本较低，外购比较有利；当零件需要量为5 455~6 000件或10 000件以上时，自制成本较低，自制比较有利。

## （三）半成品、联产品是否进一步加工的决策

### 1.半成品时否需要进一步加工决策

企业生产的产品从原材料投入开始到最终的完工产成品出厂，往往需要经过多道工序或步骤，当每道工序或步骤结束形成的半成品可以对外出售时，就存在一个将产品加工到什么程度（卖半成品还是卖产成品）的问题。对于半成品而言，进一步加工可以提高销售价格，增加收入，但同时也会增加一些相关成本支出。对于此类问题，决策时只需要考虑进一步加工后增加的收入是否超过增加的成本，如果增加的收入大于增加的成本，则应进一步加工后出售；反之，应立即出售半成品。此时，进一步加工前的收入和成本都与该决策无关，不必考虑。

对于此类决策，可用差量分析法进行计算分析。

　　差量收益=差量收入－差量成本

　　　　　=（进一步加工后出售的销售收入－直接出售半成品的销售收入）

　　　　　－加工中追加的相关成本

如果差量收益＞0，进一步加工有利，应该进一步加工后对外出售；

如果差量收益＜0，应该立即出售半成品。

【例5-16】：某企业生产甲半成品10 000件，单位变动成本7元，单位固定成本3元。甲半成品可以按照每件16元的价格单独对外出售，也可以对其进一步加工形成乙产品再对外出售，预计加工成的乙产品市场售价可达到25元/件，但每加工一件乙产品需要追加变动成本3元，同时需要租入一台设备，年租金40 000元。试确定该甲半成品是应该进一步加工形成乙产品对外出售，还是直接出售甲半成品更为有利？（假设每一件甲半成品加工后形成一件乙产成品）

进一步加工形成产成品乙相对于直接出售甲半成品的差量收益计算：

　　差量收益=(25－16)10 000－(3×10 000+40 000)

　　　　　=20 000（元）

差量收益＞0，所以进一步加工后出售更为有利。

### 2.联产品是否进一步加工决策

企业产品生产过程中利用相同的原材料，经过相同的加工工艺生产出来多种产成品，而且都是企业主要产品，称之为联产品。联产品有些在分离后当即出售，有些则选择在分离后进一步加工形成其他产品对外出售。联产品分离前发生的成本属于联合成本，应该按照相应的标准（如数量、重量、售价等）进行分配。联产品在分离后进一步加工所追加的成本（包括变动成本和专属固定成本），称为可分成本。联合成本属于沉没成本，与决策无关，决策时可不必考虑；可分成本与决策相关，决策时必须予以考虑。

（1）联产品选择进一步加工的条件是：

　　差量收入＞差量成本

　　进一步加工后的销售收入－分离后出售的销售收入＞可分成本

（2）联产品分离后立即出售的条件是：

　　差量收入＜差量成本

　　进一步加工后的销售收入－分离后出售的销售收入＜可分成本

【例5-17】：某企业生产的甲产品在继续加工过程中，可分离出A、B两种联产品。甲产品单位售价200元，单位变动成本140元。A产品分离后立即予以出售，单位售价160元；B产品单位售价240元，可进一步加工成子产品M对外出售，子产品M的单位售价可达到360元，但进一步加工B产品需要增加单位变动成本100元/件。假设每一件B产品进一步加工后形成一件M产品（即加工比为1:1）。试确定甲产品分离成的A产品立即出售是否有利？B产品进一步加工后出售是否有利？

（1）对于分离前发生的联合成本按照A、B两种产品的售价进行分配。

$$A产品分离后的单位变动成本 = \frac{140}{160+240} \times 160 = 56（元）$$

$$B产品分离后的单位变动成本 = \frac{140}{160+240} \times 240 = 84（元）$$

（2）A产品分离后售价160元大于分离后单位变动成本56元，所以分离后出售时是有利的。单位产品可获得贡献毛益104元。

（3）B产品分离后进一步加工的差量收入为120元（360－240）大于进一步加工的可分成本（追加的成本）100元，所以将B产品进一步加工形成M产品对外出售是有利的。

在这里需要注意的是，由于在进一步加工过程中的各种可能损耗或新产品的结构构成与加工前的产品可能有差异，可能会导致进一步加工后形成的产品与进一步加工前的产品数量不能保持一致。

（4）假设B产品在进一步加工形成M产品的过程中由于存在损耗，结果使得每10件B产品进一步加工后形成8件M产品。则

B产品分离后进一步加工的差量收入为48元（360×0.8－240）小于进一步加工单位可分产能80元（100×0.8），所以将B产品进一步加工后形成M产品对外出售时不利的。

### （四）特别订货决策

正常情况下，企业生产销售相关产品其售价应该高于成本才有获利的可能，但当经营环境改变使得企业在正常产销的情况下出现生产能力的剩余并且这种产能的剩余目前无法转移，如果有客户提出某种出价低于企业正常成本的特殊订货，则企业是否应该予以接受？

此类问题至少可以从两个方面进行分析。

#### 1.特殊订货订单对正常产销没有影响

如果某笔特殊订货订单的对企业正常生产经营没有影响且不需要为此追加固定成本，则只要该特殊订货订单出价高于其单位变动成本，就可以为企业增加贡献毛益，即可以考虑接受该特殊订货。因为企业现有的生产能力尚有剩余，该项特殊订货接受与否都不会影响原有的固定成本。因此，原有的固定成本属于决策无关成本，决策时不必考虑。

【例5-18】：某企业生产甲产品，年生产能力为5 000件，目前的生产能力利用率只有75%，单位产品成本为70元，其中单位变动成本为60元，该产品的正常售价为80元/件。现有一客户，以65元/件的加工要求订货1 000件。试确定企业是否应该接受该特殊订货。

（1）特殊订货不需要追加固定成本。

接受特殊订货，该企业的贡献毛益为：

5 000×75%×(80－60)+1 000×(65－60)=80 000（元）

拒绝特殊订货，该企业的剩余贡献毛益为：

$5\,000 \times 75\% \times (80-60) = 75\,000$（元）

接受该笔特殊订货可使企业多获利5 000元（80 000－75 000）。所以应该接受该笔特殊订货。

（2）特殊订货需要追加固定成本

如果企业接受该笔特殊订货需要购买一项专用设备，为此需追加固定成本支出6 000元，是否接受该笔特殊订货？

此时接受特殊订货购买设备追加投入的固定成本属于该笔特殊订货决策的相关成本，决策时必须加以考虑。

接受特殊订货，该企业的贡献毛益为：

$5\,000 \times 75\% \times (80-60) + 1\,000 \times (65-60) - 6\,000 = 74\,000$（元）

拒绝特殊订货，该企业的贡献毛益为：

$5\,000 \times 75\% \times (80-60) = 75\,000$（元）

接受该笔特殊订货可使企业少获利1 000元740 000－75 000）。所以，不应该接受该笔特殊订货。

### 2.特殊订货订单影响正常产销

如果企业剩余生产能力不足以接受该笔特殊订货，或者接受特殊订货会对企业原有产品正常销售价格带来冲击，接受特殊订货将会使企业扩大生产能力或压缩正常销售数量及降低正常销售价格。为此，增加的固定成本以及压缩正常销售数量及降低正常销售价格带来的净损失，应当看作接受特殊订货的机会成本，在决策时应该加以考虑。

【例5-19】：某企业生产甲产品，年生产能力是1 000件，正常产销为800件，单位售价为10元，单位变动成本为6元，年固定成本为1 200元。现有一客户提出以每件7元的价格追加订货300件。

接受特殊订货差量收入=$300 \times 7 = 2\,100$（元）

接受特殊订货差量成本=$300 \times 6 + 100 \times (10-6) = 2\,200$（元）

差量收入＜差量成本，所以不宜接受该特殊订货。

---

**思考题**

1. 为什么经营决策中特别重视对决策相关成本及无关成本的分析？
2. 成本无差别点分析法的运用方法及特定是什么？
3. 差量分析法和贡献毛益分析法的决策应用有何相同和不同？
4. 亏损产品停产或转产的标准是什么？
5. 零部件外购、自制决策需要考虑哪些因素？
6. 半成品、联产品进一步加工的决策标准是什么？
7. 接受特殊订货订单的标准是什么？

## 同步练习题

### 一、单项选择题

1. 在有关联产品是否需要进一步加工的决策中，进一步加工前的产品成本属于（   ）。
   A. 估算成本　　　　B. 重置成本　　　　C. 机会成本　　　　D. 沉没成本

2. 在不存在专属成本的情况下，通过比较不同备选方案的（   ）来进行优化决策。
   A. 贡献毛益总额　　　　　　　　　　B. 剩余贡献毛益总额
   C. 单位贡献毛益　　　　　　　　　　D. 单位剩余贡献毛益

3. 剩余贡献毛益与贡献毛益之差为（   ）。
   A. 变动成本　　　　B. 固定成本　　　　C. 专属成本　　　　D. 联合成本

4. 在企业的某项资源受到限制的情况下，通过比较不同备选方案的（   ）来进行优化选择。
   A. 贡献毛益总额　　　　　　　　　　B. 剩余贡献毛益总额
   C. 单位产品贡献毛益　　　　　　　　D. 单位资源贡献毛益

5. 在短期经营决策中，企业不接受特殊价格追加订单的原因是买方出价低于（   ）。
   A. 正常价格　　　　　　　　　　　　B. 单位产品成本
   C. 单位变动成本　　　　　　　　　　D. 单位固定成本

6. 在确定两种产品生产的最优组合时，运用线性规划方法，得到产品组合（$X_1$，$X_2$）的可行解区域：A（0,0），B（0,60），C（40,0），D（25,35），则贡献毛益总额$M=3X_1+2X_2$的最大值为（   ）。
   A. 120　　　　　　　B. 150　　　　　　　C. 175　　　　　　　D. 145

7. 某企业生产某种半成品2 000件，完成一定加工工序后可以对外出售，也可以深加工后对外出售。如果立即出售，销售单价为15元/件，若深加工后出售，销售单价为24元/件，但要多付加工费9 500元，则直接出售方案的相关成本为（   ）元。
   A. 48 000　　　　　B. 30 000　　　　　C. 9 500　　　　　　D. 0

8. 某厂生产需要甲零件，其外购单价为10元。若自己生产，单位变动成本为6元，且需要为此每年追加10 000元的固定成本，通过计算可知，当零件的年需要量为（   ）件时，两种方案等效。
   A. 2 500　　　　　　B. 3 000　　　　　　C. 2 000　　　　　　D. 1 800

9. 假设某厂有剩余生产能力1 000机器小时,有四种产品甲、乙、丙、丁,它们的单位贡献毛益分别为4元、6元、8元和10元,生产一件产品所需要的机器小时各为4小时、5小时、6小时和7小时,则该厂应增产的产品是( )。

  A. 甲产品    B. 乙产品    C. 丙产品    D. 丁产品

10. 在产销平衡的情况下,一个企业同时生产多种产品,其中一种单位贡献毛益为正的产品最终变为亏损产品,其根本原因在于( )。

  A. 该产品存在严重积压    B. 该产品总成本太高
  C. 该产品上分担的固定成本相对较高    D. 该产品销售太小

## 二、多项选择题

1. 在对亏损产品进行变动分析之后,可作出( )的选择。

  A. 停产    B. 继续生产    C. 出让
  D. 出租    E. 转产

2. 下列各项中,属于生产经营决策相关成本的有( )。

  A. 增量成本    B. 机会成本    C. 不可避免成本
  D. 沉没成本    E. 专属成本

3. 下列各项中,属于生产经营决策的有( )。

  A. 零部件外购、自制决策    B. 深加工决策
  C. 最优售价决策    D. 生产工艺技术方案的决策
  E. 亏损产品决策

4. 当企业剩余生产能力无法转移时,亏损产品不应停产的条件有( )。

  A. 该亏损产品的贡献毛益率大于1    B. 该亏损产品的贡献毛益率小于1
  C. 该亏损产品的贡献毛益大于零    D. 该亏损产品的单位贡献毛益大于零
  E. 该亏损产品的贡献毛益率大于零

5. 用贡献毛益法进行决策分析时,必须以( )判断备选方案的优劣。

  A. 贡献毛益总额    B. 单位小时贡献毛益
  C. 单位贡献毛益    D. 机器小时贡献毛益
  E. 单位限制资源贡献毛益

6. 在半成品进一步加工决策中,差量成本的构成项目有( )。

  A. 原有生产能力的维持成本    B. 新增专属固定成本
  C. 原有生产能力对外出租收入    D. 半成品自制成本
  E. 继续深加工的变动成本

7. 应用产品生产组合优化决策的方法一般有（　　）。

　　A. 逐次测算法　　B. 图解法　　　　C. 边际成本定价法

　　D. 单纯形法　　　E. 损益平衡法

8. 贡献毛益法适用于（　　）。

　　A. 收入成本型方案的择优决策　　　B. 企业的各种经营决策

　　C. 收益型方案的择优决策　　　　　D. 不需用的设备是出租还是出售

　　E. 出售半成品还是出售完工产品

## 三、计算分析题

1. 某企业现有设备生产能力是30 000个机器工时，目前利用率为80%，现准备利用其剩余生产能力开发新产品A、B或C，三种产品的相关资料如表5-16所示。

表5-16　相关资料

单位：元

| 项目 | A产品 | B产品 | C产品 |
| --- | --- | --- | --- |
| 单位产品定额工时（小时） | 2 | 3 | 5 |
| 单位销售价格（元） | 15 | 25 | 35 |
| 单位变动成本 | 5 | 15 | 20 |

另外，如果生产C产品，需要增加设备投资2 000元，假设三种产品市场销售不受限制。

**要求**：利用贡献毛益分析法进行决策。

2. 某企业生产A、B、C三种产品，固定成本400 000元按照各种产品产量分配。其他相关资料如图5-17所示。

表5-17　相关资料

单位：元

| 项目 | A产品 | B产品 | C产品 | 合计 |
| --- | --- | --- | --- | --- |
| 销售量（件） | 1 000 | 1 200 | 1 800 | |
| 单位售价 | 900 | 700 | 500 | |
| 单位变动成本 | 700 | 580 | 450 | |
| 单位贡献毛益 | 200 | 120 | 50 | |
| 贡献毛益总额 | 200 000 | 144 000 | 90 000 | 434 000 |
| 固定成本 | 100 000 | 120 000 | 180 000 | 400 000 |
| 利润 | 100 000 | 24 000 | −90 000 | 34 000 |

**要求**：分析C产品是否应该停产？

3. 光大公司生产所需的F零件，企业可以自制也可以外购，自制时产品单位变动成本每件8元，专属固定成本10 000元。外购单价每件12元，剩余能力无法转移。试确定光华公司如何选择？

4. 某公司原来生产甲产品，尚有部分剩余生产能力，剩余生产能力可以生产新产品A或者B产品。若生产新产品A，甲产品需减产1/3，若生产新产品B，甲产品需减产2/5。这三种产品的产量、售价和成本资料如下表所示：

表5-18　相关资料

| 项目 | 甲产品 | 新产品A | 新产品B |
|---|---|---|---|
| 产量 | 30 000 | 10 000 | 12 500 |
| 售价 | 300 | 400 | 365 |
| 单位变动成本 | 200 | 280 | 255 |
| 固定成本 | 200 000 | | |

**要求**：根据上述资料，为该公司做出生产哪种新产品较为有利的决策分析。

## 应用实践

康华公司决定生产并向批发商出售一种非常畅销的运动手环。公司决定在下一年度开展多元化经营，从而使收入更加稳定。公司正在考虑生产智能手环。经过大量研究，智能手环终于研发成功。但由于公司管理层比较保守，只考虑今年下半年先引进一类智能手环，如果产品经营比较成功再考虑其他扩张计划。

被考虑引进的是一种含有特殊芯片的智能手环，批发价为每只付80元。由于现有的生产能力可以利用，生产智能手环不会发生额外的固定费用。手环生产总的固定费用为125 000元，其中很大一部分将分配给新产品。会计部门根据估计生产和销售数量1000件计算确定每只手环及特殊芯片的成本数据如下：直接人工35元/只；直接材料30元/只；间接费用总额15元/只。

康华公司与生产商协议购买该特殊芯片价格为10.5元/个。如果康华公司接受该购买协议，估计其直接人工和变动间接费用将减少10%，直接材料成本将减少20%。

**思考：**
1. 康华公司应当选择自制还是外购该特殊芯片？
2. 康华公司对特殊芯片可承受的最高购买价格是多少？
3. 若估计销售量是12 500只，而非10 000只。在新的产量水平上，为生产所需特殊芯片，必须以10 000元的价格租用额外的设备。即使销售量增加到30 000只（是为公司第3年的生产目标），上述增量成本也是唯一的新增固定成本。在这种情况下，康华公司应当选择自制还是外购该特殊芯片？
4. 哪种非定量因素会影响到康华公司对自制或外购的选择？

# 第六章
## >>>>>>> 产品定价决策

# 第六章 产品定价决策

## 知识框架图

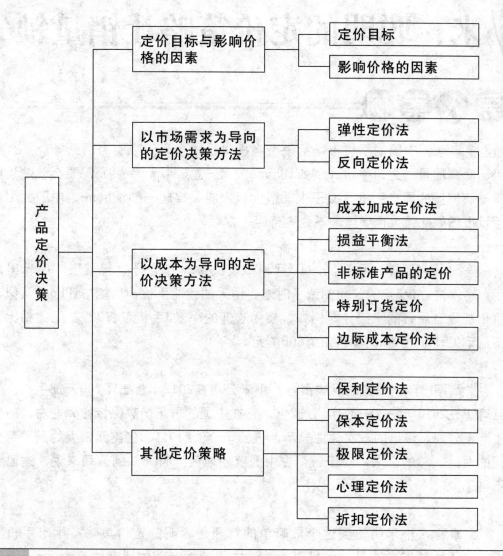

| 学习目标 | 【理论知识目标】<br>1. 了解产品定价的目标及影响因素。<br>2. 掌握定价决策方法。<br>3. 了解产品定价的其他方法。<br>【应用能力目标】<br>1. 根据企业实际情况，分析影响产品定价的主要因素。<br>2. 明确企业目标，在实现目标的基础上选取合适的定价方法。 |
|---|---|

# 小米：聪明的定价策略让销量领先

## 导入案例

多年来，中国的手机市场给消费者提供了一个毫无吸引力的选择：要么购买一部高质量的进口手机（例如iPhone或者三星Galaxy手机），要么就勉强接受一部价低的国产手机。鉴于中国很少有人能买得起一部iPhone，中国的山寨手机市场如此强大也就丝毫不令人奇怪了。

美国《大西洋》月刊网站10月24日发文称，在这样的背景下，小米出现了。这家建立仅3年的公司制造了时髦、诱人的智能手机，功能与iPhone类似，价格却只有后者的一部分。例如，颇受欢迎的小米3手机仅售327美元；相比之下，苹果iPhone 5S的零售价为866美元。

文章指出，消费者的反响很好。小米公司在2012年售出了700万部手机，并且有望在2013年把这一数字增加2倍。它在中国的市场份额保持在5%左右，超过了苹果公司。最近的一次评估显示，该公司价值约为100亿美元，大约是黑莓公司的两倍。总的说来，对于一个在中国以外地区鲜为人知的公司来说，这已经不错了。

文章称，小米能做到这个最简单的解释是聪明的定价策略：小米手机不贵，也不太便宜。这是一件好事。关注中国技术产业的博客作家查理·卡斯特说："小米手机的价格恰到好处——它足够便宜，让目标受众的大部分人都能买得起，又足够贵，让人们知道它并非一文不值。"

# 第六章 产品定价决策

## 第一节 定价目标与影响价格的因素

### 一、定价目标

定价目标(Pricing Objectives)是企业在对其生产或经营的产品制定价格时,有意识地要求达到的目的和标准。它是指导企业进行价格决策的主要因素。定价目标取决于企业的总体目标。不同行业的企业,同一行业的不同企业,以及同一企业在不同的时期,不同的市场条件下,都可能有不同的定价目标。

#### (一)获取利润

获取利润是企业从事生产经营活动的最终目标,具体可通过产品定价来实现。获取利润目标一般分为以下三种。

**1.以获取投资收益为定价目标**

投资收益定价目标是指使企业实现在一定时期内能够收回投资并能获取预期的投资报酬的一种定价目标。采用这种定价目标的企业,一般是根据投资额规定的收益率,计算出单位产品的利润额,加上产品成本作为销售价格。但必须注意两个问题:第一,要确定适度的投资收益率。一般来说,投资收益率应该高于同期的银行存款利息率,但不可过高,否则消费者难以接受。第二,企业生产经营的必须是畅销产品。与竞争对手相比,产品具有明显的优势。

**2.以获取合理利润为定价目标**

合理利润定价目标是指企业为避免不必要的价格竞争,以适中、稳定的价格获得长期利润的一种定价目标。采用这种定价目标的企业,往往是为了减少风险,保护自己,或限于力量不足,只能在补偿正常情况下的平均成本的基础上,加上适度利润作为产品价格。条件是企业必须拥有充分的后备资源,并打算长期经营。临时性的企业一般不宜采用这种定价目标。

**3.以获取最大利润为定价目标**

最大利润定价目标是指企业追求在一定时期内获得最高利润额的一种定价目标。利润额最大化取决于合理价格所推动的销售规模,因而追求最大利润的定价目标并不意味着企业要制定最高单价。最大利润既有长期和短期之分,又有企业全部产品和单个产品之别。有远见的企业经营者,都着眼于追求长期利润的最大化。当然并不排除在某种特定时期及情况下,对其产品制定高价以获取短期最大利润。还有一些多品种经营的企业,经常使用组合定价策略,即有些产品的价格定得比较低,有时甚至低于成本以招徕顾客,借以带动其他产品的销售,从而使企业利润最大化。

## （二）提高市场份额

把保持和提高企业的市场占有率（或市场份额）作为一定时期的定价目标，市场占有率是一个企业经营状况和企业产品在市场上竞争能力的直接反映，关系到企业的兴衰存亡。较高的市场占有率，可以保证企业产品的销路，巩固企业的市场地位，从而使企业的利润稳步增长。

在许多情形下市场占有率的高低，比投资收益率更能说明企业的营销状况。有时，由于市场的不断扩大一个企业可能获得可观的利润，但相对于整个市场来看，所占比例可能很小，或本企业占有率正在下降。无论大、中、小企业，都希望用较长时间的低价策略来扩充目标市场，尽量提高企业的市场占有率。以提高市场占有率为目标定价，企业通常采用：

**1.定价由低到高**

定价由低到高，就是在保证产品质量和降低成本的前提下，企业入市产品的定价低于市场上主要竞争者的价格，以低价争取消费者，打开产品销路，挤占市场，从而提高企业产品的市场占有率。待占领市场后，企业再通过增加产品的某些功能，或提高产品的质量等措施来逐步提高产品的价格，旨在维持一定市场占有率的同时获取更多的利润。

**2.定价由高到低**

定价由高到低，就是企业对一些竞争尚未激烈的产品，入市时定价可高于竞争者的价格，利用消费者的求新心理，在短期内获取较高利润。待竞争激烈时，企业可适当调低价格，赢得主动，扩大销量，提高市场占有率。

## （三）防止竞争

企业对竞争者的行为都十分敏感尤其是价格的变动状况。在市场竞争日趋激烈的形势下，企业在实际定价前，都要广泛收集资料，仔细研究竞争对手产品价格情况，通过自己的定价目标去与对手竞争。根据企业的不同条件，一般有以下决策目标可供选择。

**1.稳定价格目标**

以保持价格相对稳定，避免正面价格竞争为目标的定价。当企业准备在一个行业中长期经营时，或某行业经常发生市场供求变化与价格波动需要有一个稳定的价格来稳定市场时，该行业中的大企业或占主导地位的企业率先制定一个较长期的稳定价格，其他企业的价格与之保持一定的比例。这样对大企业是稳妥的，中小企业也避免遭受由于大企业的随时随意提价而带来的打击。

**2.追随定价目标**

企业有意识地通过给产品定价主动应付和避免市场竞争。企业价格的制定，主要以对市场价格有影响的竞争者的价格为依据，根据具体产品的情况稍高或稍低于竞争者。竞争者的价格不变，实行此目标的企业也维持原价，竞争者的价格或涨或落，此类企业也相应地参照调整价格。一般情况下,中小企业的产品价格定得略低于行业中占主导地位的企业的价格。

**3. 挑战定价目标**

如果企业具备强大的实力和特殊优越的条件,可以主动出击,挑战竞争对手,获取更大的市场份额。一般常用的策略目标有:

(1) 打击定价。实力较强的企业主动挑战竞争对手,扩大市场占有率,可采用低于竞争者的价格出售产品。

(2) 特色定价。实力雄厚并拥有特殊技术或产品品质优良或能为消费者提供更多服务的企业,可采用高于竞争者的价格出售产品。

(3) 阻截定价。为了防止其他竞争者加入同类产品的竞争行列,在一定条件下,往往采用低价入市,迫使弱小企业无利可图而退出市场或阻止竞争对手进入市场。

## 二、影响价格的因素

管理会计中的定价决策只是在一定的范围内才起作用的,而并非适用于所有商品的价格确定。

西方将高度发达的市场经济环境中的价格划分为垄断价格、完全自由竞争价格和企业可控制价格三大类。其中,垄断价格(不论是国家垄断价格还是企业财团垄断价格)对于个别企业来说,始终具有强制性的支配效能,企业只有执行的义务,没有变更的权利,不存在定价决策问题。在完全自由竞争条件下,即当市场上某种商品的供应者与消费者数据都很多,又很分散,则此时完全由供求规律支配所形成的价格为完全自由竞争价格。由于个别企业的市场占有率较低,若擅自提价或降价,只会失去原有市场或招致损失。因此,企业必须根据市场客观的供求规律去测定均衡价格并自觉地执行。本书所介绍的定价决策所涉及的价格就是指企业可控制价格。所谓企业可控制价格是指企业可以自行进行决定的价格,企业的经济效益与定价决策的好坏有着密切的联系。

一般来讲,影响价格制定的基本因素包括如下几个方面:

**1. 成本因素**

成本是影响定价的最基本因素。从长期来看,产品价格应等于总成本加上合理的利润,否则企业无利可图,将会停止生产;从短期来看,企业应根据成本结构确定产品价格,即产品价格必须高于平均变动成本,以便掌握盈亏情况,减少经营风险。

**2. 需求因素**

市场需求与价格的关系可以简单地用市场潜力与需求价格弹性来反映。市场需求潜力是指在一定的价格水平下,市场需求可能达到的最高水平。需求价格弹性是指在其他条件不变的情况下,某种商品的需求量随价格的升降而变动的程度,它用需求变化率与价格变化率之比来表示。需求价格弹性大的商品,其价格的制定和调整对市场需求影响大;需求价格弹性小的商品,其价格制定和调整对市场需求的影响小。例如，对消费品中的日常生活必需品，如粮食、食用油、日用小商品等，由于日常需求量大，而价格弹性较小，可采用较低的定价和薄利多销的策略；对消费品中的奢侈品和耐用消费品，如高档化妆品、名贵首饰、高级组合音响等，由于需求量小，价格弹性也较小，则可采用优质高价的策略。因为购买者看中的是商品的品质和品牌，价格则属于次要问题。

### 3.商品的市场生命周期因素

商品的市场生命周期包括四个阶段，即投入期、成长期、成熟期、衰退期。在不同的阶段，定价策略应有所不同。投入期的价格，既要补偿高成本，又要为市场所接受；成长期和成熟期正处于产品大量销售、扩大市场占有率的时机，要求稳定价格以利于开拓市场；进入衰退期的商品，一般应采取降价措施，以便充分发掘老产品的经济效益。

### 4.竞争因素

产品竞争的激烈程度不同，对定价的影响也不同。竞争越激烈，对价格的影响也越大。完全竞争的市场，企业几乎没有定价的主动权；在不完全竞争的市场中，竞争的强度主要取决于产品制造的难易程度和供求形势。由于竞争影响定价，企业要做好定价工作，必须充分了解竞争者的情况：主要竞争对手来自何方，主要竞争对手的实力如何，以及主要竞争者的定价策略如何。

### 5.科学技术因素

科学发展和技术进步在生产中的推广和应用必将导致新产品、新工艺、新材料代替老产品、老工艺、旧材料，从而形成新的产业结构、消费结构和竞争结构。例如，化纤工业的兴起和发展对传统棉纺织工业和丝绸工业的巨大竞争压力；高清晰度彩电系统是对原有彩电系统的否定。这种科学技术因素对销售价格的影响必须予以考虑。

### 6.相关工业产品的销售量

某些产品的销售量往往取决于相关工业产品的销售，如纺织业和服装业、轮胎业与汽车业、玻璃业与建筑业等，基本上是后者的销售决定前者的销售。因此，前者的销售价格的制定可以根据后者的预测资料进行。

# 第二节 以市场需求为导向的定价决策方法

定价目标(Pricing Objectives)是企业在对其生产或经营的产品制定价格时，有意识的要求达到的目的和标准，是指导企业进行价格决策的主要因素。定价目标取决于企业的总体目标。不同行业的企业，同一行业的不同企业以及同一企业在不同的时期、不同的市场条件下，都可能有不同的定价目标。

## 一、弹性定价法

弹性定价策略是指根据价格弹性确定价格调整方向的原则或技巧。市场供求关系变化是影响企业价格的一个重要因素，因此，企业制定价格最需要考虑的因素是价格弹性。价格弹性，是指需求数量变动率与价格变动率之比，反映价格变动引起需求变动的方向和程度。市场上的各种产品都存在价格对需求的影响，但不同产品影响程度不同，即需求价格弹性不同。需求价格弹性的大小取决于产品的需求程度、可替代性和费用占消费者收入的比重等。必需品的弹性一般小于奢侈品，低档产品的弹性小于高档产品，无替代物的产品的弹性一般小于有替代物的产品。我们可以通过测定价格弹性进行产品价格的制定。

价格弹性又称为价格影响需求量的弹性系数，也叫需求的价格弹性系数，其经济学含义是：

$$需求的价格弹性(E_p) = \frac{需求量变动百分比}{价格变动百分比} = \frac{\Delta Q/Q}{\Delta P/P}$$

式中，$Q$为基期需求，$\Delta Q$为需求变动量，$P$为基期价格，$\Delta P$为价格变动书。

它能反映需求量受价格变动率影响的变动程度，表示价格每增加（或减少）1%时，需求量降低（或增加）的百分比。价格弹性的大小，说明了商品价格与需求之间反方向变动的水平的大小。就某一种产品在不同时期及不同销量而言，其弹性可能有大有小；即使同一条件下的不同商品，也会出现弹性有大有小的情况。弹性大，则价格下降，促使需求大大提高，因此，对弹性大的商品应采取调低价格的方法，薄利多销；弹性小，当价格变动时，需求量的增减幅度相应较小，对弹性小的商品不仅不应调低价格，相反，在条件允许的范围内应适当调高价格。

在经济学上，价格弹性的绝对值可以反映出需求与价格变动水平的关系，主要有以下三种情况：

（1）价格弹性的绝对值大于1，简称为弹性大。表明价格以较小幅度变动时，可使需求量产生较大幅度的反弹。

（2）价格弹性的绝对值小于1，简称为弹性小。表明即使价格变动幅度很大，需求量的变化幅度也不会太大。

（3）价格弹性的绝对值等于1。表明需求量受价格变动影响的幅度完全与价格本身变动幅度一致。

当企业掌握了某种产品的需求价格弹性后，就可以利用弹性来预测价格变动的最优方向和幅度。

（1）需求价格弹性和预测销售量已知时的价格制定。

由上式展开可求得下列预测公式：

$$\Delta P = \frac{\Delta Q \times P}{Q \times Ep} = \frac{(Q_1 - Q) \times P}{Q \times Ep}$$ 式中，$Q_1$为预测期需求量，设$P_1$为预测期价格，则

$$P_1 - P = \frac{(Q_1 - Q) \times P}{Q \times Ep}$$

移项得：

$$P_1 = P + \frac{(Q_1 - Q) \times P}{Q \times Ep} = P \times (1 + \frac{(Q_1 - Q) \times P}{Q \times Ep})$$

利用上式即可进行产品价格制定。

【例6-1】：某企业计划年度预计生产并销售甲产品25 000件，上年每件销售价格是400元，销售量18 500件，该产品的价格弹性在-5左右。

（1）问计划期单位产品价格掌握在什么水平对企业最为有利？

$$P_1 = 400 \times [1 + \frac{(25\,000 - 18\,500)}{18500 \times (-5)}] = 357.95(元/件)$$

可见，甲产品单位价格下调至357.95元对保证完成25000件的产品销售是最为有利的。

（2）需求价格弹性和价格变动率已知时的价格制定。计划年度，当单位产品价格由P调到$P_1$，销售量由Q调到$Q_1$时，该产品的销售收入R为：

$$R = P_1 Q_1 = (P - \Delta P)(Q - \Delta P)$$

设X为价格变动率，即$X = P / \Delta P$，则

$$\Delta P = XP$$

$$Ep = \frac{\Delta Q / Q}{\Delta P / P} = \frac{\Delta Q / Q}{X}$$

移项得：

$$\Delta Q = EpQX$$

代入上式得：

$$R = (P - PX)(Q + EpQX)$$
$$= PQ[-EpX^2 + (Ep - 1)X + 1]$$

上式为价格需求变动目标函数模型。式中，销售收入R由价格弹性Ep和价格变动率X这两个因素决定。当Ep已知时，R的最大值可通过对X求导来确定：

$$R' = Ep - 1 - 2EpX$$

令 $R' = 0$,则

$$Ep - 1 - 2EpX = 0$$

$$X = \frac{Ep - 1}{2Ep}$$

上式为判别式。当满足判别式时,销售收入最大。利用判别式就可以预测价格变动的方向及最优调整幅度。

当 $|Ep| = 1$ 时,价格不动;

当 $|Ep| > 1$ 时,应降价,降价金额为 $\Delta P = PX$;

当 $|Ep| < 1$ 时,应提价,提价金额为 $\Delta P = PX$。此时,产品价格为

$$P_1 = P - PX = P - \frac{Ep - 1}{2Ep}$$

【例6-2】:某商品在某市经销,据测定,其价格弹性系数为1.5,该商品现行价格为每件38元,年平均销售量10 000件,问价格定在什么水平才能使该产品的销售收入最大?

该产品价格弹性 $Ep > 1$,所以应降价,其降价幅度为:

$$X = \frac{Ep - 1}{2Ep} = 0.167$$

降价金额为:

$$\Delta P = PX = 38 \times 0.167 = 6.346$$

产品定价为:

$$P_1 = PX = 38 - 38 \times 0.167 = 31.654 \text{(元)}$$

销售收入为 $R = PQ[-EpX^2 + (Ep-1)X + 1]$
$$= 38 \times 10\ 000 \times [-1.5 \times 0.167^2 + (1.5 - 1) \times 0.167 + 1]$$
$$= 395\ 833 \text{(元)}$$

降价后的销售量为:

$$Q = \frac{R}{P1} = \frac{R}{P1} = 12\ 504 \text{(件)}$$

销售量的增加量为:

$$\Delta Q = 12\ 504 - 10\ 000 = 2\ 504 \text{(件)}$$

销售收入增加额为:

$$\Delta R = 395\ 833 - 38\ 000 = 15\ 833 \text{(元)}$$

可见,该产品价格调成31.654元,可以增加销售量12 504件,增加销售收入15 833元,此时销售收入最高,为395 833元。

## 二、反向定价法

又称可销价格倒推法,是指企业根据产品的市场需求状况,通过价格预测和试销、评估,先确定消费者可以接受和理解的零售价格,然后倒推批发价格和出厂价格的定价方法。这种定价方法的依据不是产品的成本,而是市场的需求定价,力求使价格为消费者所接受。分销渠道中的批发商和零售商多采取这种定价方法。其计算公式为:

出厂价格=市场可销零售价格/(1+批零差价率)/(1+销进差率)

采用反向定价法的关键在于如何正确测定市场可销零售价格水平。测定的标准主要有:

(1) 产品的市场供求情况及其变动趋势;
(2) 产品的需求函数和需求价格弹性;
(3) 消费者愿意接受的价格水平;
(4) 与同类产品的比价关系。

【例6-3】:某企业计划生产甲产品,经市场综合调查,甲产品市场可接受的单位零售价格为30元,批发环节的批零差价率一般为20%,进销差价率一般为10%,甲产品销售税率为10%,则

单位出厂价格=市场可销零售价格/(1+批零差价率)/(1+销进差率)
$$=30/(1+20\%)/(1+10\%)$$
$$=22.73(元)$$

$$单位生产成本=\frac{22.73\times(1-10\%)}{1+10\%}=18.60(元)$$

反向定价法的实质是在价格确定的基础上贯彻以销定产的要求。其优点是既能适应市场需求,促进销售,又能促使企业降低成本,不断提高产品竞争能力,提高经济效益,其缺点是市场的可销零售价格难以准确预测。该方法适用于需求弹性大,花色品质翻新快的商品制定价格。

# 第三节 以成本为导向的定价决策方法

这种方法又叫按成本定价的方法。其基本点是价格必须首先以补偿成本为基础，然后再考虑利润等其他因素。定价所依据的成本既可以是总成本指标、又可以是单位成本指标；既可以利用完全成本法提供的成本参数，也可以使用变动成本法提供的成本参数。具体包括以下几种定价方法：

## 一、成本加成定价法

即以单位预计完全成本（或目标完全成本）为基础，加上一定数额的利润和销售税金来确定产品的价格。一般有以下三种计算方式：

**1. 计划成本定价法**

$$产品价格 = \frac{单位预测成本 + 单位预测利润}{1 - 销售税率}$$

$$单位预测利润 = \frac{该产品预测利润总额}{该产品预测销售量}$$

**2. 成本利润率定价法**

$$产品价格 = \frac{单位预测成本 \times (1 + 成本利润率)}{1 - 销售税率}$$

$$成本利润率 = \frac{该产品预测利润总额}{该产品预测总成本} \times 100\%$$

**3. 销售利润率定价法**

$$产品价格 = \frac{单位预测成本}{1 - 销售利润率 - 销售税率}$$

$$销售利润率 = \frac{该产品预测利润总额}{该产品预测销售收入} \times 100\%$$

【例6-4】：某企业计划投资500万元生产甲产品，根据市场调查，甲产品预计每年销售50万件，此时总成本预计500万元，该企业要求该项投资的利润率为25%，销售税率10%，则有关指标可预测如下：

$$单位预测成本 = \frac{500}{50} = 10（元/件）$$

$$预测利润总额 = 500 \times 25\% = 125（万元）$$

$$单位预测利润 = \frac{125}{50} = 2.5（元/件）$$

$$成本利润率 = \frac{125}{500} \times 100\% = 25\%$$

$$销售利润率 = 125 \div \frac{500 + 125}{1 - 10\%} \times 100\% = 18\%$$

产品单位定价如下:
(1) 计划成本定价法

$$\frac{10 + 2.5}{1 - 10\%} = 13.89（元/件）$$

(2) 成本利润率定价法

$$\frac{10 \times (1 + 25\%)}{1 - 10\%} = 13.89（元/件）$$

(3) 销售利润率定价法

$$\frac{10}{1 - 10\% - 18\%} = 13.89（元/件）$$

上述三种方法中,大多数工业企业采用成本利润率定价法,商业企业一般采用销售利润率定价法。

成本加成定价法的优点在于:预测企业成本比预测市场需求更有把握,因而可以减少需求变动对价格的调整次数;可以保证生产耗费得到补偿。但它也存在以下缺点:一是很难适应市场需求的变化,往往导致定价过高或偏低;二是企业生产多种产品时,难以准确分摊间接费用,从而导致定价不准确。

## 二、损益平衡法

此方法即运用损益平衡原理进行产品价格的制定。损益平衡点销量的计算公式

$$Q_0 = \frac{F}{P_0 \times (1 - T_r) - V}$$

式中,$Q_0$ 为损益平衡点的销售量,F为固定费用,$P_0$ 为产品价格,V为产品单位变动成本,$T_r$ 为销售税率。

上式变化后可得出损益平衡点价格的计算公式:

$$P_0 = \frac{F + VQ_0}{Q_0 \times (1 - T_r)} = \frac{C}{Q_0(1 - T_r)}$$

式中,C为总成本。

损益平衡点价格后,又称保本价格,是产销量一定时产品价格的最低限度。保本价格确定后,企业可以以此为基础,适当调整产品价格水平,确定企业有盈利的合理价格。在目标利润Y已确定的情况下,销售量的计算公式如下:

$$Q_0 = \frac{F + Y}{P \times (1 - T_r) - V}$$

对上式进行变形，可得

$$Q_0 = \frac{F+Y+QV}{Q \times (1-Tr)}$$

利用上式即可预测产品销售价格。

【例6-5】：某企业生产甲产品，固定成本5万元，目标利润6万元，单位变动成本为5元，销售税率10%，预计销售5万件。则甲产品单位价格预测为：

$$保本价格 = \frac{50\,000 + 50\,000 \times 5}{50\,000 \times (1-10\%)} = 6.67（元/件）$$

$$产品价格 = \frac{50\,000 + 60\,000 + 50\,000 \times 5}{50\,000 \times (1-10\%)} = 8（元/件）$$

从计算价格可知，甲产品的最低价格为每件6.67元，当每件价格为8元时，可以保证实现目标利润。

损益平衡法简便易行，能向企业提供实现必要利润的最低价格。但是由于销售量往往受价格影响，因而计算结果的准确性也受到一定的影响。

## 三、非标准产品的定价

企业有时要按客户的需要生产一些非标准产品。双方签订合同时，因非标准产品无市价可供参考，因而只能以成本为基础协商定价，并签订合同。按合同类型不同，非标准产品有以下几种定价方法。

（1）固定价格合同。这种合同规定，产品价格固定不变，即不论产品的实际成本如何，完工后都按照合同规定的固定价格进行结算。

因此，按照这种合同规定，无论买方还是卖方，恰当的成本估算最为关键。不论哪一方，如果做不到这一点，采用此方法将冒很大风险。因此，采用这种合同定价方法的条件是双方对产品成本的估计均有把握。

（2）成本加成合同。这种合同规定，成本在合理和允许的范围内实报实销，并根据实际和合理成本利润率计算卖方应得利润。

【例6-6】：假设合同规定的成本利润率为10%，完工后的实际成本为20 000元，则

产品价格 = 20 000 + 20 000 × 10% = 22 000（元）

如果实际成本为30 000元，则

产品价格 = 30 000 + 30 000 × 10% = 33 000（元）

可见，这种合同定价方法，风险基本上由买方承担。在一定范围内，实际成本越高，卖方得利越多，因而会刺激卖方故意提高成本，提高自身收益。由于存在上述缺点，目前这种定价方法已很少使用。

（3）成本加固定费用合同。这种合同规定，价格由实际成本和固定费用两部分组

成。如果成本只包括生产成本，则固定费用应相当于毛利；如果成本包括生产成本和非生产成本，则固定费用只相当于营业净利。成本实报实销，固定费用数额由合同明确规定，与实际成本高低无关。

这种定价方法能保证卖方取得一定利润，也克服了刺激卖方提高成本的弊病，但不能促使卖方努力降低成本。

（4）奖励合同。这种合同明确规定了预算成本和固定费用的数额，并言明如果实际成本超过预算成本，可以实报实销；如果成本有节约，则按照合同规定的比例，由双方分享。这种定价方法可以鼓励卖方尽量降低成本。

【例6-7】：假定合同规定的预算成本为5 000元，固定费用为800元。如果实际成本超过预算成本，可以实报实销；如果实际成本低于预算成本，则70%作为卖方的额外利润，30%归买方。

如果实际成本为5 100元，则

产品价格＝5 100+800=5900（元）

如果实际成本为4 900元，则

产品价格＝4 900+(5 000－4 900)×70% + 800=5 770（元）

## 四、特别订货定价

有时企业在满足正常渠道的销售需要后，生产能力尚有富余，此时遇到一些出价比较低的订货单，需要考虑能否接受。关于这一问题，需要做具体分析。在特殊条件下，利用企业暂时闲置的生产能力而接受的临时订货，称为特别订货。为特别订货具体定价的方法，可因情况的不同而有所区别。具体方法主要有以下几种：

（1）只利用闲置时生产能力而不减少正常销售。这种情况按以下要求定价，即可增加利润。

特别订货价格＞变动成本

因无论是否接受订货，固定成本都不会发生变动，特别订货所提供的贡献毛益（价格减变动成本）将直接转化为利润，从而增加企业的利润总额。这里的固定成本属于无关成本，决策时不必考虑。

增加利润＝特别订货单位贡献毛益×特别订货数量

【例6-8】：假设某厂只生产甲产品，生产能力为200件，正常产销量为180件，规定成本为1 600元，单位变动成本为40元，正常销售价格为70元，现有某客户欲订购40件，但最高出价只能为每件45元。

因为特别订货单位价格45元大于单位变动成本40元，因此这项特别订货可以接受。

此项结论也可在表6-3中得到验证。

表6-3 销售资料表

单位：元

| 项目 | 正常销售 | 特别订货 | 合计 |
|---|---|---|---|
| 销售收入 | 12 600 | 1 800 | 14 400 |
| 变动成本 | 7 200 | 1 600 | 8 800 |
| 贡献毛益 | 5 400 | 200 | 5 600 |
| 固定成本 | 1 600 | — | 1 600 |
| 营业净利润 | 3 800 | 200 | 4 000 |

从表6-3可以看出，这项特别订货能使企业增加贡献毛益200元，由于固定成本已全部由正常销售负担，所以新增的200元贡献毛益全部转化为利润，即这项特别订货可以使企业增加利润200元。

（2）利用闲置的生产能力，并暂时减少部分正常销售以接受特别订货。这种情况按以下要求定价，才能使企业增加利润。

$$特别订货价格 > 单位变动成本 + \frac{因减少正常销售而损失的贡献毛益}{特别订货数量}$$

这里，因特别订货冲击了正常销售，减少了正常销售的贡献毛益，所以，要想使特别订货价格在补偿单位成本以及因减少正常销售所损失的贡献毛益后仍有富余，在这种情况下，新增利润的计算公式为：

$$增加的利润 = 特别订货单位贡献毛益 \times 特别订货数量 - 因减少正常销售而损失的贡献毛益$$

【例6-9】：如果例6-9中某厂接到的甲产品订货必须是50件，最高出价仍为每件45元，那么能否接受订货呢？

想要接受这项特别订货，正常销售就必须减少30件，因此想要增加利润，就必须使

$$特别订货价格 > 40 + \frac{(70-40) \times 30}{50} = 58（元/件）$$

但是，客户的最高出价仍为每件45元，因此不能接受这项订货。也可以将两种方案的结果通过编表对比得出结论，如表6-4所示。

表6-4 订货资料表

单位：元

| 方案\项目 | 不接受特别订货 | | | 接受特别订货 | | |
|---|---|---|---|---|---|---|
| | 正常销售 | 特别订货 | 合计 | 正常销售 | 特别订货 | 合计 |
| 销售收入 | 12 600 | 0 | 12 600 | 10 500 | 2 250 | 12 750 |
| 变动成本 | 7 200 | 0 | 7 200 | 6 000 | 2 000 | 8 000 |
| 贡献毛益 | 5 400 | 0 | 5 400 | 4 500 | 250 | 4 750 |

通过编表比较可以看出，如果接受订货，将会使企业贡献毛益减少650元（5 400 - 4 750）。因为企业固定成本没有发生变动，所以企业利润总额也减少650元。

（3）利用暂时闲置生产能力转产其他产品，需增加专属固定成本。这种情况按以下要求定价，即可增加企业利润。

$$\text{转产产品价格} > \text{单位变动成本} + \frac{\text{新增专属固定成本}}{\text{转产产品数量}}$$

在转产其他产品需增加专属固定成本的情况下,要想使转产产品为企业增加利润,转产产品价格就必须在补偿单位变动成本和因转产而新增的固定成本后仍有富余。这里,由于联合固定成本不变,所以它仍属于无关成本,不必加以考虑。这种情况下,增加利润的计算公式为:

$$\text{增加利润} = \text{转产产品单位贡献毛益} \times \text{转产产品数量} - \text{新增专属固定成本}$$

【例6-10】:某客户向例6-9中的某厂订购乙产品30件,出价每件45元,该厂利用闲置生产能力并增加专属固定成本240元后即可生产,乙产品的变动成本为30元。由于

$$45 > 30 + \frac{240}{30} = 38 \text{(元/件)}$$

所以可以接受此项订货,并使企业增加利润

$$(45-30) \times 30 - 240 = 210 \text{(元)}$$

## 五、边际成本定价法

边际成本是指每增加或减少单位产品所引起的总成本变化量。边际收入则指每增加或减少单位产品销售所增加的总收入。边际收入与边际成本的差额称为边际利润。表示每增加一个单位产品销售所增加的利润。如果从数学角度看,边际成本是对总成本函数求一阶导数的结果,表示总成本线任何一点的斜率,当总成本线和总收入线的斜率相等或接近时,意味着边际成本与边际收入相等或近似相等。边际利润等于零(连续函数)或接近于零(非连续函数)。此时,如果再增加产品销售量,由于边际收入小于边际成本,将不能再为企业提供新增利润,因此,企业利润总额不会增加,反而减少。

边际成本定价法,这种定价方法是使产品的价格与其边际成本相等,即$P=Mc$。根据经济学原理,当某一产品的价格与其边际成本相等时,此时将实现帕雷托最佳配置。

由于当边际收入等于边际成本时,企业获利最大,此时的销售量最佳,相应此时的产品价格亦最优。此方法要求对企业的销售模型和产品成本模型预先加以确定,然后根据两者间的关系推算价格水平,因其分析的起点是使企业的利润最大,所以是一种适合于企业长期采用的中长期价格制定方法。

【例6-11】:已知,某公司生产的甲产品在不同销售价格水平上的各期销售量资料和成本资料见表6-5。

# 第六章 产品定价决策

表6-5 销售资料表

金额单位：万元

| 销售价格 | 预计销售 | 固定成本 | 单位变动成本 |
|---|---|---|---|
| 100 | 150 | 3 000 | 8 |
| 95 | 175 | 3 000 | 8 |
| 90 | 200 | 3 000 | 8 |
| 85 | 225 | 3 000 | 8 |
| 80 | 250 | 3 000 | 8 |
| 75 | 275 | 3 000 | 8 |
| 70 | 300 | 3 000 | 8 |
| 65 | 325 | 3 000 | 8 |
| 60 | 350 | 3 000 | 8 |
| 55 | 375 | 3 000 | 8 |

（注：由于销售量突破相关范围，使单位变动成本提高。）

要求：计算相关的边际收入，边际成本，边际利润和利润指标，并作出最优售价的决策。

解：根据上述资料，编制分析计算表，见表6-6。

表6-6 分析计算表

单位：万元

| 销售价格① | 预计销售量② | 销售收入③=①*② | 边际收入④ | 固定成本⑤ | 变动成本⑥ | 总成本⑦=⑤+⑥ | 边际成本⑧ | 边际利润⑨=④-⑧ | 利润⑩=③-⑦ |
|---|---|---|---|---|---|---|---|---|---|
| 100 | 150 | 15 000 | — | 3 000 | 1 200 | 4 200 | — | — | 10 800 |
| 95 | 175 | 16 625 | 1 625 | 3 000 | 1 400 | 4 400 | 200 | 1 425 | 12 225 |
| 90 | 200 | 18 000 | 1 375 | 3 000 | 1 600 | 4 600 | 200 | 1 175 | 13 400 |
| 85 | 225 | 19 125 | 1 125 | 3 000 | 1 800 | 4 800 | 200 | 925 | 14 325 |
| 80 | 250 | 20 000 | 875 | 3 000 | 2 000 | 5 000 | 200 | 675 | 15 000 |
| 75 | 275 | 20 625 | 625 | 3 000 | 2 200 | 5 200 | 200 | 425 | 15 425 |
| 70 | 300 | 21 000 | 375 | 3 000 | 2 400 | 5 400 | 200 | 175 | 15 600 |
| 65 | 325 | 21 125 | 125 | 3 000 | 2 600 | 5 600 | 200 | −75 | 15 525 |
| 60 | 350 | 21 000 | −125 | 3 000 | 2 800 | 5 800 | 200 | −325 | 15 200 |
| 55 | 375 | 20 625 | −375 | 3 000 | 3 000 | 6 000 | 200 | −575 | 14 625 |

从表6-6计算的数据可看出：随着销售量的不断增加，边际收入将逐步下降，甚至出现负数，以致边际利润不断减少。当边际利润为负数，企业利润总额就不会是最高的利润。因此，本例题的最优价格在65~70之间。如果把325~300件的销售量区域进一步细分，即可确定最优价格。具体计算如表6-7所示。

表6-7 成本利润资料表

| 销售价格① | 预计销售量② | 销售收入③=①*② | 边际收入④ | 固定成本⑤ | 变动成本⑥ | 总成本⑦=⑤+⑥ | 边际成本⑧ | 边际利润⑨=④-⑧ | 利润⑩=③-⑦ |
|---|---|---|---|---|---|---|---|---|---|
| 70 | 300 | 21 000 | —— | 3 000 | 2 400 | 5 400 | —— | —— | 15 600 |
| 69 | 305 | 21 045 | 45 | 3 000 | 2 440 | 5 440 | 40 | 5 | 15 605 |
| 68 | 310 | 21 080 | 35 | 3 000 | 2 480 | 5 480 | 40 | -5 | 15 600 |
| 67 | 315 | 21 105 | 25 | 3 000 | 2 520 | 5 520 | 40 | -15 | 15 585 |
| 66 | 320 | 21 120 | 15 | 3 000 | 2 560 | 5 560 | 40 | -25 | 15 560 |
| 65 | 325 | 21 125 | 5 | 3 000 | 2 600 | 5 600 | 40 | -35 | 15 525 |

由上表可知，当产品销售量是305件，价格是69元时，边际收入最接近边际成本，此时利润最大，为15 605元，因此甲产品每件定价69元为最优价格。

# 第四节 其他定价策略

其他定价策略包括保利定价法、保本定价法、极限定价法、心理定价法和折扣定价法等。

## 一、保利定价法

保利定价法是指在已知的目标利润或目标贡献边际、预计销量和相关成本指标的基础上计算以保利为目的的保利价格的一种定价方法。其公式是：

保利价格 = 单位变动成本 + (固定成本 + 目标利润)/预计销量

$$= 单位变动成本 + \frac{目标贡献边际}{预计销量}$$

【例6-12】：保利定价法做出自销或代销的决策。

解：依题意

$$自销方式下的保利价格 = 50 + \frac{200\,000 + 50\,000}{100\,000} = 52.5（万元）$$

$$代销方式下的保利价格 = 50 + \frac{200\,000 + 30\,000}{50\,000} = 54.6（万元）$$

∵ 52.5 < 54.6

∴ 应当采用自销方式，因为自销方式下的价格更有市场竞争力

## 二、保本定价法

保本定价法是指在已知的成本指标和预计销量的基础上计算以保本为目的的保本价格的一种定价方法。其公式是：

$$保本价格 = 单本变动成本 + \frac{专属固定成本}{预计销量}$$

在竞争的形势下，有些企业生产经营的个别产品价格在一定条件下可能规定的比较低，只有微利甚至仅仅保本，如为了扩大或维护企业的市场占有率，企业可按保本价格组织销售。只要价格略大于或等于保本价格，企业就不会吃亏。

此法除了适用于竞争产品保守价格的制定外，还可应用于计算确定那些需要追加专属成本的特殊订货的最低可行价格，但必须以相关的绝对剩余生产能力无法转移为前提。

## 三、极限定价法

极限定价法是指企业把事先确定的一定单位成本标准作为定价决策的最低价格极限的一种定价方法。

在企业生产能力有剩余且无法转移时，追加订货的最低极限价格就是单位变动成本；对于那些实在难以找到销路的超储积压和产品，甚至可以规定它们在一定时期内平均负担的仓储保管成本、损耗费以及有关的资金占用成本的合计数作为确定极限价格的依据。

只要出售价格不低于这种极限价格，对企业而言就是有利可图的或蒙受的损失最小。

## 四、心理定价法

心理定价是根据消费者的消费心理定价，有以下几种：

**1. 尾数定价或整数定价**

许多商品的价格，宁可定为0.98元或0.99元，而不定为1元，这是适应消费者购买心理的一种取舍，尾数定价使消费者产生一种"价廉"的错觉，比定为1元反应积极，促进销售。相反，有的商品不定价为9.8元，而定为10元，同样使消费者产生一种错觉，迎合消费者"便宜无好货，好货不便宜"的心理。

**2. 声望性定价**

此种定价法有两个目的：一是提高产品的形象，以价格说明其名贵名优；二是满足购买者的地位欲望，适应购买者的消费心理。

**3. 习惯性定价**

某种商品，由于同类产品多，在市场上形成了一种习惯价格，个别生产者难以改变。降价易引起消费者对品质的怀疑，涨价则可能受到消费者的抵制。

## 五、折扣定价法

大多数企业通常都酌情调整其基本价格,以鼓励顾客及早付清货款、大量购买或增加淡季购买。这种价格调整叫做价格折扣和折让。

**1. 现金折扣**

这是对及时付清账款的购买者的一种价格折扣。例如"2/10净30",表示付款期是30天,如果在成交后10天内付款,给予2%的现金折扣。许多行业习惯采用此法以加速资金周转,减少收账费用和坏账。

**2. 数量折扣**

这是企业给那些大量购买某种产品的顾客的一种折扣,以鼓励顾客购买更多的货物。大量购买能使企业降低生产、销售等环节的成本费用。例如:顾客购买某种商品100单位以下,每单位10元;购买100单位以上,每单位9元。

**3. 职能折扣**

职能折扣也叫贸易折扣。是制造商给予中间商的一种额外折扣,使中间商可以获得低于目录价格的价格。

**4. 季节折扣**

这是企业鼓励顾客淡季购买的一种减让,使企业的生产和销售一年四季能保持相对稳定。

**5. 推广津贴**

这是为扩大产品销路,生产企业向中间商提供促销津贴。如零售商为企业产品刊登广告或设立橱窗,生产企业除负担部分广告费外,还在产品价格上给予一定优惠。

6-1

**思考题**

什么是保利价格?怎样根据保利价格做出自销或外销的决策?

# 第六章 产品定价决策

## 同步练习题

### 一、单项选择题

1. 下列各项中，属于管理会计定价决策分析范围的是（　　）。
   A. 垄断价格　　　　　　　　B. 完全自由竞争价格
   C. 企业可控制价格　　　　　D. 企业所有商品的价格

2. 在管理会计的定价决策分析中，利润无差别点法属于（　　）。
   A. 以成本为导向的定价方法　　B. 以市场需求为导向的定价方法
   C. 以特殊要求为导向的定价方法　D. 定价策略

3. 在定价决策中，对于那些同类竞争产品差异性较大、能满足较大市场需要、弹性大、不易仿制的新产品最好采用（　　）。
   A. 撇油策略　　　　　　　　B. 渗透策略
   C. 弹性定价策略　　　　　　D. 先低后高策略

4. 企业在进行最优售价决策时，下列各项中应当优先采用的方法是（　　）。
   A. 成本加成法　　　　　　　B. 保利定价法
   C. 成本无差别点法　　　　　D. 边际分析法

### 二、多项选择题

1. 下列各项中，属于定价决策方法的有（　　）。
   A. 成本加成定价　　　　　　B. 收益比率定价法
   C. 边际分析法　　　　　　　D. 利润无差别点法
   E. 利润增量法

2. 下列各项中，属于以成本为导向的定价方法的有（　　）。
   A. 总成本定价法　　　　　　B. 收益比率定价法
   C. 成本加成定价法　　　　　D. 边际分析法
   E. 利润无差别点法

3. 下列各项中，属于以特殊目的为导向的定价方法包括（　　）。
   A. 保利定价法　　　　　　　B. 保本定价法
   C. 极限定价法　　　　　　　D. 边际分析法
   E. 利润无差别点法

4. 下列各种价格中，符合最优售价条件的有（　　）。
   A. 边际收入等于边际成本时的价格　B. 边际利润等于零时的价格
   C. 收入最多时的价格　　　　D. 利润最大时的价格
   E. 成本最低时的价格

5. 某企业利用利润无差别法进行调价决策，如果决策结论是应当调低价格，则意味着有以下关系存在，即（     ）。

  A. 最大生产能力≥预计市场容量
  B. 最大生产能力＜预计市场容量
  C. 可望实现销量＞利润无差别点销量
  D. 可望实现销量＜利润无差别点销量
  E. 拟调价格＞原价格

6. 如果某种商品在特定时期内的价格弹性大，则意味着有以下关系存在，即（     ）。

  A. 价格上升的幅度会低于需求下降的幅度
  B. 价格下降会促使需求大大提高
  C. 价格弹性的绝对值大于1
  D. 价格弹性的绝对值小于1
  E. 价格弹性的绝对值等于1

## 应用实践

**阿迪达斯定价策略**

  阿迪达斯创办人adi dassler于1920年设计出第一双运动鞋，由于他不断地研发，使他所设计的运动鞋获得许多顶尖选手的喜爱，在奥林匹克运动会中大放异彩，并从此在运动场上立下金牌口碑。在各界的肯定下，adi dassler于1948年创立了阿迪达斯品牌，并将他多年来制鞋经验中得到利用鞋侧三条线能使运动鞋更契合运动脚型的发现融入设计的新鞋中，于是阿迪达斯品牌第一双有三条线造型的运动鞋在1949年呈现在世人面前，阿迪达斯的三线商标由此问世，3条线条也由此成为了阿迪达斯独有的特色。

  阿迪达斯是如何发展成为享誉世界的顶级运动品牌的，这不是我们今天要讨论的重点。我们能肯定的是，几乎所有人都知道阿迪达斯，也几乎所有人都肯定地说它是目前所知的运动产品中最高端的品牌之一，这同样也是公司对自己产品的定位。在运动界中，能和阿迪达斯竞争的对手不多，如果按照营业额来划分的话，位于第一集团的仅有阿迪达斯、耐克和彪马三家公司，而彪马的成绩相比较前两位，差得也比较远。

  那么阿迪达斯如何定价？

  与竞争对手差不多，同时比其他品牌商的价格高（突出自己的高端地位），确定三种导向相结合的定价方式：

  1. 根据自己的成本制定价格下限；
  2. 根据面向的顾客群体制定价格上限；

3. 根据竞争对手确定合理的价格波动范围。

**阿迪达斯定价策略的成功**

1. 高质量保障高价格。你会去买一双100块钱但只能穿半年的鞋，还是会买一双500块钱三年穿不坏的鞋？可能依然有部分人会选择前者，但是当他们很快就把鞋穿坏的时候，他们会大骂这个品牌质量不过关。阿迪达斯产品售价虽高，但其高质量的保证使得更多的顾客乐于去接受其高价。

2. 不同市场，不同定价。阿迪达斯旗下目前划分为三种品牌系列，一个是普通的阿迪达斯运动品系列；一个是复古特色的三叶草系列；一个是主打休闲装的style系列。这三个系列面向不同市场和客户群，其产品定价也随之产生变化。

3. 适当的小型折扣活动，满足顾客需要，同时不失品牌地位。如果一个品牌长期保持一个售价，没有任何折扣活动，它的业绩不一定会很好，除非它是垄断性的。阿迪达斯也明白这个道理，所以它也会采取折扣活动来促进销售。但是不像某些品牌，一年四季有三季在以5折甚至更高的折扣率出售，阿迪达斯的打折活动有四个特点：间隔长、时间短、折扣低、产品少。

4. 通过赞助大型赛事来获得专属销售，从而制定高额售价。阿迪达斯赞助的世界级赛事不计其数，就拿奥运会和世界杯为例吧。

阿迪达斯是2008年北京奥运会以及2010年南非世界杯的唯一指定赞助商。虽然它付出了高昂的赞助费，但同时它也获得了赛事相关产品的唯一销售权。这一部分产品的定价也是高昂的，但是却不曾听到抱怨声。为什么呢？因为奥运和世界杯四年才举办一次，越是机遇难得人们对于高价的承受度就越强，我昨天刚刚去几家阿迪达斯的门店调查过，世界杯球队的比赛服、球鞋和足球销量在各家阿迪达斯店铺里均排名第一，有一家店铺居然还出现了部分号码脱销现象。而一件套比赛服的价格高达718元（上衣498，短裤320）。

5. 差别定价。就拿足球鞋来说吧，一双外观一模一样的足球鞋，价格分为380，780和1 880三个档次。380元的被称作球迷版，看起来和场上球员一模一样，其实那只是个外观相同而已。780元的则专业些了，但还不是球员版的，如果你想要和那些球星们得到"同等待遇"，那么就必须支付1880元了。

同时，阿迪达斯在应对竞争对手的价格战时也有一套策略：

1. 面对其竞争对手的降价行为，采取小部分商品折扣销售同时平价上市有高端技术含量的新产品的措施。

2. 面对其竞争对手的涨价行为，采取价格不变同时大力宣传其产品科技含量的措施。

# 第七章

## 存货决策

# 知识框架图

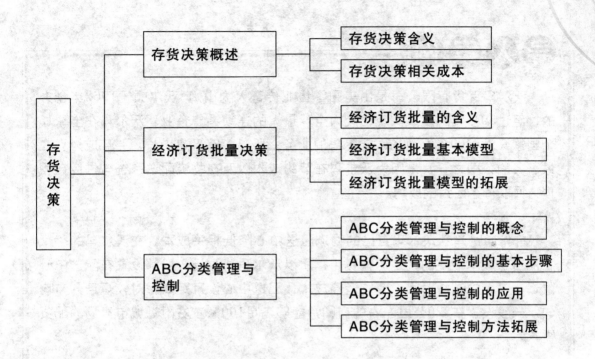

| 学习目标 | 【理论知识目标】<br>1. 了解存货决策的含义及相关成本概念。<br>2. 掌握经济订货批量模型。<br>3. 掌握 ABC 分类管理与控制的基本原理。<br>【应用能力目标】<br>1. 可以根据企业实际情况，决策存货的经济订货批量。<br>2. 可以根据实际情况，应用 ABC 分类管理方法。 |
|---|---|

# 沃尔玛的存货管理与控制决策

## 导入案例

沃尔玛百货有限公司是由美国零售业传奇人物山姆·沃尔顿于1962年创办的，经过50多年的发展，现已成为全球最大的连锁零售企业。沃尔玛在全球15个国家开设8400多家商场。沃尔玛的业务之所以能够迅速增长，并且成为现在最著名的公司之一，是因为沃尔玛在节约成本以及在物流配送系统与供应链管理方面取得了巨大的成功。

首先通过建立沃尔玛自己的物流配送中心降低相关成本。在沃尔玛的整个物流当中成本最高的就是运输费用，所以沃尔玛新卖场一般都设置在配送中心附近，以缩短送货时间、节约运输成本。配送中心设置距离相对较短且分布均匀，一般设置在320公里左右的商圈，能够满足100家左右附近城市卖场的配货需求。

其次是物流信息技术的应用。沃尔玛一般早于竞争对手10年左右将尖端科技与物流系统巧妙搭配。20世纪70年代就在存货管理中引入计算机管理；20世纪80年代即投资商业卫星进行存货联网管理；20世纪90年代采用全球卫星定位系统（GPS），控制物流，提高存货商品配送效率，以速度和质量赢得用户。

再次是"无缝"供应链的应用，大大降低了物流成本和储存成本。沃尔玛采用"无缝点对点"的物流系统，使整个供应链得到了非常顺畅的连接。沃尔玛的商品从工厂到商店的货架的过程尽可能地实现平滑，就像一件外衣一样是没有缝的，沃尔玛使整个供应链成为非常平稳、光滑、顺畅的过程。这样，其运输、配送以及对于订单与购买的处理等过程，都应该是完整网络当中的一部分，大大降低了物流成本和储存成本。

# 第一节 存货决策概述

## 一、存货决策含义

存货是指企业日常生产经营过程中为生产或销售而储备的物资。存货决策可分为存货与否决策、存货数量决策、存货期限决策等几个方面。其中存货与否决策涉及零库存问题；存货数量决策决定存货的批量，包括采购批量和生产批量；存货期限决策涉及商品保本期和商品保利期等问题。存货对制造业企业等绝大部分企业来说是必要的。一定量的原材料存货能保证企业生产经营的持续不间断；一定量半成品、产成品能满足对市场销售的持续及时供应；一定量的原材料、半成品、零部件存货能保证生产的均衡性和应对生产失误和意外带来的影响。

存货在企业的资产尤其是在流动资产中占据较大比重，且周转速度相对较慢，影响着资金的流动性，同时会产生储存成本。存货控制的重要任务就在于如何合理地控制存货水平，在保证企业正常生产耗用和销售的前提下，尽可能节约资金，降低资金成本。

## 二、存货决策相关成本

与存货决策相关的成本主要包括：取得成本、储存成本、缺货成本等，其中取得成本包括购置成本和订货成本等；储存成本包括存储、保管及存货占用资金带来的机会损失等；缺货成本指存货短缺带来的各种损失，包括停工待料损失、未按合同约定及时供货带来的信誉损失等。

### （一）购置成本

购置成本是指购买存货发生的买价和运杂费。其成本等于购买数量乘以购买单价，在不存在商业折扣的条件下，购置成本与购买数量无关，此时购置成本是存货决策无关成本，不影响存货的经济批量决策；但在存在商业折扣时，由于每次购买量达到一定规模能够获得价格上的优惠，购置成本将成为存货决策的相关成本，将影响存货经济订货批量决策。假设用A表示存货全年采购数量，用U表示采购单价，则购置成本计算公式为：

$$购置成本 = 采购单价 \times 采购数量 = A \times U$$

### （二）订货成本

订货成本是指由于订购货物发生的各种成本，一般包括采购人员的工资及福利、采购部门的费用（包括办公费、水电费、折旧费等）、采购业务费用（包括文件处理费用、验货成本、付款结算手续费等）。订货成本按照与订货次数之间的关系，分为固定订货成本和变动订货成本两大部分。固定订货成本主要是指维持采购部门正常业务活动开展所必须发生的支出，与订货次数没有关系，属于无关成本，用$F_1$表示；变动订货成本是指与每批次采购有关而发生的采购人员津贴、签订合同发生的费用等，一般与订货次数成正比例变化，属于相关成本，影响企业经济订货批量决策。订货成本的计算公式为：

$$订货成本 = F_1 + \frac{A}{Q} \times P$$

式中：$F_1$表示固定订货成本；$Q$表示每次订货批量；$P$表示每批次变动订货成本

### ●（三）储存成本

存储成本是指存储存货而发生的各项费用，通常包括仓储费、保险费、陈旧报废损失、存货占用资金的机会成本等。按照储存成本与存货储存量之间的关系可分为固定储存成本和变动储存成本。固定储存成本主要包括仓储实施的折旧费用、租赁仓储实施的固定租金、仓储人员的基本报酬等，一般与特定时期存货储存量没有直接联系，属于存货决策无关成本，用$F_2$表示；变动储存成本主要包括存货占用资金的机会成本、存货财产保险费用等，这些与存货平均储存量基本保持正比例变动的部分，属于存货决策相关成本。储存成本的计算公式为：

$$储存成本 = F_2 + \frac{Q}{2} \times C$$

式中：$F_2$表示固定储存成本；$C$表示单位变动储存成本；$Q$表示每次订货批量

### ●（四）缺货成本

缺货成本是指由于存货数量不能及时满足企业正常生产和销售的需要而给企业带来的损失。主要包括：原材料供应中断造成的停工损失、产成品库存缺货造成的拖欠发货损失、丧失的销售机会丧失和高价购入应急物资所引起的损失等。缺货成本是与存货决策相关的成本，对存货决策影响较大，但很难定量计算，一般需要根据企业过去的存货需求情况及经验估算。缺货成本的计算公式为：

$$缺货成本(TCs) = 计算期平均缺货量 \times 单位缺货成本$$

所以，储备一定量存货的总成本的计算公式为：

$$储存存货总成本 = 购置成本 + 订货成本 + 储存成本 + 缺货成本$$

$$= A \times U + F_1 + \frac{A}{Q} \times P + F_2 + \frac{Q}{2} \times C + TCs$$

# 第二节 经济订货批量决策

## 一、经济订货批量的含义

企业在进行存货管理时，需要确定四个方面内容：进货项目、供应单位、进货时间和进货数量。通常生产部门决定进货时间和进货批量，分别用T和Q表示。在全年存货需要量预测已定的情况下，每批次采购批量越大，采购次数越少，订购成本越越小，但储存成本增加；如果每批次采购量减少，则会增加采购批次，增大订货成本，减少存货储存成本。按照存货管理的目的，需要确定合理的进货批量和进货时间，使存货总成本达到最低。

经济订货批量就是指使存货的订货成本和储存成本之和达到最低时的订货批量。

## 二、经济订货批量基本模型

### （一）经济订货批量基本模型的假设

存货经济订货批量的基本模型是一种理想的市场状况，建立在以下假设基础之上：

企业能够及时补充存货，即需要订货时便可立即取得存货；

能够集中到货，而不是陆续到货；

不允许缺货，即无缺货成本，即$TCs=0$；

需求量稳定，并且能预测，即A为已知常量；

存货单价不变，即U为已知常量；

企业现金充足，不会因现金短缺而影响进货；

所需存货在市场上供应充足。

### （二）经济订货批量基本模型的表达方式

**1.公式法**

建立在上述假设的基础上，与存货订货批量决策相关的成本就只有变动性订货成本和变动性储存成本，用公式表示如下：

$$TC = \frac{Q}{2} \times C + \frac{A}{Q} \times P$$

式中，TC表示存货相关总成本；A表示存货全年需要量；Q表示每次进货批量；P表示变动订货成本；C表示单位储存成本。则年订货成本$= \frac{A}{Q} \times P$，年储存成本$= \frac{Q}{2} \times C$。其中：每次采购存货到达时最高存货储存量为Q，下一次采购存货到达前存货最低储存量为0，则平均储存量为$\frac{(Q+0)}{2} = \frac{Q}{2}$，关于存货在不同订货周期内的储存量变化如图7-1所示。

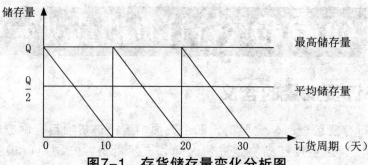

**图7-1 存货储存量变化分析图**

由于总成本 $TC = \dfrac{Q}{2} \times C + \dfrac{A}{Q} \times P$

以Q为自变量,求函数TC的一阶导数,得

$$TC' = \left(\dfrac{Q}{2} \times C + \dfrac{A}{Q} \times P\right)'$$

$$= \dfrac{C}{2} - \dfrac{AP}{Q^2}$$

令 $TC' = 0$,则:

$$\dfrac{C}{2} - \dfrac{AP}{Q^2} = 0$$

则:

经济订货批量 $Q^* = \sqrt{\dfrac{2AP}{C}}$

最优订货批次为:

$$N = \dfrac{A}{Q} = \sqrt{\dfrac{AC}{2P}}$$

最佳订货周期为:

$$T^* = \dfrac{1}{N} = \dfrac{Q}{A} = \sqrt{\dfrac{2P}{AC}}$$

将经济订货批量 $Q^*$ 代入存货总成本公式,计算出经济批量下的年最低总成本 $TC^*$:

$$TC^* = \dfrac{A}{Q^*} \times P + \dfrac{Q^*}{2} \times C = \dfrac{AP}{\sqrt{\dfrac{2AP}{C}}} + \dfrac{C}{2} \times \sqrt{\dfrac{2AP}{C}} = \sqrt{2APC}$$

**【例7-1】**:WK公司2016年全年需要甲材料3 200千克,甲材料的单位采购价格为10元,单位储存成本为25元,每次订货费用为400元。公司应该如何安排其订货数量,以使其总成本最低?

根据题意可知:A=3 200千克;P=400元;C=25元,U=10元,代入上述公式,得

经济订货批量 $Q^* = \sqrt{\dfrac{2AP}{C}} = \sqrt{\dfrac{2 \times 3\,200 \times 400}{25}} = 320$（千克）

最优订货批次 $N = \dfrac{A}{Q} = \dfrac{3\,200}{320} = 10$（次）

最佳订货周期 $T^* = \dfrac{1}{N} = \dfrac{1}{10} = 0.1$（年）

年最低总成本 $T^* = \sqrt{2APC} = \sqrt{2 \times 3\,200 \times 25 \times 400} = 8\,000$（元）

所以，经济订货批量为320千克，年最低总成本为8 000元，年最优订货批次为10次。

实践中在计算存货经济订货批量时，对存货年需求总量、每次订货成本、单位存货储存成本都存在较大变数。因此，在前述严格假设前提下计算出的存货经济批量需要根据实际情况进行适当调整。当每次订货成本增加时可适当减少订货次数，以降低订货成本；当单位存货储存成本上升时可适当减少每次订货数量，以压缩存货储存成本等。对于其他突破原有假设前提的因素变动将在下面经济订货批量基本模型的扩展中进行介绍。

**2. 图示法**

在存货年需求量一定的情况下，每次订货量越多，订货次数越少，订货成本越少，但存货平均储存量上升使得储存成本增加；相反，订货批量下降，年平均储存量降低，储存成本下降，但同时订货成本会提高。

以横纵表示订货批量，纵轴表示成本，作出年订货成本 $\dfrac{A}{Q} \times P$ 曲线、年平均储存成本 $\dfrac{Q}{2} \times C$ 曲线、总成本 $T = \dfrac{A}{Q} \times P + \dfrac{Q}{2} \times C$ 曲线，如图7-2所示。

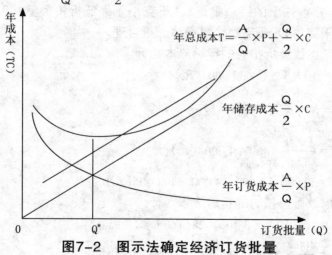

**图7-2　图示法确定经济订货批量**

从图7-2可以看出，总成本T最低点时的订货批量Q即为经济订货批量，此时年订货成本与年储存成本恰好相等。图示法确定的存货经济订货批量比较直观地显现存货的各项成本及其相互关系。

## 三、经济订货批量基本模型的拓展

上述经济订货批量基本模型是在一系列基本假设前提下得出的,在实践中很难达到,根据实际工作的需要,将以上一些假设条件放宽,从而得到不同状况下的经济订货批量。

### (一)存在数量折扣情况下的经济订货批量

在经济批量基本模型中,假设材料采购单价固定不变,即不论采购数量多少,材料采购单价保持不变,使得材料的购置成本固定不变,因此在计算经济订货批量时把购置成本排除在外,认为购置成本是确定存货经济批量的无关成本,不予考虑。但实践中,销售商为了扩大销售,往往给予大批量购买相应的数量折扣,而且一般随着购买数量的增加其折扣比例会相应增加。此时,材料单价就不再固定不变、购置成本也不再与经济批量决策无关,而是相关成本了。一次购买量较大可获得价格上的优惠,降低购置成本,同时减少采购次数,降低订货成本,但大批量采购会带来存货储存成本的增加。需要在经济批量决策中综合考虑购置成本、订货成本及储存成本,上述三种成本的年成本合计最低的方案才是最优方案。

【例7-2】:WK公司2016年全年需要甲材料3 200千克,单位材料年储存成本为25元,每次订货费用为400元,单位采购价格为10元,同时供应商规定:一次采购量在400千克以上时可获得10%的折扣。试确定公司最佳订货批量。

(1)不考虑折扣,确定经济订货批量。

$$Q^* = \sqrt{\frac{2AP}{C}} = \sqrt{\frac{2 \times 3\,200 \times 400}{25}} = 320(千克)$$

由于不考虑折扣条件下的经济批量320千克小于最低折扣数量400千克,所以需要比较订货批量320千克与400千克哪个更经济、更合理。

(2)计算不考虑数量折扣时的年总成本合计。

购置成本 $= 10 \times 3\,200 = 32\,000$(元)

购置成本 $= \dfrac{320}{2} \times 25 = 4\,000$(元)

购置成本 $= \dfrac{3\,200}{320} \times 400 = 4\,000$(元)

年总成本 $= 32\,000 + 4\,000 + 4\,000 = 40\,000$(元)

(3)计算考虑数量折扣时的年总成本合计。

购置成本 $= 10 \times 10\% \times 3\,200 = 28\,800$(元)

购置成本 $= \dfrac{400}{2} \times 25 = 5\,000$(元)

购置成本 $= \dfrac{3\,200}{400} \times 400 = 3\,200$(元)

年总成本 = 28 800 + 5 000 + 3 200 = 37 000（元）

比较每次采购量320千克与400千克时的总成本合计可知，接受数量折扣可使得存货总成本降低3 000元（40 000 – 37 000），因此应该选择接受数量折扣的方案

【例7-3】：假设WK公司2016年乙材料全年需要量为800 000千克，每千克标准价格为50元。供应商规定：客户每批购买量不足5 000千克的，按照标准价格计算；每批次购买量在5 000千克以上，8 000千克以下的，价格优惠2%；每批次购买量在8 000千克以上的，价格优惠3%。已知单位材料年储存成本为60元，每批次订货成本为600元。则WK公司乙材料的经济批量计算如下：

（1）不考虑折扣，确定经济订货批量

$$Q^* = \sqrt{\frac{2AP}{C}} = \sqrt{\frac{2 \times 800\,000 \times 600}{60}} = 4\,000\text{（千克）}$$

（2）计算不考虑数量折扣，每次订货为4 000千克时的存货相关总成本

$$TC(Q^*) = 800\,000 \times 50 + \frac{800\,000}{4\,000} \times 600 + \frac{4\,000}{2} \times 60 = 40\,240\,000\text{（元）}$$

（3）计算享受2%折扣，每次订货量为5 000千克时的存货相关总成本

$$TC(Q) = 800\,000 \times 50 \times 2\% + \frac{800\,000}{5\,000} \times 600 + \frac{5\,000}{2} \times 60 = 39\,446\,000\text{（元）}$$

（4）计算享受3%折扣，每次订货量为8 000千克时的存货相关总成本

$$TC(Q) = 800\,000 \times 50 \times 3\% + \frac{800\,000}{8\,000} \times 600 + \frac{8\,000}{2} \times 60 = 39\,100\,000\text{（元）}$$

通过比较不同采购批量下的相关总成本可知，要享受3%折扣，每次订货量8000千克，此时存货的相关总成本最低，所以，WK公司乙材料的经济订货批量为8000千克。

## （二）存货陆续供应和使用情况下的经济订货批量

在存货经济批量基本模型中，假设每次订货一次全部入库的，事实上，在企业实际工作中由于企业本身的储备空间有限或者想要降低储备成本等一些原因，企业一次订货，但会陆续到达，并陆续地领用，尤其是在产品入库和在产品转移方面（为了便于计算，假设均匀到货和均匀耗用）。下面利用图示法表示在经济批量基本模型和陆续入库及陆续耗用情况下存货储存的区别，见图7-3。

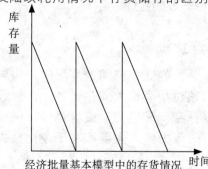 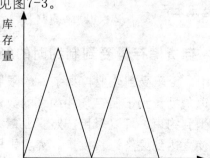

图7-3 经济订货基本模型和陆续入库、陆续耗用的存货情况比较

设每次送货量为X，每批次订货量为Q，则送货周期为$\frac{Q}{X}$；

设材料（零部件）每日耗用量为Y，故送货周期内的耗用量为$\frac{Q}{X}\times Y$；

由于材料（零部件）边送边用，所以每批送完后，最高库存量为$Q-\frac{Q}{X}\times Y$，平均库存量为$\frac{1}{2}\left(Q-\frac{Q}{X}\times Y\right)$。相关总成本$TC=\frac{A}{Q}\times P+\frac{1}{2}\left(Q-\frac{Q}{X}\times Y\right)\times C$以Q为自变量，求函数TC的一阶导数：

$$TC'=\left[\frac{A}{Q}\times P+\frac{1}{2}Q\left(1-\frac{Y}{X}\right)\times C\right]'$$

$$=\frac{1}{2}\left(1-\frac{Y}{X}\times C\right)-\frac{AP}{Q^2}$$

令$TC'=0$，则

$$\frac{C}{2}\left(1-\frac{Y}{X}\right)-\frac{AP}{Q^2}=0$$

$$经济订货批量 Q^*=\sqrt{\frac{2AP}{C\left(1-\frac{Y}{X}\right)}}$$

$$年最低总成本 TC^*=\sqrt{2APC\left(1-\frac{Y}{X}\right)}\quad(指导过程略)$$

【例7-4】WK公司全年需要甲材料4000千克，材料陆续到达，每日入库材料为400千克，每日领用材料为300千克，每次订货费用为500元，单位储存成本每年为400元，求经济订货批量及总成本。

上述经济订货批量公式和年最低总成本公式，得

$$经济订货批量 Q^*=\sqrt{\frac{2AP}{C\left(1-\frac{Y}{X}\right)}}=\sqrt{\frac{2\times 4000\times 500}{400\times\left(1-\frac{300}{400}\right)}}=200（千克）$$

$$总成本 TC^*=\sqrt{2\times 4000\times 500\left(1-\frac{300}{400}\right)}=23094（元）$$

### （三）存货储存量受到制约时的经济订货批量

实践中，由于受到企业自身条件的限制，企业的储存空间是有限的，如果计算确定的经济订货批量大于储存条件约束的数值（超过现有最大储存量），这时经济订货批量就会受到约束。可以采用按照企业最大储存空间来订货，或者也可以租用货新建仓库，以使之达到经济订货批量。究竟采取哪一张方案，主要取决于存货相关总成本的大小。

【例7-5】：WK公司每年需要乙材料360 000千克，每次订货成本为1 225元，单位乙材料年储存成本为0.5元，该公司目前仓库最大储存量为30 000千克，考虑到因为发展的需要，已与其他单位意向租用一可储存20 000千克乙材料的仓库，年租金约为4 000元。WK公司应该如何安排其订货批量？

（1）不考虑储存空间限制时的经济订货批量和年总成本合计。

$$Q^* = \sqrt{\frac{2 \times 360\ 000 \times 1\ 225}{0.5}} = 42\ 000\ （千克）$$

$$Q^* = \sqrt{2 \times 360\ 000 \times 1\ 225 \times 0.5} = 21\ 000\ （千克）$$

（2）由于WK公司目前仓库的最大仓库空间为30 000千克，低于经济订货批量（42 000千克），公司需要在扩大仓储量和按照目前最大储存量之间进行订货选择。

按照仓库最低储存量订货，一次订货30 000千克，其年成本为：

$$TC' = \frac{A}{Q} \times P + \frac{Q}{2} \times C = \frac{360\ 000}{30\ 000} \times 1\ 225 + \frac{30\ 000}{2} \times 0.5 = 2\ 2200\ （元）$$

（3）比较选择。由于不考虑储存受限时的年总成本为21 000元，租用仓库年租金4 000元，所以总成本为21 000+4 000=25 000元，高于按照原仓储受限条件下的最大订货量订货总成本22 200元。故不应该选择租用仓库，按照仓库受限时的经济订货批量订货。

### （四）订单批量受限时的经济订货批量

在日常经济工作中，根据经济订货批量模型计算出来的批数很可能不符合企业的实际订单安排方式，比如许多供应商只接受整数批量的订单。在这种情况下必须在计算材料的经济批量的相邻批量确定两种允许数量，通过计算比较该相邻批量的年总成本的大小来比较选择。

【例7-6】：WK公司购买A零件时，由于包装运输原因，供应商只接受200件整批数量的订单（如200件、400件、600件等），不接受有零数的订单（如300件、500件等）。WK公司全年需要A零件1 800件，每次订货成本为120元，每件年储存成本为2元。确定经济订货批量。

（1）不考虑订单限制时的经济订货批量

$$Q^* = \sqrt{\frac{2AP}{C}} = \sqrt{\frac{2 \times 1\ 800 \times 120}{60}} = 465\ （件）$$

不考虑订单受限时得出的经济订货批量不符合供应商的供货要求，所以只能选择在465件相邻的且必须为200件整数的400件或600件订货数量，向供应商发出订单。通过计算比较这两个订货批量的年总成本大小进行订货选择。

（2）订货400件时的年总成本

$$TC = \frac{1\ 800}{400} \times 120 + \frac{400}{2} \times 2 = 940\ （元）$$

（3）订货600件时的年总成本。

$$TC = \frac{1800}{600} \times 120 + \frac{600}{2} \times 2 = 960（元）$$

通过比较可以看出：订单批量受限时的最优选择是每次订货400件，此时年总成本最低。

### （五）需要提前订货情况下的经济订货批量

实际中，企业存货不能做到随用随时补充，因此，不能等到存货用完之后再去订货，而需要在存货没有用完时提前发出订单订货。在提前订货的情况下，企业再次发出订单时尚存的存货库存量，成为再订货点，一般用R来表示。

$$R = L \times Y$$

式中，R表示再订货点；L表示交货时间；Y表示存货每日耗用量

【例7-7】：WK公司需要的丙材料从订货日至到货日的间隔时间是10天，平均每日需要丙材料200千克，则WK公司丙材料的再订货点的计算如下：

$$R = L \times Y = 10 \times 200 = 2000（千克）$$

即公司应在丙材料尚存2 000千克时就应该再次发出订单，等到下批次订单到货时，原有库存刚好用完。订货提前期对存货经济订货批量并无影响，只不过应在到达再订货点，即库存2 000千克时发出订单。

### （六）存货供需不稳定、设置保险储备情况下的经济订货批量

在存货经济批量基本模型中，假定企业存货需求稳定且能够合理预测、存货供应及时且交货时间固定不变、企业现金充分能够满足购货及时支付需求等。实践中，企业存货需求量可能出现不确定、交货时间也不能准确预测，可能存在导致企业发生缺货或供应中断的情况出现。为了防止缺货从而给企业带来各种损失，企业在日常的存货管理活动中就需要多储备一些存货以备不时之需，称之为保险储备。保险储备正常情况下不会使用，只有当存货过量使用或送货延迟时才动用。

在设置保险储备的情况下，企业的再订货点就应该相应提高，假设保险储备用B表示，则再订货点R为：

$$R = L \times Y + B$$

【例7-8】：WK公司需要的丙材料从订货日至到货日的间隔时间是10天，平均每日需要丙材料200千克，保险储备量为500千克，则WK公司丙材料的再订货点的计算如下：

$$R = L \times Y + B = 10 \times 200 + 500 = 2500（千克）$$

企业设置保险储备可以减少或避免缺货带来的损失，但保险储备的设置同时也会带来企业存货储备量的增加，从而带来储存成本增加。因此，企业应该确定合理的保险储备量，使得缺货损失与储存成本之和达到最低。

假设合理保险储备情况下的总成本用$TC_{(S,B)}$表示；$TC_S$表示缺货储备；$TC_B$表示保险储备成本，则

$$TC_{(S,B)} = TC_S + TC_B$$
$$TC_S = C_S \times S \times N$$
$$TC_B = B \times C_B$$
$$TC_{(S,B)} = TC_S + TC_B = C_S \times S \times N + B \times C_B$$

式中$C_S$为单位缺货成本;$C_B$为单位保险储备成本;S为一次订货缺货量;N为年订货次数;B为保险储备量。

【例7-9】:假设WK公司某种存货年需用量为7200件,单位储存储备4元,单位缺货成本8元,交货时间为10天。已知计算出经济订货批量为800件。订货期内存货需用量及其概率分布如表7-1所示。

表7-1 存货需用量及其概率分布

| 日需用量Y | 14 | 16 | 18 | 20 | 22 | 24 | 26 |
|---|---|---|---|---|---|---|---|
| 需用量LY | 140 | 160 | 180 | 200 | 220 | 240 | 260 |
| 概率Pi | 0.01 | 0.04 | 0.20 | 0.50 | 0.20 | 0.04 | 0.01 |

试根据相关条件确定保险储备的设置。

(1)不设置保险储备情况下的相关总成本

假设B=0件,且以200件为再订货点。有75%(0.50+0.20+0.04+0.01)的可能性不会发生缺货;缺货20件(220~200)的概率为20%;缺货40件(240~200)的概率为4%;缺货60件(260~200)的概率为1%。则每次期望缺货量$S_E$为:

$$S_E = (220-200) \times 20\% + (240-200) \times 4\% + (260-200) \times 1\% = 6.2(件)$$

$$TC_{(S,B)} = C_S \times S \times N + B \times C_B = 8 \times 6.2 \times \frac{7200}{800} + 0 \times 4 = 446.4(元)$$

(2)设置20件保险储备量情况下的相关总成本

假设B=20件,以220件为再订货点,有95%(0.20+0.50+0.20+0.04+0.01)的可能性不会发生缺货;缺货20件(240~220)的概率为4%;缺货40件(260~220)的概率为1%。则每次期望缺货量$S_E$为:

$$S_E = (240-220) \times 4\% + (260-220) \times 1\% = 1.2(件)$$

$$TC_{(S,B)} = C_S \times S \times N + B \times C_B = 8 \times 1.2 \times \frac{7200}{800} + 20 \times 4 = 166.4(元)$$

(3)设置40件保险储备量情况下的相关总成本

假设B=40件,以240件为再订货点,有99%(0.04+0.20+0.50+0.20+0.04)的可能性不会发生缺货;缺货20件(260~240)的概率为1%。则每次期望缺货量$S_E$为:

$$S_E = (260-220) \times 1\% = 0.2(件)$$

$$TC_{(S,B)} = C_S \times S \times N + B \times C_B = 8 \times 0.2 \times \frac{7200}{800} + 40 \times 4 = 174.4(元)$$

(4)设置60件保险储备情况下的相关总成本

假设B=60件,以260件为再订货点,有100%(0.01+0.04+0.20+0.50+0.20+0.04+0.01)的可能性不会发生缺货。则$S_E$为:

$$S_E = 0$$

$$TC_{(S,B)} = C_S \times S \times N + B \times C_B = 8 \times 0 \times \frac{7\,200}{800} + 60 \times 4 = 240 \text{（元）}$$

通过比较以上四种保险储备方案，可以看出：当设置保险储备B＝20（件）时，存货相关总成本达到最低，为166.4元。所以，应该确定20件的保险储备为最佳状态。

## 第三节 ABC分类管理与控制

### 一、ABC分类管理与控制的概念

伴随着当前科学技术迅猛发展，企业规模迅速发展壮大，企业发展所需的各种原材料及零部件种类日益增多，不仅体现在存货的种类、规格、数量方面，而且总体构成也越来越复杂。有的存货库存量大、种类繁多，却相对占用资金较少；有些存货虽然品种、数量不多，但却占用企业较多资金，如果企业在存货的日常管理过程中对每一种存货都进行同样的管理和控制，则不仅任务繁重、也会产生较多的管理成本。较好的办法是在抓住重点存货（数量相对较少但占用资金较多）管理的基础上进行普通存货的一般管理和控制，这样既有效进行存货管理又节约管理成本。ABC分类管理就是建立在该原理基础上的一种较科学的存货管理方法。

ABC分类管理与控制，是指将企业全部存货依据占用资金的大小，按照一定的标准，将存货划分为A、B、C三类，采取有区别、分主次的办法和措施，对各类存货进行相应的管理和控制。

A类存货的品种数量占全部存货品种数量的10%左右，但其总体资金占用大约为全部存货资金占用的70%。对A类存货的管理和控制应该成为企业存货管理和控制的重点，力求库存最低；采用经济订货批量方法计算出不同种类的存货的订货量，减少资金占用，降低储存成本；按照存货项目、品种、规格详细统计和严密控制，并计算出订货点；经常检查、尽可能减少保险储备量，做到既能保证正常的供应，又不过多占用资金。

B类存货的品种数量约占全部品种数量的20%～30%，资金占用约为全部资金的25%。对B类存货应该给予正常的管理和控制。按照常规管理，根据存货库存量掌握总体数量和资金占用；采用定量订货方式，按照经济订货批量订货；按照大类规定进行一般统计、计算、控制及管理，并计算出订货点、适度保留保险储存以应对不时之需。

C类存货的品种数量相对较多，约占全部存货品种数量的60%～70%，资金占用约占全部资金的10%左右。对C类存货一般适合采用大批量订货的方式以节约订货成本，实行简单管理和控制以降低管理费用。对一些比较容易实时采购的存货可随时采购，减少储备，降低储存成本；对一些规格复杂但日常需求较少、价格较低的存货，根据实际需要增加订货批量以降低订货成本。C类存货可按照总金额进行简单统计、粗略计算及一般性控制与管理，按照年底或季度进行检查；可安排较多的储存量以减少频繁的采购。

## 二、ABC分类管理与控制的基本步骤

采用ABC存货分类管理与控制的步骤通常如下：

（1）分别计算每一种存货在特定期间的需要量及资金占用总额。

（2）将各种存货的资金占用总额进行排序，同时计算出各种存货的资金占用占全部资金的比例。

（3）将上述排列结果按照A、B、C三类进行分类，从而按重要性对它们分别进行管理与控制。一般采取列表的方式，将全部存货列表排队，按照资金占用额的大小顺序排列，并把统计数据百分数及其他数据填入。将累计资金占用额占70%左右而品种占10%左右的存货列为A类；将资金占用额和品种数占20%左右的存货划为B类；将其余的资金占用额占10%左右而品种数量占70%左右的存货列为C类存货。如果存货品种数量特别多，无法全部批量在表格中或者没有必要全部排列的，可以先按照存货资金占用额进行分层（规定在某一资金占用额范围内为一层），将全部存货分为若干层，将每层的品种数量列出，每层都编制ABC分析表，然后再将各层品种数量的存货汇总列出，对A类存货进行重点管理与控制；对B类存货进行简单管理与控制；对C类存货进行一般管理与控制。

（4）将分类计算结果绘制ABC分析图。以累计品种数百分比为横坐标，累计资金占用额百分比为纵坐标，按照ABC分析表所列示的对应关系，在坐标图上取点并连接各点成曲线，绘制成ABC分析图。

（5）确定重点管理和控制方式。根据ABC分析结果，比较企业实际管理及控制能力并结合经济效益，对三类不同存货采取有区别、有重点的管理与控制方式，决定各类存货管理和控制的标准。

其中A类存货品种相对较少但占用资金比重较大，应该科学管理并严格控制，具体到日常收、发、存实时数据，密切关注其储存情况，及时发现并解决日常管理过程出现的问题，同时关注此类存货对资金的占用，保持合适的流动性；其次才是B类存货管理，最后在C类存货的管理和控制上投入较少的资源即可达到理想的管理和控制目的。

## 三、ABC分类管理与控制的应用

下面举例说明ABC分类管理在存货控制中的具体应用。

【例7-10】：假设WK公司生产中需用12种材料，各种材料的有关资料如表7-2所示。

表7-2　WK公司有关生产资料情况表

| 存货编号 | 年耗用量（千克） | 单价（元） | 总成本（元） |
|---|---|---|---|
| 001 | 50 | 30.00 | 1 500 |
| 002 | 480 | 20.00 | 9 600 |
| 003 | 1 000 | 10.00 | 10 000 |
| 004 | 10 | 100.00 | 1 000 |
| 005 | 2 600 | 4.80 | 12 480 |
| 006 | 600 | 50.00 | 30 000 |
| 007 | 1 000 | 3.00 | 3 000 |
| 008 | 1 000 | 220.00 | 220 000 |
| 009 | 3 000 | 1.00 | 3 000 |
| 010 | 100 | 4.00 | 400 |
| 011 | 600 | 1.20 | 720 |
| 012 | 2 000 | 2.00 | 4 000 |

根据表7-2的资料，将总成本从大到小进行重新排序，按照分类标准对其分类。如表7-3所示。

表7-3　WK公司材料ABC分类表

| 存货类别 | 品种编号 | 总成本（元） 金额 | 总成本（元） 比例（%） | 存货占总成本（%） |
|---|---|---|---|---|
| A | 008 | 220 000 | 74.40 | 74.40 |
| B | 006 | 30 000 | 10.15 | 17.62 |
|  | 005 | 12 480 | 4.22 |  |
|  | 002 | 9 600 | 3.25 |  |
| C | 003 | 10 000 | 3.38 | 7.98 |
|  | 012 | 4 000 | 1.35 |  |
|  | 007 | 3 000 | 1.02 |  |
|  | 009 | 3 000 | 1.02 |  |
|  | 001 | 1 500 | 0.51 |  |
|  | 004 | 1 000 | 0.34 |  |
|  | 011 | 720 | 0.24 |  |
|  | 010 | 400 | 0.14 |  |
| 合计 | 12 | 295 700 | 100 |  |

根据表7-3的资料，以累计品种数百分比为横坐标，累计资金占用额百分比为纵坐标，绘制ABC分析图，如图7-4所示。

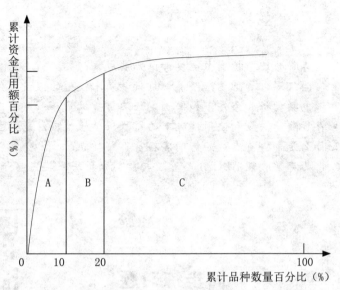

图7-4　ABC分析图

对于A类存货品种少、占用资金多的特点，对企业储备资金影响较大，因此，应当采取科学的管理方法进行严格管理和控制，实时关注其库存动态，详细记录其收、发、结存的数据，及时调整和解决可能出现的管理问题。集中主要管理力量做好A类存货的管理和控制，以减少在A类存货上的资金占用，降低存货成本。

## 四、ABC分类管理与控制方法的拓展

ABC分类管理特别适合于原材料库存大、品种繁多、价值差别大的企业，通过对其实行分类管理，在有效提高管理效率的同时也降低了存货管理的成本。

依据ABC分类管理的原理，在存货品种特别多，有时达数百上千甚至更多的情况下，也可以将全部存货划分为五类或十类不等，以便充分分清主次、突出重点、区别对待，达到更好的分类控制效果。

伴随着市场状况、技术条件等企业内外环境的变化，企业在经营品种、生产工艺等方面也会经常发生变化，从而引起存货品种、价格及需求量等相应发生变化。所以，企业应该实时关注企业内外环境变化给企业生产经营带来的影响，实时调整其存货管理分析方法。

ABC分类管理与控制方法在企业经营管理中不仅适用于存货管理，也经常被应用于生产管理、销售管理等企业日常管理活动。

**思考题**

1. 在存货管理与控制中主要考虑哪些成本？
2. 何为经济订货批量？经济订货批量基本模型的假设条件有哪些？
3. 考虑数量折扣条件下如何确定经济订货批量？
4. 存货陆续供应和使用情况下的订货批量模型应注意哪些因素？
5. 什么是再订货点？如何确定存货再订货点？
6. 何为存货管理 ABC 分类管理与控制分析法？其主要分析步骤有哪些？

## 同步练习题

### 一、单项选择题

1. 经济批量是指（　　）。
   A. 采购成本最低的采购批量　　B. 订货成本最低的采购批量
   C. 储存成本最低的采购批量　　D. 存货总成本最低的采购批量

2. 在对存货采用ABC法进行控制时，应适当重点控制的是（　　）。
   A. 数量较大的存货　　B. 占用资金较多的存货
   C. 品种多的存货　　D. 价格昂贵的存货

3. 下列各项中，与再订货点无关的是（　　）。
   A. 经济订货量　　B. 日耗用量
   C. 交货日数　　D. 保险储备量

4. 由于存货数量不能及时满足生产和销售的需要而给企业带来的损失称为（　　）。
   A. 储存成本　　B. 缺货成本
   C. 采购成本　　D. 订货成本

5. 下列成本中，属于决策无关成本的是（　　）。
   A. 订货成本　　B. 固定订货成本
   C. 变动订货成本　　D. 变动储存成本

6. 为避免由于延迟到货、生产速度加快及其他情况的发生，而将满足生产、销售需要的存货量称为（　　）。
   A. 安全存货　　B. 营运存货
   C. 超额存货　　D. 经营存货

7. 某种商品的再订货点为680件，安全库存量为200件，采购间隔日数为12天，假设每年有300个工作日，则年度耗用量为（   ）件。

　　A. 11 000　　　　　　　　　　B. 10 000
　　C. 12 000　　　　　　　　　　D. 13 000

8. 某公司每天正常耗用甲零件10件，订货提前期为10天，预计最大日耗用量为20件，预计最长收货时间为20天，则该公司的保险储备和再订货点分别为（   ）。

　　A. 150；250　　　　　　　　　B. 100；400
　　C. 200；250　　　　　　　　　D. 250；150

## 二、多选选择题

1. 存货过多，会导致（   ）。
　　A. 占用大量流动资金　　　　　B. 增加仓储设施
　　C. 增加管理费用　　　　　　　D. 带来较多自然损耗
　　E. 增加储存成本

2. 在存货决策中，通常需要考虑的成本有（   ）。
　　A. 采购成本　　　　　　　　　B. 订货成本
　　C. 储存成本　　　　　　　　　D. 缺货成本
　　E. 沉没成本

3. 在有数量折扣的情况下，属于订货批量决策中的相关成本有（   ）。
　　A. 订货成本　　　　　　　　　B. 储存成本
　　C. 采购成本　　　　　　　　　D. 缺货成本
　　E. 生产成本

4. 企业为了控制缺货成本，采取的方法主要有（   ）。
　　A. 提前订货　　　　　　　　　B. 按经济批量采购
　　C. 设置保险储备　　　　　　　D. 供应与耗用保持一致
　　E. 增加每日送达存货的数量

5. 库存耗竭的发生，会导致（   ）。
　　A. 专程派人采购材料　　　　　B. 停产等待新的材料运达
　　C. 失去顾客　　　　　　　　　D. 经济损失
　　E. 增加平时储存量

6. 确定再订货点，需要考虑的因素有（   ）。
　　A. 平均每天的正常耗用量　　　B. 预计每天的最大耗用量
　　C. 提前时间　　　　　　　　　D. 预计最长收货时间
　　E. 保险储备

7. 某企业年需要甲材料20 000千克，单价1 000元，一次订货成本为40元，年储存成本率为1%，则其经济订货量（金额）、经济订货次数为（　　）。
　　A. 经济订货量为400千克　　　　　　B. 经济订货量为40 000千克
　　C. 经济订货次数为5次　　　　　　　D. 经济订货次数为6次
　　E. 经济订货量为4 000元，经济订货次数为5次

8. 存货对于制造业绝大部分企业来说是必须的，因为（　　）。
　　A. 为了保证企业不间断生产对原材料的需求，应有一定的储备量
　　B. 满足产品销售的批量化需要，应由足够的半成品、产成品储备
　　C. 满足企业均衡生产并降低生产成本，应有一定的储备量
　　D. 避免或减少经营中可能出现的失误或意外对企业造成的损失
　　E. 零购材料价格较高，整批购买价格有优惠

## 三、业务题

1. 假设甲工厂全年需要A材料3 600吨，A材料的储存成本为每月10元/吨，每批订货成本为1 000元。
　　**要求**：计算A材料的经济订货批量、最优订货批次和最低相关总成本。

2. 某公司生产所需的B材料平均备用天数为10天，平均每天使用量为200千克。根据公司前期相关资料，B材料平均进货延误时间为3天。
　　**要求**：计算乙公司B材料的保险储备量和正常情况下的再订货点。

3. 某公司生产每年需要C材料10 000千克，每次订货成本为174元，每千克材料年储存成本为5元，该材料的采购价格为18元/件，一次订购数量在2 500件以上可获得2%折扣，一次订购数量在3 500件以上可获得4%折扣。
　　**要求**：计算最优订货批量。

4. 某公司生产产品所需某种零部件年需要量为30 000件，每日送货量为80件，每日耗用量为50件，平均每次订货成本为80元，单位零部件储存成本为5元。
　　**要求**：计算确定该零部件经济订货批量、总成本及最优订货批次。

5. 某企业共有存货2 000种，全年占用资金总额为1 650万元，按照占用资金多少由高到低排序，依次分为A、B、C三类，相关统计分类数据如下：

| 类别 | 品种数量 | 品种数量比（%） | 占用资金（万元） | 各类资金比（%） |
|---|---|---|---|---|
| A | 35 | | 1 235 | |
| B | 235 | | 270 | |
| C | 1 730 | | 145 | |
| 合计 | 2 000 | 100 | 1 650 | 100 |

要求：
(1) 根据以上资料，计算各类存货的品种数量比重及资金占用比重；
(2) 绘制ABC分析图，并说明各类存货管理及控制重点及意义。

## 应用实践

### 一、家乐福的库存计划模式

在库存商品的管理模式上，家乐福实行品类管理（Category Management），优化商品结构。一个商品进入之后，会有POS机实时收集库存、销售等数据，进行统一的汇总和分析，根据汇总分析的结果对库存的商品进行分类。然后，根据不同的商品分类拟定相应适合的库存计划模式，对于各类型的不同商品，根据分类制订不同的订货公式的参数。根据安全库存量的方法，当可得到的仓库存储水平下降到确定的安全库存量或以下的时候，该系统就会启动自动订货程序。

**启示：**

（1）运用ABC法对物料分类管理。运用ABC分类法对所有物料进行分类。家乐福根据流量大、移动快速，流量始终以及流量低、转移速度慢三种情况把物料分为A、B和C三类。这就有助于管理部门为每一个分类的品种确立集中的存货战略。

（2）根据品类管理制订不同的库存计划模式。大致而言，存货的管理模式有7种模式：A/R法（订单直接展开法）、复仓法、安全存量法、定时定购法、定量定购法、MRP法（用料需求规划法）以及看板法（Just-In-Time）。

### 二、家乐福的购料订货模式

在家乐福有一个特有的部门OP（ORDER POOL），也就是订货部门，是整个家乐福的物流系统核心，控制了整个企业的物流运转。在家乐福，采购与订货是分开的。由专门的采购部门选择供应商，议定合约和订购价格。OP则负责对仓库库存量的控制；生成正常订单与临时订单，保证所有的订单发送给供应商；同时进行库存异动的分析。作为一个核心控制部门，它的控制动作将它的资料联系到其他各个部门。对于仓储部门，它控制实际的和系统中所显示的库存量，并控制存货的异动情况；对于财务部门，它提供相关的入账资料和信息；对于各个营业部门，它提供存量信息给各个部门，提醒各部门根据销售情况及时更改订货参数，或增加临时订量。

**启示：**

（1）在公司内部形成一个控制中心。在公司内部形成一个类似OP的专门的控制部门，以它为中心，成射线状对企业其他各个部门形成控制，对财务提供资料，同时对各个营运部门形成互动的联系，可以形容为"牵一发而动全身"。在制造企业的内部，我们同样需要一个得力的控制中心的存在。

（2）明确各个部门的职责。在订货这个流程中，如果各个部门的职责没有分清的话，订货的效率会显然降低，或者说订货出错的机率会增加。在制造业中，我们需要让采购、仓库、财务、生产各个部门的职责明白清晰，物料管理的效率才能够提高。

（3）优化进货流程。比较家乐福的订货流程，可以拟出制造业的一个进货流程如下：首先，电脑根据订货公式，计算自动订单；第二，由业务员人工审核确认后，由计算机输出，发给供应商；第三，供应商凭借计算机订单及订单号送货；第四，收货员下载订单到收货终端，持收货终端验收商品。未订货商品无法收货（严格控制未订货商品）；第五，上传终端数据至电脑系统，生成电脑验收单（超出订货数量商品，作为赠品验收或退还供应商）；第六，将电脑验收单加盖收货章后交给供应商作为结算凭证；最后，进行业务，每日查验"超期未到货订单汇总表"，确保供应商准时

### 三、家乐福的仓储作业

家乐福的做法是将仓库、财务、OP、营业部门的功能和供应商的数据整合在一起。从统一的视角来考虑订货、收货、销售过程中的各种影响因素。因此，看家乐福仓储作业的管理就必须联系它的OP、财务、营业部门来看，这是一个严密的有机体。仓库在每日的收货、发货之外会根据每日存货异动的资料，存量资料的数据传输给OP部门，OP则根据累计和新传输的资料生成各类分析报表。同时，家乐福已逐步将周期盘点（Cycle Count）代替传统一年两次的"实地盘点"。在实行了周期盘点后，家乐福发现，最大的功效是节省一定的人力、物力、财力，没有必要在两次实地盘点的时候大规模地兴师动众了；同时，盘点的效率得到了提高。

**启示：**

（1）加强仓库的控制作用。根据"战略储存"的观念，仓库在单纯的存储功能以外还有更重要的管理控制的功能。第一，加强成品管理，有效维护库存各物料的品质与数量。第二，强化料账管理，依据永续盘存的会计理念进行登账管理。第三，要及时提供库存资讯情报。要具备稽核功能、统计功能。以料、账和盘点的数据为基准。制订出有关资讯报表。第四，注重呆废料管理。通过制订呆废料分析表，利用检查及分析等手段使仓库中的呆废料突显出来，并及早活用，最大限度地减少损失。

（2）推行周期盘点。家乐福利用周期盘点（Cycle Count）代替一年两次实地盘点的做法在一定程度上也是值得制造业企业学习的。"周期盘点"以一个月或几星期为一个周期，根据品类管理对物料的分类，同样也对所储存的物料进行盘点周期的分类。每一次盘点若干个储位或料项，根据盘点的结果进行调整，并生成周期盘点的相关报表。采用"周期盘点"可以达到缩短盘点周期、及早发现"人"的问题以及仓储中存在的问题。但周期盘点的实施需要企业财务、采购、仓库各个部门有更强的控制能力和相互间联系反应的能力。

# 第八章
## 项目投资决策

# 知识框架图

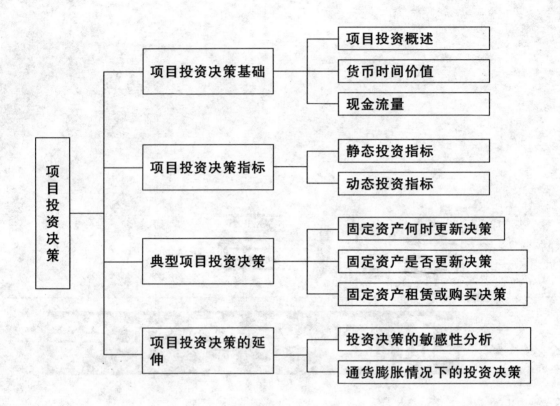

| | 【理论知识目标】 |
|---|---|
| 学习目标 | 1. 了解货币时间价值的定义和计量方式。<br>2. 了解现金流量的定义和计量方式。<br>【应用能力目标】<br>1. 掌握项目投资决策指标的计算方法。<br>2. 掌握几种典型的项目投资方法。 |

# 拍立得公司的投资决策

当年在拍立得公司（polaroid corporation）的创始人兰德发明立即显像照相机时，由于这项产品的需求潜能非常庞大，所以兰德根本不必应用任何投资决策方法就可以决定：应该马上投入资本兴建厂房，并开始生产。

然而，并非每一个投资决策都可以如此轻易地制定。例如，很多公司通常为增加新生产线或维持现有生产线，使用新设备或继续使用旧设备，以及购买价昂但耐用的设备或购买价廉但不耐用的设备等投资方案做出困难的抉择，而这些为了维持公司经营所需制定的决策对公司的生存和发展往往能够产生相当大的影响。

在分析了大量倒闭的公司后，我们发现，这些公司的投资决策程序和制度都不健全。例如，这些公司在采用某投资方案前，大多没有详细地分析并比较其他可行的投资方案，而且在进行投资决策时并未将投资方案的风险考虑在内；更为严重的是，他们也未适当地评估投资方案的预期现金流量。

# 第一节 项目投资决策基础

## 一、项目投资概述

投资是指特定经济主体为了在未来可预见的时期内获得收益或使资金增值,在一定时期内将资金投放于一定对象的经济行为,是企业的一项重要活动。根据投资时间的长短,企业的投资活动可分为短期投资和长期投资。短期投资又称经营投资,是指能在一个营业周期内完成。长期投资是指为了特定的生产经营目的而进行的资金支出,其具有资金支出数额较大,获取收益的持续期超过一年以上,且能在较长时间内影响企业经营获利能力的投资行为。

长期投资按其对象的不同可分为项目投资、证券投资和其他投资三种类型。

项目投资是一种以特定项目为对象,直接与固定资产的构建项目或更新改造项目有关的长期投资行为。

证券投资,则是企业通过让渡企业资金的使用权而取得某种有价证券,以收取利息、使用费或股利等形式取得收益而使得资金增值或获得特定资源、市场及其他企业控制权为目的的一种投资行为,包括长期债券投资和长期股票投资。

其他投资则是指项目投资和证券投资以外的长期投资。

长期投资决策,与长期投资项目有关的决策过程。固定资产增加、扩建、更新、改造、资源的开发、利用等方面的决策。长期投资决策的正确与否对企业的生死存亡具有决定性作用,因而长期投资决策分析也就成为管理会计研究的重要内容之一。

管理会计长期投资决策的研究对象是项目投资决策,这类决策通常会对企业本身未来的生产经营能力和获利能力产生直接的影响。在了解项目投资决策之前,我们必须首先了解几个相关的概念。

## 二、货币时间价值

### (一)货币时间价值的概念

货币时间价值,是指货币经过一定时间的投资和再投资后所增加的价值,即一定量的资金在不同时点上的价值量的差额。货币时间价值的概念认为当前拥有的货币比未来收到同样金额的货币具有更大的价值,因为当前拥有的货币可以进行投资。货币时间价值的实质就是资金周转利用后会产生增值,一定量资金周转利用的时间越长,其产生的增值额也越大。

货币时间价值的一般表现形式有相对量和绝对量两种。从相对量上来说,就是没有通货膨胀和风险条件下的社会平均资本利润率。在生活中,由于政府债券的风险较小,当通货膨胀率很低时,人们习惯将政府债券利率视为货币时间价值。从绝对量上来说，货币时间价值就是资金在生产经营过程中带来的真实增值额，即一定数额的资金与时间价值率的乘积。

马克思指出："作为资本的货币的流通本身就是目的，因为只是在这个不断更新的运动中才有价值的增值"。"如果把它从流通中取出来，那它就凝固为贮藏货币，即使藏到世界末日，也不会增加分毫。"因此，并不是所有的货币都有时间价值，只有把货币作为资金投入生产经营才能产生时间价值，即时间价值是在生产经营中产生的。本杰明·富兰克林曾经说过："钱生钱，并且所生之钱会生出更多的钱。这就是货币时间价值的本质。"

对于企业的长期投资决策，由于长期投资项目的投资金额往往很大，全过程的时间跨度往往很长，且投资支出和投资回收不在同一个时间点上，所以在决策时不能简单地将现在的投资支出和若干年后的投资收入直接相比。想要长期投资项目的经济评价建立在客观而可比的基础上，就需要考虑货币的时间价值因素。

在生活中货币的时间价值也经常体现。今年的某天我将100元存入银行，在银行利率10%的情况下，一年以后我将会得到110元，多出的10元利息就是100元经过一年时间的投资所增加的价值，即货币的时间价值。由此可见，其实我们的生活处处体现了货币的时间价值。当我们手头宽裕，把钱存入银行，这是一种投资方式，我们会获得利息，得到一定的收益，而这一部分增值额就是货币的时间价值。

● **（二）货币时间价值的计量**

**1. 与货币时间价值计量有关的概念**

在学习货币时间价值的计量之前需要了解几个基本的概念。

（1）单利和复利

货币时间价值通常采用利息的形式，利息计算有两种方式，一是单利，二是复利。单利是指仅最初的本金产生利息，利息不计入下期本金，各期的计息基础不变。复利是指不仅最初的本金产生利息，各期利息会计入到下期本金，各期的计息基础发生改变，即俗称的利滚利。

【例8-1】：单利和复利的比较

**已知**：某人于今年年初在银行存入1 000元，存期为4年，年利率为10%。

**要求**：计算两种计息方式下各年当期利息.各年年末本利和。

**解**：计算结果见下表

8-1　单利复利计算表

单位：元

| | 单利计息 | | | 复利计息 | | |
|---|---|---|---|---|---|---|
| | 本金 | 当期利息 | 本利和 | 本金 | 当期利息 | 本利和 |
| 第1年 | 1 000 | 100 | 1 100 | 10 000 | 100 | 1 100 |
| 第2年 | 1 000 | 100 | 1 200 | 1 100 | 110 | 1 210 |
| 第3年 | 1 000 | 100 | 1 300 | 1 210 | 121 | 1 331 |
| 第4年 | 1 000 | 100 | 1 400 | 1 331 | 133.1 | 1 464.1 |

在扩大再生产条件下,企业运用资本所取得的收益往往要再投入经营周转中去,而复利指的是资金经过投资和再投资所产生的价值增值,因此复利更适合用来表达货币的时间价值。在西方国家及国际贸易惯例中,也按复利计算货币时间价值,以反映货币不断运动、不断增值的规律。因此,在项目投资决策考虑货币时间价值因素时,必须按复利计算相关指标。

(2) 现值和终值

由于货币存在时间价值,不同时点上的等额货币价值不相等,因此在比较不同时点上的货币金额时,需要将它们折算到同一时点上才能比较,由此引出了现值和终值的概念。

现值是指,为取得未来某一时间点上的本利和,现在所需要的本金,通常用字母P表示。

终值是指,某特定资金经过一段时间后的最终价值及本例和,通常用字母F表示。

### 2.复利终值与现值

(1) 复利终值

所谓复利终值是指在复利计息方式下,一定量的资金在未来某一时点上的最终价值即本利和。

【例8-2】:某人将1 000元存入银行,年利率为10%,在复利计息方式下各年的终值即本利和。

1年后可得终值:

$100(1+10\%) = 110$(元)

2年后可得终值:

$[100(1+10\%)](1+10\%) = 121$(元)

……

以此类推,n年后可得终值:

$100(1+10\%)^n$

由上例,我们可推算复利终值的一般计算公式:

$F = P(1+i)^n$

式中:F————复利终值

P————复利现值

i————利率

n————计息期数

式子$F = P(1+i)^n$是计算复利终值的一般公式,式中$(1+i)^n$称为复利终值系数,可用符号(F/P, i, n)表示,它表示1元钱在利率水平为i,经过n期后的最终价值。式中的计息期数n可以以年计算也可以以季或月计算,只要式中的i是同期的利率即可。在实际应用中,复利终值系数可以查阅复利终值系数表。

【例8-3】:沿用例8-1的资料,计算4年后的终值。

解:由题意可知,现值P=1 000元,利率i=10%,计息期数n=4

则终值F = P(1 + i)$^n$ = 1 000(1 + 10%)$^4$ = 1 464.1（元）

或　　　= P(F/P, i, n) = 1000 1.4641 0 = 1 464.1（元）

（2）复利现值

复利现值是复利终值的对称概念，指未来某一时点上的特定资金按复利计算的现在价值，即为取得未来某一时点上的特定资金现在所需要的本金。

其计算公式可由复利终值计算公式转化而来，即

$$P = \frac{F}{(1+i)^n} = F(1+i)^{-n}$$

式中(1+i)$^{-n}$称为复利现值系数，可用符号（P/F, i, n）表示，该系数表示在利率水平为i的条件下，为取得n期后的1元钱，现在需要多少本金。同样，在实际应用中，复利现值系数可以查阅复利现值系数表。

【例8-4】：假设某人希望在4年后一次性取出本利和1 000元，年利率为10%，那么此人现在需要存入多少钱？

解：由题意可知，已知终值F=1 000元，利率i=10%，期数n=4

则现值P=F(1+i)$^{-n}$=1 000(1+10%)$^{-4}$ 620.92（元）

或　　　= F(P/F, i, n) = 1000 0.62092 = 62 092（元）

### 3.普通年金

年金是指，在某一特定的时期内，每间隔相同的时间，收到或支付一些列等额的款项。在现实经济生活中，年金到处可见，例如：保险费、长期贷款利息的支付、零存整取等。年金又可以分为普通年金和预付年金。

普通年金是指在每期期末发生的年金，又叫后付年金，一般用A表示。

（1）普通年金终值

普通年金终值是指，一定时期内每期期末等额收付款项的复利终值之和。

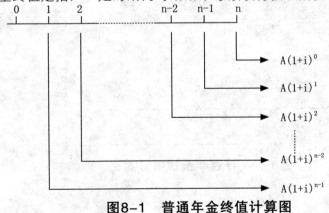

图8-1　普通年金终值计算图

由上图可知：

$$F = A + A(1+i) + A(1+i)^2 + A(1+i)^3 + \cdots + A(1+i)^n$$
$$= \frac{A[(1+i)^n - 1]}{i}$$

式中：F——普通年金终值
P——普通年金现值
i——利率
n——计息期数

上式中$[(1+i)^n-1]/i$称为普通年金终值系数，可用符号（F/A，i，n）表示。该系数表示每期期末支付年金1元，在利率水平为i，经过n期之后的终值。同样，年金终值系数可以通过查阅年金终值系数表得到。

【例8-5】：某公司每年在银行存入4 000元，计划在10年后更新设备，银行存款利率5%，到第10年末公司能筹集的资金总额是多少？

解：由题意可知，年金A=4 000元，利率i=5%，期数n=10

则终值F=A（F/A，i，n）=4 000（F/A，5%，10）=4 000×12.578=50 312（元）

（2）偿债基金

偿债基金又称为积累基金，计算偿债基金就是根据已知的年金终值F求年金A的过程。

根据普通年金终值的计算公式，当利率i：复利期数及终值F已知的情况下偿债基金A的计算公式如下：

$$A = F\frac{i}{(1+i)^n - 1}$$

式中称为偿债基金系数，可用符号（A/F，i，n）表示。次系数可通过查阅偿债基金系数表得到，或通过普通年金终值系数的倒数计算得到。

（3）普通年金现值

普通年金现值，简称年金现值，是指为在未来某个期间内的每期期末支取相同的金额，按复利计算，现在所需要的本金数。

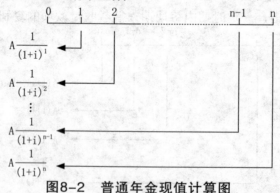

图8-2　普通年金现值计算图

由上图可知：

$$P = A(1+i)^{-1} + A(1+i)^{-2} + A(1+i)^{-3} + \cdots + A(1+i)^{-n}$$
$$= A\frac{1-(1+i)^{-n}}{i}$$

中$[1-(1+i)^{-n}]/i$称为普通年金现值系数，可用符号（P/A，i，n）表示。它表示在利率水平为i，每期期末收付1元钱所折算的现值。同样，年金现值系数可以通过查阅年金终值系数表得到。

【例8-6】：某人希望在未来5年里每年年末取出1000元钱，年利率为5%，那么此人现在需要一次性存入多少钱？

解：由题意可知，年金A＝1 000元，利率i＝5%，期数n＝5

则现值P＝A（P/A，i，n）＝1 000（P/A，5%，5）＝1000×4.32948＝4329.48（元）

### 4.预付年金

预付年金又称为先付年金，是指每期期初有等额的收付款项的年金。

（1）预付年金终值

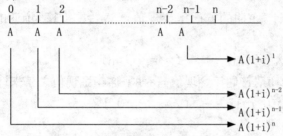

图8-3 预付年金终值计算图

$$F = A(1+i) + A(1+i)^2 + \cdots + A(1+i)^{n-1} + A(1+i)^n$$

预付年金与普通年金的付款次数相同，但是预付年金相对于普通年金早付款一期，导致预付年金要比普通年金多计算一期利息。因此，预付年金终值可在普通年金终值的计算基础上乘以（1+i）。

$$F = \frac{A[(1+i)^n - 1]}{i}(1+i) = A\left[\frac{(1+i)^{n+1} - 1}{i} - 1\right]$$

上式中，称为预付年金终值系数，它是在n期普通年金终值系数的基础上，期数加1，系数值减1所得。

（2）预付年金现值

预付年金现值为：

$$P = A + A(1+i)^{-1} + A(1+i)^{-2} + \cdots + A(1+i)^{-n+1}$$

从预付年金现值的计算公式中可以看出，相同期数的预付年金与普通年金的付款次数相同，但预付年金比普通年金早付款一期，导致预付年金要比普通年金少折现一期。因此，预付年金现值可在普通年金现值的计算基础上乘以（1+i）。

$$P = A\frac{1-(1+i)^{-n}}{i}(1+i) = A\left[\frac{1-(1+i)^{-n+1}}{i} + 1\right]$$

式中，被称为预付年金现值系数，它是n期普通年金现值系数的基础上，期数减1，系数值加1所得的结果。

### 5.递延年金

递延年金是指首次支付发生在第2期或以后某期的年金。

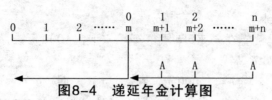

图8-4 递延年金计算图

递延年金其实就是总期数为m+n期时的n期的普通年金；从上图可以看出，m+n期的递延年金等于m+n期的普通年金与m期的普通年金之差。因此，无论是递延年金终值还是递延年金现值，都可以在普通年金的计算基础上计算。递延年金的计算可以通过两种方法进行计算：

第一种方法，先计算n期的普通年金现值，然后在折算为m期的复利现值，从而求出递延年金现值。

$$P = A \cdot (P/A, i, m+n) \cdot (P/F, i, m)$$

第二种方法，按m+n期普通年金现值与s期普通年金现值之差来计算递延年金现值。

$$P = A[(P/A, i, m+n) - (P/A, i, m)]$$

### 6.永续年金

永续年金是指无限期支付的年金。比如优先股，其股利支付是固定的，而且无到期日，所以可以将优先股股利看作是永续年金。由于永续年金没有到期日，因此也就没有终值。永续年金的现值可通过普通年金现值的计算公式推导计算：

当 $n \longrightarrow \infty$ 时，$(1+i)^{-n} \longrightarrow 0$，

因此 $P = A/i$

## 三、现金流量

### （一）现金流量的概念

现金流量是指投资项目从建设、运营到终止为止的整个期间内各年现金流入量与现金流出量的总称，它是计算项目投资决策评价指标的主要根据和关键的价值信息之一。需要注意的是项目投资决策中"现金"的概念不等同于财务会计中现金的概念。项目投资决策中的"现金"是广义的现金，不仅包括各种货币资金，而且还包括投资项目所涉及的一些非货币资源的变现价值。现金流量包括现金流出量、现金流入量和现金净流量三个基本概念。

#### 1.现金流出量

项目投资方案中的现金流出量是指，投资项目实施的整个期间内所发生的所有现金支出，一般用字母O表示。投资项目涉及到的现金流出量主要包括项目建设初期固定资产投资支出、垫支的流动资产支出，营业期间付现的营业成本等。

#### 2.现金流入量

现金流入量，与现金流出量相对应，是指投资项目实施的整个期间内所发生的所有现金收入，一般可用字母I表示。投资项目涉及的现金流入量主要包括营业期间的营

业收入，项目终结时回收的固定资产残值和回收的前期垫支的流动资产。

**3.现金净流量**

现金净流量是指，投资项目实施的整个期间内的现金流入量与现金流出量之间的差额，一般可用字母NCF表示。

● **（二）现金流量的计算**

项目投资从实施到终止按照时间一般可分为三个阶段：项目建设期、项目营业期、醒目终结期。由此，我们可将投资活动的现金流量分为建设期现金流量、营业现金流量和终结现金流量。

**1.建设期现金流量**

项目建设期的现金流量主要是现金流出量，这一时期的现金流出量主要是固定资产投资支出和垫支的流动资产支出。

（1）固定资产投资支出

固定资产投资支出主要是反映项目按拟定建设规模、产品方案和建设内容进行建设所需的费用，它包括建筑工程费、设备购置费、安装工程费、工程建设其他费用和预备费用。

固定资产投资支出一般以设备的变现价值作为其现金流出量。需要注意的是当固定资产投资是利用原有旧设备变卖所获取的资金进行投资的需要考虑所得税对现金流量的影响。原有旧设备出售所形成的收入或支出可能需要支付或减免所得税。

（2）垫支的流动资产支出

项目投资在建设期间除了会发生大量的固定资产投资支出外，通常还需要在建设期和营业期将一部分资金垫支在应收账款和存货等流动资产上。这些资金一经投入，便在整个项目实施期间内围绕着企业的生产经营活动进行周而复始的循环周转，直至项目终结时才收回并转作他用，这部分现金流量在会计上一般不涉及企业的损益，因此不受所得税的影响。

综上，建设期的现金流量可用下式表示：

建设期现金流量＝投资在流动资产上的资金＋设备的变现价值－(设备的变现价值－折余价值)×税率

**2.营业现金流量**

营业现金流量是指项目投产进入正式营业期间内的现金流入量和现金流出量的差额。营业期内的现金流入主要是营业现金收入，营业期内的现金流出主要是指营业的付现成本和缴纳的所得税。由于营业收入中有现销形成的收入和赊销形成的收入，当年营业收入未必等于营业现金收入。但由于应收账款的信用期通常在一年以内，因此，一般假设投资项目每年的营业收入等于营业现金收入。由此，投资项目的年营业现金流量可用下式来计算：

营业现金流量＝营业收入－付现成本－所得税

在计算营业现金流量时需要注意折旧费用对所得税进而对现金流量的影响。折旧企业营业成本的一部分，但却是非付现成本，因此，一方面折旧的计提会增加企业的费用从而减少所得税税额，另一方面折旧是不需要支付现金的费用。

假设折旧是投资项目唯一的非付现成本，则

营业成本 = 付现成本 + 折旧

付现成本 = 营业成本 − 折旧

则，投资项目的营业现金流量可由下式计算：

营业现金流量 = 营业收入 − 付现成本 − 所得税

　　　　　　 = 营业收入 −（营业成本 − 折旧）− 所得税

　　　　　　 = 营业收入 − 营业成本 − 所得税 + 折旧

　　　　　　 = 净利润 + 折旧

由于，净利润 = 税前利润(1 − 所得税税率)

将上式代入公式，则

营业现金流量 = 净利润 + 折旧

　　　　　　 = 税前利润 ×(1 − 所得税税率) + 折旧

　　　　　　 = (营业收入 − 营业成本) ×(1 − 所得税税率) + 折旧

　　　　　　 = (营业收入 − 付现成本 − 折旧) ×(1 − 所得税税率) + 折旧

　　　　　　 = 营业收入 ×(1 − 所得税税率) − 付现成本 ×(1 − 所得税税率) + 折旧 × 所得税税率

（3）终结现金流量

终结现金流量是指，投资项目在终结时所发生的现金流量，通常为现金流入量。项目终结时的现金流量一般包括固定资产残值收入或变价收入（指扣除了所需要上缴的税金等支出后的净收入），原有垫支在各种流动资产上的资金的收回等。其中在计算固定资产残值收入时需要注意，如果固定资产的最终残值与固定资产的预计残值相同，会计上对所得税费用也同样不产生影响。但如果固定资产最终残值收入高于预计残值则在会计上形成营业外收入，这部分收入将增加企业的所得税，如果固定资产最终残值收入低于预计残值则在会计上形成营业外支出，这部分支出可以减少所得税缴纳额，这就意味着在项目终止时，有可能因为支出或减免所得税，使因收回固定资产实际收到的现金与税前固定资产最终残值有所不同。因此在计算现金流量时，不能忽视这部分的影响。在投资决策中，假设在项目投资终止时，项目初期投入在流动资产上的资金可以全部收回。这部分收回的资金由于不涉及利润的增减，因此对所得税费用不产生影响。

综上所述，项目终结时的净现金流量可以用以下公式表示：

终结现金流量 = 实际固定资产残值收入 + 原投入的流动资金 −(实际残值收入 − 预计残值)税率

【例8-6】：某企业准备投资一个新项目，该项目需要购置一项价值100万元的设备，并在建设起点一次性投入，该设备预计使用5年，预计残值为10万元，按直线法计提折旧此外。此外为保证该项目的正常运营需要在建设起点垫付流动资金20万元。在设备使用5年中,预计每年可获取营业收入60万元,每年需要支付的付现成本为30万元。项目结束时,该设备可收回残值预计为12万元。假设该企业的所得税税率为40%。

**要求**:根据上述资料计算该项目各阶段的现金流量。

解:(1)建设期现金流量

建设期现金流量=投资在流动资产上的资金+设备的变现价值

$$=20+100=120(万元)$$

(2)营业现金流量

各年计提折旧额为:

折旧=(100-10)/5=18(万元)

营业现金流量=营业收入-付现成本-所得税

$$60-30-(60-30-18)40\%=25.2(万元)$$

(3)项目终结现金流量

终结现金流量=实际固定资产残值收入+原投入的流动资金-(实际残值收入-预计残值)税率

$$2+20-(12-10)40\%=31.2(万元)$$

由此,该项目各年预期现金流量表如下:

表8-2  各年预期现金流量

单位:万元

| 年份 | 0 | 1 | 2 | 3 | 4 | 5 |
|---|---|---|---|---|---|---|
| 预期现金流量 | (120) | 25.2 | 25.2 | 25.2 | 25.2 | 36.4 |

## 第二节 项目投资决策指标

投资方案的主要经济评价指标,按照其是否考虑货币时间价值因素,可分为静态与动态指标两大类。

### 一、静态投资指标

静态投资指标是指,在评价投资项目的经济效益时,不考虑货币时间价值因素,直接按投资项目形成的现金流量进行计算的方法。具体使用指标包括静态投资回收期、投资利润率、年平均报酬率等。

#### (一)静态投资回收期

**1.计算方法**

静态投资回收期是指在不考虑货币时间价值因素的条件下,收回原始投资所需要的时间,即能够使与此方案相关的累计现金流入量等于累计现金流出量的时间。

$$\sum_{t=1}^{n} I_t = \sum_{t=1}^{n} Q_t$$

由此可得静态投资回收期的计算公式如下:

静态投资回收 = 累计净现金流量开始出现正值的年份数 − 1 + $\frac{上年累计净现金流量的绝对值}{当年净现金流量}$

**2. 决策原则**

静态投资回收期越短,说明收回投资的速度越快。在使用静态投资回收期法进行决策时,可事先确定一个基准静态回收期即企业要求回收投资的年限,将项目实际静态投资回收期与基准静态投资回收期进行比较,接受静态投资回收期小于基准静态回收期的方案。也可比较几个备选方案的静态投资回收期,选择静态回收期较短的方案。

**3. 指标评价**

静态投资回收期法的优点,一是反映了投资项目的风险大小。静态投资回收期是以收回某项投资金额所需的时间长短作为判断方案是否可行的依据。一般来说,静态投资回收期越短,该项投资在未来时期所冒的风险越小;静态投资回收期越长,市场变化大,风险也越大。二是静态投资回收期的计算方法简便,易于决策者理解。

静态投资回收期法的缺点,一是没有考虑货币时间价值的因素;二是没有考虑回收期后的现金流。在实际生活中,对企业有战略意义的长期投资往往早期收益比较低,而中后期收益较高,采用此方法可能会让企业忽视长期投资项目中后期的长久收益。因此,静态投资回收期一般适用于对几个备选方案进行初步评价,仅作为投资方案辅助方法。

【例8-7】:某企业准备扩充生产能力,现有A、B两种方案可供选择。

方案A:各方案预计现金及收益情况如下表所示:

表8-4  A方案预计现金及收益情况

单位:万元

| 年份 | 方案A | | | 方案B | | |
|---|---|---|---|---|---|---|
| | 净利润 | 折旧 | 净现金流量 | 净利润 | 折旧 | 净现金流量 |
| 0 | | | −100 | | | −100 |
| 1 | 18 | 20 | 38 | 0 | 20 | 20 |
| 2 | 18 | 20 | 38 | 10 | 20 | 30 |
| 3 | 18 | 20 | 38 | 20 | 20 | 40 |
| 4 | 18 | 20 | 38 | 30 | 20 | 50 |
| 5 | 18 | 20 | 38 | 40 | 20 | 60 |
| 合计 | 90 | 100 | 90 | 100 | 100 | 100 |

解:方案A、B的累计现金流量如下表所示:

### 表8-5　A、B方案累计现金流量

单位：万元

| 方案 | 年份 | | | | | |
|---|---|---|---|---|---|---|
| | 0 | 1 | 2 | 3 | 4 | 5 |
| A | -100 | -62 | -24 | 14 | 52 | 90 |
| B | -100 | -80 | -50 | -10 | 40 | 100 |

由上表可知，方案A的静态投资回收期为：

$$= 3 - 1 + (14/38)$$
$$= 2.36（年）$$

同理可计算方案B的静态投资回收期为：

$$4 - 1 + (10/50) = 3.2（年）$$

综上可知从静态投资回收期的角度来看方案A的静态投资回收期较小，即在不考虑货币时间价值的前提下，方案A收回前期投资的时间，速度较快。

### （二）投资利润率

#### 1.计算方法

投资利润率又称投资报酬率，是指投资项目年平均利润与投资总额的比值。

$$投资利润率 = \frac{年平均利润}{投资总额}$$

#### 2.决策原则

投资利润率是一个静态指标，投资利润率越高，经济效益越好，反之则越差。当投资项目备选方案只有一个时可事先确定一个企业要求达到的目标投资利润率，当投资项目的投资利润率高于目标投资利润率时，可接受此方案；反之则要否决此方案。当投资项目备选方案有多个时应选择投资利润率较高的方案。

#### 3.指标评价

投资利润率法的最大优点在于计算简便，易于理解；以利润作为计算基础资料易于收集；同时考虑了项目整个时期的全部收益情况。

投资利润率指标同样具有缺陷，一是和静态投资回收期一样没有考虑到货币的时间价值；二是该指标以利润为计算基础，而不是以现金流量为计算基础，难以正确地反映出投资项目的真实效益。

【例8-8】：沿用例8-7的资料计算方案A、B的投资利润率指标。

解：方案A的投资利润率

$$投资利润率 = \frac{年平均利润}{投资总额}$$
$$= 18/100$$
$$= 18\%$$

方案B的投资利润率：

$$投资利润率 = \frac{年平均利润}{投资总额}$$

$$= \frac{(10+20+30+40)/5}{100}$$

$$= 20\%$$

通过计算可知方案B的投资利润率较高。

## 二、动态投资指标

动态投资指标是指在评价投资项目的经济效益时，考虑货币时间价值的因素，对投资项目所形成的现金流量进行折计算出现相关评价指标的方法。动态投资指标主要包括动态投资回收期、净现值、净现值率、内含报酬率等指标。

### （一）动态投资回收期

**1.指标计算**

动态投资回收期是指在考虑货币时间价值的前提下，收回全部原始投资所需要的时间。动态投资回收期与静态投资回收期从经济意义上来说并没有什么区别，都可以用来衡量投资项目回收投资的能力，不同的是，动态投资回收期考虑了货币时间价值对回收期的影响，它是以按企业要求达到的最低收益率折现的现金流量作为计算基础。动态投资回收期的计算公式如下所示：

式中：Pt——投资回收期

（I-O）t——第t年的现金净流量

i——基准折现率。

$$\sum_{t=0}^{P_t} (I-O)_t (1-i) = 0$$

Pt = 累计现金净流量现值开始出现正值年分数 $-1+\dfrac{上年累计现金净流量现值的绝对值}{当年现金净流量现值}$

**2.决策原则**

动态投资回收期与静态投资回收期从经济意义上来说并没有什么区别，都可以用来衡量投资项目回收投资的能力，不同的是，动态投资回收期考虑了货币时间价值对回收期的影响。因此，静态投资回收期的决策原则同样适用于动态投资回收期。

**3.指标评价**

动态投资回收期的优点在于，相对于静态回收期考虑了货币的时间价值因素，能够反映前后各期净现金流量高低不同的影响，有助于促使企业尽量提前收回资金，是对投资回收期法的一种改进。

动态投资回收期同样存在缺点，该方法同样没有考虑回收期之后的现金流量情况，因而在实际生活中，动态投资回收期一般也只适用于项目优劣的初步判断，不用于项目最后决策的依据。

【例8-9】：沿用例8-7的资料，假设该企业的基准折现率为10%，计算方案A、B的动态投资回收期。

解：方案A、B的折现现金流量表如下所示：

**表8-6　方案A、B折现现金流量**

单位：万元

| 年份 | 方案A | | | 方案B | | |
|---|---|---|---|---|---|---|
| | 净现金流量 | 折现净现金流量 | 累计净现金流量 | 净现金流量 | 折现净现金流量 | 累计净现金流量 |
| 0 | -100 | -100 | -100 | -100 | -100 | -100 |
| 1 | 38 | 34.55 | -65.45 | 20 | 18.18 | -81.82 |
| 2 | 38 | 31.41 | -34.04 | 30 | 24.79 | -57.03 |
| 3 | 38 | 28.55 | -5.49 | 40 | 30.05 | -26.98 |
| 4 | 38 | 25.95 | 20.46 | 50 | 34.15 | 7.17 |
| 5 | 38 | 23.59 | 44.05 | 60 | 37.25 | 44.42 |

由上表可知，方案A的动态投资回收期为：$3-1+(5.49/25.95)=2.21$（年）

方案B的动态投资回收期为：$4-1+(26.98/34.15)=3.79$（年）从动态投资回收期来看方案A的投资回收时间较短。

### （二）净现值

#### 1.指标计算

净现值是指某一项目方案实施期间未来各年现金流入量现值之和与现金流出量现值之和的差额。通常用NPV表示，其计算公式如下：

式中：n——项目运行时间

　　　$I_t$——项目实施第t年的净现金流入值

　　　$O_t$——项目实施第t年的净现金流出值

　　　i——折现率（可以是企业规定的投资报酬率）

$$NPV = \sum_{t=1}^{n} \frac{I_t}{(1+i)^t} - \sum_{t=1}^{n} \frac{O_t}{(1+i)^t}$$

#### 2.决策原则

净现值可能是正值、负值或零。在投资项目只有一个备选方案时，净现值为正值表示表示该项目的预期报酬率大于预定的折现率，可接受此方案，如果净现值为零活负数，则该项目的预期报酬率小于或等于预定的折现率，可拒绝此方案。当投资项目有多个备选方案时应选用净现值是正值中最大的一个方案。

#### 3.指标评价

净现值法的最大优点是既考虑到了货币时间价值的因素，又考虑了投资方案各期的现金流量情况，是一种普遍采用的方法。

净现值指标同样存在一定的缺点，一是净现值指标是一个绝对量的指标，当投资方案的原始投资规模不同时，净现值这个指标就不具有可比性，因为投资额大净现值也大的方案不一定是最优方案。所以在备选方案原始投资规模不同的情况下,单纯看净现值的绝对量并不能做出正确的评价。二是净现值指标不能解释各个方案本身可能达到的实际报酬。

【例8-10】:沿用例8-9的资料,计算两种方案的净现值。

解:方案A的净现值 = 38(P/A,10%,5) - 100 = 44.32(万元)

方案B的净现值 = 18.18 + 24.79 + 30.05 + 34.15 + 37.25 - 100 = 44.42(万元)

方案A和B两项方案的净现值均为正值,说明两个方案的报酬率均超过基准折现率10%。如果企业的资本成本率或要求的报酬率是10%,则两个方案均可接受。但就方案A与B相比较而言,方案B的净现值要高一些,因此方案B优于方案A。

## (三)净现值率

### 1.指标计算

净现值率是指净现值与全部投资现值的比率,其计算公式如下所示:

$$NPVR = \sum_{t=1}^{n}\frac{I_t}{(1+i)^t} - \sum_{t=1}^{n}\frac{O_t}{(1+i)^t}$$

式中:NPVR——净现值率

IP——项目总投资的现值

### 2.决策原则

净现值率是一个相对数正指标,指标值越大投资项目效益越好。当投资项目只有一个备选方案时,净现值率大于零方案可接受。当投资项目有多个备选方案时,应选择净现值率为正值中的最大者。

### 3.指标评价

净现值率是一个折现的相对率指标。它的优点在于,一是考虑的货币的时间价值因素可以从动态角度反映项目投资的资金投入与净产出之间的关系;二是该指标是一个相对数指标排除了投资规模的影响,可以用于不同投资规模的方案决策。

净现值率指标的缺点在于,和净现值指标相似,同样无法直接反映投资项目的实际收益率,而且必须以已知净现值为前提。

【例8-11】:沿用上例资料,计算方案A、B的净现值率。

解:方案A的净现值率 = 44.32/100 = 44.32%,方案B的净现值率 = 44.42/100 = 44.42%。

## (三)获利指数

### 1.指标计算

获利指数,又被称为现值指数,是指某一方案在实施期间现金流入量的现值之和与现金流出量的现值之和之间的比率,可用字母PI来表示。获利指数的计算公式如下所示:

$$NPVR = \frac{NPV}{I_p}$$

$$PI = \frac{\sum_{t=1}^{n} \frac{I_t}{(1+i)^t}}{\sum_{t=1}^{n} \frac{O_t}{(1+i)^t}}$$

式中，n——项目运行时间

　　It——项目实施第t年的净现金流入值

　　Ot——项目实施第t年的净现金流出值

　　i——折现率（可以使企业规定的投资报酬率）

根据获利指数的定义，当原始投资在建设期内全部投入时，获利指数就等于净现值率加1，即PI＝1＋NPVR

**2.决策原则**

获利指数是一个折现相对量评价指标，获利指数可以是大于1、小于1或等于1。如果获利指数大于1，则说明该项投资项目的预期报酬率将大于预定的折现率。如果获利指数等于1，则说明该投资项目的预期报酬率等于预定的折现率。如获利指数小于1，则说明该投资项目的预期报酬率小于预定的折现率。当投资项目只有一个备选方案时，获利指数大于1，该方案可接受；当投资项目有多个被选方案时可选择备选方案中获利指数大于1中的最大值。

**3.指标评价**

获利指数的优点在于，一是体现了货币时间价值的作用，从动态的角度反映项目投资的资金投入与总产出之间的关系；二是它是以相对数作为决策依据，能反映各投资方案单位投资额所获未来净现金流量的大小，便于不同投资方案的比较。

获利指数的缺点，一是同样无法直接反映投资项目的实际收益率；二是计算起来比净现值率指标复杂，计算口径也不一致。在实务中通常并不要求直接计算获利指数，如果需要考核这个指标，可在求得净现值率的基础上推算。

● **（四）内含报酬率**

**1.指标计算**

内含报酬率是指投资项目本身实际达到的报酬率，它是项目未来现金净流入量现值之和与所有现金流出量现值之和相等时的折现率，或者说是使投资方案净现值为零的折现率，可用字母ARR来表示，其计算公式如下所示：

$$\sum_{t=1}^{n} \frac{I_t}{(1+i)^t} = \sum_{t=1}^{n} \frac{O_t}{(1+i)^t}$$

内含报酬率的计算相对比较复杂，一般可以采用假定测算法进行计算。

首先，设定一个折现率$r_1$，代入净现值计算公式，求出在折现率为$r_1$条件下的项目净现值$NPV_1$，并进行判断。如果$NPV_1=0$，则内含报酬率$IRR=r_1$；如果$NPV_1>0$或$NPV_1<0$则内涵报酬率$IRR>r_1$或$IRR<r_1$，此时重新设定$r_2$（$r_2>r_1$或$r_2<r_1$）。

将$r_2$代入有关计算净现值的公式，计算出该项目$r_2$折现率水平下的$NPV_2$，按照上述判断原则进行下一轮判断。在采用相同方法判断测算之后，如果能恰好找到$r_n$，使得在$r_n$折现率水平下计算出的$NPV_n=0$，则测算结束，内含报酬率$IRR=r_n$。如果经过有限次测试之后，已无法继续利用有关货币时间价值系数表，仍未求得内含报酬率，则可利用最接近零的两个净现值为正负临界值$NPV_m$和$NPV_{m+1}$及相应的折现率$r_m$和$r_{m+1}$，采用插值法计算近似的内涵报酬率：

$$IRR = r_m + \frac{NPV_m - 0}{NPV_m - NPV_{m+1}} \times (r_{m+1} - r_m)$$

### 2.决策原则

只要内含报酬率大于项目的资本成本或者项目要求的最低投资报酬率，该项目可以采纳。若内含报酬率等于项目的资本成本或要求的最低报酬率，则可以不采纳。若内涵报酬率小于项目的资本或要求的最低报酬率，则应拒绝该项目。

### 3.指标评价

内含报酬率法考虑了货币的时间价值因素，同时反映了投资项目本身的报酬率。但这种方法的计算比较复杂。

实际上，依据内含报酬率法和净现值法进行项目评估时，结论通常也是相同的。如果投资项目的内含报酬率等于项目的资本成本，那么该项目的净现值为0；如果内含报酬率超过资本成本，则项目的净现值大于0，也就是说，无论是按照净现值法还是按照内含报酬率法，有助于企业价值增加的投资项目均可以被采纳，使企业价值减少的投资项目将被放弃。但由于两种方法内在的假设条件不一样，净现值法与内含报酬率法之间仍然存在着一些重大的区别。比如，在互斥项目选择中，这两种评估方法所选择的结果可能产生矛盾。如果是互斥项目，在投资规模不同，现金流量发生的时间不同的情况下，净现值法与内含报酬率的决策结果可能不相同。原因在于，净现值法与内含报酬率法各自所假设的资金再投资收益率存在差异。净现值法假设的在投资收益率是资本成本，也就是计算净现值时所使用的折现率，而内含报酬率法假设的再投资收益率则是内含报酬率。从财务估价的角度讲，净现值法所隐含的再投资收益率假设是合理的，因为只要获得高于资本成本的收益率水平，就可以保障企业价值的增加。内含报酬率法所隐含的在投资收益率假设显然已经超出了合理的范围。另外，对于一些非常规项目，比如现金流出不发生在期初或者以后各期有多次现金流出的项目，可能算不出内含报酬率，也可能不止算出一个内含报酬率。因此，当采用内含报酬率法与净现值法出现不一样的决策结果时，仍应以净现值法的结果为准。

【例8-12】：沿用例8-7的资料，计算方案A的内含报酬率。

解：假设方案A的内含报酬率为20%，此时它的净现值为：

$NPV(A) = 38(P/A, 16\%, 5) - 100 = 13.64$（万元）

在贴现率为20%条件下净现值大于零，再假设贴现率为26%，此时：

$NPV(A) = 38(P/A, 26\%, 5) - 100 = 0.13$（万元）

在贴现率为26%条件下，净现值大于零，再假设贴现率为28%，此时：

$NPV(A) = 38(P/A, 28\%, 5) - 100 = -3.78$（万元）

由上述推导可知方案A的内含报酬率大于26%，小于28%，为取得更精确的的内含报酬率，先采用内插法：

$$IRR = r_m + \frac{NPV_m - 0}{NPV_m - NPV_{m+1}} \times (r_{m+1} - r_m)$$

$$= 26\% + \frac{0.13 - 0}{0.13 - (-3.78)} \times (28\% - 26\%)$$

$$= 26.07\%$$

## 第三节 典型项目投资决策

典型的企业项目投资决策主要是有关固定资产的更新决策。固定资产更新是对技术上或经济上不宜继续使用的旧设备，用新的资产更换或用先进的技术对原有设备进行局部改造，目的在于以最小的投资取得最大的收益。固定资产更新决策就是从经济效果出发，运用一定的方法，研究各种固定资产最合理的更新方案，选择最佳方案的过程。其主要研究固定资产何时更新、是否更新等问题。

### 一、固定资产何时更新决策

固定资产使用到一定时间，必然要进行更新，被更先进的或比较经济的固定资产所替代。固定资产最优更新期决策就是选择最佳的淘汰设备的时间。与固定资产相关的总成本在生产设备更新前共包括两大部分：一部分是运行费用，运行费用又包括设备的能源消耗及维护修理费用等，不仅运行费用的总数会随着使用年限的增加而增多，而且每年发生的费用也将随着设备的不断老化而逐年上升。另一部分是消耗在使用年限内的设备本身的价值，它是以设备在更新时能够按其折余价值变现为前提的，即从数量关系上看，它是设备的购入价与更新时的变现价值之差。

置于固定资产何时为最佳更新期，应从固定资产的经济寿命来考虑。某项固定资产从开始投入使用直至丧失其应由功能而无法修复再使用为止的期限，称为固定资产的自然寿命。某项固定资产的年平均成本达到最低的使用期限，则称为固定资产的经济寿命，亦称最低成本期货最优更新期。一般来说固定资产的经济寿命短于自然寿命。

生产设备在更新前的现值总成本为：

$$现值总成本 = C - \frac{S_n}{(1+i)^n} + \sum_{t=1}^{n} \frac{C_n}{(1+i)^t}$$

式中，C为设备原值；$S_n$为第n年（设备更新年）时的设备余值；$C_n$为第n年设备的运行成本；n为设备更新的年份；i为设定的投资报酬率。

在考虑货币时间价值的基础上，生产设备的年平均成本就不再是总成本与年限的比值，而将其看作是以限制总成本为限制．期数为n年，即考虑到货币时间价值时每年的现金流出为：

$$UAC = \left[ C - \frac{S_n}{(1+i)^n} + \sum_{t=1}^{n} \frac{C_n}{(1+i)^t} \right] / (P/A, i, n)$$

式中，UAC为设备的年平均成本。

设备最佳更新期决策也就是找出能够使UAC最小的年数n，其方法通常是计算出若干个不同更新期的年平均成本进行比较，然后从中找出最小的年平均成本及其年限。

【例8-13】：假设某企业有一台设备，购置成本为400 000元，使用寿命为10年，假设该企业采用直线法计提折旧，且10年后设备无残值，其维修及运行成本第1-4年为50 000元，第5年为55 000元，第6年为60 000元，第7年为65 000元，第8年之后为70 000元。

要求：计算折现率为10%时，设备最优的更新时间。

解：该设备的年折旧额为：400 000/10=40 000（元）

不同年份的年平均成本表如下所示：

表8-7　各年年平均成本表

单位：元

| 更新年限 | 1 | 2 | 3 |
|---|---|---|---|
| 折旧额 | 40000 | 40000 | 40000 |
| $(1+10\%)^{-n}$ | 0.9091 | 0.8264 | 0.7513 |
| $S_n$ | 360000 | 320000 | 280000 |
| $S_n(1+10\%)^{-n}$ | 327276 | 264448 | 210364 |
| $C_n$ | 50000 | 50000 | 50000 |
| $C_n(1+10\%)^{-n}$ | 45455 | 41320 | 37565 |
| $\sum C_n(1+10\%)^{-n}$ | 45455 | 86775 | 124340 |
| (P/A, 10%, n)0.9091 | 0.9091 | 1.7355 | 2.4869 |
| 年平均成本 | 129995.6 | 256672.43 | 195735.655 |

续上表

| 更新年限 | 4 | 5 | 6 |
|---|---|---|---|
| 折旧额 | 40000 | 40000 | 40000 |
| $(1+10\%)^{-n}$ | 0.6830 | 0.6209 | 0.5645 |
| $S_n$ | 240000 | 200000 | 160000 |
| $S_n(1+10\%)^{-n}$ | 163920 | 124180 | 90320 |
| $C_n$ | 50000 | 55000 | 60000 |
| $C_n(1+10\%)^{-n}$ | 34150 | 34149.5 | 33870 |
| $\sum C_n(1+10\%)^{-n}$ | 158490 | 192639.5 | 226509.5 |
| (P/A, 10%, n)0.9091 | 3.1699 | 3.7908 | 4.3553 |
| 年平均成本 | 165412.16 | 147327.74 | 136073.18 |

通过上表可知，该设备运行到第10年年平均成本最低，因此该设备在第十年需要淘汰。

## 二、固定资产是否更新决策

机器设备在其有效年限内，使用时间越长，，其性能会不断老化，精密度不断降低，甚至需要投入资金进行维修，因而其生产效率将不断下降，耗费将不断增大。当性能优良、消耗较小的新设备面市时，企业必然面临着在维持现有生产能力水平不变的情况下，是选择继续使用旧设备还是将其淘汰，重新选择性能更加优异、运行费用更低的新设备的问题。进行此决策的关键在于比较新旧设备的成本与收益，看更新设备所能增加的收益或节约的成本是否大于更新所需要增加的投资。在进行固定资产是否更新的决策时有一个基本假设前提，即假设新旧设备的生产能力相同，对企业而言，销售收入没有增加，即现金流入量未发生变化。此外，新旧设备的使用寿命往往不同，因此固定资产是否更新的决策可以分以下两种情况进行分析。

**1. 新旧设备尚可使用年限相同**

在这种情况下，可以采用净现值指标法分别计算继续使用旧设备与使用新设备的净现值，通过比较两种方案的净现值大小来决策，即选择净现值较大的方案。

**2. 新旧设备尚可使用年限不同**

如果新旧设备使用年限不同，则不能直接比较净现值，必须通过计算年平均净现值的方法选择年平均净现值较大的方案。年平均净现值的计算方法如下所示：

$$ANPV = \frac{NPV}{P(\frac{-}{A}, i, n)}$$

式中，NPV表示净现值；ANPV表示年平均净现值。

需要注意的是一般情况固定资产更新改造不改变企业的生产能力，不会增加企业的现金流入或现金流入增加较少，涉及的现金流量主要是现金流出，因此在进行决策时也可以采用年平均成本法，通过比较各方案的年平均成本进行决策。

新旧设备的总成本都包括两个组成部分：设备的资本成本和运行成本，再计算

年平均成本 = 未来使用年限内现金流出总值 / 年金现值系数

**【例8-14】**：某企业有一台旧设备，重置成本为12 000元，年运行成本为8 000元。预计寿命为6年，6年后无残值。现有一种新设备可替代原有设备，新设备价格为40 000元，年运行成本为6 000元，使用寿命为8年，8年后残值预计为2 000元。新旧设备的产量及产品销售价格相同，企业采用直线法计提折旧，折现率为10%，企业所得税税率为40%。

**要求**：做出企业是继续使用旧设备还是购买新设备的决策。

解：（1）继续使用旧设备

　　设备重置成本 = 12 000（元）

　　年折旧额抵税 = 12 000 ÷ 6 × 40% = 800（元）

　　年折旧额抵税现值 = 800 (P/A, 10%, 6)

　　　　　　　　　 = 8 004.3553

　　　　　　　　　 = 3 484.24（元）

总运行成本现值＝[8 000（1-40%）]（P/A，10%，6）
           ＝4 8004.3553
           ＝20 905.44（元）
年平均成本＝（12 000-3 484.24+20 905.44）/6
          ＝4 903.53（元）

（2）购置新设备

新设备购置成本＝40 000（元）
残值回收现值＝2 000（P/F,10%,8）
          ＝20 000.4665＝933（元）
年折旧额抵税＝（40 000-20 000）/8×40%＝1 900（元）
年折旧额抵税现值＝1 900（P/A，10%，8）
              ＝19 005.3349
              ＝10 136.31（元）
总运行成本现值＝6 000（1-40%）（P/A，10%，8）
            ＝6 000（1-40%）5.3349
            ＝19 205.64（元）
年平均成本＝（40 000－933－10 136.31＋19 205.64）/8
          ＝6 017.04（元）

从上述计算结果可知，更新设备的年平均成本高于继续使用旧设备，因此应继续使用旧设备更合理。

## 三、固定资产租赁或购买决策

固定资产租赁指的是固定资产的经营租赁，是一种契约协议，规定固定资产的所有者在一定时期内，根据一定的条件，将固定资产交给使用者使用，承租人在规定的期限内，分期支付租金，并享有对租赁资产的使用权。与购买设备相比，每年将多支付一定的租赁费用。另外由于租赁费用是在成本中列支，因此企业还可以减少缴纳所得税，即得到纳税利益。

购买固定资产是一种投资行为，企业将支出一笔货款，但同时每年可计提折旧费进行补偿，折旧费作为一项成本，也可能使企业得到纳税利益，并且企业在项目结束或设备使用寿命到期时，还能够得到设备残值变收入。

固定资产的租赁和购买区别在于：租赁投资是分期逐次支付的，而购买则是一次性的投资支出。为了取得最优投资效益，企业应对租赁和购买投资方案进行评价，从而选择对自己较为有利的投资方式。

在进行固定资产租赁或购买的决策时，由于所用设备相同，即设备的生产能力与产品的销售价格相同，同时设备的运行费用也相同，因此只需要比较两种方案的成本差异及成本对企业所得税产生的影响差异即可。

**【例8-15】**：假设某企业在生产中需要一种设备，若企业自己购买，需支付设备买入价120 000元，该设备使用寿命为10年，预计残值率5%；企业若采用租赁的方式进行生产，每年将支付20 000元的租赁费用，租赁期为10年。假设折现率10%，所得税税率为40%。

**要求**：企业应购买新设备还是租赁设备？

解：（1）购买新设备

新设备折余价值 = 120 000×5% = 6 000（元）

年折旧额 =（120 000 - 6 000）/10 = 11 400（元）

购买新设备支出：120 000（元）

计提折旧抵税现值：11 400×40%(P/A，10%，10) = 28 019.38（元）

设备折余价值变现限制：6 000(P/F，10%，10) = 2 313（元）

则，购买新设备的成本为：120 000 - 28 019.38 - 2 313 = 89 667.62（元）

（2）租赁设备

租赁费用：20 000(P/A，10%，10) = 122 892（元）

支付租赁费用抵税现值：20 000×40%(P/A，10%，10) = 49 156.8

则，租赁设备的成本为：122 892 - 49 156.8 = 73 735.2（元）

从上述计算结果可知，租赁设备的总成本要比购买设备的总成本低，因此企业租赁设备更好一些。

# 第四节 项目投资决策的延伸

## 一、投资决策的敏感性分析

### （一）敏感性分析的概念

在投资项目评价中，有些因素可能仅发生较小幅度的变化就能引起经济评价指标发生大的变动；而另一类因素即使发生了较大幅度的变化，对经济指标评价指标的影响也不是太大。我们将前一类因素称为敏感性因素，后一类因素称为非敏感性因素。

敏感性分析就是通过分析、预测投资项目主要不确定因素的变化对项目评价指标如净现值、内含报酬率的影响，从中找出敏感因素，确定评价指标对该因素的敏感程度和项目对其变化的承受能力。

### （二）敏感性分析的步骤

**1.确定分析的经济指标**

评价投资项目的经济指标主要包括净现值、内含报酬率、投资利润率、投资回收期等。

如果主要分析方案状态和参数变化对方案投资回收快慢的影响,则可选用投资回收期作为分析指标。

如果主要分析产品价格波动对方案超额净收益的影响,则可选用净现值作为分析指标。

如果主要分析投资大小对方案资金回收能力的影响,则可选用内含报酬率等指标。

**2. 选定不确定因素,设定其变化范围**

在选择需要分析的不确定性因素时主要考虑以下两条原则:

(1)预计这些因素在其可能变动的范围内对经济评价指标的影响较大;

(2)对在确定性经济分析中采用该因素的数据准确性较大。

**3. 分析每个不确定性因素的波动程度及其对分析指标可能带来的增减变化情况**

**4. 确定敏感性因素**

可以通过计算敏感系数和临界点来判断。

(1)敏感系数:就是用评价指标的变化率除以不确定因素的变化率

$$敏感系数(SAF) = \frac{目标值的变动百分比}{变量值的变动百分比}$$

$SAF = (\triangle A/A) / (\triangle F/F)$

$SAF > 0$,表示评价指标与不确定性因素同方向变化。

$SAF < 0$,表示评价指标与不确定性因素反方向变化。

SAF越大,表明评价指标A对于不确定性因素F越敏感;反之,则不敏感。敏感系数越大表明该因素对目标值的影响程度越大。

(2)临界点:临界点是指项目允许不确定性因素向不利方向变化的极限值。超过极限,项目的效益指标将不可行。

临界点可用临界点百分比或者临界值分别表示某一变量的变化达到一定的百分比或者一定数值时,项目的效益指标将从可行转变为不可行。

采用图解法时,每条直线与判断基准线的相交点所对应的横坐标上不确定性因素变化率即为该因素的临界点。

如果某因素可能出现的变动幅度超过最大允许变动幅度,则表明该因素是方案的敏感因素。

**5. 选择方案**

如果进行敏感性分析的目的是对不同的项目(或某一项目的不同方案)进行选择,一般应选择敏感程度小、承受风险能力强、可靠性大的项目或方案。

【例8-16】:假设某企业投资一新项目,该项目总投资额为500 000元,建成后预计可以使用10年,每年可收回的现金净流入量为120 000元,折现率为10%。

要求:根据上述资料,对净现值指标进行敏感性分析。

在折现率为10%的前提下,该方案的净现值为

$$NPV_1 = 120\,000(P/A, 10\%, 10) - 500\,000$$
$$= 1\,200\,006.144 - 500\,000$$
$$= 237\,280\,(元)$$

该方案在10%折现率水平下净现值大于零,说明该方案的投资报酬率大于预定的10%,方案可行。但是如果方案的判断指标净现值的影响因素如设备使用年限、年现金净流量发生变化,方案的可行性将随之发生变化。这里我们假定设备使用年限及年净现金流量作为目标指标净现值的主要影响因素。

**1. 敏感系数分析**

(1) 设备使用年限的敏感系数

假设设备使用年限增加10%,即使用年限增加1年,则该方案的净现值为:

$$NPV_2 = 120\,000(P/A, 10\%, 11) - 500\,000 = 1\,200\,006.495 - 500\,000 = 334\,000\,(元)$$

$$设备使用年限的敏感系数 = \frac{\frac{334\,000 - 237\,280}{237\,280}}{10\%} = 4.08$$

(2) 净现金流入量敏感系数

假设净现金流入量增加10%,即净现金流量变为132000元,则该方案的净现值

$$NPV_3 = 132\,000(P/A, 10\%, 10) - 500\,000 = 1\,320\,006.144 - 500\,000 = 311\,008\,(元)$$

$$净现金流入量敏感系数 = \frac{\frac{311\,008 - 237\,280}{237\,280}}{10\%} = 3.11$$

从敏感系数角度看,设备使用年限的敏感系数大于净现金流入量的敏感系数,说明设备使用年限对目标值净现值的影响程度更大一些,净现值以4.08倍的速度随着设备使用年限的增加而增加。

**2. 临界值分析**

(1) 设备使用年限的临界值

假定该方案在有效使用年限内的年净现金流入量不变,设备使用年限的临界值就是使该方案净现值为零的设备使用年限,即满足公式NPV=120 000×(P/A, 10%, n)-500 000=0通过查表及内插法可求得n=5.50(年)。

通过计算可知在年净现金流入量不变的情况下,设备使用年限下降至5.50年时,方案仍可行,如果少于5.50该方案的净现值将小于零,方案不可行。

(2) 年净现金流入量的临界值

假定方案设备的使用年限仍为10年,年净现金流入量的临界值就是使得该方案的净现值为零时的年净现金流入量,即满足公式NPV=年净现金流入量×(P/A, 10%, 10)-500 000=0

通过计算可知年净现金流入量临界值=500 000/6.144=81 380.21(元)

通过计算结果可知,在设备使用年限不变的情况下,年净现金流入量小于81 380.21元时,净现值将小于零,该方案将不可行。

● **(三)敏感性分析的优缺点**

敏感性分析在一定程度上对不确定性因素的变动对项目投资效果的影响做了定量的描述,有助于搞清项目对不确定性因素的不利变动所能允许的风险程度,有助于鉴别敏感因素,从而把调查研究的重点集中在那些敏感因素上,或者针对敏感因素制定出管理和应变对策,以达到尽量减少风险、增加决策可靠性的目的。

敏感性分析也有局限性,它主要依靠分析人员凭借主观经验来分析判断,难免存在片面性,也不能说明不确定性因素发生变动的可能性的大小。

## 二、通货膨胀情况下的投资决策

与货币的时间价值相反,通货膨胀的经济学意义是指货币的时间价值将随着时间的推移而减少。如果既不考虑货币时间价值,也没有通货膨胀因素的影响,那么今天的一元钱与将来任何时候的一元钱的价值相等。但是如果不考虑通货膨胀因素的影响,今天的一元钱的价值会随着时间的推移而增加,即明年一元钱的价值小于现在的一元钱;反过来,如果不考虑货币的时间价值,那么明年一元钱的价值在通货膨胀因素的影响下,也会比今年一元钱的小,即它的购买力下降了,它所能购买到的东西会比今年的少。因此,不论是货币的时间价值,还是通货膨胀因素的影响,结果都是使将来一元钱的价值小于现在一元钱的。

通货膨胀一般用物价指数的增长百分比来表示,即一年后购买相同或所需的货币量比现在需要的货币量所增加的百分比。

假设年通货膨胀率f为5%,则表示在今后一定时期内,社会物价指数将按5%的比例增加。如果不考虑货币时间价值的影响,那么今后若干年内的货币价值用现值表示。

**1.定率通货膨胀的影响**

定率通货膨胀是指在将来可预见的一定时期内,通货膨胀率保持在统一水平上。通货膨胀与货币的时间价值对货币价值的共同影响,可以用下列公式进行计量:

$$1+m=(1+i)(1+f)$$

式中,m为两个因素的共同影响率;i为货币时间价值的折现率;f为通货膨胀率

**2.变率通货膨胀的影响**

变率通货膨胀是指在未来的年度里,通货膨胀率并不是一个定值,即每一年的通货膨胀率都可能不同。在实际生活中,每年的通货膨胀率往往是不一样的。在这种情况下,显然就不能再用一个通货膨胀率去考虑问题,而是应当按照每年的具体情况,逐年分析计算每年至初始年的实际累计通货膨胀率,并按照该通货膨胀率计算出每一年度货币的实际购买力,最后再将各年的数据折算成现值。

## 第八章 项目投资决策

思考题

1. 什么是货币时间价值，货币时间价值对投资决策有何意义？
2. 什么是现金流量，进行项目决策时为什么要以现金流量作为决策的基础？
3. 项目投资决策指标中动态指标与静态指标各有哪些，有何区别？
4. 固定资产更新决策的方法有哪些？

## 同步练习题

### 一、单项选择题

1. 以下说法正确的是（　　）。
   A. 计算偿债基金系数，可根据年金现值系数求倒数
   B. 普通年金现值系数加1等于同期、同折现率的预付年金现值系数
   C. 在终值一定的情况下，折现率越低、计算期越少则复利现值越大
   D. 在计算期和现值一定的情况下，贴现率越低，复利终值越大

2. 永续年金的特点是（　　）。
   A. 没有终值　　　　　　　　　B. 没有第一期的支付额
   C. 没有现值　　　　　　　　　D. 以上说法都对

3. 某企业欲购进一套新设备，要支付400万元，该设备的使用寿命为4年，无残值，采用直线法计提折旧。预计每年可产生税前净利140万元，如果所得税税率为40%，则回收期为（　　）年。
   A. 4.5　　　　　B. 2.9　　　　　C. 2.2　　　　　D. 3.2

4. 下列说法中不正确的是（　　）。
   A. 内部报酬率是能使未来现金流入量现值等于未来现金流出量现值的贴现率
   B. 内部报酬率是方案本身的投资报酬率
   C. 内部报酬率是使方案净现值等于零的贴现率
   D. 内部报酬率是使方案现值指数等于零的贴现率

### 二、多项选择题

1. 以下说法正确的是（　　）。
   A. 普通年金终值系数和偿债基金系数互为倒数
   B. 普通年金终值系数和普通年金现值系数互为倒数
   C. 复利终值系数和复利现值系数互为倒数
   D. 普通年金现值系数和资本回收系数互为倒数

2. 下列方法中考虑现金流量的有（　　）。
   A. 获利指数法　　　　　　　　　B. 内部收益率法
   C. 净现值法　　　　　　　　　　D. 净现值率法

3. 一般情况下，下列表述中不正确的是（　　）。
   A. 净现值大于0，方案可行。
   B. 内部收益率大于0，方案可行。
   C. 净现值大于0，净现值率必定大于0，方案可行。
   D. 投资回收期大于投资有效期的一半时，投资回收期法的结论是方案可行。

4. 管理会计的现金流量表与财务会计的现金流量表相比，在形式上主要存在的差别有（　　）。
   A. 反映的对象不同　　　　　　　B. 期间特征不同
   C. 结构不同　　　　　　　　　　D. 勾稽关系不同

## 应用实践

某企业急需一不需要安装的设备，该设备投入使用后，每年可增加销售收入71 000元，经营成本50 000元。若购买，其市场价格为100 000元，经济寿命为10年，报废时无残值；若从租赁公司租用同样设备，只需每年末支付15 000元租金，可连续租用10年。已知该企业的自有资金的资金成本为12%，适用的所得税率为33%。

(1) 用净现值法和内部收益率法分析企业是否应当购置该项设备。

(2) 用净现值法对是否应当租赁设备方案做出决策。

# 第九章

>>>>>>> 全面预算

## 知识框架图

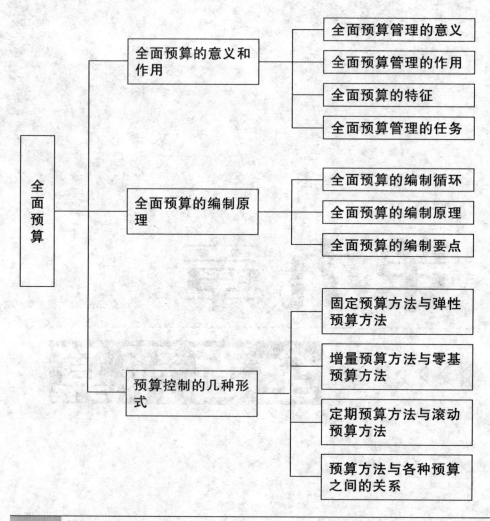

【理论知识目标】
1. 了解全面预算管理的基本概念及意义。
2. 理解全面预算编制的原理。
3. 掌握全面预算的内容。
4. 掌握全面预算几种形式。

【应用能力目标】
根据管理需要,能够进行经营预算、财务预算的编制。

# 第九章 全面预算

# 深圳航空公司实施全面预算管理

## 导入案例

从2001年开始,深航开始实行全面预算管理,坚持以降低成本作为预算管理的总体指导思想,将一切经济业务纳入预算管理,做到事前有预测,事中有控制,事后有反馈考核。由于采用用友NC系统预算管理模块,对预算实行实时监控,把预算控制落实到各个部门的各项工作之中,对生产经营链条中每一环节进行财务成本控制,确定一个标准来核定预算指标,确保一切业务活动受控于预算。通过全方位的预算控制,将成本控制落实到公司生产经营的各个方面,最大限度地降低公司成本水平,从而大大提高了公司的经济效益。

**1. 预算体系**

有限责任公司的计划/预算管理工作由财务部负责,财务部每年10月下达预算样表,两周内集团本部的各部门及下级二级公司根据自身情况安排编制本公司预算。根据深航的管理需求,按照各部门的费用项目进行预警控制、部分费用项目要求进行事前控制,预算体系分为以下两部分:财务预算:按照会计科目、辅助项制定预算样表;费用预算:按照收支项目、部门制定预算样表。

**2. 预算编制**

按照费用最大集合、虚拟部门制定预算样表;垂直分解样表到各部门,各部门填制计划。

对于应该由专项归口部门管理的预算须由归口部门操作员根据各部门填制的计划,按垂直汇总生成预算汇总部门专项预算的合计数。

多部门、多费用列示表通过表间取数生成。

深航预算管理编制流程

**3. 预算控制**

费用计划控制方案:费用计划通过NC应付、报账中心系统控制

控制对象为:收支项目及部门

各部门通过权限设置实时查询自己部门的预算执行情况,并进行分析,不能看到其他无业务权限的部门的预算及执行情况。

**4. 预算分析**

以预算为基准,对照实际执行的结果,考察预算差异和预算执行进度。

在进行分析的过程中,考虑到异常因素,提供了异常因素剔除的分析;可以针对预算数据或者实际数据进行剔除;预算分析中,最经常用到的就是预算数据与实际执行数据的差异分析,包括分析差异率和差异额;此外,用户还可以进行更进一步的分析,包括因素分析、多维OLAP分析等。

# 第一节 全面预算的意义和作用

## 一、全面预算管理的意义

"凡事预则立，不预则废"。这是古人对预算重要性最好的描述，强调凡事要预先想好怎么做，事前都要有一个计划、谋略的过程，要对可能出现的各种情况及不同的结果状态有充分的预计，进而作出不同计划和执行各种计划的决策，降低风险以取得最大的收益。企业预算管理就是帮助管理者面对纷繁复杂和充满不确定性的实际情况，从企业的整体出发，通过科学预测，利用货币或数量的预算形式，明确企业与期的生产经营成果及财务状况，从而确定企业及各业务部门的生产经营活动，努力实现调整、控制的目的，实现企业的全面管理。

## 二、全面预算管理的作用

### （一）有利于战略管理目标的实施

预算作为一种在企业战略与经营绩效之间联系的工具，可以将既定战略通过预算的形式加以固化与量化，以确保最终实现企业的战略目标。战略管理是为了实现企业的预定目标而采取的一系列手段，全面预算管理是现代战略管理的重要形式。企业通过预算管理，可以统一经营理念，明确奋斗目标，激发管理的动力，增强管理的适应能力，确保企业核心竞争能力的提升，从而有助于战略管理的实施。

### （二）有利于工作指标的细化

预算管理是企业组织结构中的一个部分，它能够对决策权进行划分，并进行相关行为的控制。企业的各项指标都能通过分项的预算指标进行细化，并将预算指标、预算项目、预算执行权利作为一个整体下发给各预算执行主体。其过程如下：一是将预算目标分层次，分部门地分解到企业地各个职能部门，进而细化到每个员工，形成全面预算管理网络；二是每个部门，每个员工将本部门、本人的预算指标作为自己在预算期间的奋斗目标；三是企业全面预算目标分解和细化后的各级、各个部门的预算指标，是对部门和员工进行奖罚、职务升降等的主要依据之一；四是预算是评价生产、经营多个方面工作成果的基本尺度，将预算目标与部门和员工的经济利益挂钩，经济利益在预算管理体系中体现出来，使每个部门、每个员工都知道本部门的经济活动与企业整个预算目标之间的关系，激励部门、员工为实现预算目标努力工作，实现部门、员工价值最大化。

### （三）有利于内部控制的强化

在企业预算管理的全过程中，控制始终贯穿其中。预算目标一经确定，就是预算执行主体的控制目标。它表现在预算下达到主体对预算执行主体的控制,预算执行主体对其内部预算细化指标责任执行主体的控制。在企业实施分权管理的条件下,内部控制作为现代企业内部管理的一个重要组成部分,是在长期的经营实践过程中随着企业对内加强管理和对外满足社会需要而逐渐产生并发展起来的自我检查、自我调整和自我制约的系统。全面预算管理既保证了企业内部目标的一致性,又有助于完善权力制约管理,全面预算也已成为内部控制的重要手段和依据。

### (四)有利于现代财务管理方式的实现

所谓现代财务管理方式,是指能够有效保证管理活动正常进行,促进管理职能和管理目标顺利实现的各种专门方法和技术。它是管理的主体作用于客体的桥梁。实现预算管理,是企业实现财务管理科学化、规范化的重要途径。全面预算把现金流量、利润、投资收益等指标作为管理的出发点与归宿,强调价值管理和动态控制,为财务管理目标的实现奠定了坚实的基础。

### (五)有利于收入的提升与成本的节约

全面预算体系中包含有关企业收入与成本、费用等部分。企业通过对这些因素进行预测,并配合管理报告与绩效奖惩措施,可以对下一年度的实际经营水平进行日常监控与决策。当企业的收入、成本费用水平偏离预算时,企业决策者就可以根据管理报告中所反映的问题采取必要的管理措施,加以改进。而且考虑到收入与成本、费用间的配比关系,全面预算体系可以为收入水平增长情况下的成本节约提供较为精确的估计。

### (六)有利于风险的控制

全面预算体系可以初步揭示企业下一年度的预计经营情况,根据所反映出的预算结果,预测其中的风险点所在,并预先采取某些风险控制的防范措施,从而达到规避与化解风险的目的。

## 三、全面预算的特征

全面预算管理具有以下特性。

### (一)整体性

全面预算通过数字关系将企业内部各种预测、计划与预算连接为一个整体,它们相互衔接并且相互勾稽,共同组成了综合的预算体系。

### (二)适时性

企业的预算必须与企业所处的经营环境与拥有的资源和企业的发展目标保持动态平衡,当企业内外部环境发生变化,企业目标及其战略规划也将随之进行调整,预算也适时跟进调整,以确保行动方向与目标保持一致。

### （三）规范性

企业的预算应当按照企业内部既定的预算系统一起进行编制，以规范企业的运营。

### （四）参与性

企业在编制预算过程中，需要全员参与，以制定出切实可行的企业发展目标。

### （五）责任性

在编制出的预算中，对每一位员工的职责范围及员工间的相互关系都应有明确的规定；所有责任中心也是按照可控原则进行划分，即做到责任到位、分工明确、相互衔接。

## 四、全面预算管理的任务

### （一）预测

通过对企业运营的规划、分析，并经过量化的系统编制，使企业的目标得以具体化，使企业能够对未来特定期间的发展方向和既定目标具有明确的认识。

### （二）规划

全面预算是一项系统工程，预算的制定过程就是具体规划的过程，是将企业的总体目标量化，并分解、落实到各责任部门和岗位的过程。因此，预算就是为企业达到总体目标，对内部工作职能和业绩规模的具体规划。

### （三）评价

预算目标的制定为企业绩效评估及信息反馈提供了标准，同时也为各下属单位确定了具体可行的努力目标，对内部工作职能和业绩规模的具体规划。

### （四）控制

全面预算是执行战略过程中进行管理监控的基准和参照，也是企业业绩考核与评价的基础和比较对象。管理者将预算作为一种控制工具，通过将实际绩效与原定计划进行比较，可寻找差异并分析差异形成的原因。在此，预算被作为衡量绩效的标准和改善未来绩效的依据。

### （五）沟通

系统内各部门可以通过预算系统了解各自的职责分工及其他部门间关系，减少了各部门在操作中可能形成的隔阂，并通过信息系统加强了各部门间的信息沟通。企业在预算实施过程中，应经常将工作成果与预算进行对比，及时发现偏差。当出现重大偏差时，还应及时进行沟通。

### （六）协调

企业总体目标的实现有赖于各部门的配合与协作，特别在规模较大、运营复杂的企业中，各部门的活动（如采购、库存、生产、销售、资金等）之间形成错综复杂的关系，彼此相互影响、相互制约。预算作为一种协调工具，可以帮助企业通过对各部门预算完成情况的对比与分析，在部门间进行协调；各部门也可以按照预算目标自觉调整本部门工作，以配合其他部门共同实现企业的总体目标。

### （七）资源分配

企业的资源是有限的，如何充分利用有限的资源，为股东获取最大的利益，不仅是企业的责任，同时也是企业管理者所要面对的难题。以预算为基础分配企业的资源和成本费用，可以避免资源的无效占用，减少因采用实际数据进行分配所可能产生的分配失调现象。美国著名管理学家戴维·奥利曾指出，全面预算是为数不多的能够将企业的资金流、物流、业务流、信息流、人力流等相整合的管理控制方法之一。全面预算的编制和执行过程就是将企业有限资源整合、协调与分配到企业的各项业务活动中，通过将企业资源的优化配置，增强资源的价值创造能力，提高企业经营效率，以最终达到提高企业经济效益的目的。

### （八）奖酬激励

在实务中，有些企业也将预算目标作为考核、奖励员工的计量标准。他们通过对企业各层级，各部门，各责任单位的权、责、利关系进行规范化、明细化、具体化以及量化的界定，并通过全面预算执行及监控，以及对全面预算执行结果的考核，达到出资者对经营者进行有效制约，经营者对企业员工进行有效控制和管理的目的。

### （九）防范风险

全面预算是企业内部管理控制的一项工具，有效控制企业风险、实现企业目标也是其基本功能之一。全面预算的制定和实施过程本身就是企业对所面临的各种风险进行识别、预测、评估与控制的过程。因此，财政部等国家五部委在联合发布《企业内部控制基本规范》时，将预算控制作为重要的控制活动和风险措施。

## 第二节 全面预算的编制原理

### 一、全面预算的编制循环

一个管理良好的组织通常会经历以下的预算循环：
（1）编制整个组织及其各个部门的经营计划。对于预期目标，管理层要达成共识。
（2）提供一个参照框架，一套可与实际结果比较的具体预期数。
（3）调研计划偏离实际的程度，如果必要，调查后便加以修正。
（4）考虑反馈的信息及变化的条件，重新编制计划。

## 二、全面预算的编制原则

（1）编制预算要以明确的经营目标为前提。例如，如果确定了目标利润，就能相应地确定目标成本，编制有关营业收入和费用、成本的预算。

（2）编制预算时，要做到全面性、完整性。凡是会影响目标实现的业务和事项，均应以货币或其他计量形式具体地加以反应，尽量避免由于预算缺乏周详的考虑而影响目标的实现。有关预算指标之间要相互衔接，勾稽关系要明确，以保证整个预算的综合平衡。

（3）预算要积极可靠，留有余地。积极可靠是指要充分估计目标实现的可能性，不要把预算指标定得过低或过高，保证预算能在实际执行过程中，充分发挥其指导和控制作用。为了应付实际情况的千变万化，预算又必须留有余地，具有一定的灵活性，以免在意外事件发生时造成被动，影响平衡，以致于影响原定目标的实现。

## 三、全面预算的编制要点

企业经营预算和财务预算的预算期间通常为一年，并且与企业的会计年度相一致。编制顺序是先编制销售预算，然后再以"以销定产"的方法，依次编制生产预算、直接材料采购预算、直接人工预算、制造费用预算、销售及管理费用预算等，同时编制各项专门决策预算。最后，根据业务预算和专门决策预算再编制财务预算。企业财务预算是在上述经营预算和资本支出预算的基础上，按照一般会计原则和方法编制的。

下面对经营预算和财务预算的各个子预算的编制要点进行介绍。

销售预算：通过对企业未来产品销售情况所作的预测，推测下一预算期的产品销售量和销售单价，这样就可求出预计的销售收入：

$$销售收入 = 销售量 \times 销售单价$$

由于销售预算是其他预算的起点，并且销售收入是企业现金收入最主要的来源，因此销售预测的准确程度对整个全面预算的科学合理性起着至关重要的作用。销售预测的方法在第四章已作详细介绍，此处不再赘述。

生产预算：生产预算是根据预计的销售量和预计的期初、期末产成品存货量，按产品分别计算出每一个产品的预计生产量，计算方法为：

$$预计生产量 = 预计销售量 + 预计期末产成品存货量 - 预计期初产成品存货量$$

在进行生产预算时，不仅要考虑到企业的销售能力，同时要考虑到预算期初和期末的存货量，目的就是要尽可能降低产品的单位成本，避免由于存货过多而造成的资金积压和浪费，或由于存货不足、无货销售而导致收入下降的情况发生。

直接材料预算：预计生产量确定以后，按照单位产品的直接材料消耗量，同时考虑预计期初、期末的材料存货量，便可以编制直接材料预算：

预计直接材料采购量＝预计生产量×单位产品耗用量＋预计期末材料存货－预计期初材料存货

根据计算所得的预计直接材料采购量，不仅可以安排预算期内的采购计划，也可以得到直接材料的预算额。

直接材料预算额＝直接材料预计采购量×直接材料单价

与生产预算相同，在编制直接材料预算时考虑期初、期末存货的目的也在于尽可能降低产品成本，避免因材料存货不足影响生产，或由于材料存货过多而造成资金的积压和浪费。

直接人工预算：直接人工预算与直接材料预算相似，也是在生产预算的基础上进行的：

直接人工预算额＝预计生产量×单位产品直接人工小时×小时工资率

制造费用预算：制造费用预算是除直接材料和直接人工以外的其他产品成本的计划。这些成本按照其与生产量的相关性，通常可分为变动制造费用和固定制造费用两类（即通常所说的成本性态分类）。不同性态的制造费用，其预算的编制方法也完全不同。因此，在编制制造费用预算时，通常是将两类费用分别进行编制的。

变动制造费用与生产量之间存在着线性关系，因此其计算方法为：

变动制造费用预算额＝预计生产量×单位产品预定分配率

固定制造费用与生产量之间不存在线性关系，其预算通常都是根据上年的实际水平，经过适当的调整而取得的。此外，固定资产折旧作为一项固定制造费用，由于其不涉及现金的支出，因此在编制制造费用预算，计算现金支出时，需要将其从固定制造费用中扣除。

期末产成品存货预算：期末产成品存货不仅影响到生产预算，其预计金额也直接对预计损益表和预计资产负债表产生影响。其预算方法为：先确定产成品的单位成本，然后将产成品的单位成本乘以预计的期末产成品存货量即可。

销售成本预算：销售成本预算是在生产预算的基础上，按产品对其成本进行归集，计算出产品的单位成本，然后便可以得到销售成本的预算。

销售成本预算＝产品单位成本×预计销售量

销售与管理费用预算：销售与管理费用包括除制造费用以外的其他所有费用，这些费用的预算编制方法与制造费用预算的编制方法相同，也是按照费用的不同性态分别进行编制的。

现金预算：现金预算是所有有关现金收支预算的汇总（基本格式见下表），通常包括现金收入、现金支出、现金多余或现金不足，以及资金的筹集与应用等四个组成部分。现金预算是企业现金管理的重要工具，它有助于企业合理安排和调动资金，降低资金的使用成本。

表9-1 现金预算

单位：万元

| 项目 | 预算 | 实际 | 差异 | 说明 |
|---|---|---|---|---|
| 现金收入 | 100 | 110 | +10 | |
| 现金支出 | 80 | 80 | 0 | |
| 现金结余 | 20 | 30 | +10 | |
| 余缺调整 | -17 | -27 | +10 | |
| 期末现金余额 | 3 | 3 | 0 | |

预计利润表：预计利润表是在上述各经营预算的基础上，按照权责发生制的原则进行编制的，其编制方法与编制一般财务报表中的损益表相同。预计损益表揭示的是企业未来的盈利情况，企业管理当局可据此了解企业的发展趋势，适时调整其经营策略。

预计资产负债表：预计资产负债表反映的是企业预算期末各账户的预计余额，企业管理当局可以据此了解到企业未来期间的财务状况，以便采取有效措施，防止企业不良财务状况的出现。

预计资产负债表是在预算期初资产负债表的基础上，根据经营预算、资本支出预算和现金预算的有关结果，对有关项目进行调整后编制而成的。

## 第三节 预算控制的几种形式

从预算编制的不同角度，可以将预算编制的方法分为若干种类型，本节利用对比的方法分别介绍了各类预算编制具体方法的特点及优缺点。

### 一、固定预算方法与弹性预算方法

编制预算的方法按其业务量基础的数量特征不同，可分为固定预算方法和弹性预算方法两大类。

#### （一）固定预算方法

**1.固定预算方法的含义**

固定预算方法（static budgeting）简称固定预算，又称静态预算，是指在编制预算时，只把预算期内正常的、可实现的某一固定业务量（如生产量、销售量）水平作为唯一基础来编制预算的一种方法。

**2.固定预算方法的缺点**

固定预算方法有以下两个缺点：

第一，过于机械呆板。在此法下，不论未来预算期内实际业务量水平是否发生波动,都只以事先预计的某一个确定的业务量水平作为编制预算的基础。

第二,可比性差。这也是固定预算方法的致命弱点。当实际业务量与编制预算所依据的预计业务量发生较大差异时,有关预算指标的实际数与预算数之间就会因业务量基础不同而失去可比性。因此,按照固定预算方法编制的预算不利于正确地控制、考核和评价企业预算的执行情况。

对于那些未来业务量不稳定、其水平经常发生波动的企业来说,如果采用固定预算方法,就可能会对企业预算的业绩考核和评价产生扭曲甚至误导作用。这种现象在采用完全成本法的企业中表现得尤为突出。

【例9-1】:已知,ABC公司采用完全成本法,其预算期生产的某种产品的预计产量为1000件,按固定预算方法编制的该产品成本预算见表9-2。

表9-2 ABC公司产品成本预算

(按固定预算方法编制)　预计产量:1000件　单位:元

| 成本项目 | 总成本 | 单位成本 |
| --- | --- | --- |
| 直接材料 | 6 000 | 6 |
| 直接人工 | 1 000 | 1 |
| 制造费用 | 2 500 | 2.5 |
| 合计 | 9 500 | 9.5 |

该产品预算期的实际产量为1 400件,实际发生总成本为11 000元,其中:直接材料7 500元,直接人工1 200元,制造费用2 300元,单位成本为7.86元。

该企业根据实际成本资料和预算成本资料编制的成本业绩报告见表9-3。

表9-3 ABC公司成本业绩报告

单位:元

| 成本项目 | 实际成本 | 预算成本 | | 差异 | |
| --- | --- | --- | --- | --- | --- |
| | | 未按产量调整 | 按产量调整 | 未按产量调整 | 按产量调整 |
| 直接材料 | 7 500 | 6 000 | 8 400 | +1 500 | -900 |
| 直接人工 | 1 200 | 1 000 | 1 400 | +200 | -200 |
| 制造费用 | 2 300 | 2 500 | 3 500 | -200 | -200 |
| 合计 | 11 000 | 9 500 | 11 200 | +1 500 | -1 300 |

从该表中可以看出:实际成本与未按产量调整的预算成本相比,超支较多;实际成本与按产量调整后的预算成本相比,又节约不少。

在产量从1 000件增加到1 400件的情况下,如果不按变动后的产量对预算成本进行调整,就会因业务量不一致而导致所计算的差异缺乏可比性;但是如果所有的成本项目都按实际产量进行调整,也不够科学。因为制造费用中包括一部分固定生产成本,它们是不随产量变动的,即使按产量调整了固定预算,也不能准确说明企业预算的执行分情况。

3.固定预算方法的适用范围

一般来说,固定预算方法只适用于业务量水平较为稳定的企业或非营利组织编制预算。

## （二）弹性预算方法

弹性预算方法（flexible budgeting）简称弹性预算，又称变动预算或滑动预算，是指为克服固定预算方法的缺点而设计的，以业务量、成本和利润之间的依存关系为依据，按照预算期可预见的各种业务量水平为基础，编制能够适应多种情况预算的一种方法。

编制弹性预算所依据的业务量可以是产量、销售量、直接人工工时、机器工时、材料消耗量或直接人工工资等。

**1. 弹性预算方法的优点**

与固定预算方法相比，弹性预算方法具有如下两个显著的优点：

第一，预算范围宽。弹性预算方法能够反映预算期内与一定相关范围内的可预见的多种业务量水平相对应的不同预算额，从而扩大了预算的适用范围，便于预算指标的调整。因为弹性预算不再是只适应一个业务量水平的一个预算，而是能够随业务量水平的变动作机动调整的一组预算。

第二，可比性强。在弹性预算方法下，如果预算期实际业务量与计划业务量不一致，可以将实际指标与实际业务量相应的预算额进行对比，从而能够使预算执行情况的评价与考核建立在更加客观和可比的基础上，便于更好地发挥预算的控制作用。

**2. 弹性预算方法的适用范围**

由于未来业务量的变动会影响到成本、费用、利润等各个方面，因此，弹性预算方法从理论上讲适用于编制全面预算中所有与业务量有关的各种预算。但从实用角度看，主要用于编制弹性成本费用预算和弹性利润预算等。在实务中，由于收入、利润可按概率的方法进行风险分析预算，直接材料、直接人工可按标准成本制度进行标准预算，只有制造费用、销售费用和管理费用等间接费用应用弹性预算方法的频率较高，以至于有人将弹性预算方法误认为只是编制费用预算的一种方法。

**3. 弹性成本预算的编制**

（1）弹性成本预算的基本公式

编制弹性成本预算，关键是进行成本性态分析，将全部成本最终区分为变动成本和固定成本两大类。变动成本主要根据单位业务量来控制，固定成本则按总额控制。其成本的预算公式如下：

$$成本的弹性预算 = 固定成本预算数 + \sum(单位变动成本预算数) \times 预计业务量$$

在此基础上，按事先选择的业务量计量单位和确定的有效变动范围，根据该业务量与有关成本费用项目之间的内在关系即可编制弹性成本预算。

（2）业务量的选择

编制弹性成本预算首先要选择适当的业务量。选择业务量包括选择业务量计量单位和选择业务量变动范围两部分内容。业务量计量单位应根据企业的具体情况进行选择。一般来说，生产单一产品的部门，可以选用产品实物量；生产多品种产品的部门，可以选用人工工时、机器工时等；修理部门可以选用修理工时等。以手工操作为

# 第九章 全面预算

主的企业应选用人工工时;机械化程度较高的企业选用机器工时更为适宜。

业务量变动范围是指弹性预算所适用的业务量变动区间。业务量变动范围的选择应根据企业的具体情况而定。一般来说,可定在正常生产能力的70%~120%之间,或以历史上最高业务量或最低业务量为其上下限。

在实际工作中,可以根据企业当时的实际业务情况选择执行相应的预算,并按此预算评价与考核各部门的预算执行情况。可见,弹性预算比固定预算更便于区分和落实责任。

现举例说明弹性预算的编制过程。

【例9-2】:已知,ABC公司充分考虑到预算期制造费用耗用人工工时发生变化的可能,编制出直接人工工时为70 000小时,80 000小时,90 000小时,100 000小时,110 000小时,120 000小时的弹性预算表,编制的制造费用弹性预算见表9-4。

表9-4 ABC公司预算期制造费用弹性预算

单位:元

| 直接人工小时 | 70 000 | 80 000 | 90 000 | 100 000 | 110 000 | 120 000 |
|---|---|---|---|---|---|---|
| 生产能力利用(%) | 70 | 80 | 90 | 100 | 110 | 120 |
| 变动成本项目 | 56 000 | 64 000 | 72 000 | 80 000 | 88 000 | 96 000 |
| 辅助工人工资 | 31 500 | 36 000 | 40 500 | 45 000 | 49 500 | 54 000 |
| 检验员工资 | 24 500 | 28 000 | 31 500 | 35 000 | 38 500 | 42 000 |
| 混合成本项目 | 59 500 | 66 500 | 73 500 | 80 500 | 87 500 | 94 500 |
| 维修费 | 23 500 | 26 000 | 28 500 | 31 000 | 33 500 | 36 000 |
| 水电费 | 11 000 | 12 500 | 14 000 | 15 500 | 17 000 | 18 500 |
| 辅助材料 | 25 000 | 28 000 | 31 000 | 34 000 | 37 000 | 40 000 |
| 固定成本项目 | 28 000 | 28 000 | 28 000 | 28 000 | 28 000 | 28 000 |
| 管理人员工资 | 15 000 | 15 000 | 15 000 | 15 000 | 15 000 | 15 000 |
| 保险费 | 5 000 | 5 000 | 5 000 | 5 000 | 5 000 | 5 000 |
| 设备租金 | 8 000 | 8 000 | 8 000 | 8 000 | 8 000 | 8 000 |
| 制造费用预算 | 143 500 | 158 500 | 173 500 | 188 500 | 203 500 | 218 500 |

表9-4中的业务量间距为10%,在实际工作中可选择更小的间距(如5%,读者可以自行计算)。显然,业务量的间距越小,实际业务量水平出现在预算表中的可能性就大,但工作量也就越大。

【例9-3】:已知,预计ABC公司预算年度某产品的销售量在700~1200件之间变动;销售单价为100元;单位变动成本为86元;固定成本总额为8 000元。

要求:根据上述资料以1 000件为销售量的间隔单位编制该产品的弹性利润预算。

解:依题意编制的弹性利润预算见表9-5。

表9-5  ABC公司弹性利润预算

单位：元

| 销售量(件) | 700 | 800 | 900 | 1 000 | 1 100 | 1 200 |
|---|---|---|---|---|---|---|
| 单价 | 100 | 100 | 100 | 100 | 100 | 100 |
| 单位变动成本 | 86 | 86 | 86 | 86 | 86 | 86 |
| 销售收入 | 70 000 | 80 000 | 90 000 | 100 000 | 110 000 | 120 000 |
| 减：变动成本 | 60 200 | 68 800 | 77 400 | 86 000 | 94 600 | 103 200 |
| 贡献边际 | 9 800 | 11 200 | 12 600 | 14 000 | 15 400 | 16 800 |
| 减：固定成本 | 8 000 | 8 000 | 8 000 | 8 000 | 8 000 | 8 000 |
| 营业利润 | 1 800 | 3 200 | 4 600 | 6 000 | 7 400 | 8 800 |

如果销售价格、单位变动成本、固定成本发生变动，也可参照此方法，分别编制在不同销售价格、不同单位变动成本、不同固定成本水平下的弹性利润预算，从而形成一个完整的弹性利润预算体系。

这种方法适于单一品种经营或采用分算法处理固定成本的多品种经营的企业。

## 二、增量预算方法与零基预算方法

编制成本费用预算的方法按其出发点的特征不同，可分为增量预算方法和零基预算方法两大类。

### (一) 增量预算方法

#### 1.增量预算方法的含义

增量预算方法（incremental budgeting）简称增量预算，又称调整预算方法（adjusting budgeting），是指以基期成本费用水平为基础，结合预算期业务量水平及有关影响成本因素的未来变动情况，通过调整有关原有费用项目而编制预算的一种方法。传统的预算编制方法基本上采用的是增量预算方法，即以基期的实际预算为基础，对预算值进行增减调整。这种预算方法比较简单。

#### 2.增量预算方法的假定

增量预算方法源于以下假定：

第一，现有的业务活动是企业所必须的。只有保留企业现有的每项业务活动，才能使企业的经营过程得到正常发展。

第二，原有的各项开支都是合理的。既然现有的活动是必须的，那么原有的各项费用开支就一定是合理的，必须予以保留。

第三，未来预算期的费用变动是在现有费用的基础上调整的结果。

#### 3.增量预算方法的缺点

增量预算方法以过去的经验为基础，实际上是承认过去所发生的一切都是合理的，主张不需在预算内容上做较大改进，而是因循沿袭以前的预算项目。这种方法的主要缺点是：

第一，受原有费用项目限制，可能导致保护落后。由于按这种方法编制预算，往往不如分析地保留或接受原有的成本项目，可能使原来不合理的费用开支继续存在下去，形成不必要开支的合理化，造成预算上的浪费。

第二，滋长预算中的"平均主义"和"简单化"。采用此法，容易鼓励预算编制人员凭主观臆断按成本项目平均削减预算或只增不减，不利于调动各部门降低费用的积极性。

第三，不利于企业未来的发展。按照这种方法编制的费用预算，只对目前已存在的费用项目编制预算；而那些对企业未来发展有利、确实需要开支的费用项目却未予考虑，必将对企业一些有价值的改革创新思想的运用产生不利影响，阻碍企业的长远发展。

## （二）零基预算方法

### 1. 零基预算方法的含义

零基预算方法（zero-base budgeting）的全称为"以零为基础编制计划和预算的方法"，简称零基预算，又称零底预算，是指在编制成本费用预算时，不考虑以往会计期间所发生的费用项目或费用数额，而是将所有的预算支出均以零为出发点，一切从实际需要与可能出发，逐项审议预算期内各项费用的内容及开支标准是否合理，在综合平衡的基础上编制费用预算的一种方法。

零基预算方法是为克服增量预算方法的不足而设计的。它是由美国德州仪器公司彼得·派尔（P. A. phyrr）在20世纪70年代提出来的，现已被西方国家广泛采用作为管理间接费用的一种新的有效方法。

零基预算方法打破了传统的编制预算观念，不再以历史资料为基础进行调整，而是一切以零为基础。编制预算时，首先要确定各个费用项目是否应该存在，然后按项目的轻重缓急，安排企业的费用预算。

### 2. 零基预算方法的程序

按零基预算方法编制预算的程序如下：

第一，动员与讨论。要求企业内部各部门根据企业的总目标，在充分讨论的基础上，提出本部门在预算期内应当发生的费用项目，并以零为基础，详细提出其费用预算数额，而不考虑这些费用项目以往是否发生过及发生额的多少。

第二，划分不可避免项目和可避免项目。全部费用按其在预算期是否发生的可能性大小可划分为不可避免项目和可避免项目。前者是指在预算期内必须发生的费用项目，后者是指在预算期通过采取措施可以不发生的费用项目。在预算编制过程中，对不可避免项目必须保证资金供应；对可避免项目则需要逐项进行成本—效益分析，按照各项目开支必要性的大小确定各项费用预算的优先顺序。

第三，划分不可延缓项目和可延缓项目。全部费用按其在预算期内支付的时间是否可以延缓可划分为不可延缓项目和可延缓项目。前者是指必须在预算期内足额支付的费用项目，后者是指可以在预算期内部分支付或延缓支付的费用项目。在预算编制过程中，必须根据预算期内可供支配的资金数额在各费用项目之间进行分配。应优先保证满足不可延缓项目的开支，然后再根据需要和可能，按照项目的轻重缓急确定可延缓项目的开支标准。

【例9-4】：ABC公司为深入开展双增双节运动，降低费用开支水平，拟对历年来超支严重的业务招待费、劳动保护费、办公费、广告费、保险费等间接费用项目按照零基预算方法编制预算。

经多次讨论研究，预算编制人员确定上述费用在预算年度开支水平见表9-6。

表9-6 预计费用项目及开支金额

单位：元

| 费用项目 | 开支金额 |
| --- | --- |
| 业务招待费 | 180 000 |
| 培训费 | 150 000 |
| 办公费 | 110 000 |
| 广告费 | 300 000 |
| 租金 | 120 000 |
| 合计 | 850 000 |

经过充分论证，得出以下结论：上述费用中除业务招待费和广告费以外都不能再压缩了，必须得到全额保证。

根据历史资料对业务招待费和广告费进行成本—效益分析，得到以下数据，见表9-7。

表9-7 成本—效益分析表

| 成本项目 | 成本金额 | 收益金额 |
| --- | --- | --- |
| 业务招待费 | 1 | 4 |
| 广告费 | 1 | 6 |

然后，权衡上述各项费用开支的轻重缓急排出层次和顺序：因为培训费、办公费和租金在预算期必不可少，需要全额得到保证，属于不可避免的约束性固定成本，故应列为第一层次；因为业务招待费和广告费可根据预算期间企业财力状况酌情增减，属于可避免项目；其中广告费的成本—收益较大，应列为第二层次；业务招待费的成本—收益相对较小，应列为第三层次。

假定该公司预算年度对上述各项费用可动用的财力资源只有700 000元，根据以上排列的层次和顺序，分配资源，最终落实的预算金额如下：

（1）确定不可避免项目的预算金额：

150 000 + 110 000 + 120 000 = 360 000（元）

（2）确定可分配的资金金额：

700 000 - 360 000 = 340 000（元）

（3）按成本—效益比重将可分配的资金金额在业务招待费和广告费之间进行分配：

业务招待费可分配资金 = 340 000 × 4/(4 + 6) = 136 000（元）

广告费可分配资金 = 340 000 × 6/(4 + 6) = 204 000（元）

在实际工作中某些成本项目的成本—效益的关系不容易确定,按零基预算方法编制预算时,不能机械地平均分配资金,而应根据企业的实际情况,有重点、有选择地确定预算项目,保证重点项目的资金需要。

**3.零基预算方法的优缺点和适用范围**

零基预算方法的优缺点是:

(1) 不受现有费用项目的限制。这种方法可以促使企业合理有效地进行资源分配,将有限的资金用在刀刃上。

(2) 能够调动企业各部门降低费用的积极性。这种方法可以充分发挥各级管理人员的积极性、主动性和创造性,促进各预算部门精打细算,量力而行,合理使用资金,提高资金的利用效果。

(3) 有助于企业未来发展。由于这种方法以零出发,对一切费用不区别对待,有利于企业面向未来发展考虑预算问题。

零基预算方法的缺点在于这种方法一切从零出发,需要对企业现状和市场进行大量的调查研究,对现有资金使用效果和投入产出关系进行定量分析等。这势必耗费大量的人力、物力和财力,带来浩繁的预算工作量。可能会导致胡子眉毛一把抓,顾此失彼,难以突出重点,此外还需要比较长的时间。

为了克服零基预算方法的缺点,减少预算编制的工作量,在实务中,企业并不需要每年都按零基预算方法来编制预算,而是每隔几年才按此方法编制一次预算。零基预算法特别适用于产出较难辨认的服务性部门费用预算的编制。

## 三、定期预算方法与滚动预算方法

编制预算的方法按预算期的时间特征不同,可分为定期预算方法和滚动预算方法两大类。

### (一) 定期预算方法

**1.定期预算方法的定义**

定期预算方法(periodic budgeting)简称定期预算,是指在编制预算时以不变的会计期间(如日历年度)作为预算期的一种编制预算的方法。

**2.定期预算的优缺点**

定期预算方法的唯一优点是能够使预算期间与会计年度相配合,便与考核和评价预算的执行结果。按照定期预算方法编制的预算主要有以下缺点:

第一,盲目性。有预定期预算往往是在年初甚至提前两三个月编制的,因此对于整个预算年度的生产经营活动很难作出准确的预算,尤其是对预算后期的预算只能进行笼统地估算,数据笼统含糊,缺乏远期指导性,给预算的执行带来很多困难,不利于对生产经营活动的考核与评价。

第二,滞后性。由于预定期预算不能随情况的变化及时调整,当预算中所规划的各种经营活动在预算期内发生重大变化时（如预算期临时中途转产），就会造成预算滞后过时，使之成为虚假预算。

第三，间断性。由于受预算期间的限制，致使经营管理者们的决策视野局限于本期规划的经营活动，通常不考虑下期。例如，一些企业提前完成本期预算后，以为可以松一口气，其他事等来年再说，形成人为的预算间断。因此，按预算方法编制的预算不能适应连续不断的经营过程，从而不利于企业的长远发展。

为了克服定期预算的缺点，人们设计了滚动预算方法。

### （二）滚动预算方法

#### 1.滚动预算方法的含义

滚动预算方法（continuous budgeting）简称滚动预算，又称连续预算和永续预算，是指在编制预算时，将预算期与会计年度脱离，随着预算的执行不断延伸补充预算，逐期向后滚动，使预算期永远保持为一个固定期间的一种预算编制方法。

其具体做法是：每过一个预算期，立即根据其预算执行情况，对以后各期预算进行调整和修订，并增加一个预算期的预算。这样，如此逐期向后滚动，使预算始终保持一定的时间幅度，从而以连续不断的预算形式规划企业未来的经营活动。

#### 2.滚动预算的方式和特征

滚动预算按其预算编制和滚动时间单位不同可分为逐月滚动、逐季滚动和混合滚动三种方式。

（1）逐月滚动方式。逐月滚动方式是指在预算编制过程中，以月份为预算的编制和滚动单位，每个月调整一次预算方法。

如在2015年1月至12月的预算执行过程中，需要在1月末根据当月预算的执行情况，修订2月至12月的预算，同时补充2016年1月份的预算；到2月末可根据当月预算的执行情况，修订3月至2017年1月的预算，同时补充2017年2月的预算，以此类推。

逐月滚动预算示意图如图9-1所示。

图9-1 逐月滚动运算预算示意图

按照逐月滚动方式编制的预算比较精确，但工作量太大。

（2）逐季滚动方式。逐季滚动方式是指在预算编制过程中，以季度为预算的编制和滚动单位，每个季度调整一次预算的方法。

# 第九章 全面预算

如在2015年第1季度至第4季度的预算执行过程中,需要在第1季度末根据当季预算的执行情况,修订第2季度至第4季度的预算,同时补充2016年第1季度的预算;第2季度末根据当季预算的执行情况,修订第3季度至2016年第1季度的预算,而同时补充2016年第2季度的预算,以此类推。逐季滚动编制的预算比逐月滚动的工作量小,但预算精确度较差。

(3)混合滚动方式。混合滚动方式是指在预算编制过程中,同时使用月份和季度作为预算的编制和滚动单位的方法。它是滚动预算的一种变通方式。

这种预算方法的理论依据是:人们对未来的了解程度具有对近期把握较大,对远期的预计把握较小的特征。为了做到长计划短安排,远略近详,在预算编制过程中,可以对近期预算提出较高的精度要求,使预算的内容相对详细;对远期预算提出较低的精度要求,使预算的内容相对简单,这样可以减少预算工作量。

如对2015年1月至3月的头3个月逐月编制详细预算,4月至12月分别按季度编制粗略预算;3月末根据第1季度预算的执行情况,编制4月至第6月的详细预算,并修订第3至第4季度的预算,同时补充2016年第1季度的预算,以此类推。

在实际工作中,采用哪一种滚动预算方式应视为企业的实际需要而定。

**3.滚动预算方法的优缺点**

与传统的定期预算方法相比,按滚动预算方法编制的预算具有以下优点:

(1)透明度高。由于编制预算不再是预算年度开始之前几个月的事情,而是实现了与日常管理的紧密衔接,可以使管理人员始终能够从动态的角度把握住企业近期的规划目标和远期的战略布局,使预算具有较高的透明度。

(2)及时性强。由于滚动预算能根据前期预算的执行情况,结合各种因素的变动影响,及时调整和修订近期预算,从而使预算更加切合实际,能够充分发挥预算的指导和控制作用。

(3)连续性好。由于滚动预算在时间上不再受日历年度的限制,因此能够连续不断地规划未来的经营活动,不会造成预算的人为间断。

(4)完整性和稳定性突出。滚动预算可以使企业管理人员了解未来预算内企业的总体规划与近期预算目标,能够确保企业管理工作的完整性与稳定性。

采用滚动预算的方法编制预算的主要特点是预算工作量较大。

## 四、预算方法与各种预算之间的关系

对于初学管理会计的人来说,经常将预算方法与全面预算体系中的各种预算混为一谈,其实它们是既有区别又有联系的两组概念。

### (一)预算方法与各种预算的区别

**1.归属的内容不同**

本节所介绍的六种预算方法分别归属于三种类型,固定预算方法与弹性预算方法属于一类，增量预算方法与零基预算方法属于一类，定期预算方法与滚动预算方法属于一类。只有同类中的不同预算方法才可以相互比较。其中，固定预算方法、增量预算方法和定期预算方法都属于传统的预算方法；滚动预算方法、弹性预算方法和零基预算方法则属于为克服传统预算方法的缺点而设计的先进预算方法。

全面预算体系中的各种具体预算则分别归属于经营预算、专门决策预算和财务预算三种类型。每一种预算都可以与其他类型中的任何预算进行比较，不受限制。

**2.命名的规则不同**

预算方法在命名时，突出了该种方法的本质特征，如弹性预算方法强调了预算编制所依据的多个业务量基础，滚动预算方法则突出了预算期连续滚动的特征。

全面预算体系中的各种具体预算在命名时反映了预算的具体内容，这一点在经营预算中尤为突出，如销售预算的内容主要是销售收入，生产预算的内容则是产量。

### （二）预算方法与各种预算的联系

任何一种预算方法只有通过编制具体的预算才能发挥作用，如弹性预算方法不仅可以用于成本预算的编制，也可以用于利润预算的编制。同样道理，在实践中根本不可能存在既不是按照固定预算方法，也不是按照弹性预算方法编制的成本或费用预算。

此外，即使是不同类型之间的预算方法之间也并非完全相互排斥的关系。在编制某一特定内容的预算过程中，完全有可能既采取弹性预算方法，同时又采取了滚动预算方法。

**思考题**

1. 预测与预算有何异同？
2. 弹性预算为什么会克服固定预算的编制缺陷？

# 第九章 全面预算

## 同步练习题

### 一、单项选择题

1. 下列各项中，最能揭示全面预算本质的说法是：全面预算是关于未来期间内（    ）。
   A. 企业的成本计划                B. 事业单位的收支计划
   C. 企业总体计划的数量说明        D. 企业总体计划的文字说明

2. 在管理会计中，用于概括与企业日常业务直接相关、具有实质性的基本活动的一系列预算的概念是（    ）。
   A. 专门决策预算                  B. 业务预算
   C. 财务预算                      D. 销售预算

3. 现金预算属于下列项目中的（    ）。
   A. 业务预算                      B. 生产预算
   C. 专门决策预算                  D. 财务预算

4. 编制经营预算与财务预算的期间通常是（    ）。
   A. 1个月          B. 1个季度          C. 半年          D. 1年

5. 已知某企业的单价灵敏度为4，根据董事会的战略目标，预计下一年的目标利润将比本年增长16%，其资产总额将达到300 000万元，投资决策预计损失450万元，则该企业的单价变动率为（    ）。
   A. 3.15%          B. 4.15%          C. 5.15%          D. 6.15%

6. 下列各项中，属于编制全面预算的关键和起点的是（    ）。
   A. 直接材料预算                  B. 直接人工预算
   C. 生产预算                      D. 销售预算

7. 下列各项中，只涉及实物计量单位而不涉及价值计量单位的预算是（    ）。
   A. 销售预算                      B. 生产预算
   C. 专门决策预算                  D. 财务预算

8. 下列各项中，不必单独编制与之有关的现金收支预算的是（    ）。
   A. 销售预算                      B. 直接材料预算
   C. 直接人工预算                  D. 制造费用预算

9. 某企业预计下年的销售收入为500万元，适用的消费税税率为5%，应交增值税税额为34万元，城市维护建设税税率为7%，教育费附加的征收率为3%，则该企业下年预计的销售税金及附加为（    ）。
   A. 25万元          B. 30.9万元          C. 4.13万元          D. 1.77万元

10. 在编制制造费用预算时，计算现金支出应予剔除的项目是（　　）。
    A. 间接材料　　　　B. 间接人工　　　　C. 管理人员工资　　D. 折旧费

11. 在下列预算中，其编制程序与存货的计价方法密切相关的是（　　）。
    A. 产品成本预算　　　　　　　　　B. 制造费用预算
    C. 销售预算　　　　　　　　　　　D. 生产预算

12. 下列项目中，可以总括反映企业在预算期间盈利能力的预算是（　　）。
    A. 专门决策预算　　　　　　　　　B. 现金预算
    C. 预计利润表　　　　　　　　　　D. 预计资产负债表

13. 下列项目中，能够克服固定预算方法缺点的是（　　）。
    A. 固定预算　　　B. 弹性预算　　　C. 滚动预算　　　D. 零基预算

14. 下列各项中，属于编制弹性成本预算关键的是（　　）。
    A. 分解制造费用　　　　　　　　　B. 确定材料标准耗用量
    C. 选择业务量计量单位　　　　　　D. 进行成本性态分析

15. 下列各项中，属于编制弹性预算首先应当考虑及确定的因素是（　　）。
    A. 业务量　　　B. 变动成本　　　C. 固定成本　　　D. 计量单位

16. 下列各项中，应当作为编制零基预算出发点的是（　　）。
    A. 基期的费用水平　　　　　　　　B. 历史上费用的最好水平
    C. 国内外同行业费用水平　　　　　D. 费用为零

17. 下列各项中，属于零基预算编制程序第一步的是（　　）。
    A. 提出预算期内各种活动内容及费用开支方案
    B. 对方案进行成本—效益分析
    C. 择优安排项目，分配预算资金
    D. 搜集历史资料

18. 下列各项中，能够揭示滚动预算基本特点的表述是（　　）。
    A. 预算期是相对固定的　　　　　　B. 预算期是连续不断的
    C. 预算期与会计年度一致　　　　　D. 预算期不可随意变动

19. 在以下有关预算方法与各种预算之间关系的描述中，不够准确的是（　　）。
    A. 两者归属的内容不同　　　　　　B. 两者命名的规则不同
    C. 编制预算时，不能同时采用两种预算编制方法
    D. 预算方法只有通过编制具体的预算才能发挥作用

20. 下列各项中，不属于传统预算方法的是（　　）。
    A. 固定预算　　　B. 弹性预算　　　C. 增量预算　　　D. 定期预算

## 第九章 全面预算

### 二、多项选择题

1. 下列各项中，属于全面预算体系构成内容的有（　　）。
   A. 业务预算　　　　B. 财务预算　　　　C. 专门决策预算
   D. 零基预算　　　　E. 滚动预算

2. 下列各项中，属于专门决策预算内容的有（　　）。
   A. 经营决策预算　　B. 预计利润表　　　C. 预计资产负债表
   D. 投资决策预算　　E. 销售预算

3. 下列各项中，能使预算的编制期间与会计年度相一致的预算有（　　）。
   A. 销售预算　　　　B. 管理费用预算　　C. 现金预算
   D. 投资决策预算　　E. 财务费用预算

4. 编制生产预算时需要考虑的因素有（　　）。
   A. 基期生产量　　　B. 基期销售量　　　C. 预算期预计销售量
   D. 预算期预计期初存货量　　E. 预算期预计期末存货量

5. 下列各项中，属于产品成本预算编制基础的有（　　）。
   A. 销售预算　　　　B. 生产预算　　　　C. 直接材料采购预算
   D. 直接人工预算　　E. 制造费用预算

6. 编制直接人工预算需要考虑的因素有（　　）。
   A. 基期生产量　　　　　　　B. 生产预算中的预计生产量
   C. 预计销售量　　　　　　　D. 标准单位直接人工工时
   E. 标准工资率

7. 期末存货预算的编制依据有（　　）。
   A. 预计销售量　　　　　　　B. 期末产成品存货成本预算额
   C. 原材料期末存货成本预算额　　D. 在产品存货成本预算额
   E. 预计采购量

8. 下列各项中，能够为编制预计利润表提供信息来源的有（　　）。
   A. 销售预算　　　　　　　　B. 产品成本预算
   C. 销售及管理费用预算　　　D. 制造费用预算
   E. 专门决策预算

9. 编制成本费用预算的方法按其出发点的特征不同，可分为（　　）。
   A. 固定预算　　　　B. 弹性预算　　　　C. 增量预算
   D. 零基预算　　　　E. 增量预算

10. 编制弹性预算所用业务量可以是（　　）。
    A. 产量　　　　　　B. 销售量　　　　　C. 直接人工工时
    D. 机器工时　　　　E. 材料消耗量

11. 下列各项中，能揭示弹性预算优点的是（    ）。
    A. 可比性强                    B. 预算范围宽
    C. 各预算期预算相互衔接        D. 不受现有费用项目的限制
    E. 能够调动企业各部门降低费用的积极性

12. 零基预算与传统的增量预算相比较，其不同之处在于（    ）。
    A. 一切从可能出发              B. 以零为基础
    C. 以现有的费用水平为基础      D. 一切从实际需要出发
    E. 不受现有费用项目的限制

13. 下列预算方法中，只能编制费用预算的预算方法有（    ）。
    A. 固定预算        B. 弹性预算        C. 增量预算
    D. 零基预算        E. 滚动预算

14. 下列各项中，属于定期预算缺点的有（    ）。
    A. 盲目性          B. 滞后性          C. 复杂性
    D. 间断性          E. 随意性

15. 滚动预算按其预算编制和滚动的时间单位不同可分为（    ）。
    A. 逐月滚动        B. 逐季滚动        C. 混合滚动
    D. 随机滚动        E. 逐日滚动

16. 下列项目中，属于滚动预算优点的有（    ）。
    A. 透明度高        B. 及时性强        C. 连续性突出
    D. 完整性和稳定性突出              E. 滞后性显著

17. 下列各项中，属于全面预算作用的是（    ）。
    A. 明确工作目标    B. 协调部门关系    C. 开展日常活动
    D. 考核业绩标准    E. 巩固部门成绩

18. 专门决策预算是指企业不经常发生的、需要根据特定决策临时编制的一次性预算，主要有（    ）。
    A. 生产预算        B. 制造费用预算    C. 经营决策预算
    D. 投资决策预算    E. 现金预算

19. 下列各项中，属于为克服传统预算方法的缺点而设计的先进预算方法有（    ）。
    A. 固定预算        B. 弹性预算        C. 滚动预算
    D. 零基预算        E. 定期预算

20. 为了确保预算工作的顺利进行，通常需要成立预算委员会，预算委员会的作用是（    ）。
    A. 制定和颁布有关预算制度的各种政策
    B. 审查和协调各部门的预算申报工作
    C. 解决有关矛盾和争执    D. 批准最终预算    E. 经常检查预算的执行情况

# 第九章 全面预算

## 三、业务题

1. 某工厂初期存货250件,本期预计销售500件。

**要求**:

(1) 如果预计期末存货300件,本期应该生产多少件?

(2) 如果预计期末存货260件,本期应该生产多少件?

2. 假设A公司只生产一种产品,销售单价为200元,预计年度内4个季度的销售量经预测分别为250件,300件,400件和350件。根据以往经验,销货款在当季可收到60%,下一季度可收到其余40%。预计预算年度第一季度可收回上一年第四季度的应收账款20 000。

**要求**:计算本年度各季度的现金收入。

3. 假设现金期末最低余额为5 000元,银行借款起点为1 000元,贷款利息为每年5%,还本时付利息。

**要求**:将下列现金预算的空缺数据按照其内在联系填补齐全。

单位:元

| 项目 | 1季度 | 2季度 | 3季度 | 4季度 | 全年 |
| --- | --- | --- | --- | --- | --- |
| 期初现金余额 | 4 500 | | | | 66 500 |
| 加:现金收入 | 10 500 | | 20 000 | | |
| 可动用现金合计 | | | | | |
| 减:现金支出 | | | | | |
| 直接材料费 | 3 000 | 4 000 | 4 000 | | 15 000 |
| 直接人工费 | | 1 500 | | | |
| 间接制造费 | 1 200 | 1 200 | 1 200 | 1 200 | |
| 销售和管理费 | 1 000 | 100 | 1 000 | — | 4 000 |
| 购置设备 | 5 000 | — | — | — | |
| 支付所得税 | 7 500 | 7 500 | 7 500 | | 30 000 |
| 现金支出合计 | 19 000 | | 15 300 | | 64 800 |
| 现金多余或不足 | | | | | |
| 筹措资金 | | | | | |
| 向银行借款 | | 1 000 | | | |
| 归还借款 | | | 5 000 | 5 000 | |
| 支付利息 | | | | | |
| 期末现金余额 | | 5 800 | | | |

4. 假设预期生产量为50件,每件产品耗费人工25小时,每人工小时价格为20元。

**要求**:计算直接人工预算额。

5. 某公司一月二月销售额分别为10万元,自3月起销售额增长至20万元。公司当月收款20%,次月收款70%,余款在第三个月收回。公司在销售前一个月购买材料,并在购买后的下一个月支付货款，原材料成本占销售额的70%，其他费用如表：

| 月份 | 工资 | 租金 | 其他费用 | 税金 |
|---|---|---|---|---|
| 3 | 15 000 | 5 000 | 2 000 | - |
| 4 | 15 000 | 5 000 | 3 000 | 80 000 |

若该公司2月底的现金余额为50 000元，且每月现金余额不少于5 000元。

**要求**：根据以上资料编制3月，4月的现金预算。

6. 某公司年末预计下一年的销售收入与当年销售收入相同，均为240万元，全年销售额均衡。请根据以下信息编制预计利润表和预计利润资产负债表。

（1）最低现金余额为10万元。
（2）销售额的平均收现期为60天。
（3）存货一年周转8次。
（4）应付账款为一个月的购买额。
（5）各项费用总计60万元。
（6）明年末各项固定资产净值为50万元。
（7）长期负债为30万元，明年偿还7.5万元。
（8）目前账面分配利润为40万元。
（9）实收资本20万元。
（10）销售成本为销售额的60%。
（11）销售成本中50%为外购原材料成本。
（12）企业所得税率为30%。

## 应用实践

施乐公司主要从事各种复印机的生产、销售和租赁，同时，施乐公司还提供各种复印服务。这些复印机的复印工作效率及特征各不相同，相应的销售和租赁计划也各不相同。

每年，施乐公司都要对投放多少台各种型号的复印机用于公司提供的复印服务进行计划，并且要对收回多少台旧复印机进行计划。这些数据将为下一年的生产计划提供必要的信息。用于提供复印服务的各种复印机，即所谓的"服务基地"数量将影响参与提供复印服务工作的员工的人数、其需要的培训以及为这些基地服务所需的零配件存货的数量。这类服务基地的情况还将影响到施乐公司生产的易耗品的销售。

通过本案例的分析，你认为：

1. 施乐公司中各个部门之间应该怎样进行沟通？在预算过程中，怎样对一些关键的计划假设信息进行归集和共享？
2. 公司中较低层的管理人员，在整个预算过程中，应该扮演什么角色？

# 第十章

## 标准成本制定与差异分析

# 知识框架图

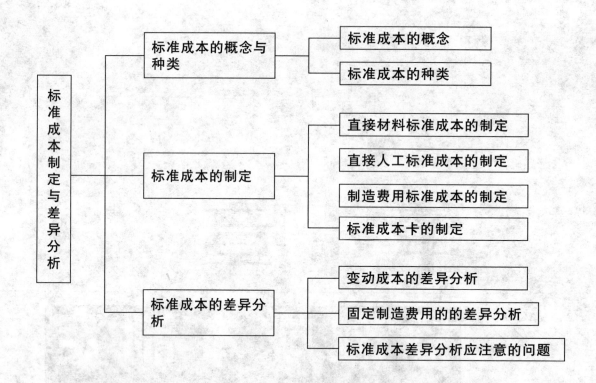

|  | 【理论知识目标】<br>1. 了解标准成本概念及种类。<br>2. 掌握标准成本的制定。<br>3. 掌握标准成本的差异分析。 |
|---|---|
| 学习目标 | 【应用能力目标】<br>1. 根据企业实际情况，制定标准成本。<br>2. 根据实际成本情况，能进行简单的成本差异分析。 |

# 第十章 标准成本制定与差异分析

# 广西柳工机械股份有限公司的标准作业成本管理体系

## 导入案例

广西柳工机械股份有限公司是一家以生产销售装载机为主的大型机械制造企业,该公司是广西省内第一家上市公司,现有非独立核算的分厂12个,涉及铸造、锻压、热处理、机加工、总装等基本生产环节和工模具、机修等辅助生产部门。

2004年下半年广西柳工实施了标准作业成本管理体系设计。各个分厂依据产品设计、工艺路线、生产加工经验和预算年度的分厂责任进行预算,按工艺作业制定直接材料、辅助材料、燃料动力、直接人工、固定制造费用和变动制造费用的标准成本。为便于成本核算和成本控制,在分厂的会计制度和成本核算办法中规定:在作业标准成本的基础上按树型结构自下而上汇总产生的零件、部件、总成和整机标准成本,并按分厂的产成品在标准成本卡上进行事前归集。根据分厂对各成本项目的可控程度,对当月直接材料和辅助材料的实际发生金额,分别记入按成本项目开设明细的"基本生产"账户和不设明细账户的"直接材料用量差异"和"辅助材料用量差异"账户,对当月燃料动力、直接人工、固定制造费用和变动制造费用的实际发生额,直接记入"基本生产"及其明细账户,月末对各成本项目的实际投入成本与标准投入成本的差异,进行分离,并将各标准成本差异记入相应差异账户。标准作业成本管理模式的成功运用为该公司的成本核算、成本分析与成本控制奠定了坚实的基础。

资料来源:中国管理会计网

## 第一节 标准成本的概念与种类

以标准成本为基础形成的一个企业的成本管理控制系统，又称标准成本系统。标准成本系统是为了克服实际成本计算系统的缺点，尤其是不能提供有助于成本控制的确切信息的缺点而研究出来的一种会计信息系统和成本控制系统。

### 一、标准成本的概念

所谓标准成本是根据企业现有的生产技术条件，在有效经营管理环境下，采用一定的技术经济测算方法确定的，必需发生的单位产品预计成本。在标准成本中，基本上剔除了不合理开支和浪费，被认为是一种"应该成本"。标准成本考虑到了未来一定时期的发展趋势，它是预计在有效经营的条件下产品应达到的"目标成本"。标准成本和估计成本同属于预计成本，但估计成本主要体现可能性，而标准成本由于具有科学性和一定的先进性，因此可以作为评价实际成本、衡量工作效率的依据和尺度，也是编制成本计划和预算的主要依据。

标准成本可以和财务会计的成本核算体系相结合，简化日常成本核算工作。将标准成本和实际成本差异在账户体系中分别列入，平时的各种产品成本项目和存货就可按标准成本入账，只须在月末对成本差异进行一次性的调整。

标准成本也有利于企业推广应用管理信息系统，促进财务应用软件的通用化和商品化，因为它使得数据处理和管理更加简洁和标准化。

### 二、标准成本的种类

#### （一）理想标准成本和正常标准成本

标准成本按其制定所依据的生产技术和经营管理水平，分为理想标准成本和正常标准成本。

理想标准成本是指假定企业现有生产技术条件和经营管理水平均处于最佳状态时测算出的最低限度成本。它要求整个企业生产经营过程无任何浪费，产品无废品，机器无故障，设备无闲置，人工效率最佳，原材料、劳动力等生产要素价格水平最低，从而使成本达到最低水平。这一成本标准由于太理想化和要求太高，一般来说无法实现，实际工作中不能作为现行的标准成本，但它可作为发掘企业潜力、了解企业今后远期奋斗目标的参考依据。

正常标准成本是指根据企业下一期正常的开工情况、正常的工作效率以及正常的价格水平来确定的标准成本。在制定这种标准时，把生产经营活动中一般难以避免的损耗和低效率等情况也计算在内，使之切合下一期的实际情况，具有现实性。正常标准成本是用科学的方法制定出来的，它排除了各种偶然性和意外情况，是应该发生的成本，可以作为评价业绩的尺度，成为督促职工去努力争取的目标，具有激励性。因此，这种标准实施不是没有困难，但他们是可能达到的。从数量上看，它应大于理想标准成本，但又小于历史平均水平，是要经过努力才能达到的一种标准，因而可以调动职工的积极性，在标准成本系统中广泛使用正常标准成本。

## （二）现行标准成本和基本标准成本

标准成本按其适用期，分为现行标准成本和基本标准成本。

现行标准成本是指根据其适用期间应该发生的价格、效率和生产经营能力利用程度等预计的标准成本。它从适用期间的现实出发，已经考虑了一定程度正常的损耗、难以避免的机器及人员闲置、工作失误和低效率等因素，但这一标准不是轻易可以达到，要求员工必须经过一定努力才能达到。因此，它是最切实可行的标准成本，不过，随着现实情况的不断变化需要进行相应修正。

基本标准成本是指一经制定只要生产基本条件无重大变化，就不予变动的一种标准成本。所谓生产基本条件的重大变化是指产品的物理结构的变化，重要原材料和劳动力价格的重要变化，生产技术和工艺的根本变化，只有这些条件发生变化，基本标准成本才需要修订。由于市场供求变化导致的售价变化和生产经营能力利用程度变化，由于工作方法改变而引起的效率变化等，不属于生产基本条件的重大变化，不需要修订基本标准成本。由于基本标准成本不按各期实际修订，不宜用来直接评价工作效率和成本控制的有效性，但各期实际成本与基本标准成本对比，可以反映成本的变动趋势。

## 第二节 标准成本的制定

实施标准成本系统一般有以下几个步骤：制定单位产品标准成本；根据实际产量和成本标准计算产品的标准成本；汇总计算实际成本；计算标准成本与实际成本的差异；分析成本差异发生的原因，如果将标准成本纳入账簿体系，还要进行标准成本及其成本差异的账务处理；向成本负责人提供成本控制报告。

标准成本的制定是指制定单位产品标准成本，被称为成本标准，是实施标准成本系统的第一步，成本标准是否科学、合理与公正，是能否发挥标准成本制度正面作用的关键。应注意区分单位产品的标准成本与实际产量的标准成本。实际产量的标准成本是根据实际产量和单位产品成本标准计算出来的。

一般，标准成本是按照工业产品的成本项目：直接材料、直接人工和制造费用相对应来制定的。即通常首先确定直接材料和直接人工的标准成本，其次确定制造费用的标准成本，最后确定单位产品的标准成本。

制定时，无论是哪一个成本项目，都需要分别确定其用量标准和价格标准，标准成本等于用量标准乘以价格标准。每个成本项目所需确定的用量标准和价格标准如表10-1所示。

表10-1　成本项目的用量标准和价格标准表

| 成本项目 | 用量标准 | 价格标准 |
|---|---|---|
| 直接材料 | 单位产品材料消耗量 | 原材料单价 |
| 直接人工 | 单位产品标准工时（一般为直接人工工时） | 小时工资率 |
| 制造费用 | 单位产品标准工时（直接人工工时或机器工时） | 小时制造费用分配率 |

无论是价格标准还是用量标准，都可以是理想状态或正常状态的，据此得出理想标准成本或正常标准成本。本书介绍的是正常标准成本的制定。

## 一、直接材料标准成本的制定

直接材料标准成本是由用量标准（标准消耗量）和价格标准（标准单价）两部分构成。应首先确定直接材料用量标准和价格标准，两者相乘即可得出直接材料标准成本：直接材料标准成本＝单位产品直接材料标准消耗量×标准单价

### （一）直接材料的用量标准（标准消耗量）

直接材料的用量标准是指在正常的生产技术条件下，单位产品生产所需耗用的各种材料实物数量，包括必不可少的消耗以及各种难以避免的损失。该标准一般由企业产品技术设计部门采用技术经济方法主持制定，应根据企业目前生产技术、工艺及工人技术水平等条件并结合降低成本的要求来制定。如果产品由多个零部件分别生产组合则需分别测算。

### （二）直接材料的价格标准（标准单价）

材料价格标准是指在正常市场环境条件下，单位材料所需支付的采购成本，包括买价和装运费、整理费、保险费、检验费等采购费用。在制定价格标准的同时，必须由生产技术人员制定各种材料质量标准，防止在实际工作中为迎合价格标准，而购买价格较低、质量低劣的材料。

材料的价格受到市场环境因素的影响，有一定程度波动性和不可控性，但很多材料也同时存在相对稳定性，采购部门及其他相关人员可以根据合同价格、正常市场供应、未来价格走势等为依据来确定。

应该注意：当某种产品消耗多种材料时，它的直接材料标准成本应等于各种材料标准成本之和。

直接材料标准成本的实例见表10-2。

表10-2 直接材料标准成本（产品：A）

| 标准 | 材料甲 | 材料乙 |
|---|---|---|
| 价格标准： | | |
| 　发票单价（元） | 10.00 | 8.00 |
| 　装卸、整理、检验费（元） | 1.00 | 0.50 |
| 　每千克标准价格（元） | 11.00 | 8.50 |
| 用量标准： | | |
| 　耗用数量（千克） | 2.0 | 3.0 |
| 　允许损耗量（千克） | 0.1 | 0.2 |
| 　单产标准用量（千克） | 2.1 | 3.2 |
| 成本标准： | | |
| 　材料甲（2.1×11.00）（元） | 23.10 | |
| 　材料乙（3.2×8.50）（元） | | 27.20 |
| 单位产品标准成本（元） | 50.30 | |

## 二、直接人工标准成本的制定

直接人工的标准成本是由用量标准（标准工时）和价格标准（标准工资率）两项构成。

### （一）直接人工的用量标准（标准工时）

直接人工用量标准是单位产品的标准工时。标准工时是指在现有生产技术条件下，生产单位产品所需要的时间，包括直接加工操作必不可少的时间，以及必要的间歇和停工，如工间休息、调整设备时间、不可避免的废品耗用工时等。如果产品生产过程涉及几个步骤或工序，应该分别测算。通常该标准由企业技术部门会同劳资等部门采用一定的技术方法制定，制定过程一般以科学管理中的"时间与动作研究"为理论基础，对生产过程包含的若干基本操作动作进行分析、研究并分别测算所需时间，汇总后就是该产品的标准工时。当然，也可以挑选若干技术较熟练的工人，进行现场测算。

### （二）直接人工的价格标准（标准工资率）

直接人工的价格标准是指标准工资率，是单位工时应分配的工资数，包括职工基本工资和保险、福利等附加部分。如果采用计件工资制，标准工资率是预定的每件产品支付的工资除以标准工时，或者是预定的小时工资；如果采用月工资制，需要根据月工资总额和可用工时总量来计算标准工资。如果产品生产过程涉及不同等级工资标准人员，应该事先确定人员结构并分项计算汇总。通常该标准由企业人事劳资部门根据劳动法、劳动力市场现行工资水平等因素制定，在用工合同中给予确定。

确定了用量标准和价格标准后，两者相乘即可得出直接人工标准成本：

直接人工标准成本＝单位产品直接人工标准工时×标准工资率

当某种产品经过多道工序才能完工时，它的直接人工的标准成本应是各工序直接人工成本之和。

直接人工标准成本的实例见表10-3。

表10-3 直接人工标准成本（产品：A）

| 标准 | 第一工序 | 第二工序 |
| --- | --- | --- |
| 小时工资率： | | |
| 基本生产工人人数（人） | 30 | 20 |
| 每人每月工时（25天×8小时） | 200 | 200 |
| 出勤率 | 95% | 95% |
| 每人平均可用工时（小时） | 190 | 190 |
| 全部生产工人每月总工时（小时） | 5 700 | 3 800 |
| 每月工资总额（元） | 114 000 | 95 000 |
| 每小时工资（元） | 20 | 25 |
| 单位产品工时： | | |
| 理想作业时间（小时） | 3 | 2.4 |
| 调整设备时间（小时） | 0.3 | 0.1 |
| 工间休息（小时） | 0.5 | 0.3 |
| 其他（小时） | 0.2 | 0.2 |
| 单位产品标准工时合计（小时） | 4 | 3 |
| 直接人工标准成本（元） | 80 | 75 |
| 合计（元） | 155 | |

## 三、制造费用标准成本的制定

制造费用按照成本性态分为变动性制造费用和固定性制造费用两部分，一般应分别制定其标准成本。制造费用的标准成本由制造费用用量标准（标准工时）和价格标准（标准分配率）两项构成。

### （一）变动性制造费用标准成本的制定

#### 1.变动性制造费的用量标准（标准工时）

变动性制造费的用量标准应尽可能与变动制造费用保持较好的线性关系，即变动性制造费用随标准数量的变化呈直线变化。在实务中，通常采用直接人工工时标准，有的企业采用机器工时或其他用量标准。

#### 2.变动性制造费用的价格标准（标准分配率）

变动性制造费用的价格标准是每一工时变动制造费用的标准分配率，它根据变动制造费用预算和标准工时计算求得。

变动性制造费用标准分配率＝变动性制造费用预算总额/标准工时

确定了用量标准和价格标准后，两者相乘即可得出变动性制造费用标准成本：

变动性制造费用标准成本＝单位产品直接人工标准工时×每小时变动制造费用标准分配率

各车间变动制造费用标准成本确定之后,可汇总出单位产品的变动制造费用标准成本。

变动制造费用标准成本的实例见表10-4。

表10-4 变动制造费用标准成本

| 标准 | 第一车间 | 第二车间 |
|---|---|---|
| 变动制造费用预算: | | |
| 　水电(元) | 2 000 | 1 470 |
| 　燃料(元) | 1 400 | 800 |
| 　间接材料(元) | 1 800 | 1 000 |
| 　间接人工(元) | 4 000 | 2 700 |
| 　运输(元) | 1 700 | 1 000 |
| 　其他(元) | 500 | 250 |
| 　合计(元) | 11 400 | 7 220 |
| 用量标准(直接人工工时) | 5 700 | 3 800 |
| 变动制造费用标准分配率(元/工时) | 2.00 | 1.90 |
| 单位产品直接人工标准工时(人工工时) | 4 | 3 |
| 变动制造费用标准成本(元) | 8.00 | 5.70 |
| 单位产品标准变动制造费用(元) | 13.70 | |

## (二)固定性制造费用标准成本的制定

如果企业采用变动成本计算,固定制造费用不计入产品成本,因此单位产品的标准成本中不包含固定制造费用的标准成本。在这种情况下,不需要制定固定制造费用的标准成本,固定制造费用的控制通过预算管理来进行。如果采用完全成本计算,固定制造费用要计入产品成本,还需要确定其标准成本。

### 1.固定性制造费的用量标准(标准工时)

固定性制造费用与变动性制造费用不同,它属于期间费用,其发生额与实际生产量无线性数量关系。但为了更好的进行差异分析,固定制造费用选取的用量标准要与变动制造费用的用量标准保持一致,包括直接人工工时、机器工时等。通常采用单位产品直接人工工时标准。

### 2.固定性制造费用的价格标准(标准分配率)

固定性制造费用的价格标准与变动性制造费用的价格标准相同,是每一工时标准分配率,它根据固定制造费用预算和标准工时计算求得。

固定性制造费用标准分配率=固定制造费用预算总额/标准工时

确定了用量标准和价格标准后,两者相乘即可得出固定性制造费用标准成本:

固定性制造费用标准成本=单位产品直接人工标准工时×每小时固定性制造费用标准分配率

各车间固定制造费用标准成本确定之后,可汇总出单位产品的固定制造费用标准成本。

固定制造费用标准成本的实例见表10-5。

表10-5　固定制造费用标准成本

| 标准 | 第一车间 | 第二车间 |
|---|---|---|
| 固定制造费用预算： | | |
| 　折旧费（元） | 1 000 | 920 |
| 　管理人员工资（元） | 3 000 | 3 000 |
| 　保险费（元） | 1 200 | 1 100 |
| 　其他（元） | 500 | 300 |
| 　合计（元） | 5 700 | 5 320 |
| 用量标准（直接人工工时） | 5 700 | 3 800 |
| 固定制造费用标准分配率（元/工时） | 1.00 | 1.40 |
| 单位产品直接人工标准工时（人工工时） | 4 | 3 |
| 固定制造费用标准成本（元） | 4.00 | 4.20 |
| 单位产品标准固定制造费用（元） | 8.20 | |

## 四、标准成本卡的制定

在制定好每种产品直接材料、直接人工和制造费用的标准成本后，就可以按产品将标准成本加以汇总了，以确定每种产品标准成本的完整信息。通常，企业编制"标准成本卡"（如表10-6）来反映每种产品标准成本的具体构成。在每种产品生产之前，它的标准成本卡设计成一式数份，送达给各相关部门，作为生产管理中领发材料、派工及支付各种费用的依据。

表10-6　单位产品标准成本卡（产品：A）

| 成本项目 | 用量标准 | 价格标准 | 标准成本 |
|---|---|---|---|
| 直接材料： | | | |
| 　甲材料 | 2.1千克 | 11.00元/千克 | 23.1元 |
| 　乙材料 | 3.2千克 | 8.50元/千克 | 27.2元 |
| 　直接材料合计 | | | 50.30元 |
| 直接人工： | | | |
| 　第一工序 | 4小时 | 20元/小时 | 80元 |
| 　第二工序 | 3小时 | 25元/小时 | 75元 |
| 　直接人工合计 | | | 155元 |
| 变动性制造费用： | | | |
| 　第一车间 | 4小时 | 2元/小时 | 8元 |
| 　第二车间 | 3小时 | 1.9元/小时 | 5.7元 |
| 　变动性制造费用合计 | | | 13.7元 |
| 固定性制造费用 | | | |
| 　第一车间 | 4小时 | 1元/小时 | 4元 |
| 　第二车间 | 3小时 | 1.4元/小时 | 4.2元 |
| 　固定性制造费用合计 | | | 8.2元 |
| 单位产品标准成本总计 | | 227.2元 | |

当然，实际工作中的标准成本卡可根据需要细化增设一些成本项目。如直接材料中的各主要材料明细项目予以列示。

## 第三节 标准成本的差异分析

标准成本是一种目标成本，由于种种原因，实际成本与标准成本完全一致的情况很少出现。实际成本与其标准成本之间的差额，称为标准成本差异或成本差异。成本差异是反映实际成本脱离预定目标程度的信息。通过差异分析可以发现形成差异的原因，并促使有关部门和人员采取措施改进管理，从而进一步控制并降低成本，达到不断提高经济效益的目的。

成本差异分为有利差异和不利差异，实际成本小于标准成本形成的负数差异称为有利差异，通常用F表示；实际成本大于标准成本形成的正数差异称为不利差异，通常用U表示。

### 一、变动成本差异分析

直接材料、直接人工和变动制造费用都属于变动成本，其实际成本高低取决于实际用量和实际价格，标准成本的高低取决于标准用量和标准价格，其成本差异可以运用因素分析法（连环替代法）分析。

变动成本差异因素分析法的步骤：（1）运用公式"差异总额=实际成本-标准成本"，确定实际成本与标准成本的差异。（2）确定驱动因素的替代顺序。一般先用实际用量替代标准用量，计算用量脱离标准造成的"数量差异"；再用实际价格替代标准价格，计算价格脱离标准造成的"价格差异"。

成本差异 = 实际成本 - 标准成本
       = 实际用量 × 实际价格 - 标准用量 × 标准价格

因素分析的过程如下：

标 准 成 本：标准用量 × 标准价格　　①
第一次替代：实际用量 × 标准价格　　②
第二次替代：实际用量 × 实际价格　　③

②-①数量差异=(实际用量-标准用量)×标准价格
③-②价格差异=实际用量×(实际价格-标准价格)

在计算价格差异时计算基数是实际用量，即在计算价格差异时包含了用量差异因素，即价格差异可进一步分解成纯价格差异和价格与数量混合差异两部分。

纯价格差异=(实际价格-标准价格)×标准数量

价格与数量混合差异＝(实际价格－标准价格)×(实际用量－标准用量)

一般来说混合差异数额较小，为简化分析，一般将它归入价格差异之中(见图10-1)。

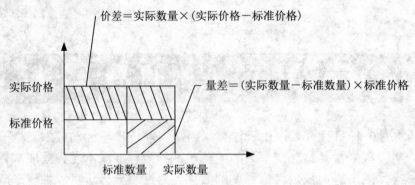

图10-1 变动成本差异分析图

## (一) 直接材料成本差异分析

直接材料成本差异是指直接材料实际成本与标准成本之间的差额。该差异形成的原因有两个：一是用量脱离标准形成的用量差异，二是价格脱离标准形成的价格差异。

直接材料数量差异＝(实际耗用量－标准耗用量)×标准价格

直接材料价格差异＝实际耗用量×(实际价格－标准价格)

其中，标准耗用量＝实际产量×单位产品标准耗用量

【例10-1】：企业生产A产品耗用甲、乙两种直接材料，本月实际产量为100件，单件产品甲、乙材料标准耗用量分别为5公斤和2公斤，标准价格分别为2元/公斤和3元/公斤，本月实际甲、乙材料总耗用量分别为600公斤和180公斤，实际单件价格分别为1.8元/公斤和3.1元/公斤。

直接材料成本差异的计算如下：

甲种直接材料成本差异总额＝600×1.8－100×5×2＝＋80 (元)

甲种直接材料数量差异＝(600－500)×2＝＋200 (元)

甲种直接材料价格差异＝600×(1.8－2)＝－120 (元)

乙种直接材料成本差异总额＝180×3.1－100×2×3＝－42 (元)

乙种直接材料数量差异＝(180－200)×3＝－60 (元)

乙种直接材料价格差异＝180×(3.1－3)＝＋18 (元)

计算结果表明：甲材料实际成本总额超支80元，其中，耗用量增加超支了200元，价格下降节约了120元；乙料实际成本总额节约42元，其中耗用量减少节约了60元，价格上升超支18元。

直接材料数量差异是由于实际材料耗用量和标准材料耗用量出现脱离导致的，而材料的耗用在生产部门，所以一般应由生产部门负责，正常情况下材料的耗用量属于该部门可控范围，不过耗用量的多少同样受到许多因素影响，如：工人技术不熟练和不负责，生产事故，生产过程中的浪费及下料不科学，废品率大幅上升，原标准制定

不合理等。同时差异的产生还应考虑质量成本问题，对生产中的特殊情况具体问题具体分析，如因采购环节购买的材料质量和规格不达标，或者仓储过程引起的材料变质，机器设备老化及不完好等原因导致的耗用量的增加，就不能由生产部门负责而应由采购、保管及设备管理部门负责了。

直接材料价格差异是由于实际采购价格和标准价格出现脱离导致的，所以一般应由采购部门负责，正常情况下材料价格属于该部门可控范围，但影响材料实际价格的因素却是多方面的，如：政府的价格管制和政策性调价，通货膨胀环境，供货商的挑选，订货批量的优化，市场供求关系引起的价格变动，采购过程的未及时付款所丧失的折扣优惠，运输方式及费用的变化等各种情况，应深入研究是何种原因引起的价格脱离，特别是生产计划的改变、临时订单增加导致紧急供货引起的差异，就不能完全由采购部门负责，应负责的部门可能还包括营销部门和生产计划部门。

### （二）直接人工成本差异分析

直接人工成本差异是指直接人工实际成本与标准成本之间的差额。它也由数量差异和价格差异两部分构成。数量差异是指实际工时脱离标准工时形成的差异，反映直接人工工作效率变化引起的成本节约或超支，又称"人工工时差异"或"人工效率差异"。价格差异是指实际工资率脱离标准工资率形成差异，又称"工资率差异"。

直接人工工时(效率)差异 =（实际工时 − 标准工时）× 标准工资率

直接人工工资率差异 = 实际工时 ×（实际工资率 − 标准工资率）

其中，标准工时 = 实际产量 × 单位产品标准工时，工资率为每工时的工资。

【例10-2】：企业生产A产品，本月实际产量为100件，单件产品标准工时为5小时，标准工资率为10元/小时，本月实际发生工时为450小时，实际工资率为11元/小时。

直接人工成本差异的计算如下：

直接人工成本差异总额 = 450 × 11 − 100 × 5 × 10 = − 50（元）

直接人工工时(效率)差异 =（450 − 500）× 10 = − 500（元）

直接人工工资率差异 = 450 ×（11 − 10） = + 450（元）

计算结果表明：直接人工实际成本总额节约50元，其中，由于人工劳动生产效率提高，节约了500元，工资率上升，超支了450元。

直接人工效率差异是由于实际工时和标准工时出现脱离导致的，反映了劳动生产率的高低，这类差异通常属于可控差异，一般由生产部门具体人员负责，产生的原因如：技术不熟练、责任心不强、消极怠工、操作不当、废品率提高等。但有时原因也很复杂，如气候异常、停工待料、机器故障、动力供应不正常、批量减少、人员调整等引起的工时差异就应由其他相关部门或管理人员负责了。特别注意的是有时有些方面的有利差异可能带来其他方面的不利差异，如新进较多的非熟练工人，会带来工资率的降低但同时也导致整体人工效率的降低。

直接人工工资率差异是由于实际工资率和标准工资率出现脱离导致，但一般来说，直接人工工资率差异较少发生。这是因为工资标准是按照事先签订的劳动合同支付的，但当遇到政策性调资，实际安排工作的人员结构发生变化，没有合理安排生产计划时间导致加班、加点等情况，也会出现此项差异，这种差异应由劳资部门或生产组织调度者负责，不过政策性调资引起的差异属于不可控的差异。

### （三）变动制造费用的差异分析

变动制造费用差异是指实际变动制造费用与标准变动制造费用之间的差额。它也可以分解为由数量差异和价格差异两部分。数量差异是指实际工时脱离标准工时形成的差异，反映工作效率变化引起的费用节约或超支，又称"变动制造费用工时差异"或"变动制造费用效率差异"。价格差异是指变动制造费用实际小时分配率脱离标准小时分配率形成差异，反映耗费水平的高低，又称为"变动制造费用分配率差异"或"变动制造费用耗费差异"。

变动制造费用工时(效率)差异 =(实际工时 − 标准工时)× 变动制造费用标准分配率

变动制造费用分配率(耗费)差异 = 实际工时 ×(变动制造费用实际分配率 − 变动制造费用标准分配率)

其中，标准工时 = 实际产量 × 单位产品标准工时

变动制造费用实际分配率 = 实际变动制造费用总额/实际工时

变动制造费用标准分配率 = 变动制造费用预算总额/标准工时

**【例10-3】**：企业生产A产品，本月实际产量为100件，单件产品标准工时为5小时，标准变动性制造费用分配率为6元/小时，本月实际发生工时为450小时，实际发生变动性制造费用为2 850元。

表10-7　变动性制造费用弹性预算

| 费用项目 | 费用分配率 | 机器小时 | | |
| --- | --- | --- | --- | --- |
|  | 6元/小时 | 400小时 | 500小时 | 600小时 |
| 变动制造性费用 |  | 2 400元 | 3 000元 | 3 600元 |

变动性制造费用成本差异的计算如下：

变动性制造性费用实际分配率 = 2 850/450 = 6.333（元/小时）

变动性制造性费用差异总额 = 2 850 − 100 × 5 × 6 = −150（元）

变动性制造费用工时（效率）差异 =(450 − 500)× 6 = −300（元）

变动性制造性费用分配率（耗费）差异 = 450 ×(6.333 − 6)= +150（元）

计算结果表明：变动性制造费用实际成本总额节约了150元，其中，由于劳动生产效率的提高节约了300元，由于单位机时耗费水平的提高超支了150元。

变动性制造费用的工时（效率）差异，是由于实际工时脱离了标准。因为变动制造费用的分配标准一般选用直接人工工时，所以，只要直接人工存在效率差异，则变动性制造费用必然产生效率差异，直接人工效率差异和变动性制造费用效率差异的性质是一样的，都是由于所耗工时的延长或缩短引起的费用变化。

变动性制造费用分配率（耗费）差异是由于实际分配率和标准分配率出现脱离导致。变动性制造费用的发生地点是生产部门，一般来说，这种差异应由生产部门人员负责，但有时情况还很复杂，如由于动力和物料价格上涨导致的费用分配率差异就不

能由生产部门负责而应由采购部门负责了。

【例10-4】：企业生产A产品，本月实际产量为100件，单件产品标准工时为5小时，固定性制造费用预算总成本为6 000元，标准产能总机时600小时，本月实际发生工时为450小时，实际发生固定性制造费用为5 850元。要求：用二因素分析法分析固定性制造费用成本差异的原因。

固定性制造费用成本差异计算如下：

固定性制造费用标准分配率 = 6 000/600 = 10（元/小时）
固定性制造费用差异总额 = 5 850 − 100×5×10 = 850（元）
固定性制造费用耗费差异 = 5 850 − 6 000 = −150（元）
固定性制造费用能量差异 = 6 000 − 500×10 = +1000（元）

计算结果表明：

固定性制造费用实际成本与其标准成本相比超支了850元，其中，由于实际固定性制造费用发生额比预算额低，节约了150元，由于实际产量标准工时未能达到生产能量超支了1000元。

## 二、固定制造费用的差异分析

由于固定性制造费用与变动成本性态不同，它在一定业务量范围内成本总额保持相对不变，其差异分析方法与各项变动成本也有所不同。固定制造费用差异分析方法有"二因素分析法"和"三因素分析法"两种。

### （一）二因素分析法

二因素分析法，是将固定制造费用差异分为耗费差异和能量差异。

在一定业务量范围内，固定制造费用不因业务量而改变，故在考核时先不考虑业务量的变动，而以固定制造费用预算数为标准，将固定制造费用实际数与预算数比较，实际数与预算数的差异称为"耗费差异"。其计算公式为：

固定制造费用耗费差异 = 固定制造费用实际数 − 固定制造费用预算数

其中，固定制造费用实际数 = 实际产量下实际工时 × 固定制造费用实际分配率，固定制造费用预算数 = 预算产量下标准工时 × 固定制造费用标准分配率

预算产量下标准工时又被称为"生产能量"。

固定制造费用能量差异是指固定制造费用预算数与固定制造费用标准成本的差额。它反映实际产量标准工时未能达到生产能量而造成的损失，其计算公式如下：

固定制造费用能量差异 = 固定制造费用预算数 − 固定制造费用标准成本

其中，固定制造费用标准成本 = 实际产量下标准工时 × 固定制造费用标准分配率

### （二）三因素分析法

三因素分析法是将固定制造费用的成本差异分为耗费差异、效率差异和闲置能量差异三部分。耗费差异的计算与二因素分析法相同。不同的是将二因素分析法中的

"能量差异"进一步分解为两部分：一部分是实际工时未达到生产能量而形成的闲置能量差异；另一部分是实际工时脱离标准工时而形成的效率差异。其计算公式如下：

固定制造费用闲置能量差异＝(预算产量下标准工时−实际产量下实际工时)×固定制造费用标准分配率

固定制造费用效率差异＝(实际产量下实际工时−实际产量下标准工时)×固定制造费用标准分配率

【例10-5】：企业生产A产品，本月实际产量为100件，单件产品标准工时为5小时，固定性制造费用预算总成本为6 000元，标准产能总机时600小时，本月实际发生工时为450小时，实际发生固定性制造费用为5 850元。要求：用三因素分析法分析固定性制造费用成本差异的原因。

固定性制造费用成本差异计算如下：

固定性制造费用标准分配率＝6 000/600＝10（元/小时）

固定性制造费用差异总额＝5 850−100×5×10＝＋850（元）

固定性制造费用耗费差异＝5 850−6 000＝−150（元）

固定性制造费用闲置能量差异＝6 000−450×10＝＋1 500（元）

固定性制造费用效率差异＝10×(450−100×5)＝−500（元）

计算结果表明：

固定性制造费用实际成本与其标准成本相比超支了850元，其中，由于实际固定性制造费用发生额比预算额低，节约了150元，由于实际生产能力利用程度低浪费了1 500元，又由于劳动生产效率的提高，节约了500元。

固定制造费用耗费差异是由于固定性制造费用实际发生数与预算数不一致导致的，产生原因可能有：生产间接人员工资的调整，设备的增减，折旧计提方法的改变，办公费用的变化，各种酌量性固定制造费用的变动等，一般应由劳资部门和生产管理部门负责，同时应注意主客观因素。

固定制造费用闲置能量差异是由于没有充分利用现有生产设备能力导致的，产生原因可能有：整个宏观经济不景气，资源紧张如电力供应不足，产品定价过高引起订单减少，设计生产能力过剩，生产计划编制不合理，生产事故导致停工等各种情况，一般应由生产管理部门、计划调度部门、销售部门负责。

固定制造费用效率差异产生的原因与直接人工效率差异基本相同，其分析和责任归属也与类似，这里就不再赘述。

# 三、标准成本差异分析应注意的问题

## (一) 应遵循成本效益原则

现实经济工作中成本项目都会出现或多或少的差异，实际成本与标准成本完全一致的情况反而很少出现。有的企业成本项目繁多，出现的成本差异也可能大小不一或千头万绪。而企业管理人员的数量、时间和精力是有限的，不可能对每一个差异都分析其原因，否则，将会发生太多不必要的管理成本。此时，管理当局就应集中精力只对一些重大和关键性的成本差异进行调查分析，研究差异产生的具体原因，并及时采取措施进行重点控制。

为了集中精力抓主要矛盾，通常的作法是：给各项成本事先制定一个正常差异范围，如某项标准成本额±X%，或某项标准成本额±X元，或某项成本差异持续出现超过一定的时间，只要成本差异没有突破这一范围，就不进行重点分析，只对那些突破这一范围的成本差异进行重点分析和研究。当然，所谓重大和关键性的成本差异并没有一个统一标准，可根据企业具体情况综合考察后确定。总之，只有差异分析取得的收益大于其成本时，才是经济上有价值的。

### （二）注意区分可控差异和不可控差异

在进行差异分析研究时应将差异分为可控差异和不可控差异，可控差异是和执行者主观行为相关联所形成的差异。反之，不可控差异是由于客观原因导致的差异，例如公用事业产品的统一调价形成的差异就是不可控的。

进行差异分析时不能停留在差异计算结果的表面，必须深入实际和现场，了解生产经营的详细情况，找出问题的症结所在和深层原因，切忌主观武断和简单草率，只有这样才能客观公正地进行考核与评价，才能充分调动有关人员进行成本控制工作的积极性。

### （三）警惕不合理的标准

有些差异项目如果长期出现且方向一致和数值偏大，可能是原有标准制定的不科学、不合理造成的，应特别注意，必要时应及时修订该项标准。

## 第四节 成本差异的账务处理

在完整的标准成本制度下，成本控制是和日常财务会计成本核算结合起来应用的，平时采用标准成本和成本差异两个财务指标分别核算。此时，企业产品生产过程中的存货账户和产品成本计算账户一律按标准成本入账，对于实际成本与标准成本之间的差异可首先设置专门账户进行归集汇总。

企业应设置的账户包括："直接材料价格差异""直接材料数量差异""直接人工工资率差异""直接人工效率差异""变动性制造费用耗费差异""变动性制造费用效率差异"。

"固定性制造费用预算差异""固定性制造费用闲置能量差异""固定性制造费用效率差异"，以上账户不利差异登记在借方，有利差异登记在贷方。

对本章上述举例中的数据进行的账务处理如下：

（1）直接材料费用核算会计分录：

甲材料：

| | | |
|---|---|---|
| 借：生产成本 | 1 000 | |
| 　　直接材料数量差异 | 200 | |
| 　贷：直接材料价格差异 | | 120 |
| 　　　原材料——甲材料 | | 1 080 |

乙材料：

| | | |
|---|---|---|
| 借：生产成本 | 600 | |
| 　　直接材料价格差异 | 18 | |
| 　贷：直接材料数量差异 | | 60 |
| 　　　原材料——乙材料 | | 558 |

（2）直接人工费用核算会计分录：

| | | |
|---|---|---|
| 借：生产成本 | 5 000 | |
| 　　直接人工工资率差异 | 450 | |
| 　贷：直接人工效率差异 | | 500 |
| 　　　应付职工薪酬 | | 4 950 |

（3）变动性制造费用核算会计分录：

| | | |
|---|---|---|
| 借：生产成本 | 3 000 | |
| 　　变动性制造费用耗费差异 | 150 | |
| 　贷：变动性制造费用效率差异 | | 300 |
| 　　　制造费用 | | 2 850 |

（4）固定性制造费用核算会计分录：

| | | |
|---|---|---|
| 借：生产成本 | 5 000 | |
| 　　固定性制造费用闲置能量差异 | 1 500 | |
| 　贷：固定性制造费用耗费差异 | | 150 |
| 　　　固定性制造费用效率差异 | | 500 |
| 　　　制造费用 | | 5 850 |

期末，对于已形成的成本差异可有三种处理方式：

一是如果发现差异数额较小，可将其视同期间成本全部归入当期产品销售成本，由本期损益负担，不再将差异分配给期末在产品和库存产成品，这时资产负债表上的在产品和产成品存货项目只反映其标准成本。其理论依据是：本期产生的差异应该看作是本期有关方面工作质量和效果的体现，不应该递延到下期。西方企业大多采用这种处理方法。

二是如果发现差异数额较大，按照财务会计的实际成本核算原则，特别是在对外财务报告期，则应于期末按标准成本比例将差异在期末在产品、库存产成品和本期销售产品之间进行分配，从而把资产负债表上的存货项目和损益表中的销售成本项目调

## 第十章 标准成本制定与差异分析

整为实际成本。当然后一种方法在分配差异时是比较繁琐的，其差异的影响也会随着存货递延到下个会计期间。

三是一种折衷方法，即首先将各种差异分为主观差异和客观差异两类，对主观差异视同本期业绩的表现直接计入当期损益，而对客观差异视同必须成本于期末在三者之间予以分配。

假设本期生产的A产品全部完工，期末采用第一种方法对差异进行处理，则会计核算分录如下：

(1) 借：库存商品　　　　　　　　　　　　14 600
　　　贷：生产成本　　　　　　　　　　　　　　　14 600
(2) 借：主营业务成本　　　　　　　　　　14 600
　　　贷：库存商品　　　　　　　　　　　　　　　14 600
(3) 借：直接材料价格差异　　　　　　　　102
　　　　直接人工效率差异　　　　　　　　500
　　　　变动性制造费用效率差异　　　　　300
　　　　固定性制造费用耗费差异　　　　　150
　　　　固定性制造费用效率差异　　　　　500
　　　　主营业务成本　　　　　　　　　　688
　　　贷：直接材料数量差异　　　　　　　　　　　140
　　　　　直接人工工资率差异　　　　　　　　　　450
　　　　　变动性制造费用耗费差异　　　　　　　　150
　　　　　固定性制造费用闲置能量差异　　　　　1 500

**思考题**

1. 标准成本的意义和作用主要有哪些？
2. 直接材料、直接人工、制造费用标准成本如何制定？
3. 成本差异的账务如何处理？
4. 成本差异分析的总体指导思想是什么？

## 同步练习题

### 一、单项选择题

1. 在标准成本管理中,成本总差异是成本控制的重要内容,其计算公式是( )。
   A. 实际产量下实际成本—实际产量下标准成本
   B. 实际产量下标准成本—预算产量下实际成本
   C. 实际产量下实际成本—预算产量下标准成本
   D. 实际产量下实际成本—标准产量下的成本

2. 甲公司是一家模具制造企业,正在制定某模具的标准成本。加工一件该模具需要的必不可少的加工操作时间为90小时,设备调整时间为1小时,必要的工间休息为5小时。正常的废品率为4%。该模具的直接人工标准工时是( )小时。
   A. 93.6      B. 96      C. 99.84      D. 100

3. 甲公司是一家化工生产企业,生产单一产品,按正常标准成本进行成本控制。公司预计下一年度的原材料采购价格为13元/公斤,运输费为2元/公斤,运输过程中的正常损耗为5%,原材料入库后的储存成本为1元/公斤。该产品的直接材料价格标准为( )元。
   A. 15      B. 15.75      C. 15.79      D. 16.79

4. 甲公司采用标准成本法进行成本控制。某种产品的变动制造费用标准分配率为3元/小时,每件产品的标准工时为2小时。2014年9月,该产品的实际产量为100件,实际工时为250小时,实际发生变动制造费用1000元,变动制造费用耗费差异为( )元。
   A. 150      B. 200      C. 250      D. 400

### 二、多项选择题

1. 标准成本按其制定所依据的生产技术和经营管理水平,可以分为( )。
   A. 现行标准成本              B. 理想标准成本
   C. 正常标准成本              D. 基本标准成本

2. 某企业实施标准成本系统,现正在确定"直接人工标准工时"。下列各项中,通常不属于其组成内容的是( )。
   A. 由于设备意外故障产生的停工工时
   B. 由于更换产品产生的设备调整工时
   C. 由于生产作业计划安排不当产生的停工工时
   D. 由于外部供电系统故障产生的停工工时

3. 下列各项原因中，属于材料价格差异形成原因的有（　　）。
   A. 材料运输保险费率提高　　　B. 运输过程中的损耗增加
   C. 加工过程中的损耗增加　　　D. 储存过程中的损耗增加
4. 成本差异分析中，固定制造费用三因素分析法下的"差异"有（　　）。
   A. 耗费差异　　B. 能量差异　　C. 效率差异　　D. 闲置能量差异

## 应用实践

### 3号齿轮的成本升高是谁的原因？

宏光机械厂金工车间是专门为利群拖拉机制造厂配套供应发动机变速箱3号齿轮的加工车间。为降低产品成本，加强成本管理，该车间决定引进标准成本控制制度，以加强成本控制，更加准确、及时地揭示成本差异的原因，更有针对性地实施成本监督，明确责任，并进行账务处理。

该车间根据其现有技术条件管理状况，制定了产品消耗定额，其料、工、费计划价格如下：

每件产品消耗炭结钢5公斤，每公斤计划价格1元。

每件产品消耗工时3小时，每小时计划工资2元。

年初该车间制定的每月弹性制造费用预算如下：

| 项目 | 金额 | | | | |
|---|---|---|---|---|---|
| 直接人工小时 | 0 | 24000 | 27 000 | 30 000 | 33 000 |
| 生产能力百分比 | 0% | 80% | 90% | 100% | 110% |
| 变动制造费用 | 0 | 48 000 | 54 000 | 60 000 | 66 000 |
| 其中：物料 | 30 000 | 12 000 | 13 500 | 15 000 | 16 500 |
| 动力 | 20 000 | 24 000 | 27 000 | 30 000 | 33 000 |
| 其他 | 8 000 | 12 000 | 13 500 | 15 000 | 16 500 |
| 固定制造费用 | 2 000 | 30 000 | 30 000 | 30 000 | 30 000 |
| 其中：折旧 | | 20 000 | 20 000 | 20 000 | 20 000 |
| 保险费 | | 8 000 | 8 000 | 8 000 | 8 000 |
| 其他 | | 2 000 | 2 000 | 2 000 | 2 000 |
| 合　计 | 30 000 | 78 000 | 84 000 | 90 000 | 96 000 |

2011年5月份该车间各项指标统计结果如下：

3号齿轮月初库存2 000件，本月份生产9 000件，销售10 000件，月初月末在制品盘存量为零。

本月炭结钢实际成本为每公斤1.02元，生产领用54 600公斤。

本月生产工人实际工资54940元，实际完成工时统计为26 800小时。

根据费用账户显示，变动制造费实际发生53500元，固定制造费实际发生30 000元。

**要求：** 用成本差异计算与分析原理揭示各成本项目成本差异，分析揭示主要成本差异项目，并分析原因，确定责任部门。

# 第十一章

## 作业成本管理

# 第十一章 作业成本管理

## 知识框架图

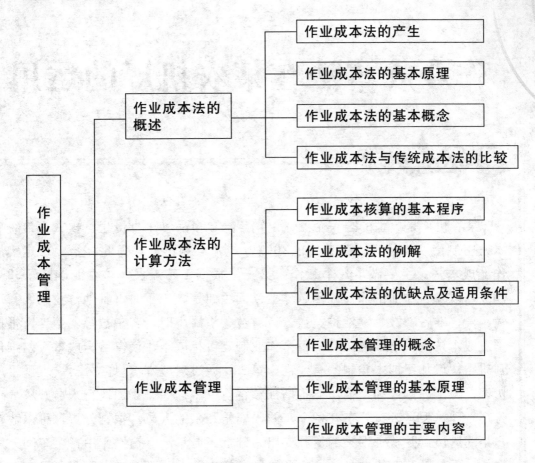

【理论知识目标】
1. 了解作业成本法的基本原理。
2. 了解作业成本法的成本计算方法。
3. 掌握作业成本的管理。

【应用能力目标】
1. 根据企业实际情况，结合作业成本计算，进行作业成本管理。

# 作业成本法在某农机厂的运用

## 导入案例

某农机厂是典型的国有企业,以销定产、多品种小批量生产模式。传统成本法下制造费用超过人工费用的200%,成本控制不力。为此,企业决定实施作业成本法。主要做了几个工作:第一,根据工艺流程,该企业确定了32个作业,以及各作业的作业动因、作业动因主要是人工工时,其他作业动因有运输距离、准备次数、零件种类数、订单数、机器小时、客户数等。第二,根据作业成本法提供的信息,针对每个作业制定目标成本,使得目标成本可以细化到班组,增加了成本控制的有效性。第三,通过对成本信息的分析,发现生产协调、检测、修理和运输作业不增加顾客价值,这些作业的执行人员归属一个分厂管理,但是人员分布在各个车间,属于冗余的人员。根据分析,可以裁减一半的人员,并减少相关的资源支出。分析还显示,运输作业由各个车间分别提供,但是都存在能力剩余,将运输作业集中管理,可以减少三四台叉车。第四,根据作业成本信息以及市场行情,企业修订了部分产品的价格。修订后的产品价格更加真实地反映了产品的成本,具有更强的竞争力。

# 第十一章 作业成本管理

## 第一节 作业成本法概述

### 一、作业成本法的产生

在传统的成本计算过程中，将不能直接归属于产品的间接制造费用以业务量为基础分配到产品中去，常用的分配基础如直接人工工时、机器加工工时等。传统分配方法在传统的生产环境中是比较合适的。传统生产工艺流程较为简单，间接制造费用所占的比重不大；市场对产品的个性要求不明显，产品结构相似，产品品种较为单一。制造费用以业务量为基础分配，不会对成本计算结果造成太大的歪曲，成本计算提供的信息能够满足决策和控制的要求。

然而随着社会经济的发展，人们日益追求个性化的消费，这就要求企业必须提高适应性，及时向消费者提供更加多样化、更具个性、日新月异的产品和服务，否则就会在市场竞争中被淘汰。迫于市场竞争的压力，企业不得不放弃传统的大规模批量生产方式，而改用能对顾客多样化的需求迅速做出反应的制造系统。因此电脑辅助设计、电脑辅助制造、机器人生产等高新技术在生产领域广泛应用，企业纷纷实行自动化生产。在新制造环境下，产品的成本结构发生重大变化，生产成本中的直接材料、直接人工成本大大减少，而间接制造费用部分却大大增加。倘若企业仍以日益减少的直接人工工时为基础来分配这些比例逐渐增大的间接费用，其结果往往是高产量、低技术含量的产品成本被多计，而低产量、高技术含量的产品成本则会被少计，从而造成产品成本信息的失真，经营决策失误。在新的经营环境下，为了正确计算产品成本，提供相关的更为准确成本信息，作业成本法应运而生。

### 二、作业成本法的基本原理

作业成本法（Activity-Based Costing，简称ABC）并非成本计算程序的重新设计，而是将间接成本和辅助费用更准确地分配到产品和服务的一种成本计算方法。依据作业成本法的观念，企业的全部经营活动是由一系列相互关联的作业组成的，企业每进行一项作业都要耗用一定的资源。与此同时，产品（或服务）被一系列的作业生产出来，即生产导致作业的发生，作业导致资源的消耗，作业是连接资源和产品的纽带，产品成本是全部作业所消耗资源的总和。

在计算产品成本时，首先按经营活动中发生的各项作业来归集成本，计算出作业成本，然后再按各项作业成本与成本对象之间的因果关系，将作业成本分配到成本对象，最终完成成本计算过程。在作业成本法下，直接成本可以直接计入有关产品，与传统的成本计算并无差异，只是直接成本的计算范围比传统成本的要大，凡是可方便地追溯到产品的材料、人工和其他成本都可以直接归属于特定产品，尽量减少不准确的分配。不能追溯到产品的成本，则先追溯到有关作业或分配到有关作业，计算作业成本，然后再分配到有关产品。

作业成本法的基本原理如图11-1所示。

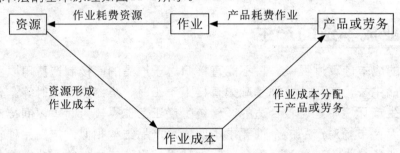

图11-1 作业成本法的基本原理

## 三、作业成本法的基本概念

作业成本法的基本概念是作业和成本动因。

### （一）作业

作业是指企业中特定组织（成本中心、部门或产品线）为了特定目的而重复执行的任务或活动。如：签订材料采购合同，将材料运达仓库，对材料进行质量检验，办理入库手续等。一项作业可能是一项非常具体的活动，如车工作业；也可能泛指一类活动，如机加工车间的车、铣、刨、磨等所有作业可以统称为机加工作业。任何一项作业都要耗费一定的资源。确认每一项作业完成的工作以及执行该作业耗费的资源成本是实行作业成本法的关键。

在作业成本核算中，根据服务对象的不同，作业可分为以下四类：（1）单位级作业是使单位产品受益的作业，例如直接材料和直接人工成本等，这种作业对每个产品都必须执行。它对资源的消耗量通常与产品的产量成正比。（2）批次级作业是指同时服务于一批产品的作业，例如对每批产品的机器准备、订单处理、检验及生产规划等。这种作业的成本与产品批数成比例变动，是该批产品所有单位产品的固定（或共同）成本。（3）产品级作业是指服务于某种型号或样式产品的作业。例如，产品设计、产品生产工艺规程制定等。这种作业的成本依赖于某一产品线的存在，与产品数量和批数无关。（4）生产维持级作业是为了维持工厂正常生产，使所有产品都受益的作业。例如工厂管理、暖气及照明及厂房折旧等。这种作业的成本，为全部生产产品的共同成本。

由若干个相互关联的具体作业组成的作业集合，被称为"作业中心"。将相关的一系列作业消耗的资源费用归集到作业中心，就构成了该作业中心的"作业成本库"，作业成本库是作业中心的货币表现形式。因此，作业中心既是成本汇集中心，也是责任考核中心。

## （二）成本动因

成本动因即成本驱动因素，是指引起成本发生的原因。它决定着成本的产生，具有可计量性，可以作为成本分配的标准。例如，产量增加时，直接材料成本就增加，产量是直接材料成本的驱动因素，即直接材料的成本动因；检验成本随着检验次数的增加而增加，检验次数就是检验成本的驱动因素，即检验成本的成本动因。

在作业成本法中，成本动因分为资源成本动因和作业成本动因两类。

### 1.资源成本动因

资源成本动因是指导致资源成本发生的原因。它反映作业对资源的消耗，是将资源成本分配给作业的标准。例如，产品质量检验工作作为一项作业需要有检验人员、专用的设备，并耗用一定的电力能源。检验作业耗用的各项资源构成了检验作业的成本。其中，检验人员的工资、专用设备的折旧费等成本，一般可以直接归属于检验作业；而能源成本往往不能直接计入，需要根据设备额定功率（或根据历史资料统计的每小时平均耗电数量）和设备开动时间来分配。也就是说检验作业需要开动设备，而设备开动导致能源成本的发生，"设备的额定功率乘以开动时间"就是能源成本的动因，可以作为将能源成本分配到检验作业中去的分配基础。

### 2.作业成本动因

作业成本动因是导致作业成本发生的原因。它反映产品对作业的消耗情况，是将作业成本分配到产品中去的分配标准。例如，每批产品完工后都需要进行质量检验，如果对任何产品的每一批次进行质量检验所发生的成本相同，则"检验次数"就是检验作业的成本动因，它是引起产品检验成本增加的驱动因素。某一会计期间发生的检验作业总成本（包括检验人工成本、设备折旧、能源成本等）除以检验次数，即为每次检验所发生的成本。每种产品的批次乘以每次检验发生的成本，即为这种产品应承担的检验作业成本。产品完成的批次越多，则需要进行检验的次数越多，应承担的检验作业成本越多；反之，则应承担的检验作业成本越少。

## 四、作业成本法与传统成本法的比较

### （一）成本核算对象不同

传统成本法的成本对象局限于产品层次，往往是最终产品；而作业成本法更关注产品形成过程和成本形成的前因和后果，成本计算对象具有多层次性，资源、作业、最终产品等都是成本计算的对象。

### （二）成本计算程序不同

在作业成本法下，成本计算分为两个阶段。第一阶段：将作业执行中消耗的资源分配到作业里，计算作业的成本；第二阶段：根据第一阶段计算的作业成本分配到各有关成本对象。作业成本法下间接成本的分配路径是"资源—作业—产品"。

传统成本计算方法下，成本计算也是分两步进行，但是中间的成本中心是按部门建立的。第一步除了把直接成本追溯到产品之外，还要把不同性质的各种间接费用按部门归集在一起；第二步是以产量为基础，将间接费用分配到各种产品。在传统成本计算方法下，间接成本的分配路径是"资源—部门—产品"。

● （三）费用分配标准和方法不同

在传统成本核算方法下，直接成本仅限于直接人工和直接材料，其他成本都归集于制造费用统一进行分配，而且在分配制造费用时，将产量作为唯一的分配基础。

作业成本法下，将成本分配到成本对象有追溯、动因分配、分摊三种不同的形式。追溯是指将成本直接确认分配到某一成本对象；动因分配是指根据成本动因将成本分配到各成本对象。采用这种方式需要首先找到引起成本变动的真正原因，即成本与成本动因之间的因果关系；分摊是指使用产量作为分配基础，将成本强制分摊给成本对象。在以上三种成本分配形式中，追溯得到的产品成本是最准确的。动因分配虽然不像追溯那样准确，但只要因果关系建立恰当，成本分配的结果同样可以达到较高的准确程度。

作业成本法强调应尽可能扩大追溯到个别产品的成本比重，不仅限于直接人工和直接材料，有些制造费用也可以直接归属于成本对象。对不能追溯的成本，强调要找到引起成本变动的真正原因，使用动因分配方式进行成本分配。与传统成本核算中以产品数量作为间接费用唯一的成本动因不同，作业成本法中的分配标准应该是不同层面和数量众多的成本动因。这比采用单一分配基础更加合理，更能保证产品成本计算的准确性。有些成本既不能追溯，也不能合理、方便地找到成本动因，只好使用产量作为分配基础进行分配。作业成本法认为，尽可能减少不准确的分摊，以便能够提供更加真实、准确的成本信息。

● （四）成本核算范围不同

传统成本核算方法认为成本的经济实质是生产经营过程中所耗费的生产资料转移的价值和劳动者为自己所创造的价值的货币表现，主要是指制造成本。成本核算范围只包括制造产品过程中与生产产品直接相关的费用：直接材料、直接人工、制造费用等，并按照费用的经济用途划分成本项目。而管理费用、销售费用、财务费用作为期间费用，直接计入当期损益不计入产品成本。

而在作业成本法下，产品成本则是完全成本，所有费用只要合理有效，都是对最终企业价值有益的支出，都应计入生产成本。它强调的是费用支出的合理有效，而不论其是否与生产直接、间接有关。在这种情况下，期间费用归集的是所有不合理的、无效的支出，而不是与生产无直接关系的支出。

因此，传统成本法下成本信息只能反映经营结果如何，而无法反映经营失败的原因应该怎样改变。作业成本法下，成本核算深入到作业层次，可以寻求降低成本的可靠依据和企业优化作业组合的途径，采用日趋合理的产品生产程序，降低总资源耗费。

## 第二节 作业成本法的计算方法

### 一、作业成本核算的基本程序

#### （一）认定作业

建立作业成本核算系统从认定作业开始，即确认每一项作业完成的工作及执行该作业耗用的资源成本。作业的认定需要对每项消耗资源的作业进行定义，识别每项作业在生产活动中的作用、与其他作业的区别，以及每项作业与耗用资源的联系。

作业认定的主要方式是将企业总的生产流程进行分解，确定作业。例如，根据生产流程可将企业的生产过程认定为生产准备、物料装卸、加工、质量检验、设备维修、生产协调等几个作业。此外，还可以通过与员工和经理进行交谈，确定他们所做的工作，并逐一认定各项作业。比如，与从事搬运作业的员工交谈，问"你是做什么的""是怎么做的"？也很容易得出生产过程中有这样一项搬运作业，它的主要作用是把原料从仓库运往车间。

#### （二）归集各类资源耗费

在确定作业之后，根据每项作业需消耗的资源，按照资源类别进行确认和计量，将该会计期间资源耗费价值归集到各资源库（如归集该期间的动力费用、折旧费用、管理人员的工资等），目的是为了将资源费用按照一定的资源成本动因分配到相关作业中去。

#### （三）将资源成本分配到作业

资源成本借助于资源成本动因分配到各项作业。资源成本动因和作业成本之间一定要存在因果关系。常用的资源成本动因如表11-1所示。

表11-1  作业的常用资源成本动因

| 作业 | 资源成本动因 |
| --- | --- |
| 机器运行作业 | 机器小时 |
| 安装作业 | 安装小时 |
| 材料移动作业 | 搬运次数、搬运距离、搬运重量 |
| 清洁作业 | 平方米 |
| 人事管理作业 | 雇员人数、工作时间 |
| 能源消耗 | 电表、流量表、装机功率和运行时间 |
| 制作订单作业 | 订单数量 |
| 顾客服务作业 | 服务电话次数、服务产品品种数、服务时间 |

资源成本应尽可能通过直接追溯去分配给作业。直接追溯要求计量作业对资源的实际耗用量。例如，用于机器运行的动力费，可以通过查电表，将其直接追溯到机器运行作业中。如果不能直接计量，可通过预计雇员花费在每一特定作业上的时间的比

例,将资源成本追溯到作业中。

### (四)将作业成本分配到成本对象

汇集了作业成本后,就需要计量每一单位作业的成本。每一单位作业的成本既是将作业成本分配给成本对象的依据,还可通过不同时间及与其他组织进行比较,而确定这些作业的效率。

作业动因是将作业成本分配给成本对象的基础。典型的作业动因如采购订份数、验收单份数、检验次数、生产准备次数、制造周转次数、直接人工工时、机器工时、维修工时等。这些作业成本动因可分为业务动因、持续动因、强度动因三类。

**1. 业务动因**

业务动因通常以执行的次数作为作业动因,并假定执行每次作业的成本(包括耗用的时间和单位时间耗用的资源)相等。以业务动因为分配基础,分配不同产品应负担的作业成本,其计算公式如下:

分配率=归集期内作业成本总成本/归集期内总作业次数

某产品应分配的作业成本=分配率×该产品耗用的作业次数

**2. 持续动因**

持续动因是指执行一项作业所需的时间标准。当不同产品所需作业量差异较大的情况下,不宜采用业务动因作为分配成本的基础,而应改用持续动因作为分配的基础。持续动因的假设前提是,执行作业的单位时间内耗用的资源是相等的。以持续动因为分配基础,分配不同产品应负担的作业成本,其计算公式如下:

分配率=归集期内作业成本总成本/归集期内总作业时间

某产品应分配的作业成本=分配率×该产品耗用的作业时间

**3. 强度动因**

强度动因是在某些特殊情况下,将作业执行中实际耗用的全部资源单独归集,并将该项单独归集的作业成本直接计入某一特定的产品。强度动因一般适用于某一特殊订单或某种新产品试制等,用产品订单或工作单记录每次执行作业时耗用的所有资源及其成本,订单或工作单记录的全部作业成本也就是应计入该订单产品的成本。

在上述三类作业动因中,业务动因的精确度最差,但其执行成本最低;强度动因精确度最高,但其执行成本最昂贵;而持续动因精确度和成本则居中。

## 二、作业成本法的例解

【例11-1】:某企业生产甲、乙两种产品,其中甲产品技术工艺过程较为简单,批量生产较大;乙产品生产工艺较为复杂,生产批量小。

### (一)成本资料

甲、乙产品的有关成本资料见表11-2。

表11-2 甲、乙产品的有关成本资料

| 项目 | 甲产品 | 乙产品 |
|---|---|---|
| 产量（件） | 8 000 | 4 000 |
| 直接人工工时（小时） | 180 000 | 20 000 |
| 单位产品直接人工成本（元/件） | 24 | 28 |
| 单位产品直接材料成本（元/件） | 10 | 15 |
| 制造费用总额（元） | 490 000 | |

### （二）按作业成本法计算成本

经作业分析，该企业根据各项作业的成本动因性质设立了机器调整准备、质量检验、设备维修、生产订单、材料订单、生产协调等六个作业成本库；各作业成本库的成本、作业成本动因和作业量等有关资料见表11-3。

表11-3 甲、乙产品的作业成本资料

| 作业 | 成本（元） | 作业成本动因 | 作业量 | | |
|---|---|---|---|---|---|
| | | | 甲产品 | 乙产品 | 合计 |
| 机器调整准备 | 50 000 | 准备次数 | 300 | 200 | 500 |
| 质量检验 | 72 000 | 检验次数 | 120 | 60 | 180 |
| 设备维修 | 48 000 | 维修工时 | 1 400 | 1 000 | 2 400 |
| 生产订单 | 176 000 | 订单份数 | 400 | 40 | 440 |
| 材料订单 | 96 000 | 订单份数 | 90 | 70 | 160 |
| 生产协调 | 48 000 | 协调次数 | 160 | 80 | 240 |
| 合计 | 490 000 | —— | | | |

根据前面资料，知道已完成了认定作业、归集资源耗费、将资源成本分配到作业几项工作，剩下的任务就是将作业成本分配到成本对象。

首先要根据作业成本动因计算出单位作业成本，作为作业成本的分配率。计算过程及结果见表11-4。

表11-4 作业成本分配率计算表

| 作业成本库 | 成本（元） | 作业成本动因 | 作业量合计 | 分配率 |
|---|---|---|---|---|
| 机器调整准备 | 50 000 | 准备次数 | 500 | 100 |
| 质量检验 | 72 000 | 检验次数 | 180 | 400 |
| 设备维修 | 48 000 | 维修工时 | 2 400 | 20 |
| 生产订单 | 176 000 | 订单份数 | 440 | 400 |
| 材料订单 | 96 000 | 订单份数 | 160 | 600 |
| 生产协调 | 48 000 | 协调次数 | 240 | 200 |

然后根据单位作业成本和作业量，将作业成本分配到产品，如表11-5所示。

表11-5　作业成本分配表

| 作业成本库 | 作业成本分配率 | 甲产品 作业量 | 甲产品 作业成本（元） | 乙产品 作业量 | 乙产品 作业成本（元） | 作业成本（制造费用）合计 |
|---|---|---|---|---|---|---|
| 机器调整准备 | 100 | 300 | 30 000 | 200 | 20 000 | 50 000 |
| 质量检验 | 400 | 120 | 48 000 | 60 | 24 000 | 72 000 |
| 设备维修 | 20 | 1 400 | 28 000 | 1 000 | 20 000 | 48 000 |
| 生产订单 | 400 | 400 | 160 000 | 40 | 16 000 | 176 000 |
| 材料订单 | 600 | 90 | 54 000 | 70 | 42 000 | 96 000 |
| 生产协调 | 200 | 160 | 32 000 | 80 | 16 000 | 48 000 |
| 合计 | —— | —— | 352 000 | | 138 000 | 490 000 |

最后汇总计算总成本和单位产品成本，如表11-6所示。

表11-6　作业成本法下甲、乙产品成本计算表

| 项目/单位 | 甲产品 | 乙产品 | 合计 |
|---|---|---|---|
| 本期产量（件） | 8 000 | 4 000 | 12 000 |
| 直接人工成本（元） | 192 000 | 112 000 | 304 000 |
| 直接材料成本（元） | 80 000 | 60 000 | 140 000 |
| 制造费用（元） | 352 000 | 138 000 | 490 000 |
| 总成本（元） | 624 000 | 310 000 | 934 000 |
| 单位产品成本（元/件） | 78 | 77.5 | —— |

### （三）按传统完全成本法计算成本

采用传统完全成本法计算成本时，若制造费用按直接人工工时分配，则制造费用的分配率为：

制造费用分配率＝制造费用总额/直接人工工时＝490 000/(180 000＋20 000)＝2.45（元/工时）

甲产品应分配的制造费用为：180 000×2.45＝441 000（元）

乙产品应分配的制造费用为：20 000×2.45＝49 000（元）

根据以上分析和计算，编制完全成本法下的产品成本计算表，见表11-7。

表11-7　完全成本法下甲、乙产品成本计算表

| 项目/单位 | 甲产品 | 乙产品 | 合计 |
|---|---|---|---|
| 本期产量（件） | 8 000 | 4 000 | 12 000 |
| 直接人工成本（元） | 192 000 | 112 000 | 304 000 |
| 直接材料成本（元） | 80 000 | 60 000 | 140 000 |
| 制造费用（元） | 441 000 | 49 000 | 490 000 |
| 总成本（元） | 713 000 | 221 000 | 934 000 |
| 单位产品成本（元/件） | 89.13 | 55.25 | —— |

通过比较作业成本法和完全成本法的计算过程及结果，可以看出：在作业成本法下甲产品的单位成本为78元/件，在完全成本法下这一成本增加到89.13元/件，增加幅度为14.27%；而乙产品单位成本在作业成本法下为77.5元/件，在完全成本法下却降低到55.25元/件，下降幅度为28.71%。产生差异的主要原因是完全成本法以直接人工工

时作为间接费用的唯一分配率，使得技术工艺简单、生产批量大的产品成本被高估，而生产工艺复杂、生产批量小的产品成本被低估。

而在作业成本法下，根据成本与成本动因的因果关系，采用多个作业成本动因分配间接制造费用，其成本计算的准确性大大提高。

## 三、作业成本法的优缺点及适用条件

### （一）作业成本法的优点

#### 1.能够提供更准确的成本信息

作业成本法一方面扩大了追溯到个别产品的成本比例，减少了成本分配对于产品成本的扭曲；另一方面采用多种成本动因作为间接成本的分配基础，使得分配基础与被分配成本的相关性得到改善。其根本思想是尽可能把间接费用趋向于直接费用那样加以归集，从而解决传统成本法下对间接费用分配不合理而导致的成本扭曲问题，提供更准确的成本信息，进而有助于管理者做出更好的产品设计、产品定价、是否停产老产品、是否引进新产品、是否扩大生产规模等经营决策。

#### 2.有助于改进成本控制

作业成本法提供了了解产品作业过程的途径，使管理人员知道成本是如何发生的。成本动因的确定，使他们将注意力集中于成本动因的耗用上。从成本动因上改进成本控制，消除非增值作业、提高增值作业的效率，有助于持续降低成本和不断消除浪费。

#### 3.为价值链管理提供信息支持

企业生产经营的过程即是价值创造的过程。由于产品的价值是由一系列作业创造的，企业的价值链就是其作业链。价值链分析需要识别供应作业、生产作业和分销作业，并且识别每项作业的成本驱动因素，以及各项作业之间的关系。作业成本法与价值链分析概念一致，可以为其提供信息支持。

### （二）作业成本法的缺点

#### 1.设计及实施成本比较高

在使用作业成本法之前，需要对大量的作业进行分析与确认，这会消耗大量的时间成本。在实施作业成本法时，要将企业生产经营中发生的全部资源耗费逐项分配到作业中去，形成作业成本库，再将作业成本库按照众多的成本动因分配到产品中，核算工作较传统成本法繁琐很多。而企业要想在竞争中取胜，就需要不断进行技术革新和产品结构调整，也就需要重新划分作业，这也是实施作业成本法成本较高的原因。

#### 2.确定成本动因比较困难

作业成本法要求选取合适的成本动因进行成本分配，然而在实际中并不是所有的间接成本都和特定的成本动因相关联。有时找不到与成本相关的驱动因素，或者几个假设的驱动因素与成本的相关程度都很低,或者取得驱动因素的数据成本很高。此时就会出现人为主观分配,难免具有主观性,这为管理者操纵成本提供了可能,也降低了公司间报告结果的可比性,与现行会计准则有一定的差距。

**3. 不利于管理控制**

完全成本法按部门建立成本中心,为实施责任会计和业绩评价提供了方便。作业成本系统的成本库与企业的组织结构不一致,不利于提供管理控制的信息。作业成本法以牺牲管理控制信息为代价,换取经营决策信息的改善,减少了会计数据对管理控制的有用性。

### (三)作业成本法的适用条件

**1. 制造费用在产品成本中占有较大比重**

传统成本核算方法最主要的问题就在于对制造费用分配时使用单一的产量分配率,致使产品成本扭曲。如果制造费用在产品成本中占有较大比重,采用传统成本法核算就会加大产品成本的扭曲程度。此时,使用作业成本法较为有利。

**2. 产品多样性程度高**

产品多样性包括产品的多样性、规模的多样性、原材料的多样性和产品组装的多样性等。产品的多样性是引起传统成本系统在计算产品成本时发生信息扭曲的原因之一。

**3. 公司面临激烈的外部竞争**

传统的成本计算方法是在竞争较弱的背景下设计的。当外部竞争变得激烈时,作业成本法的优点就会突显出来。企业为了在激烈的竞争中取胜,不仅需要更加准确的成本信息,以便做出正确的决策。而且可以通过优化作业链,降低成本、优化产品和服务。

**4. 公司信息化程度较高**

在实施作业成本法中,需要收集众多的资源动因的种类和数量、作业动因的种类和数量,以及各种产品消耗作业动因的数量等量化和非量化的信息。因此,拥有设计专门的作业成本核算软件和成熟的信息处理技术成为实施作业成本法的现实条件。

## 第三节 作业成本管理

作业成本法虽然只是成本分配方法的改进,但对管理理念的影响却是重大的,其突出表现就是以作业为基础的管理,即作业管理。

# 第十一章 作业成本管理

## 一、作业成本管理的概念

作业成本管理，是指企业利用作业成本计算所获得的信息进行作业管理的一系列活动。其目的是通过对作业链的不断改进和不断优化、不断消除浪费，实现持续改善、提高客户价值并最终实现企业战略目标。

## 二、作业成本管理的基本原理

作业成本管理是由两个相互关联的过程组成。一方面是作业成本的计算（分配）过程，即所谓的成本分配观；另一方面是作业成本的控制过程，即所谓的过程观。如图11-2所示。图中垂直部分反映了成本分配观，它说明成本对象引起作业需求，而作业需求又引起资源的需求。因此，成本分配是从资源到作业，再从作业到成本对象，而这一流程正是作业成本计算的核心。图中水平部分反映了过程分析观，它为企业提供成本动因以及作业完成情况（业绩计量）的信息。成本分配观是为了增加成本计算的精确程度，而过程观的重点在于控制成本。这两个方面通过"作业"联系到一起。作业成本管理正是从这两个方面来改进、优化作业链，提高价值链，减少资源浪费，增加企业的经济效益。

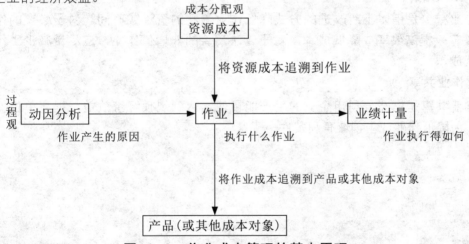

图11-2 作业成本管理的基本原理

## 三、作业管理的主要内容

### （一）作业分析

作业分析的目的是区分增值作业和非增值作业。增值作业是指顾客认为可以增加其购买的产品或服务的有用性，有必要保留在企业中的作业。一项作业必须同时满足下列三个条件才可断定为增值作业：第一，该作业导致了状态的改变；第二，该状态的变化不能由其他作业来完成；第三，该作业使其他作业得以进行。

非增值作业是指即便消除也不会影响产品对顾客服务的潜能，不必要的或可消除的作业。如果一项作业不能同时满足增值作业的三个条件，就可断定其为非增值作业。常见的非增值作业则包括：存货中的存储、整理和搬运；生产中的待料停工以及机器维修停工；因质量问题出现的返修、重复检测等。

### （二）作业改进

通过作业分析识别出效率低的作业或者非增值作业，然后采取改进措施提高作业效率，消除或减少非增值作业，一般有作业消除、作业选择、作业减少和作业共享等措施。

**1. 作业消除**

作业消除是指消除非增值作业或不必要的作业，降低非增值成本。

**2. 作业选择**

作业选择是指比较所有能够达到同样目标的不同作业，从中选取最佳作业。最佳作业可能是成本最低或虽成本高但效率最高的作业。不同的作业构成，其成本不同，产生的效果也不同。如果效率相同，选择成本最低的作业；如果成本相同，则选择效率最高的作业。

**3. 作业减少**

作业减少是指以不断改进的方式降低作业消耗的资源或时间。对于必要的作业，通过改善来提高效率或降低成本，对于无法消除的非增值作业，应尽量减少工作量，以降低成本。

**4. 作业共享**

作业共享是指充分利用企业的生产能量使之达到规模经济效益，提高单位作业的效率，为降低作业成本创造有利条件。

---

**思考题**

1. 试述作业成本核算的基本原理。
2. 作业成本法与传统成本法的差别是什么？
3. 简要说明作业成本法核算的基本程序。
4. 简要说明作业成本管理的基本原理。

# 同步练习题

## 一、单项选择题

1. 作业成本法的成本计算是以（　　）为中心。
   A. 产品　　　　　B. 作业　　　　　C. 费用　　　　　D. 资源

2. 下列属于增值作业的是（　　）。
   A. 原材料储存作业　　　　　　　B. 原材料等待作业
   C. 包装作业　　　　　　　　　　D. 质量检查作业

3. （　　）是作业成本的核心内容。
   A. 作业　　　　　B. 产品　　　　　C. 资源　　　　　D. 成本动因

4. 使用作业成本法计算技术含量较高、生产量较小的产品，其单位成本与使用传统成本法计算相比，要（　　）。
   A. 高　　　　　　B. 低　　　　　　C. 两者一样　　　D. 以上都不正确

## 二、多项选择题

1. 下列关于作业成本法的说法，正确的有（　　）。
   A. 作业成本法强调采用不同层面的、众多的成本动因进行成本分配
   B. 作业成本法下间接成本的分配路径是："资源→作业→产品"
   C. 作业成本法的基本思想是"产品消耗作业，作业消耗资源"
   D. 作业成本法的成本分配主要使用动因分配，尽可能减少追溯和不准确的分摊

2. 下列关于作业成本法与传统的成本计算方法（以产量为基础的完全成本计算方法）比较的说法中，正确的有（　　）。
   A. 传统的成本计算方法对全部生产成本进行分配，作业成本法只对变动成本进行分配
   B. 传统的成本计算方法按部门归集间接费用，作业成本法按作业归集间接费用
   C. 作业成本法的直接成本计算范围要比传统的成本计算方法的计算范围小
   D. 与传统的成本计算方法相比，作业成本法不便于实施责任会计和业绩评价

3. 作业按受益范围通常分为（　　）。
   A. 单位作业　　　B. 批制作业　　　C. 产品作业　　　D. 过程作业

4. 成本动因选择主要考虑的因素有（　　）。
   A. 成本计量　　　　　　　　　　B. 成本动因与所耗资源成本的相关程度
   C. 成本库　　　　　　　　　　　D. 成本中心

## 应用实践

**"云锡"成本管理的作业成本法**

云南锡业集团（控股）有限责任公司（下称"云锡"）的作业成本法起源于1953年，彼时就有系统的选矿作业成本资料。从1963年起，云锡对矿山成本管理做出了规范性规定，矿山原矿生产开始计算采矿、掘进、坑内运输、坑外索道运矿、铁道运矿等作业成本。冶炼产品生产则计算精焊锡作业成本、烟化炉作业成本。辅助生产计算铸铁、供水（分别按供水系统）作业成本。部分冶炼厂则是按冶炼生产所经工序中的各工序"装置"如反射炉、鼓风炉等计算作业成本。

根据《1963年云锡成本核算办法》，1963年，云锡就做出了要求分矿种核算矿山作业成本的规定。矿山作业成本是指为生产某一种或几种原矿产品而归集的费用，核算范围包括从原矿生产到原矿运输至选矿厂发生的费用。具体包括采矿作业、生探和采准作业、钻探作业、剥离和充填作业、坑内运矿作业、坑外运矿作业（含索道、铁道运矿）、压风和通风作业、提升和排水作业等。

矿山作业成本项目及核算内容包括五个方面。第一，材料：矿山各作业成本按所使用材料消耗量大小及其是否经常使用等情况分为定额材料和非定额材料，定额材料采用耗用量与金额并重的原则，耗用工矿备品配件及其他材料以金额汇总填列。第二，动力：指直接用于矿山各作业生产的耗用的电力数量和金额。第三，直接职工薪酬：指直接参加矿山各作业生产的职工工资及工数及其他职工薪酬。第四，其他直接支出：指使用劳务公司的劳务工、临时工支付劳务费用及工数。第五，车间制造费用：指车间（坑口）为组织车间生产发生的各项费用。包括：职工薪酬、折旧费、办公费、通讯费、水电费、机物料消耗等。

作业成本法的应用是云锡老一辈成本管理人员对有色金属成本核算管理的创新之举。它是伴随着云锡采选冶生产的现代化进程和对成本管理的逐步规范化而发展和成熟起来的。首先，在具备采用作业成本法条件的选矿生产中运用作业成本法进行选矿作业成本管理，尝到了作业成本法核算管理选矿作业成本的优越性。其次，随着科学技术运用于矿山坑下脉矿生产、地面砂矿生产，促进了矿山生产技术的现代化。管理现代化矿山的生产成本，要求有与之相适应的成本管理办法。云锡成本管理人员在对坑下脉矿开采和地面砂矿开采的生产特点和规律进行全面研究，对冶炼、运输、供水和铸造等生产成本进行规范的基础上，将作业成本法全面运用于矿山、冶炼、辅助生产成本管理实际工作中，并在实践中逐步总结和完善，逐步形成了具有云锡特色、代表锡行业成本管理先进水平的、科学的成本管理体系。最后，一个企业的管理文化，具有继承和发扬的内在特性。如今，作业成本法不仅在采选冶、机械制造、供水、运输生产作业中广泛运用，而且，进一步在锡化工、锡深加工生产成本管理中也得到了推广运用。不仅如此，作业成本法在云锡投资控股的有关公司的产品、半成品生产作业中也得到了不同程度的运用。

**要求**：试分析云南锡业集团对作业成本法的运用及效果。

# 第十二章

## 绩效评价与管理

# 知识框架图

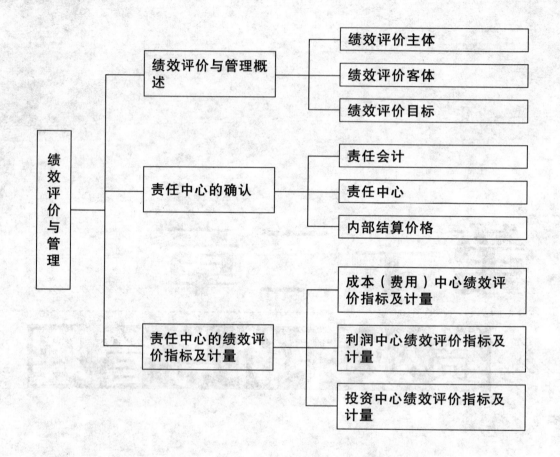

| 学习目标 | 【理论知识目标】<br>1. 了解责任会计、责任中心的定义。<br>2. 掌握成本（费用）中心、利润中心和投资中心的评价指标及计量。<br>3. 掌握内部结算价格的制定。<br>【应用能力目标】<br>1. 根据企业管理需要，初步合理划分责任中心。<br>2. 根据划分的责任中心，对各责任中心进行绩效评价。 |
|---|---|

# 盖威斯公司责任中心划分与绩效评价

## 导入案例

盖威斯公司在随着产业竞争形势发生变化和集团业务向多元化方向不断发展，2010年以后，公司以前一切经营活动以销售部门为中心的集中管理模式已经无法满足瞬息万变的市场需求。为了有效调动科技管理人员的积极性和创造性，不断提高企业的整体工作效率和效果。盖威斯公司对自身的组织结构进行了战略调整，引入了分权管理的理念，将集团各个部门建立成具有相对独立性和决策自主性的责任中心，强调向客户提供自有服务为主，发展公司自有的核心竞争力，并建立起相应的责任会计制度来明确各责任中心的责任指标，进行业绩核算、控制与监督。

盖威斯公司建立的责任中心组织结构模式是以单项电能表事业部、三相电能表事业部、用电信息管理系统及终端产品事业部和电工仪器仪表事业部为利润中心，盖威斯物流有限公司和盖威斯科技有限公司为投资中心，财务法务部门、人事行政部门和系统支持部门为成本中心。这种新的组织结构克服了以前组织管理模式的不足，为公司适应新形势下的业务发展提供了有力的帮助。

# 第一节 绩效评价与管理概述

由于存在不同的委托代理关系，现代企业非常重视公司治理结构的优化和对管理者进行绩效评价。管理会计一直把对管理者的绩效评价作为内部管理控制系统研究的重要组成部分。因为企业的管理控制系统是对各种技术的逻辑整合，包括收集和使用信息的各种技术、制订计划和控制的技术、激励员工行为的技术和评价绩效的技术。而管理控制系统的主要目的就是清晰传达企业目标；确保管理者和员工理解为实现企业目标所需完成的具体行动，以及在企业内部传达各项行动的结果；最后是确保管理者能够根据环境变化作出适当的调整。在管理控制系统中，企业目标处于首要地位，在企业设定目标、选择行动和制订绩效评价指标的过程中将涉及所有层面及所在层面的管理者，无论对哪一层面的评价，绩效评价的系统都由评价主体、评价客体、评价目标、评价指标体系和相关的激励机制等方面组成。

## 一、绩效评价主体

绩效评价主体是指绩效评价的组织者和实施者。从管理会计的视角看，绩效评价主体分为两个层次：一是企业所有者对企业最高管理层进行绩效评价，此时绩效评价主体是企业的所有者；二是企业上级管理者对下级管理层的绩效评价，此时评价主体是上级管理者。

作为第一层次的绩效评价主体的企业所有者，是依据产权关系为基础的委托代理关系对企业最高管理层次进行绩效评价。在西方典型的股份有限公司中，所有者仅保留重要的表决权，而把大部分决策权委托给代理人董事会，对管理者的绩效评价和奖惩措施的制定都由董事会来做。

作为第二层次绩效评价主体的企业上级管理层，是依据以管理权关系为基础的委托代理关系对企业下级管理层进行绩效评价。这一层次的关系比第一层次的关系要复杂很多，是管理会计确定内部责任单位、进行绩效评价的重点，也是本章主要阐述的内容。

## 二、绩效评价客体

绩效评价客体即绩效评价的对象。由于绩效评价分为两个层次，所以绩效评价的客体也随之分为最高管理层和下级管理层。

在股份制企业中，所有权和经营权的分离首先表现在所有权和管理权的分离，然后表现为所有权与决策权的分离。在这样的分权制下，谁能作为企业最高管理层的代表呢？在现有公司法下，股东通过股东大会选举产生他们的董事会和监事会；董事会是经营管理机构，有权决定公司经营计划和投资方案；监事会对董事会和经理人员的行为进行监督；总经理由董事会聘用，负责公司日常经营管理工作。可见，企业经理拥有的权利在公司制的企业中由董事会与总经理分享。董事会是主要的管理者，经理层分享管理者角色的管理者。在非股份有限公司制下，当实行的是经理负责制的企业中，从经理所拥有的权利和担负的责任来看，他们是企业最高管理层的代表。

## 三、绩效评价目标

绩效评价目标是解决为什么进行评价的问题，是代表一个企业努力追求的一些未来预期，即一种预期的业绩，从当前绩效的结果评估企业目标的实际情况。管理者绩效评价的目标应该是管理者的能力、水平和为实现企业目标所作的贡献，但缺乏可操作性。管理者绩效评价的目标应该由企业目标决定，企业管理控制系统，企业目标是处于该系统的首要地位。一个理想的管理控制系统中，每一个目标，都应该与之相适应。企业的目标可以从多个方面进行阐述，包括股东财富最大化、投资收益率最大化、职工工资增长最大化、利润最大化等。这表明企业目标的多样性，企业不可能同时追求多个目标，所以，企业只能实现多种目标之间的协调。企业相关利益主体的不同目标的折中，可以用实现企业的长期稳定发展、企业总价值的最大化来表达。

# 第二节 责任中心的确认

作为管理控制系统的一部分，绩效评价与管理要能够有效执行，其中重要工作之一就是确定责任中心。

## 一、责任会计

责任会计是现代管理会计的一项重要内容，是将庞大的企业组织分而治之的一种做法。

### （一）责任会计的产生

责任会计的产生可以追溯到19世纪末20世纪初，但理论和方法上的成熟以及真正在实践中发挥作用，是在20世纪40年代以后。第二次世界大战后，企业规模以前所未有的速度发展，出现了越来越多的股份公司、跨行业公司和跨国公司。这些公司业务涉及行业交叉、管理层次多、分支机构遍布，传统的管理模式已不适用或效率低下，于是责任会计受到了普遍重视，其方法也被不断改进并最终形成了现代管理会计中的责任会计。

在典型的现代企业中，由于企业内外部环境日益复杂，企业的高层领导既不可能了解企业所有的生产经营活动情况，也不可能为基层经理人员作出所有决策。于是对组织中谁有权力做出决策、其应负的责任以及如何评价和管理等问题的思考，促使企业实行某种形式的分权管理制度，即将决策权随同相应的责任下放给基层经理人员，许多关键的决策由接近这些问题的经理人员作出，并确定相应的绩效评价考核指标和方法。

### （二）责任会计的内容

**1. 建立责任中心**

将企业所有内部单位划分为若干个责任中心，这些责任中心分工明确、权责明晰。企业规定这些责任中心应分工负责的成本、收入、利润等指标、明确其向上级管理机构承担的责任，同时给予它们相应的经营管理权，并单独考核评价其绩效。

**2. 编制责任预算**

建立责任中心之后，企业应将全面预算的目标和任务，在各个责任中心进行层层分解，编制责任预算，明确各个责任中心的目标和职责，作为控制、考核和评价各个责任中心日常经营活动和经营业绩的标准。

**3. 编制绩效报告**

各个责任中心根据责任预算来控制本责任中心的经营活动，对实际发生的业务按照责任中心来汇集、分类和记录，对发生的收益和费用按照责任中心设置的明细账进行分类核算，并按照责任中心编制绩效报告。

**4. 评价责任中心**

根据事先确定的责任中心的考核评价标准，通过各个责任中心的绩效报告实际数据与预算数据对比，计算差异存在的原因，以评价各责任中心的工作绩效，分析日常经营活动中存在的问题，做到客观公正、奖惩分明。

### （三）责任会计的核算原则

责任会计与财务会计既有联系又有区别，因而组织责任会计核算时，除了应遵循财务会计核算的及时性原则、相关性原则、重要性等原则之外，还应该根据责任会计的核算目的和特点，遵循以下三个原则。

**1. 一致原则**

责任中心是一个企业的各个局部在确定各责任中心的目标时，应始终注意与企业整体目标保持一致，以避免片面局部利益而影响整体利益。因此，责任会计核算的首要原则是一致性原则。

**2. 激励原则**

实行责任制的企业最终目的就是为了最大限度调动企业全体职工的积极性和创造性，因此，责任目标和责任预算应本着激励原则合理确定。目标和预算制定的太高，会挫伤责任中心的工作积极性；目标和预算制定的太低，不利于保证企业的整体利益；同时，奖惩措施也应当合理，完成目标后所得到的奖励和报酬与所付出的劳动相比应是值得的，这样才能不断激励全体职工为实现目标而努力。

### 3.可控原则

由于各个责任中心的利益与其绩效直接挂钩，因而对其绩效的考核评价必须以可控为原则，即对可控责任中心的收入、费用的核算都必需以各责任中心可控制为原则。这是因为如果一个责任中心不能控制其可实现的收入或发生的费用，就无法合理反映其真正的工作绩效，也无从作出合理的评价，因此，必需将各项收入或费用具体分解落实到可予以控制的各责任中心。

## 二、责任中心

责任中心是指根据管理权限承担一定的经济责任，并能反映其经济责任履行情况的企业内部责任单位。凡是管理上可以分离、责任可以辨认、成绩可以单独考核的单位，大到分公司、地区工程或部门，小到车间、班组都可以划分为责任中心。责任中心是将企业经营体分割成拥有独自产品或市场的多个绩效责任单位，然后将总部的管理责任授权给这些单位之后，通过客观的业绩评价指标体系，实施必要的绩效衡量与奖惩，以期达到企业设定的经营成果的一种管理制度。按照责任对象的特点和责任范围的大小，责任中心可以分为成本（费用）中心、利润中心和投资中心。

### （一）成本（费用）中心

成本（费用）中心是指那些无收入产生，只有成本费用发生，只能控制成本或费用因而只对成本费用负责的责任中心。成本（费用）中心的划分和设置最为灵活，任何有成本或费用发生的责任区域都可成为这类责任中心，如分厂、车间、工段、单套机组、个人、行政管理部门等。

成本中心与费用中心的区别在于：成本中心的经济活动一般会直接形成有物质实体的产品、半成品，如车间、无销售权的分厂。费用中心则只提供特定的管理或服务，不直接产生有物质实体的经济成果，没有明显的投入产出关系。如仓库以及会计科、行政科、人事部等企业内部行政管理机构。

成本（费用）中心被赋予的权责是只对成本（费用）负责，没有对外经营或销售权，其业务活动不产生收入，不进行独立核算，也无利润产生。如生产车间生产的产品通常无权直接对外出售，而是交企业营销部来销售。

成本中心在企业内分布最广，上到分厂下到个人都可能是成本中心，若干个较小的成本中心可以合并成一个较大的成本中心，若干个较大的成本中心又可以合并成一个更大的成本中心。

成本中心尽管可能是产品的生产场所，但它应负责的是所谓的"责任成本"，而非一般概念上的产品成本，两者既有联系也有区别，都是实际发生的成本费用，但产品成本是以具体产品为对象进行费用归集的，成本的客体是产品。责任成本是以责任中心为对象进行费用归集的，成本的客体是责任中心。产品成本是以受益原则归集费用的，就是谁受益谁承担。责任成本则以负责原则来归集费用的，就是谁负责谁承担。产品成本归集费用的目的是为了正确计算产品成本和计算企业利润，责任成本归集费用的目的是为了责任中心的业绩考核，贯彻落实经济责任制。

成本（费用）中心应负责的责任成本不一定是在其空间范围内发生的所有成本，而应该是其权限范围内的可控成本。所谓可控成本是相对不可控成本而言的，凡是受到责任中心主观行为经济业务直接影响和控制的耗费就是可控成本，反之就是不可控成本。因此，正确判断并分清可控成本与不可控成本是明确责任成本的前提，也是能否公平、公正考核评价责任中心业绩的保证。

通常可控成本应具备以下特征：责任中心能够事先预知将要发生的成本费用；责任中心能够准确计量成本费用；责任中心主观上能够控制或调节发生偏离的成本费用。

成本（费用）的可控性是和特定责任中心相联系的，从整个企业宏观上看，如果把整个企业看作一个责任中心，则所有成本费用都是可控成本（企业消耗的垄断性资源产品，如水、电、气等的价格因素除外），但就局部而言则存在成本的可控性与不可控性问题。

在企业内部，某一责任中心的可控成本可能就是另一中心的不可控成本。例如车间耗用材料的实物数量，一般地说即是车间的可控成本方面，但材料的价格及其质量则是其不可控成本方面，它又属于供应部门的可控成本范围，由于材料质量导致的车间耗用材料实物数量的超定额，就不能再划归其为可控成本方面。

上一级责任中心的可控成本对于其下属责任中心而言可能是不可控成本，反过来说，较低层次责任中心的可控成本一定是其上一层责任中心的可控成本。例如：现有设备的折旧费或租赁费，对于只有设备使用权的生产班组甚至车间来说是不可控成本，因为通常购置什么设备、购置多少设备、折旧如何计提的权限不在这些使用部门，但对于拥有设备处置权的制造经理或设备管理部门来说，则可能是可控成本，例如它们有权决定设备是购置还是租赁。同理，短期内折旧费用有不可控性，但长期看则有可控性。

一般地说，变动成本和直接成本属于成本中心的可控成本，固定成本和间接成本属于不可控成本。但也不完全如此，例如，外购的零部件的成本属于装配车间的变动及直接成本，但却是其不可控成本；车间消耗的机物料属于间接成本，却又是其可控成本。

有时成本的可控性还受到费用分配方式的影响。例如：企业内部维修、供热等部门提供的劳务成本，当采用固定比例分配给各受益部门时，就属于受益部门的不可控成本；当采用实际耗用量比例分配给各受益部门时，就属于受益部门的可控成本了。可见改变费用分配方式也就同时改变了成本的可控性，所以，管理者应考虑选择恰当的费用分配方式以增强责任成本的责任性。

总之，成本的可控性是相对的不是绝对的，随着时间和条件的变化，过去的不可控成本可以转化为可控成本,反之亦然。

在计算责任成本时,先分项确定各项可控成本的数额后再汇总就是责任中心的成本。

即责任成本 = ∑各项可控成本

在计算分级、分层责任成本时,应先从最底层算起,再逐级、逐层汇总以形成更高级层的责任成本。例如某分厂下设个人、工段、车间、分厂四个层次的成本中心。则各层次责任成本的计算公式如下:

个人责任成本 = 个人可控直接材料 + 个人可控直接人工 + 个人可控间接费用

工段责任成本 = 工段可控间接费用 + ∑个人责任成本

车间责任成本 = 车间可控间接费用 + ∑工段责任成本

分厂责任成本 = 分厂可控间接费用 + ∑车间责任成本

## (二)利润中心

利润中心是既能控制收入,又能控制成本,也就是既对收入负责,又对成本负责,并进而更应对利润负责的较高层次的责任中心。如分厂、分公司、事业部等部门。这些部门一般能够实行独立核算,经历较完整的生产经营过程,管理者有较大的生产、经营决策权,有权决定如何生产、生产何种产品、产品怎样定价及如何实现销售。它们既要考虑降低成本,又要考虑增加收入,努力使其效益达到最大化。与成本(费用)中心相比,成本中心强调成本的绝对降低,利润中心则强调成本的相对降低。一个利润中心内部可能包括若干个成本或费用中心。

在西方国家企业里,一般利润中心应负责的是其责任利润,即可控收入减去可控成本后的余额,而非传统财务会计计算的净利润。换句话说,就是各利润中心不分摊自身不能控制的共同成本,此时计算出的利润已不是原来意义上的利润了。

利润中心按其产品或劳务是否可直接对外销售,分为自然利润中心和人为利润中心两种类型。

自然利润中心又称实际利润中心,是指对外部市场有直接销售权,可取得实际销售收入,从而形成实际利润的利润中心。典型的有分公司、事业部等,它们一般在财务上实行独立核算,类似一个完整的企业。例如,某钢铁公司下设采矿、炼铁、轧钢三个分公司,其矿石、铁锭、钢板等产品如果可大量直接对外出售,这样就可将分公司看作自然利润中心。对于自然利润中心,当共同成本易于分摊或不存在共同成本的情况下,最好将不可控成本也计算在内,使其更符合利润的标准。

事实上只有完全独立核算与经营的才能是真正意义上的自然利润中心,而完全真正意义上的自然利润中心并不多见,大多数企业内部利润中心的权力都要受到最高管理层或多或少的限制,其业务也同时受到本企业其他部门的影响,例如前例中的炼铁分公司,其炼铁的原料是本企业采矿公司提供的矿石,其铁锭产品生产销售业务必定受到采矿公司业务的影响,这是考核其业绩时应当注意到的。

人为利润中心是指没有直接对外销售权,其产品或劳务只能在企业内部各责任中心进行销售,收入依据人为制定的内部转移价格在内部转账结算,从而形成内部虚拟利润的利润中心。虚拟利润并不是实际的财务成果。对于人为利润中心,其责任成本一般只计算可控成本,不包括不可控成本,本质上属于贡献毛益中心。

很多提供产品或劳务的成本中心,都可根据管理上的需要上升为人为利润中心,上升的目的是为了更明确地分清经济责任,更公平准确地评价责任中心的业绩和对企业的贡献。

例如,将原本没有对外销售权的成本中心——生产车间,升格为人为利润中心,它提供的半成品、成品或劳务就可按人为的内部转移价格,对其他内部责任中心进行销售并取得收入。例如纺织厂将纺纱车间生产的棉纱全部作价出售给织布车间,织布车间将布匹全部作价出售给印染车间,印染车间将产成品全部作价出售给销售部,以上车间均可升格为人为利润中心。一般地说,当成本中心升格为人为利润中心时,其相应的决策自主权也应有所扩大。

成本中心上升为人为利润中心一般必须具备两个条件:

一是,该成本中心可以向企业内部的其他责任中心提供半成品、产品或劳务。

二是,能合理制定出该成本中心转移产品的内部结算转移价格,作为计量内部收入的依据进而确定其内部利润。

必须说明的是,由于各利润中心计算出的利润并非完全财务会计概念上的利润,人为利润中心创造的是虚拟利润,所以,各利润中心计算出的利润总和并不直接等于整个企业财务利润总额

### ● (三)投资中心

投资中心是既对收入、成本、利润负责,更对企业资金投资效益负责的责任中心。它是最高层次的责任中心,权责范围也是最大的。如大型集团公司下属较松散且关系较独立的分公司、母公司下属的子公司等。

投资中心同时也是利润中心,两者都对收入、成本和利润负责,利润中心一般是在现有既定固定资产资源配置条件下,或者说是在现有设计生产能力下,利用所掌握的营运资金以寻求自身利润的最大化,通常没有固定资产投资决策权。而投资中心则享有独立运用所掌握资金的权力,有权处置、调整现有固定资产,并有权进行新的固定资产投资和项目开发,换句话说,利润中心只有短期经营决策权,而投资中心不仅有短期经营决策权还拥有长期资本支出决策权。

对投资中心考核不仅要看实现利润的绝对值,更要进行投入产出比较,重点考核其占用企业资金所达到的投资回报程度。各投资中心如果存在共同使用的资金,则必须进行清晰划分,只有这样才能准确地进行业绩考核,如果不能清晰划分就不能将其设置成投资中心。在法律地位上,投资中心一般都是独立法人,与外部市场的联系非常紧密,投资中心内部还可再设置若干利润中心和成本、费用中心。利润中心可能是独立法人,也可能不是,成本、费用中心基本都不是独立法人。所以,在产生法律纠纷时的法律调节方式也有所不同。

## 三、内部结算价格

在责任会计体系中，企业内部的每一个责任中心都是作为相对独立的商品生产经营者存在的，为了分清经济责任，各责任中心之间的经济往来应当按照等价交换的原则实行"商品交换"。各责任中心之间相互提供产品（劳务）时，要按照一定的价格，采用一定的结算方式，进行计价结算。这种计价结算并不真正动用企业货币资金，二是一种观念上的货币结算，是一种资金限额指标的结算。计价结算过程中使用的价格称为内部结算价格。

内部结算价格的制定应贯彻公平原则，对于具有前后"传递性"关系的责任中心来说，可以使它们在公平、合理、对等的条件下努力工作。

责任会计中的内部结算价格大体上有以下六种类型。

### ●（一）计划制造成本内部结算价格

计划制造成本内部结算价格是指在制造成本法下的计划单位成本作为内部结算单价，其优点是：将责任成本核算与产品成本核算有机结合起来，没有虚增成本的现象；各责任中心占用的资金也没有虚增数额，便于资金预算的分解落实；将责任中心完工产品实际成本与按这类内部结算价格计价的"收入"进行比较，可以明确反映责任中心的成本节约或超支。不足之处是没有与各责任中心真正创造的利润联系起来。

### ●（二）计划变动成本内部结算价格

计划变动成本内部结算价格是指以单位产品的计划变动成本作为内部结算单价，其优点是：符合成本性态，能够明确揭示成本与产量之间的关系；能够正确反映责任中心的节约或超支，便于合理考核各责任中心的工作绩效；有利于企业及各责任中心进行生产经营决策，可以根据产品变动成本和售价，决定是否接受订货进行生产。不足之处在于产品成本中不包括固定成本，因而不能反映劳动生产率的变化对产品单位成本中固定成本的影响，从而割裂了固定成本与产量之间的内在联系，也不利于调动各责任中心增加产量的积极性。

### ●（三）计划变动成本加计划固定总成本内部结算价格

计划变动成本加计划固定总成本内部结算价格是指内部结算价格，其由两部分构成：一部分是产品的计划变动成本；另一部分是计划固定总成本。采用这类内部结算价格进行结算时，相互提供的产品按照数量和单位产品计划变动成本计价结算，计划固定总成本则按月进行结算。这类内部结算价格除了包含前述变动成本内部结算价格的优点，还因将计划固定总成本由提供产品的责任中心转移给接受产品的责任中心，从而合理体现转移产品的劳动耗费，便于各责任中心正确计算产品成本。其不足之处在于较难合理确定计划固定总成本。

### (四)计划制造成本加利润内部结算价格

计划制造成本加利润内部结算价格是指以单位产品的计划制造成本加上一定比例的计划单位利润作为内部结算价格,其优点是包含一定数量的利润额,责任中心在增加产量时,即使没有降低成本,也可以增加利润,有利于调动各责任中心增加产量的积极性,克服前述各种成本内部结算价格的缺点。不足之处在于计算的利润不是企业真正实现的利润,表现为扩大了的产品成本差异,要作为产品成本差异进行调整,就会增大产品成本差异率,使产品成本核算不够真实;由于产品成本差异的调整,相应地加大了成本核算工作量,还会虚增各责任中心的资金流入量,因而也会使各责任中心的资金占用额虚增,不便于进行资金计划的纵向分解。

### (五)市场价格内部结算价格

市场价格内部结算价格是指以单位产品的市场销售价格作为内部结算单价,在提供产品的责任中心的产品能够对外销售,而接受产品的责任中心所需的产品也可以外购的情况下,以市场价格作为内部结算价格,能够较好的体现公平性原则;各责任中心计算的利润就是企业实现的利润,有利于促使各责任中心参与市场竞争,加强生产经营管理,这无疑是市场化价格内部结算价格的优点。其不足之处在于在市场价格不能合理确定的情况下,可能导致各责任中心之间的"贫富"不均。

### (六)双重内部结算价格

双重内壁结算价格是指提供产品的责任中心转出产品与接受产品的责任中心转入产品,分别按照不同的内部结算价格结算,其差额由会计部门进行调整。例如,成本中心与利润中心之间相互提供产品,成本中心可以采用某种成本型的内部结算价格计价,利润中心则可以采用某种包括利润的内部结算价格计价。又如,采用制造成本法计算产品成本的责任中心与采用变动成本法计算产品成本的责任中心之间相互提供产品,前者可以采用计划制造成本型内部结算价格计价,后者则可以采用计划变动成本的内部结算价格计价。从而,采用双重内部结算价格可以根据各责任中心的特点,在一项往来结算业务中,选用不同的内部结算价格,满足各自的管理要求。

## 第三节 责任中心的绩效评价指标及计量

对责任中心定期进行绩效评价是实行责任会计制度的重要手段和目的。责任会计以责任预算为基础,平时对预算的实际执行情况进行系统地计量和记录,定期通过编制绩效评价报告来列示比较实际数、预算数和差异数,从而实现对各责任中心进行绩效评价。

进行绩效评价主要利用价值指标的同时，还应适当利用非价值指标以使评价更加全面和客观。在揭示差异时必须对重大差异进行定量和定性分析，深入分析差异产生的原因，提出改进意见和建议，并实施奖惩措施。表格形式的责任报告应和数据分析、文字说明有机地结合。

在进行预算的实际执行数据计量和记录时，应充分利用原有财务会计的账簿数据，必要时可再增设一些专栏或另设明细账户，以获取所需的数据。责任会计记录和财务会计记录应相辅相成。

由于各种责任中心的责权范围和经济内容不同，所以考核的指标和内容也有所不同，以下作分别阐述。

## 一、成本（费用）中心绩效评价指标及计量

成本（费用）中心是指在履行职责时，只耗费资源却不产生收入或购买资产的组织部门。任何发生成本（费用）的责任范围都可以成为成本（费用）中心。成本（费用）中心负责控制和报告成本，并按照这一要求来确定自己的组织结构和任务。

由于成本（费用）中心只对所报告的成本或费用承担责任，所以成本（费用）中心绩效评价的主要指标是生产效率、标准成本与成本差异的报告等。责任成本差异是指责任成本实际数额与责任成本预算之间的差额，反映了责任成本预算的执行结果。责任成本考核是对责任成本预算指标完成情况所进行的考察、审核，以及对责任成本中心的工作绩效所进行的评价。为此，成本（费用）中心绩效评价的主要指标是责任成本及其增减额、升降率和与其作业相关的非财务指标等。

成本增减额＝实际成本额－预算成本额

成本升降率＝成本增减额÷预算成本额

【例12-1】：假设W公司属于石化行业，其油汽勘探和生产分公司下属有A、B、C三个成本中心，三个成本中心某日的责任成本预算分别为50 000元、60 000元、70 000元；其可控成本实际发生额分别为48 500元、62 500元、69 500元。根据上述公式计算得表12-1。

表12-1　责任成本预算完成情况表

单位：元

| 成本中心 | 预算 | 实际 | 增减额 | 升降率（%） |
|---|---|---|---|---|
| A | 50 000 | 48 500 | －1 500 | －3 |
| B | 60 000 | 62 500 | 2 500 | 4.17 |
| C | 70 000 | 69 500 | －500 | 0.71 |

在三个成本中心中，A成本中心的实际成本比预算节约3%，所以A中心的成本预算完成情况最好，而B成本中心的成本完成情况最差。在对成本中心的预算完成情况评价时应该注意，如果实际产量与预算产量不一致，首先区分固定成本和变动成本，再按照弹性预算的方法调整预算指标，然后进行上述计算、分析和比较。

责任成本评价通过责任成本差异指标可贺和评价各责任成本（费用）中心的责任

成本预算执行情况。考核时既要考核责任成本预算差异，以揭示各项成本的支出水平，评价各责任成本中心降低成本支出的绩效，又要考核责任成本产量差异，以揭示各责任成本中心通过增加产量形成的成本相对节约额，促使责任成本中心寻求降低成本的途径。分析责任成本预算完成情况的方法与责任成本核算的内容和方法密切相关。各职能管理部门主要核算期间费用，因而主要采用差异分析法确定当期期间费用支出总额和各项费用支出的节约或超支，并分析其具体原因。供应部门主要核算材料采购成本，因而主要采用差异分析法确定当期材料采购成本支出总额和各种材料采购成本支出的节约或超支，并分析具体原因。

## 二、利润中心绩效评价指标及计量

利润中心是组织中对实现销售以及控制成本负责的一个部门，利润中心管理人员一般要负责产品定价、决定产品组合以及监控生产作业。由于利润中心的管理人员有权制定资源供应决策并自行定价的权力，在对利润中心进行绩效评价时，要充分考虑利润中心经理行使相应的决策权力所涉及的方面。

利润中心的类型包括自然利润中心和人为利润中心两种。自然利润中心具有全面的产品销售权、价格制定权、材料采购权及生产决策权。认为利润中心也有部分的经营权，能自主决定利润中心的产品品种、产品产量、作业方法、人员调配、资金使用等。一般来说，只要能够制定出合理的内部结算价格，就可以将企业大多数生产半成品或提供劳务的成本中心改造成人为利润中心。

对利润中心工作绩效进行评价的重要指标是其可控利润，即责任利润。如果利润中心获得的利润中有该利润中心不可控因素的影响，则必须进行调整。将利润中心的实际责任利润与责任利润预算进行比较，可以反映利润中心责任利润预算的完成情况。

由于不同类型、不同层次的利润中心的可控范围不同，因而用于评价的责任利润指标也有不同。具体包括毛利、贡献毛益和营业利润三种不同层次的收益评价形式。

### ● （一）毛利

作为利润中心的评价指标，毛利包含利润中心管理者所能控制的销售收入和销售产品成本两个因素。此外，由于这一指标不包含经营费用因素，所以能够促使各部门管理者进行成本分析和控制。同时，正是由于毛利不包含经营费用因素，所以在使用这一评价指标时，必须注意由于毛利增加而引起的经营费用的增加。如果毛利的增加会引起经营费用更大幅度地增加，使企业净收益减少，就违背了目标一致的原则，这是不可取的。

【例12-2】：沿用例12-1，W公式的油品炼制和销售分公司有两个利润中心甲和乙，以毛利作为评价绩效指标时的收益如表12-2所示。

表12-2  利润中心的责任预算表

单位：元

| 利润中心 | 甲 | 乙 | 合计 |
|---|---|---|---|
| 销售净额 | 435 000 | 3 131 450 | 3 566 450 |
| 期初存货 | 90 000 | 60 000 | 690 000 |
| 本期生产 | 260 000 | 2 150 000 | 2 410 000 |
| 减：期末存货 | 55 000 | 447 000 | 502 000 |
| 销售成本 | 295 000 | 2 303 000 | 2 598 000 |
| 毛利 | 140 000 | 828 450 | 968 450 |

● **（二）部门贡献毛益**

部门贡献毛益＝销售净额－销售成本－部门直接费用

考察不能贡献毛益首先要区分直接费用和间接费用。直接费用是指那些包括生产人员工资、折旧费等。间接费用是指由企业整体受益而不能直接归属于某一部门的费用。

与采用毛利指标相比，贡献毛益指标对利润中心进行绩效评价有明显的优越性。首先由于把各个部门可以影响和控制的一部分经营费用记到各部门的账上，使这些费用的减少既有利于各利润中心目标和企业总目标一致。例如一个企业租用办公室，如果只对使用办公室的各部门评价毛利，租金作为共同费用可以不进行分配，这就使各部门为了方便、舒适，从而多占用面积，而不考虑节约费用；反之，如果对各部门评价贡献毛益，将租金按照各部门的占用面积作为直接费用由各部门分别分担，则会促使各部门自觉考虑如何充分利用可使用面积。最后，采用贡献毛益指标还有利于高层管理者进行部门间的横向比较，当某一部门亏损时，只要它能够创造贡献毛益，在没有更优方案的前提下，就应该保留。

【例12-3】：沿用例12-2，假设W公司的油品炼制和销售分公司下的直接人员薪酬、折旧费为直接费用，可以直接归属于两个利润中心甲、乙；其余各项均为间接费用，不再分配。以部门贡献毛益为评价指标体系，利润中心的责任预算如表12-3所示。

表12-3  利润中心的责任预算表

单位：元

| 利润中心 | 甲 | 乙 | 合计 |
|---|---|---|---|
| 销售净额 | 435 000 | 3 131 450 | 3 566 450 |
| 减：销售成本 | 295 000 | 2 303 000 | 2 598 000 |
| 毛利 | 140 000 | 828 450 | 968 450 |
| 减：部门直接费用 | 72 870 | 441 940 | 514 810 |
| 人员薪酬 | 44 050 | 208 000 | 252 050 |
| 租金 | 11 925 | 88 950 | 100 875 |
| 折旧费 | 16 895 | 144 990 | 161 885 |
| 部门贡献毛益 | 67 130 | 386 510 | 453 640 |

● **（三）营业利润**

营业利润＝销售净额－销售成本－部门直接费用－部门间接费用

营业利润是在部门贡献毛益的基础上减去各部门应负担的全部营业费用以后的余额。采用营业利润作为绩效评价指标，克服了上述毛利指标带来的利润中心目标和企业目标不一致的问题。但是，由于企业发生的间接费用都是间接为各部门产品生产和销售服务的，例如管理人员薪酬、办公费用以及管理人员的折旧和摊销费用。这些费用不能直接确认、归属于某一部门，只能根据企业的具体情况，采用适当的比例进行分配。

【例12-4】：假设W公司的间接费用按照3:7的比例加以分配，得到营业利润的评价指标，如表12-4所示。

表12-4　利润中心的责任预算表

单位：元

| 利润中心 | 甲 | 乙 | 合计 |
| --- | --- | --- | --- |
| 销售净额 | 435 000 | 3 131 450 | 3 566 450 |
| 毛利 | 140 000 | 828 450 | 968 450 |
| 部门贡献毛益 | 67 130 | 386 510 | 453 640 |
| 减：间接费用 | 88 935 | 207 515 | 296 450 |
| 管理人员薪酬 | 18 750 | 43 750 | 62 500 |
| 办公费用 | 13 350 | 31 150 | 44 500 |
| 摊销费用 | 56 835 | 132 615 | 189 450 |
| 合计 | −21 805 | 178 995 | 157 190 |

进行责任利润预算完成情况的分析，主要是将各利润中心的实际责任利润与责任；利润预算进行比较，确定责任利润的增收或减收，并进一步分析增收或减收的具体原因。分析责任利润预算完成情况的方法也与利润核算的内容密切相关。人为利润中心的责任利润是生产过程中创造的利润，其内部销售收入按内部结算价格计价，剔除了价格变动对责任利润的影响，因而，影响责任利润变动的因素主要是内部销售数量、销售成本的变动以及品种结构的变动。采用因素分析法可以确定各因素变动对责任利润的影响程度。不完全的自然利润中心的责任利润虽然是实际实现的利润，但不包括各项不可控因素，因而不是最终实现的利润。由于产成品按照内部结算价格计价，剔除了销售成本变动对责任利润的影响，销售税金及附加按计划税率计算，剔除了销售税率变动对责任利润的影响。因而，影响责任利润变动的因素主要是销售数量、销售价格、销售品种结构以及销售费用的变动。采用因素分析法可以确定各因素变动对责任利润的影响程度。完全的自然利润中心的责任利润是实际实现的利润，其分析方法与企业利润的分析方法相同。

## 三、投资中心绩效评价指标及计量

投资中心是指除了能够控制成本中心、收入中心和利润中心之外，还能对投入的资金进行控制的中心。投资中心是最高一级的责任中心，本身也是一个利润中心，所以首先也要像利润中心一样考核其利润指标，并进一步重点考核其占用资金投资效果的指标。与利润中心考核不同的是,考核利润中心业绩时一般不联系其占用资金的多少,而考核投资中心业绩时必须联系其所占用资金规模,将所获利润与所占用资金进行投入产出的比较。与利润中心一样,在考核业绩时还应考虑一些非财务指标,另外,由于投资中心层次高,管理控制的范围广,甚至考核的非财务指标更多,如核心竞争力、创新能力、产品领先地位、顾客满意度、劳动生产率、企业社会责任等各方面,只有这样才能促使经理人员从长计议,避免短期行为。投资中心主要的评价指标有投资报酬率和剩余收益。

### (一) 投资报酬率

投资报酬率是投资中心一定时期的营业利润和该期的投资占用额之比。该指标反映了通过投资而返回的价值,是企业从一项投资性商业活动中得到的经济回报。企业最终获得的利润和投入的经营所必备的财产是紧密联系的。该指标是全面评价投资中心各项经营活动、考评投资中心绩效的综合性质量指标。它既能揭示投资中心的销售利润水平,又能反映资产的使用效果。此外,投资中心管理层要负责确定公司的战略防线,因此他们在提高市场占有率以及成功引进新产品等方面也负有责任。其计算公式为:

$$投资报酬率 = 营业利润 \div 投资占有率$$
$$= (营业利润 \div 销售收入) \times (销售收入 \div 营业资产)$$
$$= 销售利润率 \times 资产周转率$$

【例12-5】某集团公司下属甲、乙两个分公司均被确立为投资中心。甲分公司年初占用资产总额1 500万元,年末占用资产总额1 700万元,年度实现息税前利润100万元;乙分公司年初占用资产总额500万元,年末占用资产总额600万元,年度实现息税前利润50万元。试用投资报酬率指标对它们的工作业绩进行评价。

甲分公司年度平均占用资金 = (1 500 + 1 700)/2 = 1 600(万元)
甲分公司的投资报酬率 = 100/1 600 = 6.25%
乙分公司年度平均占用资金 = (500 + 600)/2 = 550(万元)
乙分公司的投资报酬率 = 50/550 = 9.1%

因为占用资金额规模的不同,利润的绝对额是没有可比性,但投资报酬率这一相对指标却有可比性。计算结果显示:乙分公司的投资报酬率指标高于甲分公司,因而其经营业绩也好于甲分公司。

但是,投资报酬率指标也有缺陷。当新投资项目的投资报酬率指标低于该投资中心原有投资报酬率时,如果选择投资,就会导致其最终投资报酬率的下降,该投资中心从本位利益出发就可能放弃投资。而新投资项目或许是符合企业整体利益和长远利益的。甚至有时会鼓励企业缩减原有投资报酬率较低而对整个企业必须或有利的经营项目,从而对企业整体带来损害。特别是当企业资金充裕时,如果形成这种局面,就会导致企业资金的大量闲置,从而降低整个企业的资金利用效果。投资报酬率指标也没有体现不同投资领域的风险区分问题,为了弥补投资报酬率指标的不足,许多企业采用剩余收益指标来做补充分析评价。

## (二) 剩余收益

$$剩余收益 = 息税前利润 - (投资额 \times 期望的最低投资报酬率)$$

剩余收益是指投资中心获得的利润扣除其投资额按期望的最低报酬率计算的投资收益后的余额。它和利润指标一样是个绝对指标,因为企业经营的最终目标是整个企业利润的最大化,所以剩余收益也就在一定程度上更符合这一指导思想。这一指标意味着只要投资收益超过平均或期望的收益额,对投资中心和企业都是有利的,它避免了投资中心决策时拒绝接受投资报酬率低于其目前收益水平的项目,保证了整体利益与局部利益的一致性。但剩余收益也同样有缺陷,当对不同资金规模投资中心进行业绩比较时,这一指标就没有可比性,因为占用资金不同,不能据此肯定剩余收益多的投资中心就一定比剩余收益少的投资中心业绩好。

一般地说,期望的最低报酬率也就是资金成本,或者是整个企业的平均利润率。但对不同投资领域的资金可区别对待,采用不同的资金成本,因为不同投资领域的投资风险不同。风险越高,则资金成本也应越高。

【例12-6】前例中假设乙分公司资金成本5%。现有一个新的投资项目,投资额100万元,可实现息税前利润8万元。

如果该分公司接受该项目投资,则

$$接受后的投资报酬率 = (50+8)/(550+100) = 8.92\%$$

可见其投资报酬率由原来的9.1%下降到8.92%,若仅以该指标评价则会导致其不愿投资该项目,但若以剩余收益来衡量则效果就大不相同了。

$$目前剩余收益 = 50 - 550 \times 5\% = 22.5 (万元)$$

$$接受该项目后的剩余收益 = (50+8) - (550+100) \times 5\% = 25.5 (万元)$$

该项目可以使剩余收益由原来的22.5万元增加到25.5万元,这样一来就使得该投资中心乐意进行新的投资。

值得注意的是,剩余收益指标虽然可以弥补投资报酬率指标缺陷,但由于剩余收益是一个绝对指标,也就无法用于比较不同投资规模部门的业绩,因为投资规模大的部门自然应该产生较大的剩余收益,该指标有可能促使部门经理倾向于多占企业资金却不太讲求资金的最佳使用效益。所以说考核指标应相互配合,辩证地比较和应用才能达到实效。

一般认为,当企业资金充裕且很难找到更合适的投资项目时,以剩余收益指标评价较好,即只要有利就行。但当企业资金紧张时,应选择最佳的投资项目而放弃次优的项目。

【例12-7】:某分公司投资中心业绩报告如下表所示:

## 第十二章 绩效评价与管理

表12-5　某分公司投资剩余收益计算表

单位：万元

| 项目 | 预算数 | 实际数 | 差异 |
|---|---|---|---|
| 销售收入总额 | 1 000 | 1 050 | 50（有利） |
| 变动成本总额 | 200 | 222 | 22（不利） |
| 固定成本总额 | 700 | 698 | -2（有利） |
| 分公司净利润 | 100 | 130 | 30（有利） |
| 经营资产平均占用额 | 300 | 305 | 5（不利） |
| 资产周转率 | 3.33 | 3.44 | 0.11%（有利） |
| 销售利润率 | 10% | 12.38% | 2.38%（有利） |
| 投资报酬率 | 33.33% | 42.62% | 9.29%（有利） |
| 期望最低投资报酬率 | 15% | 15% | |
| 剩余收益 | 55 | 84.25 | 29.25（有利） |

　　剩余收益和投资报酬率可以起到互补作用，剩余收益弥补了投资报酬率的不足，可以在投资决策方面使投资中心利益与企业整体利益取得一致，并且剩余收益允许不同的投资中心使用不同的风险调整资本成本。剩余收益最大的不足之处在于不能用于两个规模差别比较大的投资中心的横向比较。

**思考题**

1. 什么是责任会计，为何要建立责任会计制度？
2. 建立一套较为完备的责任会计制度的基本程序和内容是什么？
3. 什么是责任中心，责任中心有哪几种类型，彼此之间是什么关系？
4. 产品成本与责任成本的区别和联系是什么？
5. 可控成本应具备哪些特征？为什么要将成本划分为可控与不可控成本？
6. 成本、利润、投资中心的主要考核评价指标有哪些？

## 同步练习题

### 一、单项选择题

1. 成本中心评价的主要内容是（　　）。
   A. 该中心的不可控成本　　　　　B. 责任成本
   C. 该中心的可控成本和不可控成本　D. 产品成本

2. 属于某成本中心的各项（　　）之和，成为该成本中心的责任成本。
   A. 可控成本　　B. 不可控成本　　C. 变动成本　　D. 固定成本

3. （　　）用于评价部门经理的经营绩效比较合适。
   A. 部门边际贡献　　　　　　B. 部门经理可控利润总额
   C. 部门利润可控总额　　　　D. 部门税前利润

4. 从权力和责任来看，三种责任中心中处于最高层次的是（　　）。
   A. 成本中心　　B. 利润中心　　C. 投资中心　　D. 没有高低之分

5. 某投资中心的投资额为10万元，最低投资报酬率为20%，剩余收益为1万元，则该中心的投资报酬率为（　　）。
   A. 10%　　B. 20%　　C. 30%　　D. 60%

6. 与利润中心相比，投资中心要拥有更多的自主权，其中主要是（　　）。
   A. 投资决策权　　B. 经营决策权　　C. 人事任免权　　D. 融资决策权

7. 投资中心主要评价指标中的（　　）不会造成投资中心的局部目标与企业整体目标相背离。
   A. 投资报酬率　　B. 可控成本　　C. 剩余收益　　D. 利润总额

8. 投资中心绩效评价的主要指标有（　　）。
   A. 责任成本　　　　　　　　B. 销售利润率
   C. 贡献毛益　　　　　　　　D. 投资报酬率和剩余收益

9. 内部结算价格是指企业内部有关（　　）之间相互转移产品和提供劳务的结算价格。
   A. 部门　　B. 车间　　C. 生产班组　　D. 管理层

### 二、多项选择题

1. 下列项目中，属于责任中心评价指标的有（　　）。
   A. 产品成本　　　B. 可控成本　　　C. 利润
   D. 剩余收益　　　D. 投资报酬率

# 第十二章 绩效评价与管理

2. 下列各项中，属于建立责任会计制度须遵循的原则有（　　）。
   A. 责任主体原则　　　　B. 可控性原则　　　　C. 目标一致原则
   D. 激励原则　　　　　　E. 反馈原则

3. 下列各项中，属于责任会计内容的有（　　）。
   A. 设置责任中心　　　　B. 编制责任预算　　　　C. 提交责任报告
   D. 评价经营绩效　　　　E. 反映财务状况

4. 下列各项中，能够揭示责任成本与产品出版主要区别的表述有（　　）。
   A. 成本的特性不同　　　　B. 归依和分配的对象不同
   C. 分配的原则不同　　　　D. 核算的基础条件不同
   E. 核算的主要目的不同

5. 下列各项指标中，属于成本中心绩效评价范畴的有（　　）。
   A. 责任成本总额　　　　B. 责任成本变动额
   C. 责任成本变动率　　　D. 变动成本变动额
   E. 变动成本变动率

6. 下列各项指标中，属于利润中心绩效评价范畴的有（　　）。
   A. 人为利润总额　　　　B. 利润率　　　　C. 贡献边际总额
   D. 负责人可控利润总额　　E. 可控利润总额

7. 下列各项指标中，属于投资中心绩效评价范畴的有（　　）。
   A. 责任成本　　　　B. 营业收入　　　　C. 贡献毛益
   D. 投资报酬率　　　E. 剩余收益

8. 下列各项表达式中，其计算结果等于投资报酬率指标的有（　　）。
   A. 总资产周转率×销售利润率　　B. 总资产周转率×销售成本率
   C. 销售成本率×成本费用利润率　　D. 总资产周转率×成本费用利润率
   E. 总资产周转率×销售成本率×成本费用利润率

## 三、判断题

1. 导致责任会计产生的主要原因是企业规模的不断扩大。（　　）
2. 责任会计的最大优点是能够精确计算产品的成本。（　　）
3. 剩余收益指标的优点是可以使投资中心的绩效评价与企业目标协调一致。（　　）
4. 利润中心实际发生的利润额大于预算额而形成的差额是不利差异。（　　）
5. 各成本中心的可控成本之和等于企业的总成本之和。（　　）
6. 成本中心实际发生的责任成本预算大于其责任成本预算的差异为有利差异。（　　）
7. 在一定的时空条件下，可控成本和不可控成本可以相互转化。（　　）
8. 投资中心的投资报酬率越高，企业越应当增加对该投资中心的投资。（　　）

## 四、计算题

1. 某投资中心投资额为100 000元,年净利润为18 000元,企业为该投资中心规定的投资报酬率为15%。

   要求:计算该投资中心的投资报酬率。

2. 已知A公司2014年的销售收入为40 000元,营业资产为16 000元;B公司2014年的销售收入为1 000 000元,营业资产为20 000元。如果两家公司均希望其2014年的投资利润率达到15%。

   要求:分别计算A、B公司2014年的销售利润率。

3. 已知某投资中心A原投资报酬率为18%,营业资产为500 000元,营业利润为100 000元。现有一项业务,需要借入资金200 000元,可获利68 000元。

   要求:(1)若以投资报酬率作为评价和考核投资中心A的依据,作出A投资中心是否愿意投资这项新业务的决策;

   (2)若以剩余收益作为评价和考核投资这项新项目绩效的依据,新业务要求的最低收益率为15%,作出A投资中心是否愿意投资这个新项目决策。

## 应用实践

奥利公司有一个阀门制造部,制造和销售标准阀门,生产能力为100 000个阀门,单位变动成本为16元每个,对外部客户的销售价格为30元每个,单位固定成本(基于生产能力)为9元每个。该公司另有一个水泵制造部,其中一个型号的水泵要使用这种阀门。该水泵制造部目前每年从国外供应商以每个29元的价格购买10 000个阀门。现在要决定奥利公司在下列不同情况下的关于阀门内部结算价格的合理范围。

(1)假设阀门制造部有足够的限制生产能力,可以多生产阀门以满足水泵制造部的要求。

(2)假设阀门制造部正对外部客户销售它所能生产的所有阀门。

(3)假设阀门制造部正对外部客户销售它所能生产的所有阀门,还假设在公司内部结算价格时,由于销售成本的减少,内部转移的阀门可以减少3元的变动成本。

# 第十三章

>>>>>> 战略成本管理

# 知识框架图

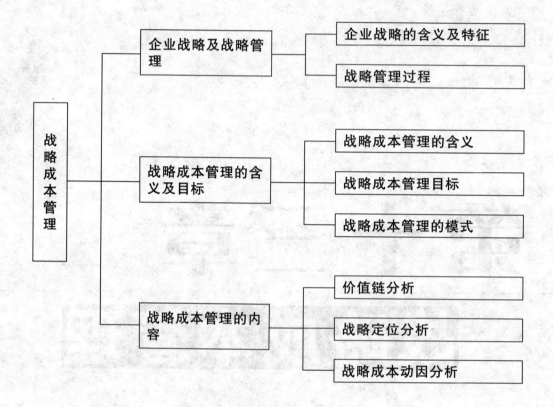

【理论知识目标】
1. 了解企业战略及战略管理的含义。
2. 理解战略成本管理的特点、目标。
3. 掌握战略成本管理的内容。

【应用能力目标】
1. 根据企业实际情况，进行简单的战略成本分析。

# 战略成本管理使小米科技快速成功

  2010年4月成立的小米科技是新一代智能手机开发、智能手机软件开发与热点移动互联网业务运营的公司。创始人雷军凭借"小米"成功入围"胡润全球富豪榜"。

  小米科技的快速成功与其战略成本管理是分不开的。小米科技的成功在于立足于互联网经济模式,全面应用战略成本管理方法,即战略定位分析、价值链分析、战略层次上的成本动因分析,采用自建电子商务营销渠道,生产作业完全外包等方式,形成了"高配低价"的产品竞争优势,而取得了巨大的成功。

# 第一节 企业战略及战略管理

## 一、企业战略的含义及特征

### (一) 企业战略的传统含义

美国哈佛大学商学院教授安德鲁斯 (K. R. Andrews) 认为"战略是目标、意图或目的,以及为达到这些目的而制订的主要方针和计划的一种模式。这种模式界定着企业正在从事的或者应该从事的经营业务,以及界定着企业所属的或应该所属的经济类型。"美国著名管理学家安索夫认为,企业战略是贯穿于企业经营与产品和市场的一条"共同经营的主线"。这条主线决定着企业目前要从事的或计划要从事的经营业务的基本性质。战略管理大师迈克尔·波特 (M. E. Porter) 从核心竞争力和竞争优势的角度将企业战略定义为:企业战略是企业"设计用于开发核心竞争力和获取竞争优势而整合与协调企业系列资源和行为的谋划"。他认为,战略的本质是抉择、权衡和各适其位。

以上对战略的认识强调战略"全局性、计划性、长远性"的特征,可以看作是对公司战略的传统定义。

### (二) 企业战略的现代含义

20世纪80年代以来,由于企业外部环境变化速度加快,许多学者将研究重点放在组织在不可预测的或未知的内外部因素约束下的适应性上。这一时期代表性的观点有:加拿大学者亨利·明茨伯格 (H. Mintzberg) 将战略定义为"一系列或整套的决策或行动方式",这套方式包括刻意安排 (或计划性) 的战略和任何临时出现 (或非计划性) 的战略。美国学者汤姆森 (Tomson S.) 指出:"战略既是预先性的,又是反应性的"。学者们更强调现代战略的"应变性、竞争性"特征。

从以上这些代表性的定义中可以看出,不同的学者从不同侧面对企业战略进行了定义。我们认为,现代的企业战略应该是企业为了适应未来环境的变化,寻求长期生存和稳定发展而制定的总体性和长远性的谋划与方略。它是在对未来外部环境的变化趋势和企业自身实力充分分析的基础上,通过一系列科学决策的程序绘制出来的、企业经营思想的集中体现,其实质是实现外部环境、企业实力和战略目标三者之间的动态平衡。

### (三) 企业战略的特征

#### 1. 全局性

企业战略问题的核心是以企业的全局为对象,研究企业发展的规律。它所规定的是企业的总体行为,所追求的是企业的总体效果,是指导整个企业一切活动的宏伟规划。作为指导企业全局的总方针,企业战略是协调企业内部各职能部门之间及各管理层次之间关系的依据,是促进企业各方面均衡发展的保证。

### 2.指导性

企业战略的意义就在于它规定了企业在一定时期内的发展目标及实现这一目标的基本途径,指导和激励着企业全体员工为实现企业战略目标而努力。因此,企业战略不仅为企业的经营管理提供了指导原则,而且还可以通过战略目标的设置,激发和调动员工为实现企业目标而工作的积极性。

### 3.长远性

企业战略既是企业谋取长远发展要求的反映,又是企业对未来较长时期内如何生存和发展的通盘筹划。虽然它的制定要以企业外部环境和内部条件的情况为出发点,并且对企业当前的生产经营活动有指导、限制作用,但是,这一切也都是为了企业更长远的发展,是企业长远发展的起点。因此,评价企业战略优劣的一个重要标准就是看其是否有助于实现企业的长期目标和保证长期利益的最大化。换句话说,企业战略考虑的不是企业经营管理中一时一事的得失,而是企业在未来相当长一段时期内的总体发展问题。

### 4.应变性

战略制定的任务包括制订一个策略计划,即预谋战略,然后随着事情的进展不断对它进行调整。一个实际的战略是管理者在公司内外各种情况不断暴露的过程中不断规划和再规划的结果。战略的应变性强调企业应该采用何种措施来适应所处的内外部环境,即战略是帮助企业确定自己在市场中的位置,并据此正确配置资源,从而形成企业可持续的竞争优势。

## 二、战略管理过程

战略管理是指企业确定其使命,根据其外部环境和内部条件设定企业的战略目标,为保证战略目标的正确落实和实现进行谋划,并依靠企业内部能力将这种谋划和决策付诸实施,以及在实施过程中进行控制的动态管理过程。

战略管理过程包括战略分析、战略选择与战略实施三个环节。

### (一)战略分析

战略分析用来回答"企业目前处于什么位置"的问题,其主要目的是评价影响企业目前和今后发展的关键因素,并确定在战略选择步骤中的具体影响因素。战略分析的内容主要包括外部环境分析和内部环境分析两个方面。

#### 1.外部环境分析

外部环境分析可以从企业所面对的宏观环境、产业环境、竞争环境和市场需求状况几个方面展开。要了解企业所处的环境正在发生哪些变化,这些变化给企业将带来更多的机会还是更多的威胁。常见的外部环境分析的方法有:PEST分析(政治—经济—社会—技术分析)、产品生命周期分析、波特的五种竞争力分析等。

### 2.内部环境分析

内部环境分析可以从企业的资源与能力、企业的核心能力等几个方面展开。内部环境分析要了解企业自身所处的相对地位,具有哪些资源以及战略能力。波士顿矩阵、通用矩阵、SWOT分析都是常用的内部环境分析工具。

## (二)战略选择

战略选择阶段所要回答的问题是"企业向何处发展"。企业战略可分为三个层次:总体战略、业务单位战略、职能战略。图13-1概括了企业的战略层次。

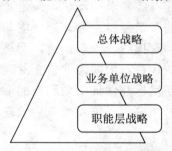

图13-1 企业战略层次

### 1.总体战略

总体战略包括发展战略、稳定战略、收缩战略三种基本类型,是企业最高层次的战略。它需要根据企业的目标,选择企业可以竞争的经营领域,合理配置企业经营所必需的资源,使各项经营业务相互支持、相互协调。

### 2.业务单位战略

业务单位战略又称竞争战略,是指各业务单位要将企业总体战略所包括的目标、发展方向和措施具体化,形成本业务单位具体的竞争与经营战略,主要包括成本领先战略、差异化战略、集中化战略三种基本类型。业务单位战略要针对不断变化的外部环境,在各自的经营领域中有效竞争。对于一家单一业务公司来说,总体战略和业务单位战略合二为一;只有对业务多元化的公司来说,总体战略和业务单位战略的区分才有意义。

### 3.职能战略

职能战略包括市场营销战略、生产运营战略、研究与开发战略、人力资源战略、财务战略、信息战略等多个职能部门的战略。主要涉及企业内各职能部门如何更好地配置企业内部资源,为各级战略服务,提高组织效率。

## (三)战略实施

战略实施所要回答的问题是"企业应当如何发展"。企业战略管理的实践表明,战略制定固然重要,战略实施同样重要。一个良好的战略仅是战略成功的前提,有效的战略实施才是企业战略目标顺利实现的保证。战略实施主要解决以下几个问题:

### 1.合适的组织结构

组织结构是组织为实现共同目标而进行的各种分工和协调系统。组织结构的功能在于分工和协调,通过组织结构,企业的目标和战略转化成一定的体系或制度,融进企业的日常生产经营活动中。因此,组织结构的调整和完善是战略实施的重要环节。制定组织结构涉及如何分配企业内的工作职责范围和决策权力,需要做出如下决定:企业的管理层次数目是高长型还是扁平型结构;决策权力集中还是分散;企业的组织结构类型能否适应公司战略的定位等等。

#### 2.适宜的企业文化

企业文化是指企业成员共有的哲学、意识形态、价值观、信仰、假定、期望态度和道德规范。企业文化可以为企业创造价值,也可能损害企业的绩效,这是因为企业战略成功的一个重要前提是战略与环境相匹配。当战略符合其环境要求时,文化则支持企业的定位并使之更有效率;而当企业所面对的环境产生了变化,并显著地要求企业对此适应以求得生存时,文化对绩效的负面影响就变得重要起来。因此,在企业实施一个新战略时,一定要考虑新的战略致使企业组织要素发生变化的程度,以及这些变化与企业目前文化潜在一致性的大小。如果企业实施新的战略时,重要的组织要素会发生很大变化,这些变化大多与企业目前的文化有潜在的一致性,这种企业有固有文化的大力支持,实施新战略没有大的困难;如果企业在实施新的战略时,组织要素会发生很大变化,又多与企业现有的文化很不一致,或受到现有文化的抵制。企业就要在推行新战略和改变现有文化两者中做出选择了。

#### 3.有效的战略控制

一个原始的战略是否有效,并不在于它是否能原封不动地运用到底,也不在于它的每个细小目标和环节是否都在实际执行中得以实现,而在于它能否成功地适应不可知的现实,在于能否根据现实情况做出相应的调整和修正,并能最终有效地运用多种资源实现既定的整体目标,这就需要进行战略控制。

战略控制是指监督战略实施进程,及时纠正偏差,确保战略有效实施,使战略实施结果符合预期战略目标的必要手段。如果没有达到既定的目标,控制的意向应该是修改企业战略或更好地实施该战略以使企业实现目标的能力能够得到提高。常见的战略控制的方法有:预算控制、平衡积分卡等。

## 第二节 战略成本管理的含义及目标

### 一、战略成本管理的含义

战略成本管理是一种以竞争理论为基础,以市场竞争为动力,以获取竞争优势、创造顾客价值、达到企业有效地适应外部持续变化的环境为目的的一种系统成本控制和管理方法,是对传统成本管理方法的发展和完善。

战略成本管理的提出是基于战略管理的需要，当企业管理伴随竞争环境的变化进入战略管理新阶段，传统的成本管理也应该向战略成本管理转变，将成本管理置于战略管理的广阔空间，从战略高度对企业及其关联企业的成本行为和成本结构进行分析，为战略管理服务。与传统成本管理相比，战略成本管理具有以下特点：

### 1. 长期性

战略成本管理以企业长期发展战略作为管理基础，它立足于企业长远的战略目标，是为取得长期、持久的竞争优势而实施的。所以，战略成本管理超过了一个会计期间的界限，分析了较长时期竞争地位的变化，争取到较长时期的竞争优势，并随着企业长期发展战略的改变而改变。

### 2. 外延性

战略成本管理将注意力更多地投向于企业的外部环境，将成本管理外延向前延伸到采购环节，乃至研究开发与设计环节，向后还必须考虑售后服务环节，把企业成本管理纳入整个市场环境中予以全面考察，通过正确分析和判断企业所处的环境，根据企业自身的特点确定和实施正确适当的管理战略。

### 3. 全局性

战略成本管理是全方位的成本管理方式。它需要对企业经营活动进行全面的价值链分析，不仅注重产品生产阶段，同时也关注产品生命周期中的其他阶段。同时，它也将供应商、顾客方面的成本纳入管理视野，做到人尽其责、物尽其力、才尽其用。

### 4. 动态性

战略成本管理服务于企业竞争战略，重视企业生命周期的阶段变化。由于不同成长阶段的企业，其成本管理必然有差异，需要根据内外环境变化做出战略调整，也就是说成本管理工作需要保持动态变化特征。

## 二、战略成本管理目标

传统成本管理下人们对成本管理目标的理解和表述主要集中在成本降低方面，当成本管理提升为战略管理层次时，无论是从战略角度还是从系统科学角度看，过分集中于成本降低的成本管理目标不能够满足管理理论和管理实务发展的实际要求，成本管理的局部优势并不意味着战略管理的整体优势。因此，确定战略成本管理目标需要将成本管理放在与企业经营活动、管理措施及战略选择等有关因素的相互关系中考察，在战略高度上认识成本问题，从降低成本、增加利润、提高资源利用效率、构造企业价值链、取得竞争优势、满足顾客需求等方面考虑战略成本管理的目标定位。因此，战略成本管理存在着一个目标体系，包含了三个层次：

### （一）降低成本

降低成本一般通过两种途径实现。一是在既定的经济规模技术条件、质量标准条件下，通过降低消耗、提高劳动生产率、合理的组织管理等措施降低成本；二是通过改变成本发生的基础条件达到降低成本的目的。如采用新的技术设备、新的工艺流程、新的产品设计、新的材料等,使影响成本的结构性因素得到改善。

### (二)增加企业的利润

众所周知,通过降低成本可以增加企业的利润。但在某些情况下,通过增加成本以获取其他竞争利益进而促成企业利润的增长则是战略成本管理的重要思想。成本的变动往往与诸方面的因素相关联,成本管理不能只着眼于成本本身,而要利用成本、质量、价格、销量等因素之间的相互关系,支持企业为维系质量、调整价格、扩大市场份额等对成本进行管理,企业能够最大限度地获得利润。

### (三)取得竞争优势

成本控制首先要配合企业为取得竞争优势所进行的战略选择。在企业战略许可的范围内,在实施企业战略的过程中引导企业走向长期利益最大化,并最终确定和保持企业在市场中的竞争地位。为了企业的市场竞争地位和长远发展,有时成本的提高可能成为有利的动因。但企业在提高成本时也应权衡成本提高的风险,将来获利的概率,环境变动的影响等,即要考虑成本效益问题。

### (四)实现社会目标

现代企业越来越多地认识到自己对用户及社会的责任,一方面,企业必须对本组织造成的社会影响负责;另一方面,企业还必须承担解决社会问题的部分责任。企业注意良好的社会形象,既为自己的产品或服务争得信誉,又促进组织本身获得认同。企业的社会目标反映企业对社会的贡献程度,如环境保护、节约能源、参与社会活动、支持社会福利事业和地区建设活动等。

以上所述,战略成本管理的各项目标层次是逐级提高的,目标层次越高,所考虑的时间段就越长,所获收益的风险性越大,高级层次成本管理需要有一个长期的观点和更为宽广的基础。提高成本的利用效益(包括经济效益和社会效益),使长期成本效益最大化是中高级层次成本管理考虑问题的基本出发点和归宿。

## 三、战略成本管理的模式

战略成本管理的核心就是通过战略性成本信息的提供与分析利用,以培育、维持和促进企业竞争优势的形成。如何在改善企业竞争地位的前提下进行战略成本管理,目前国外主要有四种模式:

### (一)克兰菲尔德模式

该模式是由著名的欧洲克兰菲尔德工商管理学院1995年倡导的,这一模式的始创者托尼·格兰迪认为,战略成本管理工具应包括如下内容:竞争战略的制定;竞争者分析;进行行业分析;进行成本动因分析;评估组织面临的挑战,确定自身的目标。其特点是,把战略成本管理作为一种工具来分析企业的竞争地位,发现问题,分析问题，做出选择，解决问题。通过群策群力，发挥各部门人员的优势，然后共同协作，制定出企业的竞争战略，如此循环以达到不断提高企业竞争力的目的。

### （二）罗宾·库珀模式

由英国教授罗宾·库珀提出，特点是全面引入作业成本法（简称ABC）到战略成本管理，该模式着眼从企业内部、企业各部门、企业外部和竞争对手等方面，全面运用作业成本法，以准确的成本核算资料，向不同部门的人员展示一幅更广阔的企业成本竞争地位的图景，使企业管理者和各级人员把自身的工作同企业的战略地位联系起来，以达到在降低成本的同时，提高企业的竞争力。

### （三）桑克模式

这是由美国管理会计教授桑克提出的，是在迈克尔·波特的竞争优势理论基础上创建的，使战略成本管理的理论方法更加具体化。主要是利用一系列的分析工具——战略价值链分析、战略定位分析和战略成本动因分析，为企业的成本管理提供了战略上的透视。桑克模式首先运用价值链分析，进行整个行业、企业内部和竞争对手的价值链分析，明确企业自身的强势和弱势，面临的机会和挑战。其次，从行业、市场和产品等三个不同的层面上定位分析，确定企业采取成本领先战略还是产品差异化的竞争战略，从而确定成本管理的方向。最后，通过进行成本动因的分析，从战略上找出引起成本发生的因素，然后寻找降低成本的战略途径，以配合企业的竞争战略。以上三种工具构成了一个相互联系、密不可分的体系，其中价值链分析是核心工具，战略定位分析和战略成本动因分析都是围绕价值链分析展开的。

### （四）成本企画模式

成本企画（Target Costing/Cost Design）起源于20世纪60年代初的日本丰田汽车公司，它是将源于美国的目标成本法融于强调合作协调和实行横向一体化管理模式的日本企业而产生的具有自身特色的目标成本管理方法，是对目标成本法应用的创造性发展。其管理重点在于目标成本，包括目标成本的制定、注入和达成，基于"源流管理"思想，强调事前控制，运用管理工程方法对成本的发生进行预演，侧重于在产品正式投产前的策划开发阶段预测和控制成本，以求万无一失。至于目标成本的达成，则需要设计、生产、营销及供应商各环节人员的通力合作来实现。可见，成本企画是会计方法与工程技术的有机结合的、着眼于中长期的与产品开发相关联的战略成本管理。

# 第三节 战略成本管理的内容

战略成本管理以战略管理理论为基础,在传统成本管理的基础上进行了功能拓展,它利用一系列分析工具,为企业的成本管理提供了战略上的透视。战略成本管理的基本内容包括价值链分析、战略定位分析、战略成本动因分析。它们之间是相互联系的,首先企业通过价值链可以清楚地认识到企业内部的哪些活动是其必不可缺的,哪些活动使得企业产品吸引消费者,哪些使企业的盈利能力最大,认识到企业所处行业中各环节的盈利能力,将企业置于行业的角度考虑成本问题。然后通过战略定位分析帮助企业在充分了解自身状况后,确定经营发展战略,为成本管理提供方向。最后进行战略成本动因分析,帮助企业将成本的发生与控制放在长期去考虑,从引发成本的根本原因入手降低成本,进而使企业获得成本优势。

## 一、价值链分析

### (一)价值链的含义

价值链(Value Chain)的名称最初是由美国哈佛大学商学院教授迈克尔·波特(Michacl E·Porter)于1985年在其所著《竞争优势》(Competitive Advantage, New York: The Free Press)中提出来的。企业要生存和发展,必须为企业的股东和其他利益集团包括员工、顾客、供货商以及所在地区和相关行业等创造价值。企业创造价值的过程可以分解为一系列互不相同但又相互关联的经济活动,或者称之为"增值活动",其总和即构成企业的"价值链"。

企业的价值链可分为内部价值链和外部价值链。内部价值链指的是企业的内部价值运动。始于原材料、外购件的采购,而终于产品的销售——顾客价值的实现。每个企业都处在产业链中的某一环节,一个企业要赢得和维持竞争优势不仅取决于其内部价值链,还取决于企业的价值链同其供应商、销售商以及顾客价值链之间的联接,这种联接称为在外部价值链或行业价值链。

### (二)内部价值链分析

#### 1.价值链的两类活动

企业内部的生产经营活动可分为基本活动和辅助活动两大类。见图13-2。

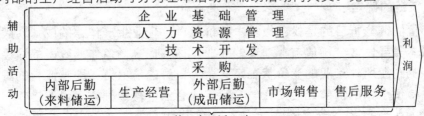

图13-2 企业内部价值链

(1) 基本活动

基本活动，又称主体活动，一般可以分为内部后勤、生产经营、外部后勤、市场销售和服务五种活动。这些活动与商品实体的加工流转直接有关，是企业的基本增值活动。每一种活动又可以根据企业的战略再进一步细分成若干项活动。

内部后勤又称进货物流，是指与产品投入有关的进货、仓储和分配等活动，如原材料的装卸、入库、盘存、运输以及退货等。生产经营是指将投入转化为最终产品的活动，如机加工、装配、包装、设备维修、检测等。外部后勤又称出货物流，是指与产品的库存、分送给购买者有关的活动，如最终产品的入库、接受订单、送货等。市场销售是指促进和引导购买者购买企业产品的活动，如广告、定价、销售渠道等。服务是指与保持和提高产品价值有关的活动，如培训、修理、零部件的供应和产品的调试等。

(2) 辅助活动

辅助活动，又称支持活动，是指用以支持基本活动而且内部之间又相互支持的活动，包括采购、技术开发、人力资源管理和企业基础设施。

采购管理是指采购企业所需投入产品的职能。采购既包括企业生产原料的采购，也包括支持活动相关的购买行为。例如，企业聘请咨询公司为企业进行广告策划、市场预测、管理信息系统设计、法律咨询、研发设备的购买等属于采购管理。

技术开发是指可以改进企业产品和工序的一系列技术活动。企业中每项生产经营活动都包括技术，只不过其技术的性质、开发的程度和使用的范围不同而已。有的属于生产方面的工程技术，有的属于通信方面的技术，还有的属于领导的决策技术。这些技术开发活动不仅仅是与企业最终产品直接相关，而且支持着企业全部活动，成为判断企业竞争实力的一个重要因素。企业中的各种活动，都会涉及到技术开发，比如订货由手工订单改为电子订单，会计采用电算化系统等。

人力资源管理包括各种涉及所有类型人员的招聘、雇佣、培训、开发和报酬等各种活动。人力资源管理不仅对基本活动和支持活动起到辅助作用，而且支撑着整个价值链。

基础设施是指企业组织结构、惯例、控制系统以及文化等活动。高层管理人员也往往被视作基础设施的一部分。企业所有其他的价值创造活动都在基础设施中进行。多种经营企业的公司总部和经营单位各有自己的基础设施。基础设施不仅指企业的地点和办公场所，也包括企业的总体管理、计划、财务、法律支援、质量管理等，还包括企业与政府以及公众的公共关系。

**2. 价值链的确定**

内部价值链分析目的是找出最基本的价值链、企业生产作业的成本动因及与竞争对手的成本差异，区分增值与非增值的作业，探索提高增值作业效率的途径。因此，有必要根据企业所处产业的竞争状况定义企业自身的价值链。即从波特的基本价值链分析入手，使个体的价值链活动在一个特定的企业中得到确认。价值链中的每一个活动都能分解为一些相互分离的活动。图13-3显示了在价值链的基本活动中"市场销售"活动的再分解。

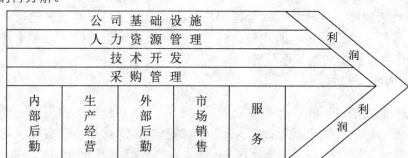

图13-3　一条价值链再分解

● (三) 外部价值链分析

企业外部价值链分析是一种产业分析，将一公司的上游企业、下游企业和同行竞争者以及社会环境列出，并对主要供应商及主要顾客做出成本与利润分析，最后决定良好的并购、外包与供应商及顾客联盟合作等策略。对企业外部价值链的分析主要包括纵向价值链分析、横向价值链分析和社会价值链分析三个方面。

1. 纵向价值链分析

一方面可以寻求企业在价值链上的发展空间，另一方面可以通过信息共享，建立起企业间的协作关系，增强企业联盟内所有成员的市场竞争力。企业纵向价值链分析主要分析从资源到产品直至顾客的价值活动，综合考虑成本价值因素。

2. 横向价值链分析

横向价值链分析即同业竞争优势分析，简单地讲就是对一个产业内部的各个企业之间的相互作用进行分析。在大多数产业中，不论其产业平均盈利能力如何，总会有一些企业比其他企业获利更多。企业通过横向价值链分析可以确定自身与竞争对手之间的差异，从而确定能够为企业取得相对竞争优势的战略。

3. 社会价值链分析

社会价值链包括 政治、经济、文化等社会环境因素，比如政治环境因素包括政府政策法规、免税期、关税、征税、财政刺激手段等，这些因素构成了另外一些成本驱动因素。如果企业能够更好的运用这些因素，则对企业降低成本也会起到一定的良好效果。

## 二、战略定位分析

### (一) 战略定位分析的概念

战略定位是指企业在赖以生存的市场上，如何选择竞争优势以对抗竞争者。按照波特的理论，企业基本竞争战略主要包括三种：成本领先战略、产品差异化战略、目标集聚战略。不同的战略定位对竞争优势的影响有所不同。战略定位分析就是通过各种不同的方法对企业的内外部环境进行分析，帮助企业选择适合自己所处行业特征及自身特点的竞争战略。从战略成本管理的角度看，战略定位分析就是通过对企业的战略环境进行分析，确定要采取的竞争战略，从而明确成本管理的方向和重点，建立与企业战略管理相适应的成本管理系统。

### （二）SWOT分析法

企业战略定位的过程在很大程度上就是企业进行调查分析的过程，企业首先必须做到知己知彼，然后才能百战不殆。知己知彼的基本要求就是：企业要认真审视其内外部环境。战略定位分析有多种分析方法，这里主要介绍SWOT分析法。

#### 1.SWOT分析法的基本原理

SWOT分析是一种综合考虑企业内部条件和外部环境的各种因素，进行系统评价，从而选择最佳经营战略的方法。这里S是指企业内部的优势（Strength），W是指企业内部的劣势（Weakness），O是指企业外部环境的机会（Opportunity），T是指企业外部环境的威胁（Threats）。

企业内部的优势和劣势分析是相对于竞争对手而言的，一般表现在企业的资金、技术设备、员工素质、产品、市场、管理技能等方面。优势是指能给企业带来重要竞争优势的积极因素或独特能力。如充足的资金来源、先进的技术、由于自主知识产权所获得的成本优势、高素质的管理人员、公认的行业领先者等。劣势是限制企业发展且有待改正的消极方面。如设备老化、管理混乱、缺少关键技术、研究开发落后、资金短缺、经营不善、产品积压等。判断企业内部的优势和劣势一般有两项标准：一是单项的优势和劣势。例如，企业资金雄厚，则在资金上占优势；市场占有率低，则在市场上处于劣势。二是综合的优势和劣势。为了评估企业的综合优势和劣势，应选定一些重要因素，加以评价打分，然后根据其重要程度按加权平均法加以确定。

企业外部环境的机会和威胁分析则将注意力放在外部环境的变化及对企业的可能影响上。机会是随着企业外部环境的改变而产生的有利于企业的时机。如政府支持、高新技术的应用、良好的购买者和供应者关系等。威胁是随着企业外部环境的改变而产生的不利于企业的时机。如新竞争对手的出现、市场增长缓慢、购买者和供应者讨价还价能力增强等。图13-4列示了SWOT分析的典型格式。

|  | 内部环境 | |
|---|---|---|
| 外部环境 | 优势 Strengths | 劣势 Weakness |
|  | 机会 Opportunities | 威胁 Threats |

图13-4　SWOT分析的典型格式

## 2.SWOT分析的步骤

SWOT分析可按以下步骤进行：

(1) 根据企业的目标罗列出对企业生产经营活动及发展有着重大影响的内部及外部因素，并且根据所确定的标准对这些因素进行评价，从中判定出企业的优势与劣势、机会和威胁。

(2) 优势、劣势与机会、威胁相组合，形成SO、ST、WO、WT策略（见图13-5）。

(3) 对SO、ST、WO、WT策略进行甄别和选择，确定组织目前应采取的具体战略。

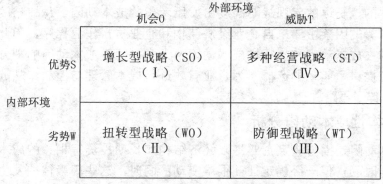

图13-5　SWOT分析

优势——机会(SO)增长型战略是一种发展企业内部优势与利用外部机会的战略，是一种理想的战略模式。当企业具有特定方面的优势，而外部环境又为发挥这种优势提供有利机会时，可以采取该战略。例如良好的产品市场前景、供应商规模扩大和竞争对手有财务危机等外部条件，配合企业市场份额提高等内在优势可成为企业收购竞争对手、扩大生产规模的有利条件。

劣势——机会(WO)扭转型战略是利用外部机会来弥补内部劣势，使企业改劣势而获取优势的战略。存在外部机会，但由于企业存在一些内部劣势而妨碍其利用机会，可采取措施先克服这些劣势。

劣势——威胁(WT)防御型战略是一种旨在减少内部劣势，回避外部环境威胁的防御性技术。当企业存在内忧外患时，往往面临生存危机，进行业务调整，设法避开威胁和消除劣势。

优势——威胁(ST)多元化战略是指企业利用自身优势，回避或减轻外部威胁所造成的影响。如竞争对手利用新技术大幅度降低成本，同时材料供应紧张，消费者要求大幅度提高产品质量，企业还要支付高额环保成本等，但若企业拥有充足的现金、熟练的技术工人和较强的产品开发能力，便可利用这些优势开发新工艺，简化生产工艺过程，提高原材料利用率，从而降低材料消耗和生产成本。另外，开发新技术产品也是企业可选择的战略。新技术、新材料和新工艺的开发与应用是最具潜力的成本降低措施，同时它可提高产品质量，从而回避外部威胁影响。

## 三、战略成本动因分析

### （一）战略成本动因的概念及分类

成本动因是指引起产品成本发生的原因。根据第十章的内容，我们已经知道成本动因是作业成本法的核心概念，但它并不专属于作业成本法。成本动因可分为两个层次：一是微观层次上的与企业具体生产作业相关的成本动因即生产经营成本动因；二是战略层次上的成本动因即战略成本动因。战略成本动因与生产经营成本动因不同，它是从企业整体的、长远的宏观战略高度出发所考虑的成本动因。从战略的角度看，影响企业成本态势的因素主要来自企业经济结构和企业执行作业程序，因此，战略成本动因分为结构性成本动因和执行性成本动因两大类。两类成本动因的划分，为企业改变其成本地位提供了能动的选择，为企业有效进行成本管理与控制、从战略意义上做出成本决策开辟了思路。

### （二）结构性成本动因分析

结构性成本动因是指与决定企业基础经济结构如长期投资等相关的成本动因，其形成常需要较长时间，但一经确定往往很难变动；同时，这些因素往往发生在生产开始之前，这些因素既决定了企业的产品成本，也会对企业的产品质量、人力资源、财务、生产经营等方面产生极其重要的影响。因此，对结构性成本动因的选择将决定企业的成本态势。结构性成本动因主要有：

**1. 企业规模**

企业规模是一个重要的结构性成本动因，它主要通过规模效应来对企业成本产生影响。当规模较大时可以提高作业效率，使固定成本分摊在较大规模的业务量之上，从而降低单位成本。但当企业规模扩张超过某一临界点时，固定成本的增加会超过业务规模的增加，并且生产复杂性的提高和管理成本的上升也会带来不利影响，这时，单位成本会出现升高的趋势，形成规模报酬递减，出现规模的不经济。

**2. 业务范围**

业务范围是影响成本的又一结构性动因。企业为了提高其竞争优势，可能会使自己所经营的业务范围更广泛、更直接，从企业现在的业务领域出发，向着行业价值链中的两端延伸，直到原材料供应和向消费者销售产品。这种业务范围的扩张也称之为纵向整合。企业纵向整合可以对成本造成正反两方面的影响。企业应通过成本动因分析，对整合进行评价，确定选择或解除整合的策略。如果整合后的市场体系（包括供应市场与销售市场）僵化，破坏了与供应商和客户的关系，导致成本上升，对企业发展不利时，就应当降低市场的整合程度或解除整合。

**3. 经验**

经验是影响成本的综合性基础因素，它是一个重要的结构性成本动因。经验积累，即熟练程度的提高，不仅带来效率提高，人力成本下降，同时还可降低物耗、减少损失。经验积累程度越高，操作越熟练，成本降低的机会就越多，经验的不断积累和发挥是获得"经验——成本"曲线效果,形成持久竞争优势的动因。

### 4.技术

运用现代科学知识不断进行技术创新是企业在日趋激烈的市场竞争中保持竞争优势的重要前提。从成本角度说,借助先进的技术手段对企业的产品设计、生产流程、管理方式等进行改造,可以有效地持续降低成本,并使得这种降低呈现出连动的态势。传统的成本管理一直忽视技术对成本的决定性影响。

### 5.厂址选择

众所周知,厂址选择将会对企业的成本造成重要的影响。如果企业将厂址选择在远离原料产地或者远离销售地的地方,必然会导致企业将要花费大量的运输成本。在这种条件下,难以形成企业的竞争优势,并且,厂址一旦选定,许多成本便成为了沉没成本,难以降低也难以改变了。因此,厂址选择也是一项重要的结构性成本动因,在企业进行战略决策时必须给予足够重视。

由上述分析可见,结构性成本动因可以归结为一个"选择"的问题。这种选择决定了企业的"成本定位",这样的取舍与权衡决定了企业的产品或特定产品群体(围绕作业链或部门)的可接受成本额的高低及其分布。因此,结构性成本动因分析应该从工业组织的视角来确定成本定位,其属性无疑是企业在其基础经济结构层面的战略性选择。结构性成本动因分析所要求的战略性选择针对的是怎样才是"最优"的问题。选择当然意味着配置的优化,在配置优化上加大投入力度,这个"多"并不能直接导致成本业绩的"好",因而说投入与绩效不具有关联性。成本管理应立足于适当、合理的投入配置,而不是一味追求大的投入。

## ●(三)执行性成本动因分析

在企业通过结构性成本动因分析决定了企业的成本管理战略后,还必须以执行性成本动因分析来引导成本管理的方向和重点,用执行性成本动因分析的结果作为成本改善的立足点更加有利于企业确立竞争优势。执行性成本动因是指决定企业作业程序的成本动因,是在结构性成本动因决定以后才建立的,这类成本动因多属非量化的成本动因,其对成本的影响因企业而异。这些动因若能执行成功,则能降低成本,反之则会使成本提高。执行性成本动因主要有:

### 1.员工参与

人是执行各项作业活动的主体,企业的各项价值活动都要分摊成本,因此人的思想和行为是企业成本降低改善的重要因素,在战略成本管理中起着至关重要的作用。员工参与的多少及责任感对企业成本管理的影响是很明显的,如果企业上下人人都具备节约成本的思想,并以降低成本为己任,那么企业的成本管理效果自然就会好。反之,企业的成本管理则会彻底的失去意义,变成无源之水。因此,在战略成本管理过程中强调全员参与,通过建立各种激励制度,培养员工以厂为家的归属感和荣辱感,同时在建立企业文化的同时培育企业的成本文化。

### 2. 全面质量管理

质量与成本密切相关，质量与成本的优化是实现质量成本最佳、产品质量最优这一管理宗旨的内在要求。全面质量管理的宗旨是以最少的质量成本获得最优的产品质量，并且最低的质量成本可以在缺点为零时达到。因为对错误的纠正成本是递减的，所以总成本会保持下降的趋势，直至最后的差错被消除，故全面质量管理的改进总是能降低成本。这项成本动因要求企业大力推行全面质量管理，树立强烈的质量意识，从企业的整个范围，设计、生产过程的各阶段着手来提高产品质量，降低产品成本，真正做到优质高效。

### 3. 生产能力利用率

在企业规模既定的前提下，生产能力的利用程度是影响企业成本的一个重要动因。生产能力利用主要通过固定成本影响企业的成本水平。由于固定成本在相关的范围内不随产量的增加而改变，当企业的生产能力利用率提高时，单位产品所分担的固定成本减少，从而引起企业单位成本的降低。因此，寻求建立能够使企业充分利用其生产能力的经营模式，将会给企业带来成本竞争优势。

### 4. 联系

所谓联系，是指各种价值活动之间彼此的相互关联。可分为两类：一类是企业内部联系，企业内部各种价值活动之间的联系遍布整个价值链，针对相互联系的活动，企业可以采取协调和最优化两种策略来提高效率或降低成本；一类是企业与供应商（上游）、客户（下游）间的垂直联系，例如供应商供料的频率和及时性会影响企业的库存、销售渠道推销或促销活动可能降低企业的销售成本。企业的所有价值活动都会互相产生影响，如果能够确保它们以一种协调合作的方式开展，将会为总成本的降低创造机会。

由上述分析可见，执行性成本动因分析是在已有所选择的前提下试图进行某种"强化"，只有强化，方能改善业绩。因此，执行性成本动因分析的属性应该定位为针对业绩目标的成本态势的战略性强化。执行性成本动因分析所要求的战略性强化则针对"最佳"的效果目标，强化意味着实施制度上的完善，在为完善制度及改善制度运作效率上加大投入力度，这个"多"必然能带动成本业绩的"好"，也就是说投入与绩效是相关联的。

综上所述，结构性成本动因分析解决配置的优化问题是基础，而执行性成本动因分析解决绩效的提高问题是使其持续，两者互为连贯配合。倘若优化问题处理不当，那么针对绩效的持续执行就会导致反方向性的错误，或者说后者的"强化"是一种徒劳的浪费；另一方面，即使结构的优化配置是基本合理的，但如果缺乏强有力的执行性投入，那么达成革新控制所要求的效果目标也属枉然。

### (四)战略成本动因分析应注意的问题

#### 1.战略成本动因之间的相互作用

成本是多重成本动因共同作用的结果,没有一种成本动因会成为企业成本的唯一决定因素。尽管可能某一个成本动因对一类价值活动的成本产生最大影响,但若干个成本动因常常相互作用以决定该项成本。这种相互作用体现为各战略成本之间相互加强或相互对抗,共同作用于企业的总体运营成本,其效果体现在企业总成本的高低。如规模经济或经验可以强化企业在技术上的优势,纵向整合的成本优势也可能被生产能力利用不足所抵消。由于各种战略成本动因之间的关系错综复杂,因此,企业应在发展战略分析的基础上,分析各战略成本动因之间的相互作用,避免相互间的抵触,充分利用成本动因间相互加强的效果,找出处于主导地位的战略成本动因,进而对现实系统行为状态进行评价和改进,引导企业战略成本的态势下移,使企业的成本在既定战略下持续降低,获得持久竞争优势。

#### 2.战略成本动因分析与企业的战略环境相结合

战略成本管理要求从企业长期、整体的内外环境出发进行成本管理。为此,首先要对战略环境做出分析,找出引起成本发生的有利和不利因素,在此基础上对各成本动因进行选择和分析,以做出战略规划。战略成本动因分析应切入到成本形成的内因、结构性选择与执行性技术运用中,其实质在于战略环境分析和战略定位下的战略成本管理功能的具体展开与效用强化。

---

**思考题**

1. 试述战略管理的含义及过程。
2. 简述价值链分析的基本内容。
3. 简述SWOT分析法的基本原理。
4. 试述战略成本动因分析的主要内容。

## 同步练习题

### 一、单项选择题

1. 战略管理循环的起点是（　　）。
   A. 战略分析　　　　　　B. 战略制定
   C. 战略实施　　　　　　D. 战略检验

2. 以下属于价值链中基本活动的是（　　）。
   A. 采购　　　　　　　　B. 人力资源管理
   C. 技术开发　　　　　　D. 服务

3. 下列有关价值链的说法中不正确的是（　　）。
   A. 要优化价值链，首先要尽可能消除所有不增加价值的作业
   B. 每个价值链既会产生价值，同时也要消耗资源
   C. 企业内部价值链分析的目的是从战略上明确企业在行业价值链中的位置
   D. 价值链分析最重要的应用是揭示企业与竞争对手相比的相对成本地位

4. 企业战略目标的确定，可以通过（　　）来进行。
   A. 价值链分析　　　　　B. 成本动因分析
   C. 战略定位分析　　　　D. 战略成本管理

### 二、多项选择题

1. 战略成本管理的基本框架由（　　）等三个部分构成。
   A. 价值链分析　　　　　B. 成本动因分析
   C. 战略计划编制　　　　D. 战略定位分析

2. 下列各项中属于可增加价值的作业有（　　）。
   A. 产品设计　　　　　　B. 加工制造
   C. 存货储存　　　　　　D. 产品包装

3. 战略成本动因具有（　　）等特点。
   A. 与企业战略密切相关
   B. 对产品成本的影响更长期、更持久、更深远
   C. 可塑性大
   D. 形成与改变均较为困难

4. 下列各项中，属于执行性成本动因的是（　　）。
   A. 顾客订单数量　　　　B. 生产能力的运用模式
   C. 地理位置　　　　　　D. 全面质量管理

# 应用实践

**战略成本管理在青岛啤酒股份有限公司的运用**

青岛啤酒股份有限公司是由英、德商人于1903年创立的,至今已有一百多年的历史,其在1993于香港和上海上市,成为国内首家在两地同时上市的股份有限公司,其规模和市场份额是国内啤酒行业的翘楚,青岛啤酒更是成为国际市场最具知名度的中国品牌。

青岛啤酒股份公司自1996年采取低成本扩张战略,高额的改造费用致使公司的营业和管理费用剧增,为了改善公司成本状况,自2001年起,实施了一系列内部资源整合战略,旨在提高企业竞争力。从战略成本管理的角度看,公司已将自己的成本管理上升到了战略的高度。青岛啤酒股份公司的战略成本管理是应用桑克模式发展起来的,应用也比较成功,但还存在一些问题。

青岛啤酒股份有限公司价值链分析

对于内部价值链,公司进行了统一的物流供应链管理,对产品的仓储、转库由原先的单一控制转换为统一管理和控制,进行了一系列的整合、优化,降低了库存资金的占用及仓储和运输费。对于外部价值链,公司实现了经销商、供应商、分销商之间的协调一致,并将其与公司的计划相结合,形成了供应链管理,从而在成本控制、客户响应等方面创造了新价值。

青岛啤酒股份公司战略定位分析

经过SWOT分析发现:其在品牌、政策、资金、技术、市场等重要方面都占据了优势,但是其营销和管理的成本却居高不下。传统成本管理往往注重与产品生产相关的成本,而对间接成本(比如管理成本)的控制上缺乏手段,仅仅为了降低成本而降低成本,并没有对企业所面临的外部环境进行分析。针对这种现象,青岛啤酒股份公司在实施发展战略的具体过程中,不断树立大品牌形象,坚持走"低成本扩张、高起点发展"的道路,通过收购低档的大众市场小品牌,扩大市场,提高企业的影响力,同时主要通过中、高档产品来获利,在激烈的竞争中使品牌进一步做大做强。

青啤在实施战略成本管理过程中与现代信息化技术的发展趋势相结合,建立了以OracleARP为核心的ERP信息系统,对公司总体业务的信息化进行规划,实现了公司业务的整合及资源的优化,提高了资源的利用效率,进而节约了企业的成本,提高了企业的竞争力。

青岛啤酒股份公司在实施战略成本管理过程中,充分意识到了战略成本管理的重要性,把握了一个中心和三个方法维度,实现了从单纯的成本降低到成本避免与竞争力相结合的转变。在战略成本管理模式中注重有效管理和控制,对原先的业务流程和管理信息系统进行彻底改变,从而全面提高企业效率,节省企业的管理费用。

**要求**:试分析青岛啤酒股份有限公司价值链构建及战略定位是否合理。

# 第十四章

## 成本管理新趋势

# 知识框架图

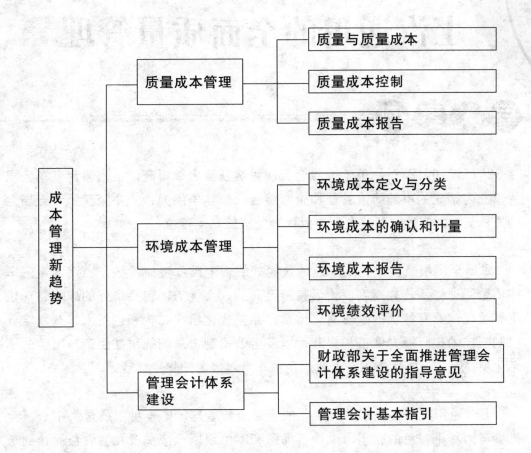

| 学习目标 | 【理论知识目标】<br>1. 了解质量成本管理的定义。<br>2. 了解环境成本管理理论。<br>3. 了解人力资源成本管理基本理论。<br>【应用能力目标】<br>根据管理需要，利用质量成本管理理论、环境成本管理理论、人力资源管理理论指导管理会计实务。 |
|---|---|

# 上汽通用的全面质量管理

## 导入案例

2015年10月23日,第十五届全国质量奖获奖名单揭晓,上汽通用汽车公司凭借业内领先的卓越绩效管理和企业综合质量竞争能力,一举荣获第十五届全国质量奖,并在六家获奖企业中以优异的成绩名列首位。

本届全国质量奖评委从卓越绩效模式的各个维度全面考核了上汽通用汽车的质量管理体系,并高度评价了其所具有的六大优势,包括良好的战略管理机制和流程,具有特色的企业文化体系,涵盖优化组织结构和创新人才开发培养机制与技术核心能力储备和提升,以及全公司制造系统的精益生产与出色的信息化建设等。这些优势正是上汽通用汽车卓越经营的集中体现。

上汽通用实际上是在进行企业的全面质量管理,即一种以质量为中心,全员参与为基础,目的在于通过顾客满意和本组织所有成员及社会受益而达到长期成功的管理途径。

汽车是我们出行必不可少的交通工具之一,其质量与消费者的生命财产安全紧密关联,故而汽车质量的有效管理,将会对社会经济生活产生很大的推动作用。我们应该积极借鉴上汽通用卓越经营的案例,充分地意识到产品质量的重要性,从而建立、健全自身质量管理体系,不断地学习质量管理思想和方法,完善自身产品质量。因为随着社会经济的发展,未来发展的立足点终将转到高质量和效益上去,质量将和平地占有市场,21世纪终将是质量的世纪。

# 第一节 质量成本管理

## 一、质量与质量成本

广义地说,质量是指产品或服务的优劣程度。美国质量控制协会(American Society for Quality Control)对质量所做的定义是:产品或服务自身所具备的特性,使其在被购买时和使用过程可以满足顾客的需求。可见,质量优劣的判断标准,与产品或服务能在多大程度上满足顾客的要求密切相关。从这个意义上看,质量就是顾客对产品或服务感知的优良程度。

质量包括两个方面的因素:一是产品或服务对顾客要求的满足程度即设计质量(Quality of Design);二是产品或服务的实际性能与其设计性能的符合程度即符合性质量(Quality fo Conformance)。设计质量着重于产品或服务的性能,符合性质量则着重于使用的效果。

质量成本包括企业组织为保证或提高产品或服务质量所发生的费用,也包括由于产品或服务未达到相关标准而带来的损失和费用。因此,企业组织为保证或提高产品或服务的质量水平,必须从事相关作业,因此而产生的成本就是质量成本。与质量相关的作业包括控制作业与故障作业。

由于产品或服务可能存在低质量水平,企业组织实施控制作业,以防止和探查质量不佳的产品。控制作业包括预防作业和鉴定作业。而故障作业是已经出现了低质量的产品或服务("故障"已经存在)后,顾客和企业组织所做的反应或补救措施。故障作业包括内部故障作业和外部故障作业。这些作业项目都会引起相应的质量成本。

表14-1 与质量成本相关的作业项目及其成本分类

| 与质量相关的作业项目 | 作业成本项目 | 作业分类 | 作业成本项目 |
|---|---|---|---|
| 控制作业 | 控制成本 | 预防作业 | 预防成本 |
| | | 鉴定作业 | 鉴定成本 |
| 故障作业 | 故障成本 | 内部故障作业 | 内部故障成本 |
| | | | 外部故障成本 |

由此,企业组织的质量成本可以分为:

### (一)预防成本

预防成本(Prevention Cost)发生于企业组织生产的研究与开发阶段,它指企业组织为了保证产品质量不低于预定标准所发生的开支以及为提高质量水平而发生的相关费用。预防成本的目的在于防止其后的生产过程出现低质量产品。具体成本项目包括产品设计、加工程序设计、对供应商的评估及选择、员工质量培训计划、质量计划的编制、质量报告的编制、产品质量审查、必要的市场调查以及为了提高产品预期质量采用新原料等作业引起的成本。

### (二)鉴定成本

鉴定成本(Appraisal Cost)发生的时点在预防成本之后、故障成本之前,它是企业组织为了确保产品质量达到预定标准,按预定的成本计划对原材料、零部件、产成品进行检测而发生的相关费用。鉴定成本的目的在于防止将不合格的产品交付给顾客。具体成本项目包括原材料的抽查测试、产品包装检查、在产品检查、加工过程验收以及产品验收等作业引起的成本。

### (三)内部故障成本

如果企业组织的产品或服务达不到预定的质量标准,不符合设计质量或符合性质量的要求,就会出故障成本(Failure Cost)。如果故障成本发生在产品出厂之前,通过鉴定作业发现低质量或有缺陷的产品,相关成本和损失属于内部故障成本(Internal Failure Cost)。具体成本项目包括废品废料损失、返工返修费用、原料质量或产品缺陷引致的设备故障和停工费用、产品完成返工返修后的复检和测试费用、对相关设计作必要更改的开支等。

### (四)外部故障成本

如果故障成本发生在产品流出市场之后,相关的成本和损失就属于外部故障成本(External Cost)。具体成本项目包括产品召回损失、顾客投诉处理费用、退货损失、因质量问题而提供的折扣、产品保修费用、企业丧失的市场份额、顾客产品支持度下降、对企业组织商誉的负面影响等作业引起的成本。在所有的质量成本中,人们通常认为外部故障成本对企业组织的危害最大。

## 二、质量成本控制

质量成本控制是指企业组织依据预定的质量成本目标,对质量成本形成过程的一切耗费进行严格的计算与审核。企业组织首先要设定质量成本的绩效标准,据以对实际质量成本进行比较,分析差异以及产生差异的原因,以便采取必要措施,不断降低质量成本,提高企业组织的质量成本管理水平。

### (一)质量成本控制程序

质量成本控制体系构建是否完善,在很大程度上决定了企业组织质量成本控制的成效。质量成本日常控制程序通常包括:

首先,建立健全的全面质量管理组织体系,确定企业组织生产流程的质量成本控制点,作为质量成本控制的责任中心。其次,确定各个成本项目的成本控制指标和偏差范围,将低质量产品消失在产品生产流程,尽可能降低甚至消除故障成本。最后,实行全面质量管理,对产品的整个生命周期,包括设计阶段、生产阶段、使用阶段实施全过程的质量成本控制。

## （二）最优质量成本观

企业组织质量成本管理的最终目标是以最低的质量成本，生产出最优质的产品。而能够生产出最优质的产品的最低质量成本，就是最优质量成本。最优质量成本的评价存在两种观点：传统观点和现代观点。

最优质量传统观点认为，质量成本结构的可控成本与故障成本之间存在着此消彼长的关系，可控成本增加，故障成本将相应减少。因此，只要故障成本的减少额超过了相对应的可控成本的增加额，企业组织就应该努力探查和防止出现低质量产品。这样，企业组织最终将确定一个代表着质量成本总和最低水平的"点"，也即可控成本与故障成本之间的最优平衡点。在这一点上，可控成本的任何增加额都将超过相对应的故障成本减少额。

最优质量成本观点认为，如果企业组织有效实施了全面质量管理，企业组织实施了健全零缺陷状态，预防成本与鉴定成本等可控成本可以先增后减，故障成本则在企业组织产品质量水平发生质的提高后减少甚至消除，质量成本总额也可能持续下降，产品质量水平却不断提高。

实际上，最优质量成本传统观点的"最优质量水平"是一种可以接受的质量水平（Acceptable Quality Level，AQL）。任何一项产品规格指标或质量特征都有上下限标准，不超过该范围就属于合格产品。实际上，这种质量标准允许企业组织生产一定比例的不合格产品。这也就意味着，每一批次的产品都有若干比例的次品销售给顾客。只要次品率不超过企业组织认可的质量界限标准，企业组织就可以认为生产程序正常，产品质量水平正常，不会再致力于质量成本的控制与改进。这样，就必然使以往期间生产经营过程的缺陷一直延续下去。因此，最优质量成本传统观点的局限性相当明显，这是一种允许甚至鼓励企业组织生产次品的观点。

20世纪70年代后期，可接受质量水平的成本标准受到"零缺陷"观念的严峻挑战。顾名思义，"零缺陷"要求企业组织生产的产品，没有任何缺陷，也没有任何次品，要求将不合格产品或次品的比率降为零。到20世纪80年代中期，"零缺陷"观念得到进一步发展，健全质量模型（Robust Quality Model）再次冲击了传统的次品定义。健全质量观认为，只要企业组织生产的产品与预定的目标值之间存在偏离，就会造成损失，偏离程度越大，造成的损失也就越大。与"零缺陷"观念相比，健全质量模型对次品的定义更为严格，更强调质量成本的代价，改进了质量成本的观念。

根据最优质量成本传统观点，可控成本与故障成本之间存在着此消彼长的关系，如果可控成本增加，故障成本下降，质量成本总额也将下降并稳定在某一个平衡点上。这种观点反映的是静态的质量成本观念。最优质量成本现代观点反映的是动态的质量成本观念，根据现代观点，质量成本总额并非如传统观点所描述的那样，达到一个平衡点之后就稳定不变。随着可控成本的增加和故障成本的减少，质量成本总额也会相应减少，而预防成本与鉴定成本在增加到一定程度之后也可能减少，从而使质量成本总出现永久性减少的态势。可见，质量成本水平是动态的。

最优质量成本传统观点与现代观点的主要区别在于：（1）如果趋近健全零缺陷状态，企业组织的可控成本不会无限增加；（2）如果趋近健全零缺陷状态，可控成本可能出现先增后减的态势；（3）故障成本有可能完全减少为零。

### （三）质量成本管理观念

全面质量管理是一种全新的现代质量管理观念，强调质量管理是全员参与、覆盖产品生命周期全过程的、以工作质量保证产品质量和服务质量的管理体系。其特点包括：

既然质量成本管理涉及到产品生命周期的全过程，对质量成本的控制就应该从产品的设计和投产开始，而不是仅仅放在生产过程，全面质量管理以全过程"零缺陷"为最终管理目标。

由于故障成本发生之后企业组织要付出的代价远高于可控成本，企业组织应该尽量及时消除产品的质量隐患，减少、避免完工之后的返修返工；强调产品生命周期全过程的质量管理，产品设计、生产与售后服务质量缺一不可。从战略的高度权衡质量与成本之间的关系，兼顾企业组织的长远利益与短期利益，确定合理的成本结构。

## 三、质量成本报告

### （一）质量成本报告

质量成本报告是企业组织完善质量成本控制的必要措施。通过质量成本报告，企业组织的经理人可以全面地评价企业组织当前的质量成本情况。质量成本报告按质量成本的分类详细列示实际质量成本，并向企业组织的经理人提供以下两个方面的重要信息：

（1）显示各类质量成本的支出情况以及财务影响；

（2）显示各类质量成本的分布情况，以便企业组织的经理人判断各类质量成本的重要性。

通过了解这些相关信息，企业组织的经理人就可以更有针对性地控制质量成本，改善成本结构。质量成本报告可以将各类质量成本项目分别列示。企业组织也可以采用绘制统计图（如饼形图、柱形图）或文字陈述的方式编制质量成本报告。

表14-2 质量成本报告

| 质量成本项目 | 实际成本支出（元） | 占质量成本总额比例 | 占销售额比例 |
|---|---|---|---|
| 预防成本： | | | |
| 　质量培训 | 20 000 | 28.45% | 5.69% |
| 　供应商评估 | 12 000 | 17.07% | 3.41% |
| 　预防成本合计 | 32 000 | 45.52% | 9.10% |
| 鉴定成本： | | | |
| 　产品验收 | 12 000 | 17.07% | 3.41% |
| 　包装物检查 | 8 000 | 11.38% | 2.28% |
| 　鉴定成本合计 | 20 000 | 28.45% | 5.69% |

| | | | 续表 |
|---|---|---|---|
| 内部故障成本： | | | |
|     返工返修 | 11 000 | 15.65% | 3.13% |
|     内部故障成本合计 | 11 000 | 15.65% | 3.13% |
| 外部故障成本： | | | |
|     顾客投诉处理 | 7 300 | 10.38% | 2.08% |
|     外部故障成本合计 | 7 300 | 10.38% | 2.08% |
| 质量成本合计 | 70 300 | 100% | 20% |

### （二）质量绩效报告

为了反映企业组织在质量管理方面所取得的进展及其成效，企业组织还需要编制质量绩效报告（Quality Performance Report）。企业质量绩效报告包括三种类型。

#### 1.中期报告

中期报告（Interim Program Report）根据当前的质量目标列示质量管理的成效。企业组织要实现产品"零缺陷"的目标是一项长期任务，不可能一蹴而就。企业组织需要制定一些短期（通常为1年之内）应该达到的质量成本控制目标，一方面可供企业组织的经理人报告当期质量管理取得的成效，另一方面也可以增强员工的信心，为最终达到"零缺陷"目标继续努力。企业组织期末编制绩效报告时，将实际质量成本与成本目标相比较，确定差异，明确应该采取的措施。

表14-3 中期质量绩效报告

| | 实际成本（元） | 预算成本（元） | 差异（元） |
|---|---|---|---|
| 预防成本： | | | |
|   质量培训 | 40 000 | 40 000 | 0 |
|   质量审核 | 80 000 | 80 000 | 0 |
|   产品设计方案评审 | 35 000 | 30 000 | 5 000U |
|   预防成本合计 | 155 000 | 150 000 | 5 000U |
| 鉴定成本： | | | |
|   原料检验 | 38 000 | 42 000 | 4 000F |
|   产品验收 | 20 000 | 20 000 | 0 |
|   流程验收 | 40 000 | 35 000 | 5 000U |
|   鉴定成本合计 | 98 000 | 97 000 | 1 000U |
| 内部故障成本： | | | |
|   返修 | 28 000 | 22 000 | 6 000U |
|   废料 | 66 000 | 55 000 | 11 000U |
|   内部故障成本合计 | 94 000 | 77 000 | 17 000U |
| 外部故障成本： | | | |
|   处理顾客投诉 | 33 000 | 33 000 | 0 |
|   保修 | 47 500 | 37 000 | 10 500U |
|   外部故障成本合计 | 80 500 | 70 000 | 10 500U |
| 质量成本合计 | 427 500 | 394 000 | 33 500U |
| 质量成本占实际销售额比例<br>（实际销售额为2790000元） | 15.32% | 14.12% | 1.2%U |

#### 2.长期报告

长期报告（Long-Range Report）根据长期质量目标列示企业组织质量管理成效。

表14-4　长期质量绩效报告

| | 实际成本（元）<br>2018年度 | 实际成本（元）<br>2017年度 | 差异（元） |
|---|---|---|---|
| 预防成本： | | | |
| 　　质量培训 | 40 000 | 43 000 | 3 000F |
| 　　质量审核 | 80 000 | 80 000 | 0 |
| 　　产品设计方案评审 | 35 000 | 36 000 | 1 000F |
| 　　预防成本合计 | 155 000 | 159 000 | 4 000F |
| 鉴定成本： | | | |
| 　　原料检验 | 38 000 | 42 000 | 4 000F |
| 　　产品验收 | 20 000 | 20 000 | 0 |
| 　　流程验收 | 40 000 | 45 000 | 5 000F |
| 　　鉴定成本合计 | 98 000 | 107 000 | 9 000F |
| 内部故障成本： | | | |
| 　　返修 | 33 000 | 36 000 | 3 000F |
| 　　废料 | 47 500 | 49 000 | 1 500F |
| 　　内部故障成本合计 | 80 500 | 85 000 | 4 500F |
| 质量成本合计 | 475 000 | 447 000 | 19 500F |
| 质量成本占实际销售额比例<br>（实际销售额为2790000元） | 15.32% | 16.02% | 0.699% |

**3.多期质量趋势报告**

多期质量趋势报告（Multiple-Period Trend Report）列示了企业组织实施质量管理以来所取得的成效。多期质量趋势报告的编制必须以多个期间企业组织的质量成本相关数据为基础，并绘出质量趋势图。趋势图可以采用坐标分析图、柱形比较图等多种方式，旨在向企业组织的经理人评估其发展趋势是否合理，质量成本控制是否有效，以便作出相应决策。

# 第二节　环境成本管理

随着社会经济的发展，环境成本占据企业组织经营成本的比重越来越大。通过对环境成本的有效管理，大部分环境成本可以降低甚至消除。有效的环境成本管理需要充分的环境成本信息。环境成本控制作为环境管理会计的重要组成部分，就是将企业组织的环境成本信息进行确认、归集、加工、分析、报告和利用的规范化信息处理程序。

## 一、环境成本的定义与分类

广义地说，企业组织的一切活动都不能脱离自然环境，所有对自然资源的使用都是在消耗产品或劳务，而其价值就是环境成本。这些成本不仅包括在目前的经济、法律和市场条件下对环境造成影响的部分,也包括那些可能对未来的环境造成影响的部分。也就是说,环境管理会计需要包括可能存在的所有成本,而这是不可能的。因此,这里主要关注的是环境成本的定义及其分类。

环境成本也可称为环境质量成本,指由于存在或可能存在不良环境状态而产生的成本,与环境的恶化、探测、补救和防治等活动密切相关。企业组织从其控制和管理经营成本的角度出发,对环境成本也存在不同的理解和定义。"不同目的,不同成本"。企业组织基于不同的管理目的、管理范围、管理对象、环境成本的定义也会有所不同。关键在于找到相关成本,分析其动因,以便有效控制环境成本。

企业组织的环境成本可以根据不同的标志分类:

### (一)经济学的分类

环境经济学根据成本的负担者与成本的产生者之间的关系,可以将环境成本分为外部成本(社会成本)和内部成本(私人成本)。

外部成本(社会成本)是指成本的产生与某个主体的环境影响有关,但却由造成成本或获得利益以外的主体承担的成本。企业组织的经营活动对环境造成了影响,但造成这种影响的企业组织却不必为此承担责任(通常外部不经济性指的就是外部成本)。外部成本减少了整体经济的总体效益,但在产生外部成本的主体的传统会计领域却没有得到相应的体现。

内部成本则是在引起成本的企业组织的会计领域得到体现的成本,比如企业组织为此而支付的排污费等。内部成本与外部成本之间的界限并非固定不变。随着环境问题压力的增大,有些政府正试图将外部成本内部化,随着污染者付费原则(Polluter Pays Principle 3P原则)的实施,有些外部成本将转化为内部成本。

### (二)美国环保局的分类

美国环保局(US Environment Protection Agency,EPA)认为,恰当的分类可以使企业组织的经理人更好地关注和有效地控制环境成本。该机构对环境成本的分类包括:

1. 传统成本(Conventional Cost)。即在传统成本会计系统以及资本预算所包含的成本项目如各种原料、物料用品、设备、人工等。减少或降低这些成本项目的耗费,相应就可以减少对环境的影响以及废料的排放,减少对不可再生资源的耗费。企业组织在进行决策时必须考虑这些成本项目。相关数据与企业组织的生产经营过程往往直接相关,可以从传统成本会计系统获得。

2. 潜在隐藏成本(Potentially Hidden Cost)。这类成本可再细分为合法性环境成本、前期成本和自愿环境成本三大类。这类成本项目在传统成本会计系统通常被归入制造费用或研究与开发费用,很容易为企业组织的经理人所忽视。这些项目如存货处置费用、医疗检查、环境保险、获取许可证等。这些项目需要规范并作为书面记录,在成本会计系统预提,以提醒企业组织的经理人注意。

3. 或有成本(Contingent Cost)。或有成本通常与或有负债相联系,是否发生取决于未来某个时点某个事项是否会发生。例如,油轮触礁导致漏油而需要清理和赔偿，由于产品或排放的污染物不符合环境保护标准而要缴纳的罚金等。

4. 形象与关系成本（Image and Relationship Cost）。这是无形成本项目，如积极参加环境保护活动改善企业组织的社会形象、优化工作环境、改善与员工的关系、严格控制污染物排放标准、改善与所在社区的关系等。这些成本项目的支出可以为企业组织带来无形的，但往往又是相当可观的效益。

### （三）按时间的分类

如果从环境成本发生的时间角度看，环境成本还可以分为与过去经营活动有关而与当前经营活动无关的成本（尽管其支付时间可能发生在当前，比如当前关闭一条产生污染的生产线而发生的清理费用），因当前经营活动而产生的费用（这种费用可能在过去、现在或将来支付），以及为减少或防止未来经营活动的污染而需要在现在支付的费用。企业组织要正确确认环境成本，就必须在环境成本发生之时而不是支付之时加以确认。

## 二、环境成本的确认与计量

企业组织确认与计量环境成本的方法主要包括作业成本计算法、完全成本计算法、生命周期成本计算法和环境质量成本计算法等。

### （一）作业成本计算法

作业成本计算法根据成本动因归集成本，根据这一方法分配环境成本，可以更好地使环境成本与产生这些成本的作业相联系，有助于企业组织采取减少环境影响和预防污染的决策。在环境意识高涨、环境法规日益严格的情况下，这就显得更为重要。通过作业成本计算法所提供的作业信息、成本动因信息，企业组织经理人可以了解环境成本及其产生的根本原因，从而采取相应措施，改进环境绩效，提高顾客价值。企业组织可以运用作业管理的方法，将环境作业分为增值作业与不增值作业，并分析其对环境的影响。根据企业组织的生态经济效率目标，尽快消除不能带来经济增值并且对环境造成不利影响的作业，保持或扩展能带来经济增值并且对环境产生有利影响的作业。

### （二）完全成本计算法

完全成本计算法是指将与企业组织的经营、产品或劳务对环境产生影响有关的内部成本（包括所有的内部环境成本）和外部成本综合起来的方法。也就是说，从环境及其相关利益者的角度看，与企业组织的经营、产品或劳务有联系的所有成本，包括所有的内部环境成本（包括已分配到产品和未分配而作为费用处理的部分）以及由企业组织的活动而产生但由其他主体承担的外部成本。基于目前的环境，外部成本可能难以确认与计量，甚至无法准确地归属到某个企业组织，但根据完全成本计算法，只要可能，就要运用货币指标量化外部成本。否则，也要提供有关的定性信息。完全成本计算法的目的在于使产品的价格反映真实环境成本，为有效实施环境管理创造条件。

运用完全成本计算法要解决的问题是外部环境成本的计量。由于外部环境成本是企业组织经营活动对环境造成的影响，因此，确认与计量外部环境成本，首先要了解企业组织经营活动的环境影响。企业组织对环境的影响主要包括：（1）污染的影响。这主要指因企业组织的生产或服务活动所产生的排放物和废物，而在现在和将来使他人的福利或利益受到影响的环境变化。（2）产品使用和处置的影响。这主要指因企业组织销售、使用和处置其产品过程产生了排放物和废物或其他负作用，而在现在和将来将使他人的福利或利益受到影响的环境变化。（3）自然资源和能源消耗的影响。这主要指因企业组织将生产或服务过程消耗的自然资源或能源（从而消耗或损害可再生或不可再生的自然资源）作为其投入，而在现在和将来使他人的福利或利益受到影响的环境变化。这种消耗包括直接消耗（如企业组织开采的矿产品、捕捞的鱼产品）和间接消耗（如企业组织生产过程消耗了含有此类投入的产品或原料、设备等）。

计量环境影响成本的具体方法包括控制成本法和损害函数法。

**1. 控制成本法**

这里的"控制成本法"概念源于环境经济学，是指由于控制活动而放弃的选择方案的价值，即企业组织在实行或不实行污染控制措施时，今后若干年生产成本的现值的差异。控制成本法通过计算比较容易估计的安装、运行和维护成本来替代难以计量的环境损害成本。控制成本取决于污染控制标准和控制技术。通常，控制标准越高，控制成本越大，而不同技术条件下所能达到的控制标准和控制成本也不同。因此，运用控制成本法要考虑合适的控制标准和控制技术。这可以从有关协会或行业获得数据。

**2. 损害函数法**

损害函数法通过环境模型和经济计量方法估计从特定地方产生的一个或多个污染物造成损害的实际成本。它通过环境模型计算特定地点的企业组织经营活动对环境的影响，再利用经济计量方法将实物量表示的影响转换为货币指标。经济计量方法主要包括：（1）市价法。市价法通过估计环境变化对产品或服务价值的影响来估计环境影响的价值。利用市场价格确定外部成本，比如以农产品的市价确定受到有毒物质损害的农产品的价格。这种方法适用于受损害的农产品存在市场价格的情况。（2）享乐定价法。享乐定价法建立在人们对环境质量偏好发生变化的基础上。享乐定价法的依据在于环境的价值隐含于市场交易的相关产品（主要是房产）的价格之中，利用不同的环境质量变化引起的房地产价格和工资率的差价确定外部成本。（3）或有价值法。或有价值法是一种调查方法。根据个人对改进环境质量的支付意愿或承受环境质量损失的接受意愿确定环境价值。这是建立在消费者效用基础上，把个人效用视为企业经营活动和管理质量的函数，通过环境质量引起的个人效用的变化计量环境损害成本。

● **（三）产品生命周期成本计算法**

一个产品（流程或作业），在其预计的使用年限内，需要经过资源开采、产品生产、产品包装、产品使用和回收以及产品处置这几个阶段。传统成本计算方法只考虑制造成本，而将制造之前的开发与设计成本、销售之后的废弃处置成本等项目视为期间费用，不作为成本控制的重点。产品生命周期成本计算法则确认与计量产品（流程或作业）在整个产品生命周期内的所有成本。这种方法既考虑产品的购买价格，也考虑顾客购买之后的使用、维修和处置成本，可以评价和分配生产者在不同产品生命周期所引起的成本，从而使其能够选择不同的产品设计方案。

控制生命周期成本，实质上是综合考虑产品生命周期内在产品设计、开发、生产和售后服务等各个阶段的全部成本，包括直接成本和间接成本，可以使企业组织关注价值链的作业，以实现长期的竞争优势。企业组织必须对生命周期终止的处置成本进行确定、分配和计算，以保证产品在使用期满之后得到适当的处置。这一方法延伸了成本计量的会计主体和会计期间。这对于实现企业组织的整体竞争优势具有重要作用。

### （四）环境质量成本计算法

基于高新技术环境的全面质量管理观念，以顾客需求为核心，追求"零缺陷"。全面环境质量管理思想，追求的是对环境的零损害，包括直接损害与间接损害。直接损害表现为向环境排放固态、液态或气态的排放物，从而污染水、空气等；而间接损害表现为浪费材料和能源导致环境的损耗。为实现零损害目标，企业组织必须建立环境质量成本模型，计算不同的环境成本，分析其增长与环境质量之间的关系，从而为推行全面环境质量管理思想提供相关信息。

参照质量成本的分类，可以将环境质量成本分为：（1）符合性成本，即符合严格的环境绩效标准的成本；（2）非符合性成本，即违反环境绩效标准的成本。符合性成本又可以分为环境预防成本和环境监测成本。环境预防成本是企业组织为了防止产生污染物或废物导致环境损害而发生的成本，包括评价和选择供应商的成本、预防污染的设备评价和选择成本、为减少或消除污染物对产品或流程进行设计的成本、员工培训成本、环境影响研究成本、环境风险评估成本、环境管理系统的设计成本、员工培训成本、环境影响研究成本、环境风险评估成本、环境管理系统的设计成本、产品的回收成本和ISO14001认证成本。环境监测成本是监督企业组织的产品、流程或其他活动是否符合相应的环境标准要求而发生的成本，包括环境审计成本、污染物测试成本、环境绩效指标的设计成本、供应商环境绩效的监测成本等。

如果企业组织的预防机制失效，为了纠正环境问题而产生的成本就属于非符合性成本，包括环境内部损失成本与环境外部损失成本。环境内部损失成本是在污染物或废物产生之后，排放出去之前而发生的成本。这些成本的目的在于消除或减少污染物或废物，以便使其不排放出去，或使其排放符合一定的标准。这种成本包括污染控制设备的运行成本、有毒物质的处理和处置成本、废弃物的回收成本、获得排放许可证的成本等。环境外部损失成本是在污染物或废物排放出去之后所发生的成本，包括已实现的成本和未实现的成本。已实现的环境外部损失成本是由企业组织造成并且由企业自行负担的成本如清理受污染的湖泊、清理石油泄漏的残余、能源和材料的无效使用、由于环境污染而对其他主体的赔偿、将土地恢复到原始状态的支出、由于破坏环境影响声誉导致销售的损失等。而未实现的环境外部损失成本是由企业组织造成，但由企业组织以外的主体负担的成本（外部成本或社会成本）。这种成本可能导致环境质量下降或使其他主体的财产或福利受到不利影响。

企业组织计量环境质量成本，首先要确认与计量基于理想环境标准的符合性（预防和鉴定）成本与非符合性（外部和内部损失）成本，然后为各类成本的各个成本项目设定一个目标。随着非增值作业的消除和减少，环境内外部损失成本将减少。对符合性成本则要另作分析。在开始推行环境质量管理时，符合性成本可能增加，比如环保设施开支的增加，但随着环境质量水平的提高和环境内外部损失成本的减少，企业组织的这类成本将下降。

## 三、环境成本报告

环境成本报告是环境管理会计提供企业组织环境成本的媒介。

环境成本报告有两种基本模式：（1）环境成本与经济效益比较型模式。它反映以获取环保经济效益为主的企业组织环境保护支出的情况。其环保经济效益来自环保产品的收入、资源成本的节约、环境损害成本的降低等方面。这种对比可以采用货币计量，金额一目了然。（2）环境成本与环保效果比较型模式。它反映以减少环境负荷为主的企业组织环境保护进展情况，其环保效果体现在诸如排污量减少、再资源化提高等减少环境负荷方面。

### （一）环境成本与经济效益比较型模式

这种模式的主要特点都是以货币作为计量单位，将环境成本与来自环保的经济收益有关数据都纳入报告，一目了然地让信息使用者了解企业组织的环境成本及效益情况。因为目前尚未有统一的环境成本报告标准，许多企业组织都是根据其自身经营特点独自设计，不同企业组织的环境成本报告自然体现出其不同之处。

表14-5 美国某制药公司的环境成本表

（单位：万美元）

| 环境成本 | 1997年 | 1996年 | 1995年 |
|---|---|---|---|
| 1、基本流程成本 | | | |
|   环境保全活动 | 1.5 | 1.4 | 1.4 |
|   审计师、律师费用 | 0.5 | 0.5 | 0.3 |
|   环境保全活动：工程成本（全公司、工厂） | 0.6 | 0.6 | 0.7 |
|   部门、地区、工厂的环境专项活动 | 5.8 | 6.3 | 6.8 |
|   消减包装物的专门环保活动 | 0.8 | 1.0 | 2.3 |
|   预防公害：营运费用与维持费用 | 2.6 | 2.8 | 2.9 |
|   预防公害：折旧 | 1.0 | 1.4 | 1.7 |
|     基本流程成本合计 | 12.8 | 14.0 | 16.7 |
| 2、环境复原、废弃物处理、其他对应成本 | | | |
|   环境纠纷的律师费用 | 0.1 | 0.1 | 0.2 |
|   与政府谈判费用 | 0.0 | 0.1 | 0.0 |
|   废弃物处理 | 3.1 | 3.0 | 2.6 |
|   支付包装物环境税 | 0.3 | 0.3 | 0.3 |
|   环境复原、净化（企业内） | 0.3 | 0.3 | 0.3 |
|   环境复原、净化（企业外） | 0.0 | 0.1 | 0.5 |
|     环境复原、废弃物处理、其他对应成本合计 | 3.8 | 3.9 | 4.0 |
| 环境成本总额 | 16.6 | 17.9 | 20.1 |
| 3、环境节约额 | | | |
|   臭氧层破坏物质的成本消减 | 1.7 | 0.6 | 0.5 |
|   有害废弃物处理成本消减 | 0.0 | (0.1) | 0.1 |
|   有害废弃物原材料成本消减 | (0.2) | (0.3) | 0.2 |
|   非有害废弃物处理成本消减 | 0.2 | (0.1) | 0.1 |
|   非有害废弃物原材料成本消减 | 2.9 | 1.3 | (0.1) |
|   再利用收入 | 4.6 | 5.6 | 5.2 |
|   节约能源带来的成本降低 | 3.3 | 1.5 | 1.4 |
|   包装成本的节约 | 1.3 | 2.4 | 5.6 |
|     各年度环境收益、成本节约合计 | 13.8 | 10.9 | 12.4 |
| 与基本流程的对比 | 108% | 78% | 74% |

环境成本与经济效益比较型模式披露的信息在企业组织内部运用，将有助于优化企业组织经理人的环境保护行动决策，使经理人可以对不同具体项目的环境成本进行费用效益分析，减少不产生收益的环境成本投入，力求环境成本效益最优化。同时，环境成本与经济效益比较型模式可以进一步消除股东、债权人等外部信息使用者的某些顾虑，增强其对企业组织开展环境保护活动的信心与支持。因为股东、债权人等信息使用者通常担心企业组织发生环境成本将减少企业组织的利润，从而损害自己的利益。

● （二）环境成本与环保效果比较型模式

环境成本与环境保护效果（减少环境负荷）相比较。这是企业组织推进环境保护活动的一个最基本的观点。根据这种观点设计环境成本报告模式是目前许多企业组织披露环境成本信息的一种重要手段。

## 四、环境绩效评价

基于企业组织可持续发展的理念,企业组织如何以生态效益为核心,实现财务绩效与环境绩效的协调与统一是环境管理会计的重要主题之一。

### (一)环境绩效评价指标

企业组织的环境绩效指标设计必须考虑环境政策,根据环境绩效指标的不同目的,综合选用不同类别的环境绩效指标,同时这些指标必须易于计量。

国际标准化组织颁布的ISO14000的系列标准包括了ISO14031环境绩效评价体系。该环境绩效评价体系包括环境状况指标(ECIs)和环境绩效指标(EPIs),环境绩效指标又包括经营绩效指标(OPIs)和管理绩效指标(MPIs)。

**1.环境状况指标**

环境状况指标反映企业组织对当地、区域性、全国性和全球性的环境状况的影响。该类指标通常只在公共机构采用,除非企业组织是当地造成环境影响的主要污染源,否则很少在企业组织采用。但是,这类指标有助于企业组织选择其环境绩效评价指标并确定指标的优先顺序。

**2.经营绩效指标**

经营绩效指标反映企业组织与以下三个方面有关的经营活动的环境绩效:(1)企业组织厂场设施的设计、运营和维护;(2)与企业组织厂场设施有关的材料、能源、服务、废弃物、排放物;(3)向企业组织的厂场设施提供的材料、能源和服务以及从厂场设施产生的产品、服务和废弃物,其中又包括原料、能源和劳动力的投入、投入的采购物、厂场设施的设计、安装、经营和维护以及产品或劳务、废弃物和排放物等产出的配送等。

**3.管理绩效指标**

管理绩效指标提供企业组织经理人为了影响环境绩效而作出努力的相关信息,包括企业组织内部不同级别的政策、人员、计划活动和程序等,还包括方案和政策的实施、符合性、财务绩效与社区的联系等。这些指标反映的是企业组织环境管理活动的努力程度,但并不能反映企业组织的内外部环境影响,甚至可能掩盖实际影响,因此,必须配合其他指标一起使用。

### (二)考虑环境绩效的综合绩效评价体系

企业组织传统的绩效评价体系以财务评价为主,但是财务指标是综合性的指标,其改进受到许多非财务指标的制约,其中也包括了环境绩效指标。大量的研究表明,非财务指标在揭示企业组织长期的财务绩效方面具有重要作用,它有助于企业组织经理人关注其决策的长期影响。由于企业组织可持续发展目标由经济、环境和社会目标构成,企业组织的相关利益者关注企业组织的环境绩效,从而使企业组织可以通过改进环境绩效进而影响财务绩效。企业组织要使环境绩效指标体系发挥应有的作用,必须将其融入企业组织的综合绩效评价体系。包含环境绩效的综合绩效评价体系，必须将企业组织的环境绩效与其他的财务绩效和非财务绩效相融合。

# 第三节 管理会计体系建设

## 一、财政部关于全面推进管理会计体系建设的指导意见

### （一）全面推进管理会计体系建设的重要性和紧迫性

管理会计是会计的重要分支，主要服务于单位（包括企业和行政事业单位，下同）内部管理需要，是通过利用相关信息，有机融合财务与业务活动，在单位规划、决策、控制和评价等方面发挥重要作用的管理活动。管理会计工作是会计工作的重要组成部分。改革开放以来，特别是市场经济体制建立以来，我国会计工作紧紧围绕服务经济财政工作大局，会计改革与发展取得显著成绩：会计准则、内控规范、会计信息化等会计标准体系基本建成，并得到持续平稳有效实施；会计人才队伍建设取得显著成效；注册会计师行业蓬勃发展；具有中国特色的财务会计理论体系初步形成。但是，我国管理会计发展相对滞后，迫切要求继续深化会计改革，切实加强管理会计工作。

同时，党的十八届三中全会对全面深化改革做出了总体部署，建立现代财政制度、推进国家治理体系和治理能力现代化已经成为财政改革的重要方向；建立和完善现代企业制度，增强价值创造力已经成为企业的内在需要；推进预算绩效管理、建立事业单位法人治理结构，已经成为行政事业单位的内在要求。这就要求财政部门顺时应势，大力发展管理会计。

因此，全面推进管理会计体系建设，是建立现代财政制度、推进国家治理体系和治理能力现代化的重要举措；是推动企业建立、完善现代企业制度，推动事业单位加强治理的重要制度安排；是激发管理活力，增强企业价值创造力，推进行政事业单位加强预算绩效管理、决算分析和评价的重要手段；是财政部门更好发挥政府作用，进一步深化会计改革，推动会计人才上水平、会计工作上层次、会计事业上台阶的重要方向。

### （二）指导思想、基本原则和主要目标

#### 1.指导思想

以邓小平理论、"三个代表"重要思想、科学发展观为指导，深入贯彻习近平总书记系列重要讲话精神，根据经济社会发展要求，突出实务导向，全面推进管理会计体系建设，科学谋划管理会计发展战略，合理构建政府、社会、单位协同机制，以管理会计人才建设为依托，统筹推进管理会计各项建设，为经济社会健康发展提供有力支持。

**2. 基本原则。**

——坚持立足国情,借鉴国际。既系统总结自主创新和有益实践,又学习借鉴国际先进理念和经验做法,形成中国特色管理会计体系。

——坚持人才带动,整体推进。紧紧抓住管理会计人才匮乏这一关键问题,通过改进和加强会计人才队伍建设,培养一批适应需要的管理会计人才,带动管理会计发展。同时,整体推进管理会计理论体系、指引体系、信息化建设等工作。

——坚持创新机制,协调发展。注重管理会计改革的系统性、整体性、协同性,重视财政部门在管理会计改革中的指导和推动作用,发挥有关会计团体在管理会计改革中的行业支持作用,突出各单位在管理会计改革中的主体作用。

——坚持因地制宜,分类指导。充分考虑各单位不同性质、不同行业、不同规模、不同发展阶段等因素,从实际出发,推动管理会计工作有序开展。

**3. 主要目标**

建立与我国社会主义市场经济体制相适应的管理会计体系。争取3~5年内,在全国培养出一批管理会计人才;力争通过5~10年左右的努力,中国特色的管理会计理论体系基本形成,管理会计指引体系基本建成,管理会计人才队伍显著加强,管理会计信息化水平显著提高,管理会计咨询服务市场显著繁荣,使我国管理会计接近或达到世界先进水平。

● **(三)主要任务和措施**

**1. 推进管理会计理论体系建设**

推动加强管理会计基本理论、概念框架和工具方法研究,形成中国特色的管理会计理论体系。一是整合科研院校、单位等优势资源,推动形成管理会计产学研联盟,协同创新,支持管理会计理论研究和成果转化。二是加大科研投入,鼓励科研院校、国家会计学院等建立管理会计研究基地,在系统整合理论研究资源、总结提炼实践做法经验、研究开发管理会计课程和案例、宣传推广管理会计理论和先进做法等方面,发挥综合示范作用。三是推动改进现行会计科研成果评价方法,切实加强管理会计理论和实务研究。四是充分发挥有关会计团体在管理会计理论研究中的具体组织、推动作用,及时宣传管理会计理论研究成果,提升我国管理会计理论研究的国际影响力。

**2. 推进管理会计指引体系建设**

形成以管理会计基本指引为统领、以管理会计应用指引为具体指导、以管理会计案例示范为补充的管理会计指引体系。一是在课题研究的基础上,组织制定管理会计指引体系,推动其有效应用。二是建立管理会计专家咨询机制,为管理会计指引体系的建设和应用等提供咨询。三是鼓励单位通过与科研院校合作等方式,及时总结、梳理管理会计实践经验,组织建立管理会计案例库,为管理会计的推广应用提供示范。

**3. 推进管理会计人才队伍建设**

推动建立管理会计人才能力框架,完善现行会计人才评价体系。一是将管理会计知识纳入会计人员和注册会计师继续教育、大中型企事业单位总会计师素质提升工程和会计领军（后备）人才培养工程。二是推动改革会计专业技术资格考试和注册会计师考试内容，适当增加管理会计专业知识的比重。三是鼓励高等院校加强管理会计课程体系和师资队伍建设，加强管理会计专业方向建设和管理会计高端人才培养，与单位合作建立管理会计人才实践培训基地，不断优化管理会计人才培养模式。四是探索管理会计人才培养的其他途径。五是推动加强管理会计国际交流与合作。

#### 4.推进面向管理会计的信息系统建设

指导单位建立面向管理会计的信息系统，以信息化手段为支撑，实现会计与业务活动的有机融合，推动管理会计功能的有效发挥。一是鼓励单位将管理会计信息化需求纳入信息化规划，从源头上防止出现"信息孤岛"，做好组织和人力保障，通过新建或整合、改造现有系统等方式，推动管理会计在本单位的有效应用。二是鼓励大型企业和企业集团充分利用专业化分工和信息技术优势，建立财务共享服务中心，加快会计职能从重核算到重管理决策的拓展，促进管理会计工作的有效开展。三是鼓励会计软件公司和有关中介服务机构拓展管理会计信息化服务领域。

## 二、管理会计基本指引

为促进单位（包括企业和行政事业单位，下同）加强管理会计工作，提升内部管理水平，促进经济转型升级，根据《中华人民共和国会计法》、《财政部关于全面推进管理会计体系建设的指导意见》等，制定本指引。 基本指引在管理会计指引体系中起统领作用，是制定应用指引和建设案例库的基础。管理会计指引体系包括基本指引、应用指引和案例库，用以指导单位管理会计实践。管理会计的目标是通过运用管理会计工具方法，参与单位规划、决策、控制、评价活动并为之提供有用信息，推动单位实现战略规划。

### ●（一）单位应用管理会计，应遵循下列原则

1.战略导向原则。管理会计的应用应以战略规划为导向，以持续创造价值为核心，促进单位可持续发展。

2.融合性原则。管理会计应嵌入单位相关领域、层次、环节，以业务流程为基础，利用管理会计工具方法，将财务和业务等有机融合。

3.适应性原则。管理会计的应用应与单位应用环境和自身特征相适应。单位自身特征包括单位性质、规模、发展阶段、管理模式、治理水平等。

4.成本效益原则。管理会计的应用应权衡实施成本和预期效益，合理、有效地推进管理会计应用。

管理会计应用主体视管理决策主体确定，可以是单位整体，也可以是单位内部的责任中心。

单位应用管理会计，应包括应用环境、管理会计活动、工具方法、信息与报告等四要素。

## 第十四章 成本管理新趋势

### （二）应用环境

单位应用管理会计，应充分了解和分析其应用环境。管理会计应用环境，是单位应用管理会计的基础，包括内外部环境。

内部环境主要包括与管理会计建设和实施相关的价值创造模式、组织架构、管理模式、资源保障、信息系统等因素。

外部环境主要包括国内外经济、市场、法律、行业等因素。

单位应准确分析和把握价值创造模式，推动财务与业务等的有机融合。

单位应根据组织架构特点，建立健全能够满足管理会计活动所需的由财务、业务等相关人员组成的管理会计组织体系。有条件的单位可以设置管理会计机构，组织开展管理会计工作。

单位应根据管理模式确定责任主体，明确各层级以及各层级内的部门、岗位之间的管理会计责任权限，制定管理会计实施方案，以落实管理会计责任。

单位应从人力、财力、物力等方面做好资源保障工作，加强资源整合，提高资源利用效率效果，确保管理会计工作顺利开展。

单位应注重管理会计理念、知识培训，加强管理会计人才培养。

单位应将管理会计信息化需求纳入信息系统规划，通过信息系统整合、改造或新建等途径，及时、高效地提供和管理相关信息，推进管理会计实施。

### （三）管理会计活动

管理会计活动是单位利用管理会计信息，运用管理会计工具方法，在规划、决策、控制、评价等方面服务于单位管理需要的相关活动。

单位应用管理会计，应做好相关信息支持，参与战略规划拟定，从支持其定位、目标设定、实施方案选择等方面，为单位合理制定战略规划提供支撑。

单位应用管理会计，应融合财务和业务等活动，及时充分提供和利用相关信息，支持单位各层级根据战略规划做出决策。

单位应用管理会计，应设定定量定性标准，强化分析、沟通、协调、反馈等控制机制，支持和引导单位持续高质高效地实施单位战略规划。

单位应用管理会计，应合理设计评价体系，基于管理会计信息等，评价单位战略规划实施情况，并以此为基础进行考核，完善激励机制；同时，对管理会计活动进行评估和完善，以持续改进管理会计应用。

### （四）工具方法

管理会计工具方法是实现管理会计目标的具体手段。

管理会计工具方法是单位应用管理会计时所采用的战略地图、滚动预算管理、作业成本管理、本量利分析、平衡计分卡等模型、技术、流程的统称。管理会计工具方法具有开放性，随着实践发展不断丰富完善。

管理会计工具方法主要应用于以下领域：战略管理、预算管理、成本管理、营运管理、投融资管理、绩效管理、风险管理等。

战略管理领域应用的管理会计工具方法包括但不限于战略地图、价值链管理等。

预算管理领域应用的管理会计工具方法包括但不限于全面预算管理、滚动预算管理、作业预算管理、零基预算管理、弹性预算管理等；

成本管理领域应用的管理会计工具方法包括但不限于目标成本管理、标准成本管理、变动成本管理、作业成本管理、生命周期成本管理等；

营运管理领域应用的管理会计工具方法包括但不限于本量利分析、敏感性分析、边际分析、标杆管理等；

投融资管理领域应用的管理会计工具方法包括但不限于贴现现金流法、项目管理、资本成本分析等；

绩效管理领域应用的管理会计工具方法包括但不限于关键指标法、经济增加值、平衡计分卡等；

风险管理领域应用的管理会计工具方法包括但不限于单位风险管理框架、风险矩阵模型等。

单位应用管理会计，应结合自身实际情况，根据管理特点和实践需要选择适用的管理会计工具方法，并加强管理会计工具方法的系统化、集成化应用。

## (五) 信息与报告

管理会计信息包括管理会计应用过程中所使用和生成的财务信息和非财务信息。

单位应充分利用内外部各种渠道，通过采集、转换等多种方式，获得相关、可靠的管理会计基础信息。

单位应有效利用现代信息技术，对管理会计基础信息进行加工、整理、分析和传递，以满足管理会计应用需要。

单位生成的管理会计信息应相关、可靠、及时、可理解。

管理会计报告是管理会计活动成果的重要表现形式，旨在为报告使用者提供满足管理需要的信息。管理会计报告按期间可以分为定期报告和不定期报告，按内容可以分为综合性报告和专项报告等类别。

单位可以根据管理需要和管理会计活动性质设定报告期间。一般应以公历期间作为报告期间，也可以根据特定需要设定报告期间。

# 第十四章 成本管理新趋势

## 同步练习题

### 一、单项选择题

1. 质量成本按其（　　）可以划分为显性质量成本和隐含质量成本两种。
   A. 发生的性质　　　　　　B. 表现形式
   C. 成本控制角度　　　　　D. 考核方式

2. （　　）是因质量达不到既定要求、控制失效而造成的损失。
   A. 预防成本　　　　　　　B. 鉴定成本
   C. 显性质量成本　　　　　D. 隐性质量成本

3. 由于质量缺陷而导致的销售下降、降价而放弃的收益等属于（　　）。
   A. 可控成本　　　　　　　B. 显性成本
   C. 结果成本　　　　　　　D. 直接质量不良成本

4. 现代质量成本管理的最优水平存在于（　　）。
   A. 质量总成本最低之处　　B. 产品质量最佳之处
   C. 经济效益最好之处　　　D. 所生产产品达到目标价值之处

5. 产品制造周期指标是反映（　　）。
   A. 客户满意度的财务指标　B. 客户满意度的非财务指标
   C. 企业内部绩效的财务指标　D. 企业内部绩效的非财务指标

6. 环境问题从经济学角度来看是（　　）。
   A. 供给过剩　　B. 经济增长　　C. 资源配置　　D. 过度消费

7. 环境方面的国际管理标准是（　　）。
   A. ISO9001　　B. ISO9002　　C. ISO14000　　D. ISO15000

8. 下列说法中错误的是（　　）。
   A. 环境成本事后管理法的着眼点在于现有生产过程中发生的环境支出成本
   B. 环境成本事先管理法注重的是对企业整个价值链的分析
   C. 环境成本核算方法的选择应以核算方法所提供环境成本信息的质量为依据
   D. 环境成本的核算方法是互相排斥的

9. 对环境会计而言，最重要的，也是最有争议的是（　　）。
   A. 环境资产　　B. 环境成本　　C. 环境收入　　D. 环境费用

10. 可靠性较弱，但由于能够及时地提供更为完全的环境成本信息，有利于企业产品的正确定价的环境成本核算方法是（　　）。
    A. 制造成本法　　　　　B. 作业成本法
    C. 生命周期成本法　　　D. 完全成本法

## 二、多项选择题

1. 现代质量成本具有的特征是（　　）。
   A. 广泛性　　　　　B. 动态性　　　　　C. 多样性
   D. 收益性　　　　　　　　　　　　　　 E. 潜在性

2. 工作质量指标一般包括（　　）等。
   A. 合格率　　　　　B. 废品率　　　　　C. 返修率
   D. 质量稳定提高率　　　　　　　　　　 E. 等级品率

3. 从成本控制角度考察，质量成本可分为可控成本和结果成本。可控成本包括（　　）。
   A. 预防成本　　　　B. 内部缺陷成本　　C. 外部缺陷成本
   D. 鉴定成本　　　　　　　　　　　　　 E. 显性质量成本

4. 客户满意度的非财务指标包括（　　）。
   A. 合格产品占总产品的比例　　　　　　 B. 客户投诉次数
   C. 每条生产线的不良产品数量　　　　　 D. 准时交货的比例
   E. 销售给客户的不良产品数量占销售产品总数量的百分比

5. 下列说法中，正确的有（　　）。
   A. 产品质量和产品成本之间存在着依存关系
   B. 传统质量成本管理的目标是寻求可接受的质量水平
   C. 预防成本与鉴定成本随着产品质量的提高而迅速下降
   D. 控制成本的提高，将导致结果成本的下降
   E. 现代质量成本管理强调通过减少缺陷产品的数量，以便降低其质量总成本

6. 从经济学角度来看，环境问题的产生的原因有（　　）。
   A. 政策失效　　　　B. 利润最大化　　　C. 市场失效
   D. 道德风险　　　　　　　　　　　　　 E. 管理理念

7. 完全成本法涵盖的成本包括（　　）。
   A. 内部成本　　　　B. 内部环境成本　　C. 可量化的外部环境影响
   D. 不可量化的外部环境影响　　　　　　 E. 使用成本

8. 企业环境成本管理的内容包括（　　）。
   A. 环境损失成本　　　　　　　　　　　 B. 环境维持成本
   C. 生产成本　　　　　　　　　　　　　 D. 环境预防成本
   E. 研究开发成本

## 第十四章 成本管理新趋势

9. 环境成本会计对企业经营活动具有的意义是（    ）。
   A. 提供相关成本信息使企业了解并改进环境因素对生产流程所造成的影响
   B. 使决策者获知他们所造成的环境成本
   C. 可以增加管理者对环境成本的责任意识
   D. 正确计算产品成本
   E. 提供企业就符合环境保护标准所从事各项活动的相关证据

10. 环境成本的分类方法有（    ）。
    A. 广义、狭义的分类          B. 加拿大特许会计师协会的分类
    C. 日本环境省的分类          D. Alcoa研究的分类
    E. 按照价值链分类

## 三、判断题

1. 为了全面地反映和考核质量成本的发生情况，在进行会计计量时，还应考虑由于质量缺陷而发生的机会成本。（    ）
2. 质量成本随着地域、时期、使用对象、社会环境、市场竞争的变化而被赋予不同的内容和要求。（    ）
3. 进行质量成本的核算，是实施全面质量管理的一个重要前提。（    ）
4. 由于隐含成本是不可计量的，为了满足分析决策之需，可采用适当的方法作相应的估计。（    ）
5. 质量成本水平与可控成本呈反方向的变化，与结果成本呈同方向的变化。（    ）
6. 环境成本管理的基本目标是可持续发展。（    ）
7. 环境成本会计系统提供相关成本信息使得企业了解并改进环境因素对生产流程所造成的影响，从而找出最能符合成本效益且能符合环保需求的解决方法。（    ）
8. 环境成本与其他成本项目如直接材料那样均衡地发生在产品生产过程中。（    ）
9. 环境损失成本属于积极性环境成本，它们会导致其他资产（如环境保护或治理设施）的增加或生产能力的改善；而预防性环境成本和维持性环境成本都属于消极性环境成本，是对污染导致的物质耗损的弥补或是对污染导致的他人健康耗损的补偿。（    ）
10. 企业承担的环境成本随着环境治理的深入将逐渐减少。（    ）

## 四、计算题

1. 春光公司制造直立式和分体式两种空调这两种空调的相关资料如下：

|  | 直立式 | 分体式 |
|---|---|---|
| 产销量 | 10 000台 | 5 000台 |
| 单位售价 | 20 000元 | 40 000元 |
| 单位变动成本 | 12 000元 | 30 000元 |
| 设计工程耗用时数 | 5 000小时 | 8 000小时 |
| 每台空调检验和测试 | 1小时 | 2小时 |
| 工厂再制单位百分比 | 5% | 10% |
| 每台空调再制成本 | 4 000元 | 6 000元 |
| 在顾客处修理单位百分比 | 4% | 8% |
| 每单位空调修理成本 | 5 000元 | 7 500元 |
| 估计因质量不良而丧失的销售收入 | —— | 600台 |

各种作业每小时人工工资率如下：

  设 计    每小时600元
  检验和测试  每小时500元

  **要求**：（1）计算春光公司直立式与分体式空调的预防成本、鉴定成本、内部缺陷成本及外部缺陷成本等各类质量成本。

  （2）计算各类空调的质量成本占销售收入的百分比。

  2.2004年初，大众公司计划开始进行一个质量改进项目。年末，短期质量成本报告所反映的废品和返工品都有所减少。公司的管理当局要求估算该质量改进项目产生的财务影响。为了进行这个估算，收集了下列关于当年和前年的财务数据。

| 项目 | 前年（2003年） | 本年（2004年） |
|---|---|---|
| 销售收入 | 20 000 000 | 20 000 000 |
| 废品 | 600 000 | 400 000 |
| 返工 | 800 000 | 500 000 |
| 产品检验 | 200 000 | 220 000 |
| 产品保修 | 1 500 000 | 1 200 000 |
| 质量培训 | 80 000 | 100 000 |
| 材料检验 | 50 000 | 30 000 |

  **要求**：（1）对上述的各项成本进行分类。

  （2）计算每年质量成本占销售收入的百分比。

  （3）估算到目前为止，由于质量改进已经增加了多少利润，假定预计质量成本能够降低到销售收入的5%，通过质量改进还可增加多少利润（假定销售收入保持不变）？

## 应用实践

桃源化学试剂制造有限公司专门从事各类化学试剂的生产，年产300万支，现有生产工艺流程会产生有毒废弃物30吨，须经处理后对外排放，处理费用6万元/吨，最终产品使用后也会有残留化学物质，消费者购买产品需支付生态税1.2元/支，产品报废后的处理成本为1元/支。由于绿色产品成为市场主流，公司打算开发新工艺，预计研发投入900万元，添置辅助设备300万元，寿命5年，无残值，并采用新型环保材料，直接材料增加300万元，直接人工不变，有毒废弃物减少到5吨，最终产品为绿色产品，消费者无需支付生态税，产品报废后的处理成本为0.8元/支。假设公司原来直接材料和直接人工合计5000万元，生产设备年折旧费用600万元，年销售费用500万元，新工艺研发成本按10年摊销。

要求：试讨论进行新工艺流程研发的必要性。

# 附录 资金时间价值系数表

### 附表一：复利终值系数表3-1（F／P，i，n）

计算公式：$f=(1+i)^n$

| 期数 | 1% | 2% | 3% | 4% | 5% | 6% | 7% | 8% | 9% | 10% |
|---|---|---|---|---|---|---|---|---|---|---|
| 1 | 1.0100 | 1.0200 | 1.0300 | 1.0400 | 1.0500 | 1.0600 | 1.0700 | 1.0800 | 1.0900 | 1.1000 |
| 2 | 1.0201 | 1.0404 | 1.0609 | 1.0816 | 1.1025 | 1.1236 | 1.1449 | 1.1664 | 1.1881 | 1.2100 |
| 3 | 1.0303 | 1.0612 | 1.0927 | 1.1249 | 1.1576 | 1.1910 | 1.2250 | 1.2597 | 1.2950 | 1.3310 |
| 4 | 1.0406 | 1.0824 | 1.1255 | 1.1699 | 1.2155 | 1.2625 | 1.3108 | 1.3605 | 1.4116 | 1.4641 |
| 5 | 1.0510 | 1.1041 | 1.1593 | 1.2167 | 1.2763 | 1.3382 | 1.4026 | 1.4693 | 1.5386 | 1.6105 |
| 6 | 1.0615 | 1.1262 | 1.1941 | 1.2653 | 1.3401 | 1.4185 | 1.5007 | 1.5869 | 1.6771 | 1.7716 |
| 7 | 1.0721 | 1.1487 | 1.2299 | 1.3159 | 1.4071 | 1.5036 | 1.6058 | 1.7138 | 1.8280 | 1.9487 |
| 8 | 1.0829 | 1.1717 | 1.2668 | 1.3686 | 1.4775 | 1.5938 | 1.7182 | 1.8509 | 1.9926 | 2.1436 |
| 9 | 1.0937 | 1.1951 | 1.3048 | 1.4233 | 1.5513 | 1.6895 | 1.8385 | 1.9990 | 2.1719 | 2.3579 |
| 10 | 1.1046 | 1.2190 | 1.3439 | 1.4802 | 1.6289 | 1.7908 | 1.9672 | 2.1589 | 2.3674 | 2.5937 |
| 11 | 1.1157 | 1.2434 | 1.3842 | 1.5395 | 1.7103 | 1.8983 | 2.1049 | 2.3316 | 2.5804 | 2.8531 |
| 12 | 1.1268 | 1.2682 | 1.4258 | 1.6010 | 1.7959 | 2.0122 | 2.2522 | 2.5182 | 2.8127 | 3.1384 |
| 13 | 1.1381 | 1.2936 | 1.4685 | 1.6651 | 1.8856 | 2.1329 | 2.4098 | 2.7196 | 3.0658 | 3.4523 |
| 14 | 1.1495 | 1.3195 | 1.5126 | 1.7317 | 1.9799 | 2.2609 | 2.5785 | 2.9372 | 3.3417 | 3.7975 |
| 15 | 1.1610 | 1.3459 | 1.5580 | 1.8009 | 2.0789 | 2.3966 | 2.7590 | 3.1722 | 3.6425 | 4.1772 |
| 16 | 1.1726 | 1.3728 | 1.6047 | 1.8730 | 2.1829 | 2.5404 | 2.9522 | 3.4259 | 3.9703 | 4.5950 |
| 17 | 1.1843 | 1.4002 | 1.6528 | 1.9479 | 2.2920 | 2.6928 | 3.1588 | 3.7000 | 4.3276 | 5.0545 |
| 18 | 1.1961 | 1.4282 | 1.7024 | 2.0258 | 2.4066 | 2.8543 | 3.3799 | 3.9960 | 4.7171 | 5.5599 |
| 19 | 1.2081 | 1.4568 | 1.7535 | 2.1068 | 2.5270 | 3.0256 | 3.6165 | 4.3157 | 5.1417 | 6.1159 |
| 20 | 1.2202 | 1.4859 | 1.8061 | 2.1911 | 2.6533 | 3.2071 | 3.8697 | 4.6610 | 5.6044 | 6.7275 |
| 21 | 1.2324 | 1.5157 | 1.8603 | 2.2788 | 2.7860 | 3.3996 | 4.1406 | 5.0338 | 6.1088 | 7.4002 |
| 22 | 1.2447 | 1.5460 | 1.9161 | 2.3699 | 2.9253 | 3.6035 | 4.4304 | 5.4365 | 6.6586 | 8.1403 |
| 23 | 1.2572 | 1.5769 | 1.9736 | 2.4647 | 3.0715 | 3.8197 | 4.7405 | 5.8715 | 7.2579 | 8.9543 |
| 24 | 1.2697 | 1.6084 | 2.0328 | 2.5633 | 3.2251 | 4.0489 | 5.0724 | 6.3412 | 7.9111 | 9.8497 |
| 25 | 1.2824 | 1.6406 | 2.0938 | 2.6658 | 3.3864 | 4.2919 | 5.4274 | 6.8485 | 8.6231 | 10.8347 |
| 26 | 1.2953 | 1.6734 | 2.1566 | 2.7725 | 3.5557 | 4.5494 | 5.8074 | 7.3964 | 9.3992 | 11.9182 |
| 27 | 1.3082 | 1.7069 | 2.2213 | 2.8834 | 3.7335 | 4.8223 | 6.2139 | 7.9881 | 10.2451 | 13.1100 |
| 28 | 1.3213 | 1.7410 | 2.2879 | 2.9987 | 3.9201 | 5.1117 | 6.6488 | 8.6271 | 11.1671 | 14.4210 |
| 29 | 1.3345 | 1.7758 | 2.3566 | 3.1187 | 4.1161 | 5.4184 | 7.1143 | 9.3173 | 12.1722 | 15.8631 |
| 30 | 1.3478 | 1.8114 | 2.4273 | 3.2434 | 4.3219 | 5.7435 | 7.6123 | 10.0627 | 13.2677 | 17.4494 |

## 附表一：复利终值系数表3-2（F／P，i，n）

计算公式：$f=(1+i)^n$

| 期数 | 11% | 12% | 13% | 14% | 15% | 16% | 17% | 18% | 19% | 20% |
|---|---|---|---|---|---|---|---|---|---|---|
| 1 | 1.1100 | 1.1200 | 1.1300 | 1.1400 | 1.1500 | 1.1600 | 1.1700 | 1.1800 | 1.1900 | 1.2000 |
| 2 | 1.2321 | 1.2544 | 1.2769 | 1.2996 | 1.3225 | 1.3456 | 1.3689 | 1.3924 | 1.4161 | 1.4400 |
| 3 | 1.3676 | 1.4049 | 1.4429 | 1.4815 | 1.5209 | 1.5609 | 1.6016 | 1.6430 | 1.6852 | 1.7280 |
| 4 | 1.5181 | 1.5735 | 1.6305 | 1.6890 | 1.7490 | 1.8106 | 1.8739 | 1.9388 | 2.0053 | 2.0736 |
| 5 | 1.6851 | 1.7623 | 1.8424 | 1.9254 | 2.0114 | 2.1003 | 2.1924 | 2.2878 | 2.3864 | 2.4883 |
| 6 | 1.8704 | 1.9738 | 2.0820 | 2.1950 | 2.3131 | 2.4364 | 2.5652 | 2.6996 | 2.8398 | 2.9860 |
| 7 | 2.0762 | 2.2107 | 2.3526 | 2.5023 | 2.6600 | 2.8262 | 3.0012 | 3.1855 | 3.3793 | 3.5832 |
| 8 | 2.3045 | 2.4760 | 2.6584 | 2.8526 | 3.0590 | 3.2784 | 3.5115 | 3.7589 | 4.0214 | 4.2998 |
| 9 | 2.5580 | 2.7731 | 3.0040 | 3.2519 | 3.5179 | 3.8030 | 4.1084 | 4.4355 | 4.7854 | 5.1598 |
| 10 | 2.8394 | 3.1058 | 3.3946 | 3.7072 | 4.0456 | 4.4114 | 4.8068 | 5.2338 | 5.6947 | 6.1917 |
| 11 | 3.1518 | 3.4786 | 3.8359 | 4.2262 | 4.6524 | 5.1173 | 5.6240 | 6.1759 | 6.7767 | 7.4301 |
| 12 | 3.4985 | 3.8960 | 4.3345 | 4.8179 | 5.3503 | 5.9360 | 6.5801 | 7.2876 | 8.0642 | 8.9161 |
| 13 | 3.8833 | 4.3635 | 4.8980 | 5.4924 | 6.1528 | 6.8858 | 7.6987 | 8.5994 | 9.5964 | 10.6993 |
| 14 | 4.3104 | 4.8871 | 5.5348 | 6.2613 | 7.0757 | 7.9875 | 9.0075 | 10.1472 | 11.4198 | 12.8392 |
| 15 | 4.7846 | 5.4736 | 6.2543 | 7.1379 | 8.1371 | 9.2655 | 10.5387 | 11.9737 | 13.5895 | 15.4070 |
| 16 | 5.3109 | 6.1304 | 7.0673 | 8.1372 | 9.3576 | 10.7480 | 12.3303 | 14.1290 | 16.1715 | 18.4884 |
| 17 | 5.8951 | 6.8660 | 7.9861 | 9.2765 | 10.7613 | 12.4677 | 14.4265 | 16.6722 | 19.2441 | 22.1861 |
| 18 | 6.5436 | 7.6900 | 9.0243 | 10.5752 | 12.3755 | 14.4625 | 16.8790 | 19.6733 | 22.9005 | 26.6233 |
| 19 | 7.2633 | 8.6128 | 10.1974 | 12.0557 | 14.2318 | 16.7765 | 19.7484 | 23.2144 | 27.2516 | 31.9480 |
| 20 | 8.0623 | 9.6463 | 11.5231 | 13.7435 | 16.3665 | 19.4608 | 23.1056 | 27.3930 | 32.4294 | 38.3376 |
| 21 | 8.9492 | 10.8038 | 13.0211 | 15.6676 | 18.8215 | 22.5745 | 27.0336 | 32.3238 | 38.5910 | 46.0051 |
| 22 | 9.9336 | 12.1003 | 14.7138 | 17.8610 | 21.6447 | 26.1864 | 31.6293 | 38.1421 | 45.9233 | 55.2061 |
| 23 | 11.0263 | 13.5523 | 16.6266 | 20.3616 | 24.8915 | 30.3762 | 37.0062 | 45.0076 | 54.6487 | 66.2474 |
| 24 | 12.2392 | 15.1786 | 18.7881 | 23.2122 | 28.6252 | 35.2364 | 43.2973 | 53.1090 | 65.0320 | 79.4968 |
| 25 | 13.5855 | 17.0001 | 21.2305 | 26.4619 | 32.9190 | 40.8742 | 50.6578 | 62.6686 | 77.3881 | 95.3962 |
| 26 | 15.0799 | 19.0401 | 23.9905 | 30.1666 | 37.8568 | 47.4141 | 59.2697 | 73.9490 | 92.0918 | 114.4755 |
| 27 | 16.7387 | 21.3249 | 27.1093 | 34.3899 | 43.5353 | 55.0004 | 69.3455 | 87.2598 | 109.5893 | 137.3706 |
| 28 | 18.5799 | 23.8839 | 30.6335 | 39.2045 | 50.0656 | 63.8004 | 81.1342 | 102.9666 | 130.4112 | 164.8447 |
| 29 | 20.6237 | 26.7499 | 34.6158 | 44.6931 | 57.5755 | 74.0085 | 94.9271 | 121.5005 | 155.1893 | 197.8136 |
| 30 | 22.8923 | 29.9599 | 39.1159 | 50.9502 | 66.2118 | 85.8499 | 111.0647 | 143.3706 | 184.6753 | 237.3763 |

## 附表一：复利终值系数表3-3（F／P，i，n）

计算公式：$f=(1+i)^n$

| 期数 | 21% | 22% | 23% | 24% | 25% | 26% | 27% | 28% | 29% | 30% |
|---|---|---|---|---|---|---|---|---|---|---|
| 1 | 1.2100 | 1.2200 | 1.2300 | 1.2400 | 1.2500 | 1.2600 | 1.2700 | 1.2800 | 1.2900 | 1.3000 |
| 2 | 1.4641 | 1.4884 | 1.5129 | 1.5376 | 1.5625 | 1.5876 | 1.6129 | 1.6384 | 1.6641 | 1.6900 |
| 3 | 1.7716 | 1.8158 | 1.8609 | 1.9066 | 1.9531 | 2.0004 | 2.0484 | 2.0972 | 2.1467 | 2.1970 |
| 4 | 2.1436 | 2.2153 | 2.2889 | 2.3642 | 2.4414 | 2.5205 | 2.6014 | 2.6844 | 2.7692 | 2.8561 |
| 5 | 2.5937 | 2.7027 | 2.8153 | 2.9316 | 3.0518 | 3.1758 | 3.3038 | 3.4360 | 3.5723 | 3.7129 |
| 6 | 3.1384 | 3.2973 | 3.4628 | 3.6352 | 3.8147 | 4.0015 | 4.1959 | 4.3980 | 4.6083 | 4.8268 |
| 7 | 3.7975 | 4.0227 | 4.2593 | 4.5077 | 4.7684 | 5.0419 | 5.3288 | 5.6295 | 5.9447 | 6.2749 |
| 8 | 4.5950 | 4.9077 | 5.2389 | 5.5895 | 5.9605 | 6.3528 | 6.7675 | 7.2058 | 7.6686 | 8.1573 |
| 9 | 5.5599 | 5.9874 | 6.4439 | 6.9310 | 7.4506 | 8.0045 | 8.5948 | 9.2234 | 9.8925 | 10.6045 |
| 10 | 6.7275 | 7.3046 | 7.9259 | 8.5944 | 9.3132 | 10.0857 | 10.9153 | 11.8059 | 12.7614 | 13.7858 |
| 11 | 8.1403 | 8.9117 | 9.7489 | 10.6571 | 11.6415 | 12.7080 | 13.8625 | 15.1116 | 16.4622 | 17.9216 |
| 12 | 9.8497 | 10.8722 | 11.9912 | 13.2148 | 14.5519 | 16.0120 | 17.6053 | 19.3428 | 21.2362 | 23.2981 |
| 13 | 11.9182 | 13.2641 | 14.7491 | 16.3863 | 18.1899 | 20.1752 | 22.3588 | 24.7588 | 27.3947 | 30.2875 |
| 14 | 14.4210 | 16.1822 | 18.1414 | 20.3191 | 22.7374 | 25.4207 | 28.3957 | 31.6913 | 35.3391 | 39.3738 |
| 15 | 17.4494 | 19.7423 | 22.3140 | 25.1956 | 28.4217 | 32.0301 | 36.0625 | 40.5648 | 45.5875 | 51.1859 |
| 16 | 21.1138 | 24.0856 | 27.4462 | 31.2426 | 35.5271 | 40.3579 | 45.7994 | 51.9230 | 58.8079 | 66.5417 |
| 17 | 25.5477 | 29.3844 | 33.7588 | 38.7408 | 44.4089 | 50.8510 | 58.1652 | 66.4614 | 75.8621 | 86.5042 |
| 18 | 30.9127 | 35.8490 | 41.5233 | 48.0386 | 55.5112 | 64.0722 | 73.8698 | 85.0706 | 97.8622 | 112.4554 |
| 19 | 37.4043 | 43.7358 | 51.0737 | 59.5679 | 69.3889 | 80.7310 | 93.8147 | 108.8904 | 126.2422 | 146.1920 |
| 20 | 45.2593 | 53.3576 | 62.8206 | 73.8641 | 86.7362 | 101.7211 | 119.1446 | 139.3797 | 162.8524 | 190.0496 |
| 21 | 54.7637 | 65.0963 | 77.2694 | 91.5915 | 108.4202 | 128.1685 | 151.3137 | 178.4060 | 210.0796 | 247.0645 |
| 22 | 66.2641 | 79.4175 | 95.0413 | 113.5735 | 135.5253 | 161.4924 | 192.1683 | 228.3596 | 271.0027 | 321.1839 |
| 23 | 80.1795 | 96.8894 | 116.9008 | 140.8312 | 169.4066 | 203.4804 | 244.0538 | 292.3003 | 349.5935 | 417.5391 |
| 24 | 97.0172 | 118.2050 | 143.7880 | 174.6306 | 211.7582 | 256.3853 | 309.9483 | 374.1444 | 450.9756 | 542.8008 |
| 25 | 117.3909 | 144.2101 | 176.8593 | 216.5420 | 264.6978 | 323.0454 | 393.6344 | 478.9049 | 581.7585 | 705.6410 |
| 26 | 142.0429 | 175.9364 | 217.5369 | 268.5121 | 330.8722 | 407.0373 | 499.9157 | 612.9982 | 750.4685 | 917.3333 |
| 27 | 171.8719 | 214.6424 | 267.5704 | 332.9550 | 413.5903 | 512.8670 | 634.8929 | 784.6377 | 968.1044 | 1192.5333 |
| 28 | 207.9651 | 261.8637 | 329.1115 | 412.8642 | 516.9879 | 646.2124 | 806.3140 | 1004.3363 | 1248.8546 | 1550.2933 |
| 29 | 251.6377 | 319.4737 | 404.8072 | 511.9516 | 646.2349 | 814.2276 | 1024.0187 | 1285.5504 | 1611.0225 | 2015.3813 |
| 30 | 304.4816 | 389.7579 | 497.9129 | 634.8199 | 807.7936 | 1025.9267 | 1300.5038 | 1645.5046 | 2078.2190 | 2619.9956 |

## 附表二：复利现值系数表3-1（P／F，i，n）

计算公式：$f=(1+i)^{-n}$

| 期数 | 1% | 2% | 3% | 4% | 5% | 6% | 7% | 8% | 9% | 10% |
|---|---|---|---|---|---|---|---|---|---|---|
| 1 | 0.9901 | 0.9804 | 0.9709 | 0.9615 | 0.9524 | 0.9434 | 0.9346 | 0.9259 | 0.9174 | 0.9091 |
| 2 | 0.9803 | 0.9612 | 0.9426 | 0.9246 | 0.9070 | 0.8900 | 0.8734 | 0.8573 | 0.8417 | 0.8264 |
| 3 | 0.9706 | 0.9423 | 0.9151 | 0.8890 | 0.8638 | 0.8396 | 0.8163 | 0.7938 | 0.7722 | 0.7513 |
| 4 | 0.9610 | 0.9238 | 0.8885 | 0.8548 | 0.8227 | 0.7921 | 0.7629 | 0.7350 | 0.7084 | 0.6830 |
| 5 | 0.9515 | 0.9057 | 0.8626 | 0.8219 | 0.7835 | 0.7473 | 0.7130 | 0.6806 | 0.6499 | 0.6209 |
| 6 | 0.9420 | 0.8880 | 0.8375 | 0.7903 | 0.7462 | 0.7050 | 0.6663 | 0.6302 | 0.5963 | 0.5645 |
| 7 | 0.9327 | 0.8706 | 0.8131 | 0.7599 | 0.7107 | 0.6651 | 0.6227 | 0.5835 | 0.5470 | 0.5132 |
| 8 | 0.9235 | 0.8535 | 0.7894 | 0.7307 | 0.6768 | 0.6274 | 0.5820 | 0.5403 | 0.5019 | 0.4665 |
| 9 | 0.9143 | 0.8368 | 0.7664 | 0.7026 | 0.6446 | 0.5919 | 0.5439 | 0.5002 | 0.4604 | 0.4241 |
| 10 | 0.9053 | 0.8203 | 0.7441 | 0.6756 | 0.6139 | 0.5584 | 0.5083 | 0.4632 | 0.4224 | 0.3855 |
| 11 | 0.8963 | 0.8043 | 0.7224 | 0.6496 | 0.5847 | 0.5268 | 0.4751 | 0.4289 | 0.3875 | 0.3505 |
| 12 | 0.8874 | 0.7885 | 0.7014 | 0.6246 | 0.5568 | 0.4970 | 0.4440 | 0.3971 | 0.3555 | 0.3186 |
| 13 | 0.8787 | 0.7730 | 0.6810 | 0.6006 | 0.5303 | 0.4688 | 0.4150 | 0.3677 | 0.3262 | 0.2897 |
| 14 | 0.8700 | 0.7579 | 0.6611 | 0.5775 | 0.5051 | 0.4423 | 0.3878 | 0.3405 | 0.2992 | 0.2633 |
| 15 | 0.8613 | 0.7430 | 0.6419 | 0.5553 | 0.4810 | 0.4173 | 0.3624 | 0.3152 | 0.2745 | 0.2394 |
| 16 | 0.8528 | 0.7284 | 0.6232 | 0.5339 | 0.4581 | 0.3936 | 0.3387 | 0.2919 | 0.2519 | 0.2176 |
| 17 | 0.8444 | 0.7142 | 0.6050 | 0.5134 | 0.4363 | 0.3714 | 0.3166 | 0.2703 | 0.2311 | 0.1978 |
| 18 | 0.8360 | 0.7002 | 0.5874 | 0.4936 | 0.4155 | 0.3503 | 0.2959 | 0.2502 | 0.2120 | 0.1799 |
| 19 | 0.8277 | 0.6864 | 0.5703 | 0.4746 | 0.3957 | 0.3305 | 0.2765 | 0.2317 | 0.1945 | 0.1635 |
| 20 | 0.8195 | 0.6730 | 0.5537 | 0.4564 | 0.3769 | 0.3118 | 0.2584 | 0.2145 | 0.1784 | 0.1486 |
| 21 | 0.8114 | 0.6598 | 0.5375 | 0.4388 | 0.3589 | 0.2942 | 0.2415 | 0.1987 | 0.1637 | 0.1351 |
| 22 | 0.8034 | 0.6468 | 0.5219 | 0.4220 | 0.3418 | 0.2775 | 0.2257 | 0.1839 | 0.1502 | 0.1228 |
| 23 | 0.7954 | 0.6342 | 0.5067 | 0.4057 | 0.3256 | 0.2618 | 0.2109 | 0.1703 | 0.1378 | 0.1117 |
| 24 | 0.7876 | 0.6217 | 0.4919 | 0.3901 | 0.3101 | 0.2470 | 0.1971 | 0.1577 | 0.1264 | 0.1015 |
| 25 | 0.7798 | 0.6095 | 0.4776 | 0.3751 | 0.2953 | 0.2330 | 0.1842 | 0.1460 | 0.1160 | 0.0923 |
| 26 | 0.7720 | 0.5976 | 0.4637 | 0.3607 | 0.2812 | 0.2198 | 0.1722 | 0.1352 | 0.1064 | 0.0839 |
| 27 | 0.7644 | 0.5859 | 0.4502 | 0.3468 | 0.2678 | 0.2074 | 0.1609 | 0.1252 | 0.0976 | 0.0763 |
| 28 | 0.7568 | 0.5744 | 0.4371 | 0.3335 | 0.2551 | 0.1956 | 0.1504 | 0.1159 | 0.0895 | 0.0693 |
| 29 | 0.7493 | 0.5631 | 0.4243 | 0.3207 | 0.2429 | 0.1846 | 0.1406 | 0.1073 | 0.0822 | 0.0630 |
| 30 | 0.7419 | 0.5521 | 0.4120 | 0.3083 | 0.2314 | 0.1741 | 0.1314 | 0.0994 | 0.0754 | 0.0573 |

## 附表二：复利现值系数表3-2（P／F，i，n）

计算公式：$f=(1+i)^{-n}$

| 期数 | 11% | 12% | 13% | 14% | 15% | 16% | 17% | 18% | 19% | 20% |
|---|---|---|---|---|---|---|---|---|---|---|
| 1 | 0.9009 | 0.8929 | 0.8850 | 0.8772 | 0.8696 | 0.8621 | 0.8547 | 0.8475 | 0.8403 | 0.8333 |
| 2 | 0.8116 | 0.7972 | 0.7831 | 0.7695 | 0.7561 | 0.7432 | 0.7305 | 0.7182 | 0.7062 | 0.6944 |
| 3 | 0.7312 | 0.7118 | 0.6931 | 0.6750 | 0.6575 | 0.6407 | 0.6244 | 0.6086 | 0.5934 | 0.5787 |
| 4 | 0.6587 | 0.6355 | 0.6133 | 0.5921 | 0.5718 | 0.5523 | 0.5337 | 0.5158 | 0.4987 | 0.4823 |
| 5 | 0.5935 | 0.5674 | 0.5428 | 0.5194 | 0.4972 | 0.4761 | 0.4561 | 0.4371 | 0.4190 | 0.4019 |
| 6 | 0.5346 | 0.5066 | 0.4803 | 0.4556 | 0.4323 | 0.4104 | 0.3898 | 0.3704 | 0.3521 | 0.3349 |
| 7 | 0.4817 | 0.4523 | 0.4251 | 0.3996 | 0.3759 | 0.3538 | 0.3332 | 0.3139 | 0.2959 | 0.2791 |
| 8 | 0.4339 | 0.4039 | 0.3762 | 0.3506 | 0.3269 | 0.3050 | 0.2848 | 0.2660 | 0.2487 | 0.2326 |
| 9 | 0.3909 | 0.3606 | 0.3329 | 0.3075 | 0.2843 | 0.2630 | 0.2434 | 0.2255 | 0.2090 | 0.1938 |
| 10 | 0.3522 | 0.3220 | 0.2946 | 0.2697 | 0.2472 | 0.2267 | 0.2080 | 0.1911 | 0.1756 | 0.1615 |
| 11 | 0.3173 | 0.2875 | 0.2607 | 0.2366 | 0.2149 | 0.1954 | 0.1778 | 0.1619 | 0.1476 | 0.1346 |
| 12 | 0.2858 | 0.2567 | 0.2307 | 0.2076 | 0.1869 | 0.1685 | 0.1520 | 0.1372 | 0.1240 | 0.1122 |
| 13 | 0.2575 | 0.2292 | 0.2042 | 0.1821 | 0.1625 | 0.1452 | 0.1299 | 0.1163 | 0.1042 | 0.0935 |
| 14 | 0.2320 | 0.2046 | 0.1807 | 0.1597 | 0.1413 | 0.1252 | 0.1110 | 0.0985 | 0.0876 | 0.0779 |
| 15 | 0.2090 | 0.1827 | 0.1599 | 0.1401 | 0.1229 | 0.1079 | 0.0949 | 0.0835 | 0.0736 | 0.0649 |
| 16 | 0.1883 | 0.1631 | 0.1415 | 0.1229 | 0.1069 | 0.0930 | 0.0811 | 0.0708 | 0.0618 | 0.0541 |
| 17 | 0.1696 | 0.1456 | 0.1252 | 0.1078 | 0.0929 | 0.0802 | 0.0693 | 0.0600 | 0.0520 | 0.0451 |
| 18 | 0.1528 | 0.1300 | 0.1108 | 0.0946 | 0.0808 | 0.0691 | 0.0592 | 0.0508 | 0.0437 | 0.0376 |
| 19 | 0.1377 | 0.1161 | 0.0981 | 0.0829 | 0.0703 | 0.0596 | 0.0506 | 0.0431 | 0.0367 | 0.0313 |
| 20 | 0.1240 | 0.1037 | 0.0868 | 0.0728 | 0.0611 | 0.0514 | 0.0433 | 0.0365 | 0.0308 | 0.0261 |
| 21 | 0.1117 | 0.0926 | 0.0768 | 0.0638 | 0.0531 | 0.0443 | 0.0370 | 0.0309 | 0.0259 | 0.0217 |
| 22 | 0.1007 | 0.0826 | 0.0680 | 0.0560 | 0.0462 | 0.0382 | 0.0316 | 0.0262 | 0.0218 | 0.0181 |
| 23 | 0.0907 | 0.0738 | 0.0601 | 0.0491 | 0.0402 | 0.0329 | 0.0270 | 0.0222 | 0.0183 | 0.0151 |
| 24 | 0.0817 | 0.0659 | 0.0532 | 0.0431 | 0.0349 | 0.0284 | 0.0231 | 0.0188 | 0.0154 | 0.0126 |
| 25 | 0.0736 | 0.0588 | 0.0471 | 0.0378 | 0.0304 | 0.0245 | 0.0197 | 0.0160 | 0.0129 | 0.0105 |
| 26 | 0.0663 | 0.0525 | 0.0417 | 0.0331 | 0.0264 | 0.0211 | 0.0169 | 0.0135 | 0.0109 | 0.0087 |
| 27 | 0.0597 | 0.0469 | 0.0369 | 0.0291 | 0.0230 | 0.0182 | 0.0144 | 0.0115 | 0.0091 | 0.0073 |
| 28 | 0.0538 | 0.0419 | 0.0326 | 0.0255 | 0.0200 | 0.0157 | 0.0123 | 0.0097 | 0.0077 | 0.0061 |
| 29 | 0.0485 | 0.0374 | 0.0289 | 0.0224 | 0.0174 | 0.0135 | 0.0105 | 0.0082 | 0.0064 | 0.0051 |
| 30 | 0.0437 | 0.0334 | 0.0256 | 0.0196 | 0.0151 | 0.0116 | 0.0090 | 0.0070 | 0.0054 | 0.0042 |

### 附表二：复利现值系数表3—3（P／F，i，n）

计算公式：$f=(1+i)^{-n}$

| 期数 | 21% | 22% | 23% | 24% | 25% | 26% | 27% | 28% | 29% | 30% |
|---|---|---|---|---|---|---|---|---|---|---|
| 1 | 0.8264 | 0.8197 | 0.8130 | 0.8065 | 0.8000 | 0.7937 | 0.7874 | 0.7813 | 0.7752 | 0.7692 |
| 2 | 0.6830 | 0.6719 | 0.6610 | 0.6504 | 0.6400 | 0.6299 | 0.6200 | 0.6104 | 0.6009 | 0.5917 |
| 3 | 0.5645 | 0.5507 | 0.5374 | 0.5245 | 0.5120 | 0.4999 | 0.4882 | 0.4768 | 0.4658 | 0.4552 |
| 4 | 0.4665 | 0.4514 | 0.4369 | 0.4230 | 0.4096 | 0.3968 | 0.3844 | 0.3725 | 0.3611 | 0.3501 |
| 5 | 0.3855 | 0.3700 | 0.3552 | 0.3411 | 0.3277 | 0.3149 | 0.3027 | 0.2910 | 0.2799 | 0.2693 |
| 6 | 0.3186 | 0.3033 | 0.2888 | 0.2751 | 0.2621 | 0.2499 | 0.2383 | 0.2274 | 0.2170 | 0.2072 |
| 7 | 0.2633 | 0.2486 | 0.2348 | 0.2218 | 0.2097 | 0.1983 | 0.1877 | 0.1776 | 0.1682 | 0.1594 |
| 8 | 0.2176 | 0.2038 | 0.1909 | 0.1789 | 0.1678 | 0.1574 | 0.1478 | 0.1388 | 0.1304 | 0.1226 |
| 9 | 0.1799 | 0.1670 | 0.1552 | 0.1443 | 0.1342 | 0.1249 | 0.1164 | 0.1084 | 0.1011 | 0.0943 |
| 10 | 0.1486 | 0.1369 | 0.1262 | 0.1164 | 0.1074 | 0.0992 | 0.0916 | 0.0847 | 0.0784 | 0.0725 |
| 11 | 0.1228 | 0.1122 | 0.1026 | 0.0938 | 0.0859 | 0.0787 | 0.0721 | 0.0662 | 0.0607 | 0.0558 |
| 12 | 0.1015 | 0.0920 | 0.0834 | 0.0757 | 0.0687 | 0.0625 | 0.0568 | 0.0517 | 0.0471 | 0.0429 |
| 13 | 0.0839 | 0.0754 | 0.0678 | 0.0610 | 0.0550 | 0.0496 | 0.0447 | 0.0404 | 0.0365 | 0.0330 |
| 14 | 0.0693 | 0.0618 | 0.0551 | 0.0492 | 0.0440 | 0.0393 | 0.0352 | 0.0316 | 0.0283 | 0.0254 |
| 15 | 0.0573 | 0.0507 | 0.0448 | 0.0397 | 0.0352 | 0.0312 | 0.0277 | 0.0247 | 0.0219 | 0.0195 |
| 16 | 0.0474 | 0.0415 | 0.0364 | 0.0320 | 0.0281 | 0.0248 | 0.0218 | 0.0193 | 0.0170 | 0.0150 |
| 17 | 0.0391 | 0.0340 | 0.0296 | 0.0258 | 0.0225 | 0.0197 | 0.0172 | 0.0150 | 0.0132 | 0.0116 |
| 18 | 0.0323 | 0.0279 | 0.0241 | 0.0208 | 0.0180 | 0.0156 | 0.0135 | 0.0118 | 0.0102 | 0.0089 |
| 19 | 0.0267 | 0.0229 | 0.0196 | 0.0168 | 0.0144 | 0.0124 | 0.0107 | 0.0092 | 0.0079 | 0.0068 |
| 20 | 0.0221 | 0.0187 | 0.0159 | 0.0135 | 0.0115 | 0.0098 | 0.0084 | 0.0072 | 0.0061 | 0.0053 |
| 21 | 0.0183 | 0.0154 | 0.0129 | 0.0109 | 0.0092 | 0.0078 | 0.0066 | 0.0056 | 0.0048 | 0.0040 |
| 22 | 0.0151 | 0.0126 | 0.0105 | 0.0088 | 0.0074 | 0.0062 | 0.0052 | 0.0044 | 0.0037 | 0.0031 |
| 23 | 0.0125 | 0.0103 | 0.0086 | 0.0071 | 0.0059 | 0.0049 | 0.0041 | 0.0034 | 0.0029 | 0.0024 |
| 24 | 0.0103 | 0.0085 | 0.0070 | 0.0057 | 0.0047 | 0.0039 | 0.0032 | 0.0027 | 0.0022 | 0.0018 |
| 25 | 0.0085 | 0.0069 | 0.0057 | 0.0046 | 0.0038 | 0.0031 | 0.0025 | 0.0021 | 0.0017 | 0.0014 |
| 26 | 0.0070 | 0.0057 | 0.0046 | 0.0037 | 0.0030 | 0.0025 | 0.0020 | 0.0016 | 0.0013 | 0.0011 |
| 27 | 0.0058 | 0.0047 | 0.0037 | 0.0030 | 0.0024 | 0.0019 | 0.0016 | 0.0013 | 0.0010 | 0.0008 |
| 28 | 0.0048 | 0.0038 | 0.0030 | 0.0024 | 0.0019 | 0.0015 | 0.0012 | 0.0010 | 0.0008 | 0.0006 |
| 29 | 0.0040 | 0.0031 | 0.0025 | 0.0020 | 0.0015 | 0.0012 | 0.0010 | 0.0008 | 0.0006 | 0.0005 |
| 30 | 0.0033 | 0.0026 | 0.0020 | 0.0016 | 0.0012 | 0.0010 | 0.0008 | 0.0006 | 0.0005 | 0.0004 |

## 附表三：年金终值系数表3-1

$$(F/A, i, n)$$

| 期数 | 1% | 2% | 3% | 4% | 5% | 6% | 7% | 8% | 9% | 10% |
|---|---|---|---|---|---|---|---|---|---|---|
| 1 | 1.0000 | 1.0000 | 1.0000 | 1.0000 | 1.0000 | 1.0000 | 1.0000 | 1.0000 | 1.0000 | 1.0000 |
| 2 | 2.0100 | 2.0200 | 2.0300 | 2.0400 | 2.0500 | 2.0600 | 2.0700 | 2.0800 | 2.0900 | 2.1000 |
| 3 | 3.0301 | 3.0604 | 3.0909 | 3.1216 | 3.1525 | 3.1836 | 3.2149 | 3.2464 | 3.2781 | 3.3100 |
| 4 | 4.0604 | 4.1216 | 4.1836 | 4.2465 | 4.3101 | 4.3746 | 4.4399 | 4.5061 | 4.5731 | 4.6410 |
| 5 | 5.1010 | 5.2040 | 5.3091 | 5.4163 | 5.5256 | 5.6371 | 5.7507 | 5.8666 | 5.9847 | 6.1051 |
| 6 | 6.1520 | 6.3081 | 6.4684 | 6.6330 | 6.8019 | 6.9753 | 7.1533 | 7.3359 | 7.5233 | 7.7156 |
| 7 | 7.2135 | 7.4343 | 7.6625 | 7.8983 | 8.1420 | 8.3938 | 8.6540 | 8.9228 | 9.2004 | 9.4872 |
| 8 | 8.2857 | 8.5830 | 8.8923 | 9.2142 | 9.5491 | 9.8975 | 10.2598 | 10.6366 | 11.0285 | 11.4359 |
| 9 | 9.3685 | 9.7546 | 10.1591 | 10.5828 | 11.0266 | 11.4913 | 11.9780 | 12.4876 | 13.0210 | 13.5795 |
| 10 | 10.4622 | 10.9497 | 11.4639 | 12.0061 | 12.5779 | 13.1808 | 13.8164 | 14.4866 | 15.1929 | 15.9374 |
| 11 | 11.5668 | 12.1687 | 12.8078 | 13.4864 | 14.2068 | 14.9716 | 15.7836 | 16.6455 | 17.5603 | 18.5312 |
| 12 | 12.6825 | 13.4121 | 14.1920 | 15.0258 | 15.9171 | 16.8699 | 17.8885 | 18.9771 | 20.1407 | 21.3843 |
| 13 | 13.8093 | 14.6803 | 15.6178 | 16.6268 | 17.7130 | 18.8821 | 20.1406 | 21.4953 | 22.9534 | 24.5227 |
| 14 | 14.9474 | 15.9739 | 17.0863 | 18.2919 | 19.5986 | 21.0151 | 22.5505 | 24.2149 | 26.0192 | 27.9750 |
| 15 | 16.0969 | 17.2934 | 18.5989 | 20.0236 | 21.5786 | 23.2760 | 25.1290 | 27.1521 | 29.3609 | 31.7725 |
| 16 | 17.2579 | 18.6393 | 20.1569 | 21.8245 | 23.6575 | 25.6725 | 27.8881 | 30.3243 | 33.0034 | 35.9497 |
| 17 | 18.4304 | 20.0121 | 21.7616 | 23.6975 | 25.8404 | 28.2129 | 30.8402 | 33.7502 | 36.9737 | 40.5447 |
| 18 | 19.6147 | 21.4123 | 23.4144 | 25.6454 | 28.1324 | 30.9057 | 33.9990 | 37.4502 | 41.3013 | 45.5992 |
| 19 | 20.8109 | 22.8406 | 25.1169 | 27.6712 | 30.5390 | 33.7600 | 37.3790 | 41.4463 | 46.0185 | 51.1591 |
| 20 | 22.0190 | 24.2974 | 26.8704 | 29.7781 | 33.0660 | 36.7856 | 40.9955 | 45.7620 | 51.1601 | 57.2750 |
| 21 | 23.2392 | 25.7833 | 28.6765 | 31.9692 | 35.7193 | 39.9927 | 44.8652 | 50.4229 | 56.7645 | 64.0025 |
| 22 | 24.4716 | 27.2990 | 30.5368 | 34.2480 | 38.5052 | 43.3923 | 49.0057 | 55.4568 | 62.8733 | 71.4027 |
| 23 | 25.7163 | 28.8450 | 32.4529 | 36.6179 | 41.4305 | 46.9958 | 53.4361 | 60.8933 | 69.5319 | 79.5430 |
| 24 | 26.9735 | 30.4219 | 34.4265 | 39.0826 | 44.5020 | 50.8156 | 58.1767 | 66.7648 | 76.7898 | 88.4973 |
| 25 | 28.2432 | 32.0303 | 36.4593 | 41.6459 | 47.7271 | 54.8645 | 63.2490 | 73.1059 | 84.7009 | 98.3471 |
| 26 | 29.5256 | 33.6709 | 38.5530 | 44.3117 | 51.1135 | 59.1564 | 68.6765 | 79.9544 | 93.3240 | 109.1818 |
| 27 | 30.8209 | 35.3443 | 40.7096 | 47.0842 | 54.6691 | 63.7058 | 74.4838 | 87.3508 | 102.7231 | 121.0999 |
| 28 | 32.1291 | 37.0512 | 42.9309 | 49.9676 | 58.4026 | 68.5281 | 80.6977 | 95.3388 | 112.9682 | 134.2099 |
| 29 | 33.4504 | 38.7922 | 45.2189 | 52.9663 | 62.3227 | 73.6398 | 87.3465 | 103.9659 | 124.1354 | 148.6309 |
| 30 | 34.7849 | 40.5681 | 47.5754 | 56.0849 | 66.4388 | 79.0582 | 94.4608 | 113.2832 | 136.3075 | 164.4940 |

## 附表三：年金终值系数表3-2

(F/A, i, n)

| 期数 | 11% | 12% | 13% | 14% | 15% | 16% | 17% | 18% | 19% | 20% |
|---|---|---|---|---|---|---|---|---|---|---|
| 1 | 1.0000 | 1.0000 | 1.0000 | 1.0000 | 1.0000 | 1.0000 | 1.0000 | 1.0000 | 1.0000 | 1.0000 |
| 2 | 2.1100 | 2.1200 | 2.1300 | 2.1400 | 2.1500 | 2.1600 | 2.1700 | 2.1800 | 2.1900 | 2.2000 |
| 3 | 3.3421 | 3.3744 | 3.4069 | 3.4396 | 3.4725 | 3.5056 | 3.5389 | 3.5724 | 3.6061 | 3.6400 |
| 4 | 4.7097 | 4.7793 | 4.8498 | 4.9211 | 4.9934 | 5.0665 | 5.1405 | 5.2154 | 5.2913 | 5.3680 |
| 5 | 6.2278 | 6.3528 | 6.4803 | 6.6101 | 6.7424 | 6.8771 | 7.0144 | 7.1542 | 7.2966 | 7.4416 |
| 6 | 7.9129 | 8.1152 | 8.3227 | 8.5355 | 8.7537 | 8.9775 | 9.2068 | 9.4420 | 9.6830 | 9.9299 |
| 7 | 9.7833 | 10.0890 | 10.4047 | 10.7305 | 11.0668 | 11.4139 | 11.7720 | 12.1415 | 12.5227 | 12.9159 |
| 8 | 11.8594 | 12.2997 | 12.7573 | 13.2328 | 13.7268 | 14.2401 | 14.7733 | 15.3270 | 15.9020 | 16.4991 |
| 9 | 14.1640 | 14.7757 | 15.4157 | 16.0853 | 16.7858 | 17.5185 | 18.2847 | 19.0859 | 19.9234 | 20.7989 |
| 10 | 16.7220 | 17.5487 | 18.4197 | 19.3373 | 20.3037 | 21.3215 | 22.3931 | 23.5213 | 24.7089 | 25.9587 |
| 11 | 19.5614 | 20.6546 | 21.8143 | 23.0445 | 24.3493 | 25.7329 | 27.1999 | 28.7551 | 30.4035 | 32.1504 |
| 12 | 22.7132 | 24.1331 | 25.6502 | 27.2707 | 29.0017 | 30.8502 | 32.8239 | 34.9311 | 37.1802 | 39.5805 |
| 13 | 26.2116 | 28.0291 | 29.9847 | 32.0887 | 34.3519 | 36.7862 | 39.4040 | 42.2187 | 45.2445 | 48.4966 |
| 14 | 30.0949 | 32.3926 | 34.8827 | 37.5811 | 40.5047 | 43.6720 | 47.1027 | 50.8180 | 54.8409 | 59.1959 |
| 15 | 34.4054 | 37.2797 | 40.4175 | 43.8424 | 47.5804 | 51.6595 | 56.1101 | 60.9653 | 66.2607 | 72.0351 |
| 16 | 39.1899 | 42.7533 | 46.6717 | 50.9804 | 55.7175 | 60.9250 | 66.6488 | 72.9390 | 79.8502 | 87.4421 |
| 17 | 44.5008 | 48.8837 | 53.7391 | 59.1176 | 65.0751 | 71.6730 | 78.9792 | 87.0680 | 96.0218 | 105.9306 |
| 18 | 50.3959 | 55.7497 | 61.7251 | 68.3941 | 75.8364 | 84.1407 | 93.4056 | 103.7403 | 115.2659 | 128.1167 |
| 19 | 56.9395 | 63.4397 | 70.7494 | 78.9692 | 88.2118 | 98.6032 | 110.2846 | 123.4135 | 138.1664 | 154.7400 |
| 20 | 64.2028 | 72.0524 | 80.9468 | 91.0249 | 102.4436 | 115.3797 | 130.0329 | 146.6280 | 165.4180 | 186.6880 |
| 21 | 72.2651 | 81.6987 | 92.4699 | 104.7684 | 118.8101 | 134.8405 | 153.1385 | 174.0210 | 197.8474 | 225.0256 |
| 22 | 81.2143 | 92.5026 | 105.4910 | 120.4360 | 137.6316 | 157.4150 | 180.1721 | 206.3448 | 236.4385 | 271.0307 |
| 23 | 91.1479 | 104.6029 | 120.2048 | 138.2970 | 159.2764 | 183.6014 | 211.8013 | 244.4868 | 282.3618 | 326.2369 |
| 24 | 102.1742 | 118.1552 | 136.8315 | 158.6586 | 184.1678 | 213.9776 | 248.8076 | 289.4945 | 337.0105 | 392.4842 |
| 25 | 114.4133 | 133.3339 | 155.6196 | 181.8708 | 212.7930 | 249.2140 | 292.1049 | 342.6035 | 402.0425 | 471.9811 |
| 26 | 127.9988 | 150.3339 | 176.8501 | 208.3327 | 245.7120 | 290.0883 | 342.7627 | 405.2721 | 479.4306 | 567.3773 |
| 27 | 143.0786 | 169.3740 | 200.8406 | 238.4993 | 283.5688 | 337.5024 | 402.0323 | 479.2211 | 571.5224 | 681.8528 |
| 28 | 159.8173 | 190.6989 | 227.9499 | 272.8892 | 327.1041 | 392.5028 | 471.3778 | 566.4809 | 681.1116 | 819.2233 |
| 29 | 178.3972 | 214.5828 | 258.5834 | 312.0937 | 377.1697 | 456.3032 | 552.5121 | 669.4475 | 811.5228 | 984.0680 |
| 30 | 199.0209 | 241.3327 | 293.1992 | 356.7868 | 434.7451 | 530.3117 | 647.4391 | 790.9480 | 966.7122 | 1181.8816 |

## 附表三：年金终值系数表3-3

$(F/A, i, n)$

| 期数 | 21% | 22% | 23% | 24% | 25% | 26% | 27% | 28% | 29% | 30% |
|---|---|---|---|---|---|---|---|---|---|---|
| 1 | 1.0000 | 1.0000 | 1.0000 | 1.0000 | 1.0000 | 1.0000 | 1.0000 | 1.0000 | 1.0000 | 1.0000 |
| 2 | 2.2100 | 2.2200 | 2.2300 | 2.2400 | 2.2500 | 2.2600 | 2.2700 | 2.2800 | 2.2900 | 2.3000 |
| 3 | 3.6741 | 3.7084 | 3.7429 | 3.7776 | 3.8125 | 3.8476 | 3.8829 | 3.9184 | 3.9541 | 3.9900 |
| 4 | 5.4457 | 5.5242 | 5.6038 | 5.6842 | 5.7656 | 5.8480 | 5.9313 | 6.0156 | 6.1008 | 6.1870 |
| 5 | 7.5892 | 7.7396 | 7.8926 | 8.0484 | 8.2070 | 8.3684 | 8.5327 | 8.6999 | 8.8700 | 9.0431 |
| 6 | 10.1830 | 10.4423 | 10.7079 | 10.9801 | 11.2588 | 11.5442 | 11.8366 | 12.1359 | 12.4423 | 12.7560 |
| 7 | 13.3214 | 13.7396 | 14.1708 | 14.6153 | 15.0735 | 15.5458 | 16.0324 | 16.5339 | 17.0506 | 17.5828 |
| 8 | 17.1189 | 17.7623 | 18.4300 | 19.1229 | 19.8419 | 20.5876 | 21.3612 | 22.1634 | 22.9953 | 23.8577 |
| 9 | 21.7139 | 22.6700 | 23.6690 | 24.7125 | 25.8023 | 26.9404 | 28.1287 | 29.3692 | 30.6639 | 32.0150 |
| 10 | 27.2738 | 28.6574 | 30.1128 | 31.6434 | 33.2529 | 34.9449 | 36.7235 | 38.5926 | 40.5564 | 42.6195 |
| 11 | 34.0013 | 35.9620 | 38.0388 | 40.2379 | 42.5661 | 45.0306 | 47.6388 | 50.3985 | 53.3178 | 56.4053 |
| 12 | 42.1416 | 44.8737 | 47.7877 | 50.8950 | 54.2077 | 57.7386 | 61.5013 | 65.5100 | 69.7800 | 74.3270 |
| 13 | 51.9913 | 55.7459 | 59.7788 | 64.1097 | 68.7596 | 73.7506 | 79.1066 | 84.8529 | 91.0161 | 97.6250 |
| 14 | 63.9095 | 69.0100 | 74.5280 | 80.4961 | 86.9495 | 93.9258 | 101.4654 | 109.6117 | 118.4108 | 127.9125 |
| 15 | 78.3305 | 85.1922 | 92.6694 | 100.8151 | 109.6868 | 119.3465 | 129.8611 | 141.3029 | 153.7500 | 167.2863 |
| 16 | 95.7799 | 104.9345 | 114.9834 | 126.0108 | 138.1085 | 151.3766 | 165.9236 | 181.8677 | 199.3374 | 218.4722 |
| 17 | 116.8937 | 129.0201 | 142.4295 | 157.2534 | 173.6357 | 191.7345 | 211.7230 | 233.7907 | 258.1453 | 285.0139 |
| 18 | 142.4413 | 158.4045 | 176.1883 | 195.9942 | 218.0446 | 242.5855 | 269.8882 | 300.2521 | 334.0074 | 371.5180 |
| 19 | 173.3540 | 194.2535 | 217.7116 | 244.0328 | 273.5558 | 306.6577 | 343.7580 | 385.3227 | 431.8696 | 483.9734 |
| 20 | 210.7584 | 237.9893 | 268.7853 | 303.6006 | 342.9447 | 387.3887 | 437.5726 | 494.2131 | 558.1118 | 630.1655 |
| 21 | 256.0176 | 291.3469 | 331.6059 | 377.4648 | 429.6809 | 489.1098 | 556.7173 | 633.5927 | 720.9642 | 820.2151 |
| 22 | 310.7813 | 356.4432 | 408.8753 | 469.0563 | 538.1011 | 617.2783 | 708.0309 | 811.9987 | 931.0438 | 1067.2796 |
| 23 | 377.0454 | 435.8607 | 503.9166 | 582.6298 | 673.6264 | 778.7707 | 900.1993 | 1040.3583 | 1202.0465 | 1388.4635 |
| 24 | 457.2249 | 532.7501 | 620.8174 | 723.4610 | 843.0329 | 982.2511 | 1144.2531 | 1332.6586 | 1551.6400 | 1806.0026 |
| 25 | 554.2422 | 650.9551 | 764.6054 | 898.0916 | 1054.7912 | 1238.6363 | 1454.2014 | 1706.8031 | 2002.6156 | 2348.8033 |
| 26 | 671.6330 | 795.1653 | 941.4647 | 1114.6336 | 1319.4890 | 1561.6818 | 1847.8358 | 2185.7079 | 2584.3741 | 3054.4443 |
| 27 | 813.6759 | 971.1016 | 1159.0016 | 1383.1457 | 1650.3612 | 1968.7191 | 2347.7515 | 2798.7061 | 3334.8426 | 3971.7776 |
| 28 | 985.5479 | 1185.7440 | 1426.5719 | 1716.1007 | 2063.9515 | 2481.5860 | 2982.6444 | 3583.3438 | 4302.9470 | 5164.3109 |
| 29 | 1193.5129 | 1447.6077 | 1755.6835 | 2128.9648 | 2580.9394 | 3127.7984 | 3788.9583 | 4587.6801 | 5551.8016 | 6714.6042 |
| 30 | 1445.1507 | 1767.0813 | 2160.4907 | 2640.9164 | 3227.1743 | 3942.0260 | 4812.9771 | 5873.2306 | 7162.8241 | 8729.9855 |

## 附表四：年金现值系数表3-1

| 期数 | 1% | 2% | 3% | 4% | 5% | 6% | 7% | 8% | 9% | 10% |
|---|---|---|---|---|---|---|---|---|---|---|
| 1 | 0.9901 | 0.9804 | 0.9709 | 0.9615 | 0.9524 | 0.9434 | 0.9346 | 0.9259 | 0.9174 | 0.9091 |
| 2 | 1.9704 | 1.9416 | 1.9135 | 1.8861 | 1.8594 | 1.8334 | 1.8080 | 1.7833 | 1.7591 | 1.7355 |
| 3 | 2.9410 | 2.8839 | 2.8286 | 2.7751 | 2.7232 | 2.6730 | 2.6243 | 2.5771 | 2.5313 | 2.4869 |
| 4 | 3.9020 | 3.8077 | 3.7171 | 3.6299 | 3.5460 | 3.4651 | 3.3872 | 3.3121 | 3.2397 | 3.1699 |
| 5 | 4.8534 | 4.7135 | 4.5797 | 4.4518 | 4.3295 | 4.2124 | 4.1002 | 3.9927 | 3.8897 | 3.7908 |
| 6 | 5.7955 | 5.6014 | 5.4172 | 5.2421 | 5.0757 | 4.9173 | 4.7665 | 4.6229 | 4.4859 | 4.3553 |
| 7 | 6.7282 | 6.4720 | 6.2303 | 6.0021 | 5.7864 | 5.5824 | 5.3893 | 5.2064 | 5.0330 | 4.8684 |
| 8 | 7.6517 | 7.3255 | 7.0197 | 6.7327 | 6.4632 | 6.2098 | 5.9713 | 5.7466 | 5.5348 | 5.3349 |
| 9 | 8.5660 | 8.1622 | 7.7861 | 7.4353 | 7.1078 | 6.8017 | 6.5152 | 6.2469 | 5.9952 | 5.7590 |
| 10 | 9.4713 | 8.9826 | 8.5302 | 8.1109 | 7.7217 | 7.3601 | 7.0236 | 6.7101 | 6.4177 | 6.1446 |
| 11 | 10.3676 | 9.7868 | 9.2526 | 8.7605 | 8.3064 | 7.8869 | 7.4987 | 7.1390 | 6.8052 | 6.4951 |
| 12 | 11.2551 | 10.5753 | 9.9540 | 9.3851 | 8.8633 | 8.3838 | 7.9427 | 7.5361 | 7.1607 | 6.8137 |
| 13 | 12.1337 | 11.3484 | 10.6350 | 9.9856 | 9.3936 | 8.8527 | 8.3577 | 7.9038 | 7.4869 | 7.1034 |
| 14 | 13.0037 | 12.1062 | 11.2961 | 10.5631 | 9.8986 | 9.2950 | 8.7455 | 8.2442 | 7.7862 | 7.3667 |
| 15 | 13.8651 | 12.8493 | 11.9379 | 11.1184 | 10.3797 | 9.7122 | 9.1079 | 8.5595 | 8.0607 | 7.6061 |
| 16 | 14.7179 | 13.5777 | 12.5611 | 11.6523 | 10.8378 | 10.1059 | 9.4466 | 8.8514 | 8.3126 | 7.8237 |
| 17 | 15.5623 | 14.2919 | 13.1661 | 12.1657 | 11.2741 | 10.4773 | 9.7632 | 9.1216 | 8.5436 | 8.0216 |
| 18 | 16.3983 | 14.9920 | 13.7535 | 12.6593 | 11.6896 | 10.8276 | 10.0591 | 9.3719 | 8.7556 | 8.2014 |
| 19 | 17.2260 | 15.6785 | 14.3238 | 13.1339 | 12.0853 | 11.1581 | 10.3356 | 9.6036 | 8.9501 | 8.3649 |
| 20 | 18.0456 | 16.3514 | 14.8775 | 13.5903 | 12.4622 | 11.4699 | 10.5940 | 9.8181 | 9.1285 | 8.5136 |
| 21 | 18.8570 | 17.0112 | 15.4150 | 14.0292 | 12.8212 | 11.7641 | 10.8355 | 10.0168 | 9.2922 | 8.6487 |
| 22 | 19.6604 | 17.6580 | 15.9369 | 14.4511 | 13.1630 | 12.0416 | 11.0612 | 10.2007 | 9.4424 | 8.7715 |
| 23 | 20.4558 | 18.2922 | 16.4436 | 14.8568 | 13.4886 | 12.3034 | 11.2722 | 10.3711 | 9.5802 | 8.8832 |
| 24 | 21.2434 | 18.9139 | 16.9355 | 15.2470 | 13.7986 | 12.5504 | 11.4693 | 10.5288 | 9.7066 | 8.9847 |
| 25 | 22.0232 | 19.5235 | 17.4131 | 15.6221 | 14.0939 | 12.7834 | 11.6536 | 10.6748 | 9.8226 | 9.0770 |
| 26 | 22.7952 | 20.1210 | 17.8768 | 15.9828 | 14.3752 | 13.0032 | 11.8258 | 10.8100 | 9.9290 | 9.1609 |
| 27 | 23.5596 | 20.7069 | 18.3270 | 16.3296 | 14.6430 | 13.2105 | 11.9867 | 10.9352 | 10.0266 | 9.2372 |
| 28 | 24.3164 | 21.2813 | 18.7641 | 16.6631 | 14.8981 | 13.4062 | 12.1371 | 11.0511 | 10.1161 | 9.3066 |
| 29 | 25.0658 | 21.8444 | 19.1885 | 16.9837 | 15.1411 | 13.5907 | 12.2777 | 11.1584 | 10.1983 | 9.3696 |
| 30 | 25.8077 | 22.3965 | 19.6004 | 17.2920 | 15.3725 | 13.7648 | 12.4090 | 11.2578 | 10.2737 | 9.4269 |

## 附表四：年金现值系数表3-2
$(P/A, i, n)$

| 期数 | 11% | 12% | 13% | 14% | 15% | 16% | 17% | 18% | 19% | 20% |
|---|---|---|---|---|---|---|---|---|---|---|
| 1 | 0.9009 | 0.8929 | 0.8850 | 0.8772 | 0.8696 | 0.8621 | 0.8547 | 0.8475 | 0.8403 | 0.8333 |
| 2 | 1.7125 | 1.6901 | 1.6681 | 1.6467 | 1.6257 | 1.6052 | 1.5852 | 1.5656 | 1.5465 | 1.5278 |
| 3 | 2.4437 | 2.4018 | 2.3612 | 2.3216 | 2.2832 | 2.2459 | 2.2096 | 2.1743 | 2.1399 | 2.1065 |
| 4 | 3.1024 | 3.0373 | 2.9745 | 2.9137 | 2.8550 | 2.7982 | 2.7432 | 2.6901 | 2.6386 | 2.5887 |
| 5 | 3.6959 | 3.6048 | 3.5172 | 3.4331 | 3.3522 | 3.2743 | 3.1993 | 3.1272 | 3.0576 | 2.9906 |
| 6 | 4.2305 | 4.1114 | 3.9975 | 3.8887 | 3.7845 | 3.6847 | 3.5892 | 3.4976 | 3.4098 | 3.3255 |
| 7 | 4.7122 | 4.5638 | 4.4226 | 4.2883 | 4.1604 | 4.0386 | 3.9224 | 3.8115 | 3.7057 | 3.6046 |
| 8 | 5.1461 | 4.9676 | 4.7988 | 4.6389 | 4.4873 | 4.3436 | 4.2072 | 4.0776 | 3.9544 | 3.8372 |
| 9 | 5.5370 | 5.3282 | 5.1317 | 4.9464 | 4.7716 | 4.6065 | 4.4506 | 4.3030 | 4.1633 | 4.0310 |
| 10 | 5.8892 | 5.6502 | 5.4262 | 5.2161 | 5.0188 | 4.8332 | 4.6586 | 4.4941 | 4.3389 | 4.1925 |
| 11 | 6.2065 | 5.9377 | 5.6869 | 5.4527 | 5.2337 | 5.0286 | 4.8364 | 4.6560 | 4.4865 | 4.3271 |
| 12 | 6.4924 | 6.1944 | 5.9176 | 5.6603 | 5.4206 | 5.1971 | 4.9884 | 4.7932 | 4.6105 | 4.4392 |
| 13 | 6.7499 | 6.4235 | 6.1218 | 5.8424 | 5.5831 | 5.3423 | 5.1183 | 4.9095 | 4.7147 | 4.5327 |
| 14 | 6.9819 | 6.6282 | 6.3025 | 6.0021 | 5.7245 | 5.4675 | 5.2293 | 5.0081 | 4.8023 | 4.6106 |
| 15 | 7.1909 | 6.8109 | 6.4624 | 6.1422 | 5.8474 | 5.5755 | 5.3242 | 5.0916 | 4.8759 | 4.6755 |
| 16 | 7.3792 | 6.9740 | 6.6039 | 6.2651 | 5.9542 | 5.6685 | 5.4053 | 5.1624 | 4.9377 | 4.7296 |
| 17 | 7.5488 | 7.1196 | 6.7291 | 6.3729 | 6.0472 | 5.7487 | 5.4746 | 5.2223 | 4.9897 | 4.7746 |
| 18 | 7.7016 | 7.2497 | 6.8399 | 6.4674 | 6.1280 | 5.8178 | 5.5339 | 5.2732 | 5.0333 | 4.8122 |
| 19 | 7.8393 | 7.3658 | 6.9380 | 6.5504 | 6.1982 | 5.8775 | 5.5845 | 5.3162 | 5.0700 | 4.8435 |
| 20 | 7.9633 | 7.4694 | 7.0248 | 6.6231 | 6.2593 | 5.9288 | 5.6278 | 5.3527 | 5.1009 | 4.8696 |
| 21 | 8.0751 | 7.5620 | 7.1016 | 6.6870 | 6.3125 | 5.9731 | 5.6648 | 5.3837 | 5.1268 | 4.8913 |
| 22 | 8.1757 | 7.6446 | 7.1695 | 6.7429 | 6.3587 | 6.0113 | 5.6964 | 5.4099 | 5.1486 | 4.9094 |
| 23 | 8.2664 | 7.7184 | 7.2297 | 6.7921 | 6.3988 | 6.0442 | 5.7234 | 5.4321 | 5.1668 | 4.9245 |
| 24 | 8.3481 | 7.7843 | 7.2829 | 6.8351 | 6.4338 | 6.0726 | 5.7465 | 5.4509 | 5.1822 | 4.9371 |
| 25 | 8.4217 | 7.8431 | 7.3300 | 6.8729 | 6.4641 | 6.0971 | 5.7662 | 5.4669 | 5.1951 | 4.9476 |
| 26 | 8.4881 | 7.8957 | 7.3717 | 6.9061 | 6.4906 | 6.1182 | 5.7831 | 5.4804 | 5.2060 | 4.9563 |
| 27 | 8.5478 | 7.9426 | 7.4086 | 6.9352 | 6.5135 | 6.1364 | 5.7975 | 5.4919 | 5.2151 | 4.9636 |
| 28 | 8.6016 | 7.9844 | 7.4412 | 6.9607 | 6.5335 | 6.1520 | 5.8099 | 5.5016 | 5.2228 | 4.9697 |
| 29 | 8.6501 | 8.0218 | 7.4701 | 6.9830 | 6.5509 | 6.1656 | 5.8204 | 5.5098 | 5.2292 | 4.9747 |
| 30 | 8.6938 | 8.0552 | 7.4957 | 7.0027 | 6.5660 | 6.1772 | 5.8294 | 5.5168 | 5.2347 | 4.9789 |

### 附表四：年金现值系数表3-3

(P/A, i, n)

| 期数 | 21% | 22% | 23% | 24% | 25% | 26% | 27% | 28% | 29% | 30% |
|---|---|---|---|---|---|---|---|---|---|---|
| 1 | 0.8264 | 0.8197 | 0.8130 | 0.8065 | 0.8000 | 0.7937 | 0.7874 | 0.7813 | 0.7752 | 0.7692 |
| 2 | 1.5095 | 1.4915 | 1.4740 | 1.4568 | 1.4400 | 1.4235 | 1.4074 | 1.3916 | 1.3761 | 1.3609 |
| 3 | 2.0739 | 2.0422 | 2.0114 | 1.9813 | 1.9520 | 1.9234 | 1.8956 | 1.8684 | 1.8420 | 1.8161 |
| 4 | 2.5404 | 2.4936 | 2.4483 | 2.4043 | 2.3616 | 2.3202 | 2.2800 | 2.2410 | 2.2031 | 2.1662 |
| 5 | 2.9260 | 2.8636 | 2.8035 | 2.7454 | 2.6893 | 2.6351 | 2.5827 | 2.5320 | 2.4830 | 2.4356 |
| 6 | 3.2446 | 3.1669 | 3.0923 | 3.0205 | 2.9514 | 2.8850 | 2.8210 | 2.7594 | 2.7000 | 2.6427 |
| 7 | 3.5079 | 3.4155 | 3.3270 | 3.2423 | 3.1611 | 3.0833 | 3.0087 | 2.9370 | 2.8682 | 2.8021 |
| 8 | 3.7256 | 3.6193 | 3.5179 | 3.4212 | 3.3289 | 3.2407 | 3.1564 | 3.0758 | 2.9986 | 2.9247 |
| 9 | 3.9054 | 3.7863 | 3.6731 | 3.5655 | 3.4631 | 3.3657 | 3.2728 | 3.1842 | 3.0997 | 3.0190 |
| 10 | 4.0541 | 3.9232 | 3.7993 | 3.6819 | 3.5705 | 3.4648 | 3.3644 | 3.2689 | 3.1781 | 3.0915 |
| 11 | 4.1769 | 4.0354 | 3.9018 | 3.7757 | 3.6564 | 3.5435 | 3.4365 | 3.3351 | 3.2388 | 3.1473 |
| 12 | 4.2784 | 4.1274 | 3.9852 | 3.8514 | 3.7251 | 3.6059 | 3.4933 | 3.3868 | 3.2859 | 3.1903 |
| 13 | 4.3624 | 4.2028 | 4.0530 | 3.9124 | 3.7801 | 3.6555 | 3.5381 | 3.4272 | 3.3224 | 3.2233 |
| 14 | 4.4317 | 4.2646 | 4.1082 | 3.9616 | 3.8241 | 3.6949 | 3.5733 | 3.4587 | 3.3507 | 3.2487 |
| 15 | 4.4890 | 4.3152 | 4.1530 | 4.0013 | 3.8593 | 3.7261 | 3.6010 | 3.4834 | 3.3726 | 3.2682 |
| 16 | 4.5364 | 4.3567 | 4.1894 | 4.0333 | 3.8874 | 3.7509 | 3.6228 | 3.5026 | 3.3896 | 3.2832 |
| 17 | 4.5755 | 4.3908 | 4.2190 | 4.0591 | 3.9099 | 3.7705 | 3.6400 | 3.5177 | 3.4028 | 3.2948 |
| 18 | 4.6079 | 4.4187 | 4.2431 | 4.0799 | 3.9279 | 3.7861 | 3.6536 | 3.5294 | 3.4130 | 3.3037 |
| 19 | 4.6346 | 4.4415 | 4.2627 | 4.0967 | 3.9424 | 3.7985 | 3.6642 | 3.5386 | 3.4210 | 3.3105 |
| 20 | 4.6567 | 4.4603 | 4.2786 | 4.1103 | 3.9539 | 3.8083 | 3.6726 | 3.5458 | 3.4271 | 3.3158 |
| 21 | 4.6750 | 4.4756 | 4.2916 | 4.1212 | 3.9631 | 3.8161 | 3.6792 | 3.5514 | 3.4319 | 3.3198 |
| 22 | 4.6900 | 4.4882 | 4.3021 | 4.1300 | 3.9705 | 3.8223 | 3.6844 | 3.5558 | 3.4356 | 3.3230 |
| 23 | 4.7025 | 4.4985 | 4.3106 | 4.1371 | 3.9764 | 3.8273 | 3.6885 | 3.5592 | 3.4384 | 3.3254 |
| 24 | 4.7128 | 4.5070 | 4.3176 | 4.1428 | 3.9811 | 3.8312 | 3.6918 | 3.5619 | 3.4406 | 3.3272 |
| 25 | 4.7213 | 4.5139 | 4.3232 | 4.1474 | 3.9849 | 3.8342 | 3.6943 | 3.5640 | 3.4423 | 3.3286 |
| 26 | 4.7284 | 4.5196 | 4.3278 | 4.1511 | 3.9879 | 3.8367 | 3.6963 | 3.5656 | 3.4437 | 3.3297 |
| 27 | 4.7342 | 4.5243 | 4.3316 | 4.1542 | 3.9903 | 3.8387 | 3.6979 | 3.5669 | 3.4447 | 3.3305 |
| 28 | 4.7390 | 4.5281 | 4.3346 | 4.1566 | 3.9923 | 3.8402 | 3.6991 | 3.5679 | 3.4455 | 3.3312 |
| 29 | 4.7430 | 4.5312 | 4.3371 | 4.1585 | 3.9938 | 3.8414 | 3.7001 | 3.5687 | 3.4461 | 3.3317 |
| 30 | 4.7463 | 4.5338 | 4.3391 | 4.1601 | 3.9950 | 3.8424 | 3.7009 | 3.5693 | 3.4466 | 3.3321 |